农银浦江商业银行业务新编系列教材

现代支付结算与电子银行

徐学锋◎主　编

上海财经大学出版社

图书在版编目(CIP)数据

现代支付结算与电子银行/徐学锋主编. —上海：上海财经大学出版社,2017.11
(农银浦江商业银行业务新编系列教材)
ISBN 978-7-5642-2858-3/F·2858

Ⅰ.①现… Ⅱ.①徐… Ⅲ.①业务核算-高等学校-手册 ②电子银行-高等学校-教材 Ⅳ.①F830.4

中国版本图书馆 CIP 数据核字(2017)第 267467 号

□ 责任编辑　李宇彤
□ 封面设计　杨雪婷

XIANDAI ZHIFU JIESUAN YU DIANZI YINHANG
现 代 支 付 结 算 与 电 子 银 行
徐学锋　主编

上海财经大学出版社出版发行
(上海市中山北一路 369 号　邮编 200083)
网　　址:http://www.sufep.com
电子邮箱:webmaster @ sufep.com
全国新华书店经销
上海华教印务有限公司印刷装订
2017年11月第1版　2017年11月第1次印刷

710mm×1000mm　1/16　23.25 印张　455 千字
印数：0 001—3 000　定价：52.00 元

农银浦江商业银行业务新编系列教材
编委会

主　编　　许文新　庄　湧

编委会　　马　欣　施继元　徐学锋　戴小平
成员　　　洪　玫　姜雅净　褚红素　黄　波
　　　　　　张　云　程丽萍　刘晓明　林　琳
　　　　　　施惠琳　曹晓红　高耘华　张劲驰
　　　　　　施　诚　李晨辉

总 序

努力构建以学生发展为中心的人才培养体系、以社会需求为导向的科研与学科发展体系,积极探索应用型人才培养模式改革,完善应用型人才培养模式,深化政产学研合作是上海立信会计金融学院建设国内外知名的高水平应用型财经大学的战略部署。

为此,上海立信会计金融学院与中国农业银行上海市分行签订战略合作协议,共建浦江学院浦江班,通过政府牵线、市长助推,全面创新合作办学管理机制和运行体系,探索以"订单式"人才培养新模式为特色的教研改革,着力在人才培养方案、双师型教学团队、应用型人才培养的教材体系、人才评价体系、实习实训基地、学生选拔机制和大学生社会实践等方面进行积极探索与实践,以期搭建一座沟通学生与社会之间培养、就业、复合、创新的桥梁。

经过两年多的实践与探索,在教学计划、教学内容、教学过程、教学评价、师资力量及大学生社会实践等方面进行全面深入的合作,取得了较为丰硕的成果,其中代表性的成果是上海立信会计金融学院与中国农业银行上海市分行合作开发的浦江学院特色教材系列。这批教材有以下特点:

● 行业性。教材以金融理论为基础,突出与商业银行的业务模块相结合,与商业银行的业务操作相联系,把培养学生的实践操作能力、应用协调能力全面渗透到知识体系中。

● 协同性。本套教材采取上海立信会计金融学院专任教师与中国农业银行上海市分行的一线业务骨干合作开发的模式,做到理论与实践相协同,两单位人员与资源相协同。

● 创新性。本套教材内容全面融入商业银行业务和操作模块,与当前最新的电子支付、网络银行的变迁紧密结合,这些创新是当前相关教材所不具备的。

以此教材系列的出版为契机,上海立信会计金融学院将进一步强化与中国农业银行上海市分行的战略合作,并以此为依托,把构建产学研战略合作和协同发展新模式,培养金融经济领域具有创新和可持续发展能力的高素质复合型专业人才作为学校发展的神圣使命,为服务上海国际金融中心、科技创新中心和自由贸易区建设贡献绵薄之力。

行校战略合作的方方面面得到了中国农业银行上海市分行领导和上海立信会计金融学院各级领导的大力支持和帮助。行校主要领导高度重视,亲自抓项目的落实及教材建设工作。在此,向他(她)们致以真挚的感谢和崇高的敬意!

许文新

2017 年 9 月

前　言

现代经济社会已经进入了互联网经济社会,金融业务电子化、互联网化已经成为常态,特别体现在支付结算业务上。通过本教材的学习,学生可以学习掌握现代支付结算和电子银行的发展、变化,熟悉和掌握现代支付业务和电子银行的操作方法,从而能够更好地拓展金融专业的新知识,掌握新金融业务的基本技能,以适应新经济的发展要求。通过本教材的学习,学生还可以建立电子银行与金融业务的理论体系,掌握电子支付与网上银行的基本知识、基本理论和基础技能,同时将其应用到实验室的实训操作中去,为今后的学习与实践打下良好的基础。

全书共分为四篇十二章。第一篇支付结算基础:第一章支付结算概述;第二章结算账户管理;第三章票据及其法律规定。该篇对支付结算的产生、发展进行了概述,总结了形成支付结算的基础、条件、工具、制度和法律法规,介绍了进行支付结算的基本操作流程。第二篇银行支付结算业务:第四章票据结算业务;第五章非票据结算业务;第六章银行卡业务。该篇主要讲述现代银行支付结算业务的操作、运行和管理,分为票据业务、非票据业务和银行卡业务。考虑到专业的特殊性和另外一门专门课程教材,所以没有涉及国际结算支付业务,仅限于国内支付结算业务。第三篇现代支付系统清算业务与管理:第七章现代支付系统;第八章跨境支付与结算;第九章人民币跨境电子支付业务的最新发展。该篇主要讲述现代支付结算和跨境支付是如何进行清算的,介绍人民币清算系统、国际支付与跨境支付系统以及人民币跨境电子支付业务的最新发展。第四篇新兴支付结算与电子银行:第十章网络支付;第十一章电话支付与移动支付;第十二章电子银行、网上银行与互联网银行。该篇主要介绍目前已经成型的各种新兴支付结算业务和包括电话银行、网上银行在内的电子银行业务以及正在发展的互联网银行业务。本书书名及书中所述电子银行涵盖了所有通过现代电子支付手段和电子商务渠道而从事的商业银行业务。根据中国银行业监督管理委员会2006年3月1日施行的《电子银行业务管理办法》中的有关定义,电子银行是指商业银行等银行业金融机构利用面向社会公众开放的通讯通道或开放型公众网络,以及银行为特定自助服务设施或客户建立的专用网络,向客户提供的银行服务。电子银行业务主要包括利用计算机和互联网开展的网上银行业务,利用电话等声讯设备和电信网络开展的电话银行业务,利用移动电话和无线网络开展的手机银行业务,以及其他利用电子服务设备和网络、由客户通过自助服务方式完成金融交易的业务,如自助终端、ATM、POS等。电子银行是金融创新与科技创新相结合的产物,其主要包括网上银行、电话银行、手机银行、自助银行以及其他离柜银行业务。故本教材把电子银行的概念延伸至涵盖所有通过电子化渠道来提供的银行业务,即电子银行包含电话银行、网上银行、手机银行、移动终端银行、ATM自助柜员机、商业POS终端机以及所有通过电子渠道、电子设备所提供的银行业务。当然从广义上讲,互联网银行与电子银行都是建立在电子信息技术基础上的,从这个角度也可以把互联网银行看成是电子银行。

  本教材的特点是比较全面和新颖,具有较强的实用性和超前性,比较全面系统地介绍了现代支付结算业务的发生、发展;注重把最新的现代支付结算方法、工具和业态纳入教材中,注重介绍国际支付和跨境支付结算清算系统和人民币国际化下的支付清算业务;理论联系实际,业务知识与业务操作相结合,编者还把自己最新的研究成果编入该书中(详见第九章),使得该教材更具有实用性和超前性,既可以作为高等院校金融专业和其他相关专业支付结算与电子银行课程的教材,也可以作为企事业单位及个人学习了解现代支付结算与电子银行业务的实用性参考书。

  本书是上海立信会计金融学院与中国农业银行合作办学——浦江班专业教材之一,本书的编写得到了该项目的支持。本书由上海立信会计金融学院徐学锋老师主编,本书的第二章、第四章、第五章、第六章(除第三节)、第七章、第八章、第九章、第十章、第十一章、第十二章由徐学锋老师编写,上海立信会计金融学院的浦江燕老师、李雪静老师和方磊老师也参与了本教材的编写工作,其中浦江燕老师负责本书第一章的编写,李雪静老师负责本书第三章的编写,方磊老师负责本书第六章

第三节的编写。全书由徐学锋老师编撰、修改、审定。在此向浦江燕老师、李雪静老师、方磊老师表示深深的感谢！另外，由中国农业银行上海分行电子银行部牵头，运营部、信用卡部、个金部、国际部等部门也参与了本教材编写方案的设计、编写材料的提供、编写过程的讨论和编写结果的审定，在此，感谢中国农业银行上海分行有关部门和人员的积极配合与支持！特别感谢电子银行部曹晓红副总经理、严晨经理为此书的编写进行的认真细致的组织落实工作和提供的大量业务资料；同时感谢运营部的王晓颖、于呈凤，信用卡部的翁旭晨，个金部的赵建平，国际部的高洁为此书的编写提供的最新业务材料。在本教材的编写及该项目的实施中，我们得到了上海立信会计金融学院金融学院许文新院长、殷林森副院长、施继元老师、方磊老师、张文超老师，还有上海立信会计金融学院现代支付与互联网研究中心的马颖主任的大力支持与帮助，在此表示感谢！同时上海立信会计金融学院金融学院2014级金融专业浦江农行班的同学们也积极配合参与了本教材部分章节的试讲课程，2014级金融专业浦江农行班的刘大兵同学积极协助了本书部分文案的处理工作，在此表示感谢！

本教材在编写过程中参考了大量的专业书籍、专业论文、项目材料和调查报告，在此，谨向这些专家、学者和研究者致以最诚挚的谢意！书中不足之处，恳请读者与专家批评指正。

编者
2017年9月

目 录

总序/1

前言/1

第一篇　支付结算基础

第一章　支付结算概述/3
　第一节　支付结算的产生/3
　第二节　支付结算的作用/5
　第三节　支付结算的意义/9
　第四节　支付结算的管理/11
　　思考讨论题/18

第二章　结算账户管理/19
　第一节　结算账户概述/19
　第二节　结算账户的开立/20
　第三节　结算账户的运用管理/24
　　思考讨论题/24

第三章　票据及其法律规定/25
　第一节　票据业务概述/25
　第二节　票据行为的内容与特点/27
　第三节　票据权利与义务/31
　第四节　票据伪造与变造/35
　第五节　票据丧失与补救/37
　　思考讨论题/39

第二篇 银行支付结算业务

第四章 票据结算业务/77
第一节 商业汇票业务/77
第二节 银行汇票业务/80
第三节 银行本票业务/82
第四节 支票业务/83
思考讨论题/85

第五章 非票据结算业务/86
第一节 汇兑结算业务/86
第二节 托收承付结算业务/91
第三节 委托收款结算业务/102
思考讨论题/108

第六章 银行卡业务/109
第一节 银行卡概述/109
第二节 银行卡的业务流程/117
第三节 信用卡业务/125
第四节 银行卡的定价/130
第五节 银行卡的错账处理/135
第六节 银行卡的应用与发展/137
思考讨论题/142

第三篇 现代支付系统清算业务与管理

第七章 现代支付系统/149
第一节 现代支付系统概述/149
第二节 大额支付系统/153
第三节 小额支付系统/160
第四节 银行行内支付系统/167
第五节 其他银行间支付系统/169
第六节 清算所/173
思考讨论题/181

第八章　跨境支付与结算 /183
- 第一节　跨境支付清算 /184
- 第二节　美元的清算与结算 /192
- 第三节　欧元的清算与结算 /202
- 第四节　持续联结清算系统 /211
- 第五节　人民币跨境结算 /217
- 第六节　中国银联卡的跨境支付、清算与结算 /230
- 思考讨论题 /234

第九章　人民币跨境电子支付业务的最新发展 /235
- 第一节　人民币跨境支付基础建设 /235
- 第二节　人民币跨境电子支付业务的监管体系 /241
- 第三节　人民币跨境电子支付业务的典型案例分析 /244
- 思考讨论题 /248

第四篇　新兴支付结算与电子银行

第十章　网络支付 /251
- 第一节　互联网支付 /251
- 第二节　离线支付 /264
- 第三节　贝宝与支付宝支付分析 /268
- 思考讨论题 /272

第十一章　电话支付与移动支付 /274
- 第一节　电话支付 /274
- 第二节　移动支付 /277
- 第三节　案例 /287
- 思考讨论题 /289

第十二章　电子银行、网上银行与互联网银行 /290
- 第一节　电子银行、网上银行与互联网银行发展概述 /290
- 第二节　网上银行的系统构架和支付流程 /294
- 第三节　网上银行的基本业务及功能 /299
- 第四节　网上支付跨行清算系统 /303
- 第五节　互联网银行的发展趋势 /311

思考讨论题/324

现代支付结算与电子银行案例专题/325

中国农业银行电子银行业务介绍/334

参考文献/348

第一篇

支付结算基础

第一篇

支那的覺醒

第一章 支付结算概述

第一节 支付结算的产生

一、支付结算的起源

人类在有商品交换的交易早期进行的是物物交换。物物交换是指人们用自己拥有的商品直接与他人交换自己所需要的商品。在人类社会处于原始经济状态下,物物交换就可以满足人们对商品交换的需求。但是,随着人类社会商品经济的发展,特别是专业化生产和大规模生产方式出现后,物物交换的效率就显得十分低下,不能满足人类社会发展的需要。为了解决物物交换低效率的问题,货币就产生了。货币作为交易媒介,可以克服物物交换低效率的问题,从而推动人类社会商品经济的发展。

现代商品经济中,商品的交换都是通过货币这一媒介来完成的,这一过程是通过货币媒介两次完成的,即先获得货币,然后付出货币得到所需要的商品。在这一过程中,获得货币和付出货币的过程即货币转移过程,就是支付的过程。由此看来,支付是伴随货币的出现而产生的,支付是货币最为重要和本质的功能。没有货币,就没有支付,而没有支付功能的货币也就无法称之为货币。支付为实现商品交换提供了服务,从而促进了商品的生产与交换。

随着人类社会经济的发展,货币转移这一支付过程越来越复杂,为了使支付顺利、快捷、高效、安全地进行,出现了一系列支付工具和支付系统,也出现了专门为支付服务的专门组织和机构。现代银行业的出现,就是支付发展的必然产物,银行业也就逐渐成为支付服务的主要提供者,各商业银行通过提供银行账户,提供各种支付工具,如汇兑、支票、汇票等,为企业和个人提供安全、可靠、方便、低成本的支付服务;中央银行的形成,使之逐渐成为货币的发行者,同时向商业银行提供跨行、跨境支付服务;银行卡组织的出现,为参与银行卡交易的参与方提供支付清算等服务。随着电子计算机和信息科学技术的发展,支付信息从人工传递、电报和通信网络传输逐渐发展到通过电脑或其他移动终端电子设备来处理,支付结算已进入现代支付阶段。

二、支付的定义

人类经济从原始的物物交换发展到以货币作为媒介进行交换,支付便产生了。货币在商品交换中的媒介作用就是支付作用,"一手交钱,一手交货"的方式就是支付的原始概念。

那么,什么是支付(payment)呢?支付的英文单词源于动词"安抚"(to pacify)。其概念与中世纪实行的赎罪金有关,即犯罪的一方向受害者支付一笔罚金以避免发生流血事件。在现代用法中,支付一词逐渐演化为描述交易者之间的资金转移行为。

目前,国内对支付没有统一的定义,一般将"交易中的债权债务的清偿"定义为支付。国际上对支付主要采用国际清算银行支付结算委员会(BIS CPSS)的定义,其将支付定义为:完成付款人向收款人转移可以接受的货币债权的过程。这些货币债权的形式可以是对本国或者外国中央银行的货币债权(中央银行货币),也可以是对本国或外国商业银行的货币债权。

在该定义中并没有说明资金转移的方向。实际上,支付的发起方可以是付款人,也可以是收款人。如果支付的发起人是付款方,比如商业银行的汇兑服务,那么付款人将货币汇给收款人。一般情况下,我们将付款方发起的支付称为贷记支付。如果支付的发起方是收款人,比如支票,当收款人收到支票后,可以到其开户银行要求兑付,该银行则代其客户向开出支票的付款方要求付款。一般情况下,我们将收款方发起的支付称为借记支付。

该定义中另外一个需要说明的概念是货币。通常情况下,货币包括现金(银行券)和账户货币。目前,世界上所有主权国家的货币基本上都是中央银行发行的。基于中央银行的现金或账户货币形式被称为中央银行货币,而基于商业银行账户的货币形式被称为商业银行货币。例如,商业银行可以利用存放在中央银行账户中的人民币完成一笔外汇交易的人民币支付,在这一交易中,使用的货币是中央银行货币;而一家企业可以通过其开户银行的账户,完成一笔购买机器的交易,在这一支付中,使用的是商业银行货币。

基于现金的支付被称为现金支付,而基于账户的支付被称为非现金支付。在基于账户的支付形式中,客户一般需要使用所谓的支付工具。客户通过该支付工具向其所属的开户银行发出支付指令,银行根据客户支付工具发出的支付指令,代客户转移资金。支票和银行卡就是典型的支付工具。

三、支付的过程

国际清算银行支付结算委员会将支付处理过程划分为三个标准化过程,即交易过程(transaction)、清算过程(clearing)和结算过程(settlement)。这三个过程分述如下:

其一,交易过程。包括支付的产生、确认和发送,特别是对交易有关各方身份的确认、对支付工具的确认以及对支付能力的确认。

其二,清算过程。包含了在收付款人金融机构之间交换支付工具以及计算金融机构之间待结算的债权,其中支付工具的交换包括交易撮合、交易清分、数据收集等。

其三,结算过程。这是完成债权最终转移的过程,包括收集待结算的债权并进行完整性检验、保证结算资金具有可用性、结清金融机构之间的债权债务以及记录和通知各方。

第二节 支付结算的作用

一、支付结算的相关概念

传统意义上的支付结算业务是指银行为单位客户和个人客户采用票据、汇款、托收、信用证、信用卡等结算方式进行货币支付及资金清算提供的服务。支付结算业务是银行的中间业务,主要收入来源是手续费收入。传统的结算方式是指"三票一汇",即汇票、本票、支票和汇款。在银行为国际贸易提供的支付结算及带有贸易融资功能的支付结算方式中,通常是采用汇款、信用证及托收。从信用证和托收中又派生出许多带有融资功能的服务,如打包贷款、出口押汇、出口托收融资、出口票据贴现、进口押汇、提货担保等。近年来,又出现了电子汇兑、网上支付等结算方式。

(一)结算

结算(Settle Accounts)通常是指那些伴随着各种经济交易行为的发生,交易双方通过进行债权债务清偿的货币收付行为。结算分为现金结算和非现金结算两种形式。结算通常是指银行与客户之间的关系,结算业务通常由商业银行操作。实现结算业务与服务的计算机信息系统统称为结算信息系统。在我国,1988年中国人民银行推出了以"三票一卡"为主的结算方式,其中的三票是指本票、支票和汇票,一卡是指信用卡。从那时起我国开始大力推广和使用信用卡,为个人消费提供了新的支付工具和支付方式。

(二)清算

清算(Clear Accounts)通常是指那些伴随着各种结算业务发生的,需要通过两家以上银行间往来或通过当地货币清算系统的清算账户来完成的货币划转。清算分为同城清算和异地清算,是进行债权债务的货币收付行为。清算与结算不同,结算通常是指银行与客户之间的关系,清算是指银行和银行之间的关系。从发生的过程来看,发生结算之后,才有清算。通常清算业务是由中央银行(如美国联邦储备银行的 FEDWIRE 系统)进行操作,或由中央银行管理下的独立于各商业银行之外的机构(如纽约清算所银行同业支付系统 CHIPS)进行操作。

(三)支付

在经济生活中,每个人都会发生交易行为,交易的结束必然伴随物品所有权的转移,而支付就是商品或劳务的转移以及债务的清偿过程。一般将支付定义为:为了清偿商品交换和劳务活动引起的债权债务关系,由银行所提供的金融服务业务。支付活动本源于交换主体之间的经济交换活动,但由于银行信用中介的结果,演化为银行与客户之间、客户开户行之间的资金收付关系,而银行之间的收付交易,又必须经过中央银行进行清算。

根据定义,支付可以被认为是在履行货币债务中,任何提供和接受的货币赠与、货币贷款或某种行为。该定义包括了两层含义:

其一,支付通常包括货币债务清偿,但不一定必须包含货币的交付和转移。例如,当出现同等金额的可抵消结算时,就不会出现货币的转移;而当出现相同价值的物品的对换时,甚至不需要货币的出现。

其二,不仅对于支付方而言,对于接受支付的接收方而言,支付是一种行为,这是支付与偿付的区别,而在一些商业活动中,支付和偿付没有区别。所以,支付是伴随商品经济的发展而形成的债权人和债务人之间资金转移偿付行为,它是市场经济和现代金融活动的基本行为之一。

二、支付结算的作用

经济中的基础活动是交易,任何有价的交易,都需要支付服务来完成最终的交易,实现价值转移。因此,支付作为货币资金转移过程,是经济活动中的重要环节,也是现代经济运行的基础之一。可以说,某种意义上,支付结算的安全和效率决定着市场经济运行的安全和效率。

(一)支付结算的作用

随着银行业的发展,支付服务逐渐成为金融服务的重要组成部分,而随着金融服务的不断发展,逐步产生了债券市场、股票市场、保险市场等。这些市场每天都有巨大的资金进进出出,需要更为复杂的资金调拨、清算和结算服务系统。这些支付系统逐渐构成庞大的网络,支配着经济活动中资金的流动。通常,我们把提供支付服务的关键系统,特别是清算系统和结算系统统称为金融基础设施。这些金融基础设施虽然肉眼不可见,但它们在经济社会中的作用类似于高速公路和基础通信网络那样的基础设施。

为了安全和高效地完成经济社会所需的支付服务,各国中央银行除了承担一国支付系统的监管之外,通常还提供最终支付资产的运营银行之间及市场间的重要的支付系统。商业银行承担为广大企业和个人客户提供支付产品和支付系统的功能。此外,为了不同市场、不同应用环境和不同技术条件下的支付安全和效率,各国还建立了为银行等金融机构清算和结算便利的金融服务机构,如票据清算所、证券结算公司、期货结算公司等清算结算机构,产生了诸如银联、VISA、MASTER这样的银行卡组织,以及八达通、支付宝、财付通等支付服务机构。这些支付服务机构与支付系统共同构成了支付服务的市场体系。

支付结算除了帮助交易双方完成交易外,还具有以下重要和独特的作用:

1. 减少现金使用量,提高资金使用效率

例如,银行卡的使用,减少了钱包里的现金,增加了银行的存款,增加了社会资本量。另一个例子是银行间清算制度中采用多边净额模式。由清算所计算各个银行在结算时点的应付款和应收款,银行只需付出结算时点前的资金差额,而没必要付出每一笔的资金,大大节约了整个经济社会需要的资金量。

2. 降低交易风险,提高经济社会抗风险程度

首先,非现金支付结算方式提高了现金管理的效率,降低了交易中货币运输、假钞等的风险。其次,支付结算法律的发展,使得支付结算在法律的框架下运作,通过支付结算的行为规范和规范经济中的交易行为,支付结算成为安排市场经济的重要支撑。最后,现代支付结算中引入了许多支付结算模式,以保证支付结算双方的利益,降低风险,如中央对手方的引入。所谓中央对手方是指在支付过程中,同时作为所有买方和卖方的交易对手并保证交易顺利完成的主体,一般由专门机构充当。如果买卖当中有一方不能按照约定条件履约交收,支付机构依照结算规则向守约方先行垫付其应收资金。这种模式下,如果中央对手方具有比交易双方更高的信用和市场地位,则可以采取如盯住市场、保证金制度等方式,提高交易的履约率,降低交易风险。另外,在外汇交易中引入同时支付模式也可以大大降低外汇交易的风险。所谓同时支付(Payment Versus Payment,PVP),是指交易双方的支付当且仅当对方支付时,才发生。在外汇交易中,任何一方将本金支付给对方的时候,即暴露在是否能完成交易合同的风险之中。如果交易采取 PVP 模式,那么就不会发生所谓的赫斯塔特风险[①]了。

3. 支付结算系统中的支付结算数据,是衡量经济发展、预测经济风险、企业和个人征信以及研究各种经济问题的重要数据来源

[①] 赫斯塔特(Herstatt)风险。赫斯塔特银行在 1974 年接到了德国政府当局清算的命令,却无力向对方银行支付美元而发生了支付风险,称为赫斯塔特风险,即指银行遇到的巨额跨境结算支付风险。

综上所述,支付结算对经济的稳定发展起到了非常重要的作用。可以说,现代经济活动离不开支付结算,支付结算是现代经济不可或缺的一部分。

(二)支付体系的重要作用

安全、高效的支付体系对于畅通货币政策传导、密切各金融市场有机联系、加速社会资金周转、提高资源配置效率、防范金融风险以及方便人们的生产生活具有重要意义,也有利于推动金融工具创新、培育社会信用、改善金融服务。支付体系是一国金融服务体系的重要组成部分,是经济运行的基础。支付体系的发展和支付效率的提高能够有效地促进经济金融的发展和社会进步,影响人们的生活方式,提高生活质量。支付体系和百姓生活息息相关。

美联储前主席格林斯潘曾说,如果你试图瘫痪美国经济,只需要拿掉它的支付系统。银行将不得不回到低效率的货币物理转移状态,商业将只有依靠物物交换和私人债务才能得以进行。整个国家的经济活动水平将一落千丈。

莫顿(Merton)认为,金融系统的基本功能就是在不确定环境中进行资源的时间、空间配置,而这些基本功能又可以分为三大功能:

1. 便利支付与结算的功能

金融体系提供完成商品、服务以及资金清算和结算的工具。

2. 聚集和分配资源的功能

金融体系能够为企业和家庭的生产和消费筹集资金,同时还能将聚集起来的资源在全社会重新进行有效分配。

3. 风险分散的功能

金融体系既可以提供管理和配置风险的方法,又是管理和配置风险的核心。风险的管理和配置能够增加企业和家庭的福利。

通过以上分析,大致可以理解支付对经济和金融的基础性作用。近年来,现代支付更加明显地表现为电子支付和电子银行的发展对社会经济的作用。下面用一组数据来说明。

美国经济学家 Humphrey 等人在 2003 年提出了一个基本模型,即电子支付的成本只相当于纸质支付的三分之一。一旦交易成本被降低,从完全基于纸质的支付系统到纯电子支付系统,可能节省一个国家每年 1% 以上的 GDP。

澳大利亚政府 2006 年委托开展了一项关于澳大利亚电子支付转移的影响的研究。他们调研了五个关键领域的变化,并由此估计,使用电子支付可能节约每年约 20 亿美元的资金,相当于 GDP 的 25 个基点。

银行卡组织 VISA 对全球 50 个国家和地区的居民消费支出以及电子支付比重进行的研究表明:电子支付在消费支出中的比重每年增加 10%,就能带来 0.5% 的消费增长。

中国银联 2009 年的研究显示,我国 2008 年现金支付成本在整个现金交易额中的占比为1.76%,而银行卡支付成本仅占整个银行卡消费交易额的0.67%。现金的交易成本是银行卡的2.6倍,即每100元的交易,使用银行卡可比现金节约社会成本1.09元。测算显示,2006~2008年的三年间,我国银行卡消费总量累计超过8.5万亿元,比用现金支付节约社会成本927亿元。中国银联统计显示,2014年我国银行卡跨行交易金额达41.1万亿元[①],按照中国银联2009年研究报告的同口径成本测算,2014年相比使用现金结算,使用银行卡结算节约成本高达4 480亿元。

银行卡支付可以自动产生交易记录,能够提高交易透明度,加强税控,增加税收收入,控制非法收入。银行卡的使用,还有利于培养公众良好的支付习惯,尤其是信用卡,可以培养人们的诚实守信理念,推动社会信用文化建设。据韩国2005年数据显示,银行卡产业大发展使韩国地下经济占GDP的比重从20世纪90年代初的18%~20%,降至2005年的约10%。2006年,韩国税收增加58亿美元,其中从持卡消费征收的部分达12%。

(三) 支付系统在社会经济生活中的作用

1. 支付系统是维系社会正常运转的基础之一。
2. 支付系统的运行效率制约着经济运行效率。经济运行效率是经济发展和实现经济增值的核心问题之一。
3. 支付系统与契约经济和契约社会息息相关,是契约社会资金流转的中枢。
4. 支付系统信息是宏观经济决策的依据之一。
5. 支付系统运行事关经济安全和社会稳定。
6. 支付系统是经济全球化进程中资金移动的载体。

第三节 支付结算的意义

中国人民银行颁布实施《支付结算办法》已有20年。这20年来,我国的政治、经济、市场环境发生了深刻的变化,互联网在人们日常生活中的大力发展,新经济的出现,大众创业、万众创新形成的新局面,使得现行的支付结算体系已经不能适应人们日常生活和互联网经济的需要,因此,我们迫切需要建立新的支付结算体系。而在现行的支付结算体系中,银行本票已经基本上退出了中国人民银行票据交换系统,支付宝、微信、网上银行支付等新的结算办法已在各个单位和个人中广泛使用,但是仍未纳入《支付结算办法》进行管理。为了更好地发挥支付结算的便利性,为实体经济发展服务,完善和规范我国的支付结算体系,需要制定新的支付结算办法,将支付宝、手机银行、网银支付等纳入新的支付结算办法中来。

[①] 《中国经济》2015年1月27日。

一、《支付结算办法》在我国交易行为中的作用

支付结算是我国国民经济活动的一大重要组成部分。作为一种法律行为,从宏观上讲,支付结算是金融体系的重要保障,是保证金融活动顺利进行的基础,同时也是中国人民银行履行监管职责的一大基础;从微观上说,支付结算也是转账结算,它是企业进行生产经营活动的重要前提,是维护企业利益、保护规范交易行为的法律基础,是每个人生活中不可缺少的必要条件。

(一)《支付结算办法》有利于宏观经济的稳定发展

《支付结算办法》帮助维护了我国金融体系的稳定,为我国经济的发展起到了保驾护航的重要作用。《支付结算办法》已经实施了20年,中国人民银行通过实施《支付结算办法》,规范了四个票据和汇兑、委托收款、托收承付、国内信用证等结算方式出票、传递、款项支付、会计核算等行为,使单位的资金全部在银行之间流动,市场的资金流得到了有效控制,维护了我国金融市场的秩序,既保证了企业和单位的资金需求,又未使通货膨胀产生,同时又有利于金融市场的宏观调控。

(二)《支付结算办法》规范了商业银行的经营行为

《支付结算办法》实施以来,单位的资金往来全部纳入商业银行的管理范畴,这样进一步扩大了商业银行的金融资产规模,不仅帮助商业银行吸收单位的存款,还进一步将社会的金融资本吸收进来,创造了企业发展的条件,同时,也壮大了商业银行的发展,拓宽了商业银行中间业务,使我国的商业银行进入国际化发展空间,融入世界银行的体系,这样提升了商业银行的核心竞争力,为我国的商业银行进入世界五百强创造了发展的空间、奠定了基础。

(三)《支付结算办法》的实施,为企业的生产经营活动和预算单位提供了标准的会计核算环境和资金的安全保障

支付结算业务法规制度的完善,保障、维护了结算秩序,加强了对企业违规行为的监督;适应了电子业务发展的要求,增强了法规制度观念和严格执行制度的行为责任。

支付结算管理体制的完善,降低了支付体系监管的协调成本,提高了支付体系监管的效率。《支付结算办法》的推广,统一了票据和各种结算方式填写、办理、银行服务、资金到账和会计核算程序,保证了企业和单位的资金需求,也为企业的生产经营活动创造了良好的外部环境,让资金在安全的商业银行体系间流动,节约了时间成本和财务成本,避免了大量资金游离于商业银行体系之外,消除了通货膨胀的隐患,为单位的会计核算创造了非常有利的条件,真正实现了安全、快捷、高效。

二、新结算方式及其重要性

随着我国经济的高质量发展、互联网经济和互联网金融的出现,必须将出现的

各种新结算方式纳入支付结算中,网上银行、手机银行、第三方支付平台(如支付宝、余额宝)等新的结算方式将和现有的支付结算共同构成我国新的支付结算体系,为现代化经济服务,支持实体经济的发展。

(一)新支付结算方式具有无可替代的优越性

传统的票据和结算方式从交易完成到款项收回至少有1~7天划款期,资金处于在途运动中,对企业的生产经营活动是个损失,也影响了资金的利用效率;同时,还需要财务人员时时去开户银行不断询问,有时间成本和财务成本。而新的结算方式,不管是网上银行、手机银行,还是支付宝和余额宝,款项是瞬间到账,这是原来的支付结算办不到的,所以说新支付结算方式具有无可替代的优越性。

(二)新支付结算方式将成为我国支付结算的主体

近几年,随着互联网的快速发展,互联网金融创新了我国支付结算、会计核算和会计监督体系,改变了现有的交易规则,不仅节约了财务费用,更提高了资金到账的效率,随着互联网金融的大量推广和使用,传统的票据和结算方式必将被新的结算方式所替代,成为我国支付结算的主体。例如ATM机是使用范围最广的新型支付结算手段,计算机技术的快速发展和互联网的迅速普及,使得网络银行成为人们的重要支付手段。近年来,随着智能手机的广泛普及,手机银行逐渐成为人们支付手段的首选。这些新型支付结算业务有一个共同的特点,就是均采用高科技的网络技术,资金可以在全国各个地方的各个银行之间划转,并且方便快捷。

(三)新支付结算方式提高了使用者的隐秘性,增加了交易的安全性

不论是自助银行、网上银行,还是手机银行、电话银行,这些结算业务都需要进行网络注册,并且由交易者自行设置交易密码,交易方式也不再是客户与银行工作人员之间的面对面交流,而是自助完成支付交易,这样就导致了相关工作人员无法实时掌握客户的交易行为,支付结算的隐秘性较高,因此,提高了交易结算的安全性。

第四节 支付结算的管理

一、支付结算管理的主要任务

1. 贯彻执行支付结算法律、法规,保障支付结算活动正常进行。
2. 依法管理支付结算,查处违规违纪行为。
3. 组织推广以票据为主体的支付工具,不断改善支付结算技术手段。
4. 完善内控机制,防范支付清算风险。
5. 组织开展支付结算业务宣传、培训,努力提高支付结算服务水平。
6. 开展支付结算调查分析,搞好支付结算综合反映。

二、支付结算风险及分类

支付系统中,系统性风险的主要来源是结算风险,即结算"未按照预期发生"而产生的风险。结算风险主要分为四个方面:信用风险、流动性风险、操作风险和商业风险。分别定义如下:

1. 信用风险(Credit Risk):指系统中的某个参与者在支付结算系统中不能履行偿还义务,导致其他成员出现不可预见的直接损失的风险。

2. 流动性风险(Liquidity Risk):指某个或某些参与者因所持有的结算资产流动性不足,引起系统中流动中断,导致自身和其他参与者结算延迟或失败的风险。

3. 操作风险(Operational Risk):指由于技术故障,或其他造成支付系统(或其核心组成部分)运营中断的原因,或其参与者的上述原因导致损失的风险。

4. 商业风险(Business Risk):指因财务压力等因素导致支付系统(或其核心组成部分)服务供给中断或终止所产生损失的风险。

支付系统的设计,特别是结算频率会影响支付系统中的信用风险。在延迟净额结算系统(DNS)中,最终结算发生前,如果某些支付款项已经贷记到客户的账户上,将产生银行间的信用敞口(Credit Exposure),一旦系统中的某个参与者结算失败,会导致风险在系统中的传染。在实时全额支付系统(RTGS)模式下,每一笔递交到系统中的支付指令都分别实时最终地完成结算,从而消除了延迟结算导致的银行间信用风险。

流动性风险则在 RTGS 系统中表现得更为显著。RTGS 系统具有"流动性饥渴"的特征,即参与银行需要更多的流动性对支付进行实时结算,而持有流动性具有成本,所以 RTGS 的直接参与者有延迟非时间关键性支付(non-time-critical payments)的动机,希望汇入的款项能够为汇出支付提供流动性。但是,如果所有的银行都这样做,则会产生系统僵锁的风险:所有的参与者都依赖于汇入流动性,但是没有任何人去充当(或愿意充当)第一个付款人。

许多研究倾向于关注信用和流动性风险,但操作风险和商业风险显然也是非常重要的,特别是在基础设施集中化的情况下,所谓"单点失灵"的问题会逐渐突出。中央基础设施的操作能力以及成员结算行正常处理支付的操作能力,可能会受到多重因素损害:内部因素如系统自身的技术故障,或操作导致的技术故障;外部因素如总电源故障、恐怖分子袭击或是自然灾害等。

另一方面,商业风险是支付系统提供者无力偿还债务而导致的风险。解决商业风险最简洁明了的方式是对支付系统资本金的要求。其他的措施包括确保基础设施提供者申请关键资产破产隔离(bankruptcy-remoteness),或是采取一些事前措施,当商业风险形成时,这些措施能够确保系统参与者在财务支持方面有足够的准备。

三、支付结算风险的管理

（一）信用风险

信用风险主要体现在延迟净额结算系统中，信用风险的管理包含了一系列系统设计及监管法规方面的措施。

1. 法律稳健轧差

延迟净额结算系统减小信用风险敞口的最基本措施是拥有坚实的法律协议以确保双方或多边的净额轧差安排的可执行。净额结算最关键的风险来自破产法：在一些司法体系中，净额债务协议的约束力是不被承认的。如果银行间支付的最终性没有确保，即如果支付是可撤销和无条件的，清算者就能强制解除净额结算协议。DNS中用户间的总风险敞口要比其净额头寸大几个数量级，这使得一些参与者无法满足其自身的债务责任。因此，违约会相继发生，并在系统中引发"多米诺效应"。如果DNS跨越国境运行，或者拥有国外的用户，需要确保在所有相关司法体系中净额结算安排都具有法律效力。

2. 净额结算的局部解退

在具有法律稳健轧差的架构下，DNS通常具有对应的规则和技术算法可以使得即便有参与方发生违约也可以实现结算规模最大化。一个可选方案就是局部解退：系统中的幸存成员间的净额结算会被保留，但是违约成员发出的部分或所有交易会从净额计算中去除。尽管优于完全解除净额结算，但这种方案仍然可能导致一些参与者面临大规模的未预期风险敞口，可能触发间接违约。

3. 准入标准

结算系统对参与者采用较高的财务状况和法律地位来要求，可以降低成员因违约造成的结算被解退的概率，即系统的直接参与者会局限于受到严格审慎监管，对系统实体和接入中央银行设施的系统实体的信用评级极高。最终，风险管理的优先权可能会与竞争和效率的目标相冲突。此外，受限的会员资格会在系统中形成多层次，同样有其自身的风险。

4. 净借记上限

许多DNS允许参与者和系统操作者设置银行对另一家银行的（双边）信用风险敞口限额，或者对其他所有银行的（多边）信用风险敞口限额。系统操作者能够利用所有银行的双边限额信息来判断银行的风险，从而进一步限制单个银行的净借记头寸。如果限额能够实现实时调制，参与者就可以根据其他参与者的实时信用状况来做出迅速反应。在事前，这样的特性可以在参与者中保持良性的激励来实现彼此间的监督和能动的流动性管理，这样一来，发生信用事件的可能性就会降低。然而，净借记上限的主动改变会通过耗尽问题银行的流动性而加速信用事件的发生，这也是一种风险。

5. 损失分担及质押担保

防止净额结算系统出现成员序贯违约的一种更为稳健的方式，是拥有适当的损失分担机制，即利用违约者剩余资金和事前宣布的存在银行的出资份额来弥补出现的任何资金缺口。这个过程通常是通过要求成员共同为质押资金池出资来实现的，这个资金池一般由系统结算代理机构持有和管理。

（二）流动性风险

RTGS参与者会在延迟成本和流动性成本之间做出权衡。参与者的日间流动性通常是通过结算机构（一般是中央银行）得到的，流动性成本取决于现存的质押或者价格体制。延迟支付也有成本，会造成参与者自身声誉或资产的损失。

世界各地的中央银行采取了各式各样的方法对流动性风险进行管理，迄今为止并不存在单一最优方法。相反，合适的政策具有极大依赖于当地环境的特征。

1. 降低日间担保信贷的机会成本

大多数中央银行基于质押品来提供日间流动性。一些中央银行使用回购协议，在用户结算账户上贷记所借出的金额；其他的中央银行提供基于质押品的透支便利。然而在经济上，确切的法律细节并不重要，只要这些安排有坚实的法律基础，并且采取了恰当的"垫头"。

担保施加给系统参与者的成本取决于持有中央银行合格资产的机会成本。影响机会成本大小的因素包括：中央银行愿意接受的质押品的范围、流动性管制对银行资产负债表上资产构成的影响、货币政策执行的安排，以及把质押品交付到中央银行的难易程度。

目前，中央银行提供日间信贷时接受以外币表示的质押品变得越来越普遍；中央银行也可能通过接受比政府证券具有更高收益的资产来拓宽其质押品资格标准，从而降低机会成本；另外一个可能影响银行提供质押品机会成本的因素是审慎流动性管理机制。一些国家采取的形式是"存量要求"：银行必须持有由合格流动资产组成的一个审慎组合，要求该组合能满足短期内极端但可信的流动性流出。

2. 促进流动性有效循环

银行管理其支付活动的方式也会影响流动性需求。在RTGS系统中，汇入支付流对银行而言可能是日间流动性的一个重要来源，并为支付系统成员间的战略合作创造了可能性。如果所有银行在全天都维持一个较好的对外支付流，日间流动性就可以有效循环，并会显著降低总流动性需求。

促进流动性有效循环的一种方法是引入一种集中协调机制，比如吞吐量规则，即系统经营者可以要求银行在日间特定时点前发送其总日间支付的一定比例。

许多国家都采用了吞吐量规则或准则来鼓励银行协调它们支付的提交。例如：英国的CHAPS系统对成员行实施了两条基于金额的吞吐量规则，要求银行必须在12:00和14:30分别至少提交日支付总价值的50%和75%。加拿大LVTS

(Large Value Transfer System)系统的用户在一天中有三个时点同时面临基于支付金额和基于支付笔数的吞吐量准则。日本大部分支付金额都在系统运作的第一个小时处理。在挪威,指令的发送集中在中午的半小时。在瑞士的大额支付系统SIC(Swiss Interbank Clearing)中,单位处理费在整天中梯次上涨,这促进了支付指令的尽早提交。

（三）操作风险

随着行业的发展和基础设施规模递增效应的存在,基础设施的供应逐渐走向集中化。集中化以及缺乏基础设施提供商服务的替代品导致了单点失灵的风险,增加了操作冲击对金融市场的潜在影响。在某些情况下,集中化还可能增加操作风险和商业风险发生的概率。

降低单点失灵风险的常用途径包括:项目管理尤其是在系统进行升级时的高标准;严格的风险管理程序;应对外部事件的适当的业务连续性计划。

此外,灾难管理演练越来越被视为探索关键基础设施供应商操作失灵后果的有用工具。这类演练的好处之一是,它可以反映现有的应急措施是否足够,应急措施之间是否有足够的沟通,以及这些措施是否建立在成员对相关冲击做出反应这一现实假设之上。

（四）商业风险

在很多情况下,支付结算系统会显现商业风险,并可能最终导致支付系统关闭,给系统参与者或者更广泛的经济活动带来损失。

可以实施的用于增强商业风险应对弹性的控制措施包括:

1. 强制的资本充足率要求,以确保对财务冲击进行缓冲。

2. 合法分离基础设施运营所需的关键资产和供应商的其他商业活动,以防止其他部分商业活动失败时债权人动用关键资产。

3. 对供应商提供的基础设施服务以外的其他活动进行强制性监管限制。以CLS银行[①]为例,CLS银行提供外汇市场结算服务以外的商业活动,会受到以纽约联邦储备银行为首的机构的严格联合监管。

四、互联网支付结算的监管

近年来,随着互联网技术和金融业务的深入结合,互联网金融蓬勃发展。互联网金融对支付结算业务产生巨大影响,极大地优化了支付服务、带来了业务创新,由此产生了互联网支付产业。互联网支付产业是网络产业和金融产业两个产业交叉融合发展的产物,随着市场规模的不断扩大,一些新的经济技术特点在产业发展

---

① CLS 全称为 Continuous Linked Settlement,是一家为其成员在外汇交易市场中提供清算服务的美国金融机构。

中不断出现。互联网支付是网上交易中最重要的环节，该环节对安全性和准确性要求非常高。互联网支付是电子支付的一个重要表现形式，它大大提高了电子商务的便利性和快捷性，使得网上交易更加安全，从而吸引了更多的消费者使用互联网支付，交易规模随之大幅度扩大。

（一）互联网支付监管现状

在互联网支付高速发展的同时，也出现了很多问题。例如，企业盈利模式不明晰、经营资质不明确、信用卡套现、沉淀资金利息分配、缺乏市场监管等。在2010年以前，我国并未出台专门的法律来对互联网支付领域进行监管，都是参考相关法律，行业界定及发生纠纷之后的权责界定都比较模糊，同时我国互联网支付行业并没有一个专门的机构来对其进行监管。因此，在这个时期，我国的互联网支付产业在无监管下自由发展，随之而来的就是该产业暴露出大量的问题，同时也制约了自身的发展。《非金融机构支付服务管理办法》的颁布，从行业角度制定了互联网支付行业的一些基础规范，如准入门槛、风险控制、备付金等，力求保障消费者的资金安全，维护消费者的合法权益，此举不仅鼓励了金融创新，更顺应了社会的要求，维护了金融稳定，将对我国金融体系的创新及健康发展产生深远意义。2011年12月31日，《支付机构互联网支付业务管理办法（征求意见稿）》的颁布，标志着我国互联网支付行业进入了一个严厉监管的时代，并且随之发放了第三批支付牌照，获得支付牌照的企业在被央行纳入正规监管的同时，也获得了广阔的发展空间，企业在监管下的正常发展也会促进整个行业的健康发展。

（二）互联网支付监管措施

1. 健全互联网支付行业的法律法规

《非金融机构支付服务管理办法》和《支付机构互联网支付业务管理办法》的颁布，在一定程度上降低了企业的违约率，起到了督促支付企业合法经营的作用。两个法规的出台，对互联网支付的准入管理、沉淀资金监管和消费者权益保护等方面做出了明确规定，但上述法规仍存在一些问题需要进一步完善。

2. 消费者网络隐私保护

根据现有的互联网支付相关法律法规的规定，要求互联网支付机构对客户的个人信息和商业机密进行保密，但是这些都是实物化的信息，并未对客户的网络支付隐私做出明确规定，即当客户隐私受到侵害、无法认定侵权人是否为互联网支付机构时，客户损失该由哪一方来赔付。

3. 互联网支付机构业务外包

现有法规并未规定互联网支付机构不能将其业务外包，因此可能产生由于业务外包而给消费者带来损失的风险，并且该由哪方做出赔偿这方面未做出规定。

4. 互联网支付的违法行为

互联网支付机构在日常交易中很难直接识别资金的真实来源和去向，监管机构也不能监控资金的转移,再加上互联网支付的迅猛发展及其本身的便利性和低成本,更加滋生了利用互联网支付进行的违法犯罪活动。因此,相关法律法规在制定的时候应该将这些违法犯罪行为纳入考虑之中,制定合理的规则来遏制互联网支付的违法行为。

5. 利用现代科技监控互联网支付交易过程

互联网支付的交易过程主要是资金流和物流实行账户绑定,控制资金流,卖方在提供提货单等单据信息后才能在支付平台开设一个与银行账户同名的虚拟账户,而这些单据所含信息可以在工商、质检、税务等机构的平台上共享,相关部门可以介入以保证单据的真实性,此虚拟账户在交易期间只能绑定一个银行账户且不能改变,在交易成功之后,虚拟账户和资金来源账户冲抵,直接从备付金专业存款账户划拨相应资金到卖方银行账户。此举实现了对货物和资金来源去向的定位,可以有针对性地拦截违法交易活动,实现对交易过程资金流的监控。

6. 利用物联网,监控物流

物联网使用到的技术主要有射频识别、红外感应、GPS 全球定位、激光扫描等信息传感技术,只要将物品的信息与互联网对接,就可以实现对物品的定位、跟踪、监控,可利用物联网,全方位跟踪定位货物,保证贸易的真实性。

7. 构建互联网支付监管体系

在互联网支付的监管主体上,虽然《非金融机构支付服务管理办法》明确了中国人民银行(简称"人民银行")的监管主体地位,互联网支付企业从事的资金的清算结算业务也符合人民银行职责中的"维护支付清算系统正常运行"一项。同时,互联网支付企业产生的沉淀资金可能引发的风险会直接影响货币供应量,这属于人民银行监管范围。但是部分互联网支付企业开立的结算账户提供的结算服务,具有跨行转账功能,这是商业银行在日常经营中的业务,而商业银行的业务由银监会负责监管。信息产业部门作为推进信息化建设、维护信息安全的主要管理部门,互联网支付过程中的信息安全、隐私保护,都属于信息产业部门的监管范围。所以综上,我国应该构建以人民银行为主、银监会和信息产业部门为辅的监管体系。

五、支付结算的原则

支付结算的基本原则是单位、个人和银行在进行支付结算活动时所必须遵循的行为准则。根据社会经济发展的需要,在总结我国改革开放以来结算工作经验的基础上,行业主管部门针对支付结算行为,确立了"恪守信用,履约付款;谁的钱进谁的账,由谁支配;银行不垫款"的三项基本原则。中国人民银行发布的《支付结算办法》第十六条也肯定了该三项原则。

(一)恪守信用,履约付款的原则

这一原则要求,结算当事人必须按照共同约定的民事法律关系来享受权利和承担一定的义务,严格遵守信用,依约履行付款的义务,尤其是要按照合约规定的支付时间和支付内容来进行相应的支付。该原则对付款人具有一定的约束力,是维护经济合同秩序,保护当事人利益的重要保证。

(二)谁的钱进谁的账,由谁支配原则

即银行在办理结算时,必须按照存款人的委托,将款项支付给其指定的收款人;对存款人的资金,除国家法律另有规定外,必须由其自由支配。

这一原则主要在于维护存款人对存款资金的所有权或经营权,保证其对资金的自主支配权。银行作为资金结算的中介机构,在办理结算时必须遵循存款人的委托,按照其意志,保证将所收款项支付给其指定的收款人;对存款人的资金,除国家法律另有规定外,必须由其自主支配,其他任何单位、个人以及银行本身都不得对其资金进行干预和侵犯。这一原则既保护了存款人的合法权益,又加强了银行办理结算的责任。

(三)银行不垫款原则

即银行在办理结算过程中,只负责办理结算当事人之间的款项划拨,不承担垫付任何款项的责任。

这一原则主要在于划清银行资金和存款人资金的界限。根据该原则,银行办理结算只负责办理结算当事人之间的资金转移,而不能在结算过程中为其垫付资金。这一原则有利于保护银行资金的所有权或经营权,也有利于促使单位和个人以自己所有或经营管理的财产直接对自己的债务承担责任,从而保证了银行资金的安全。

上述三项原则既可单独发挥作用,也是一个有机的整体,分别从不同角度强调了付款人、收款人和银行在结算过程中的权利义务,从而切实保障了结算活动的正常进行。

思考讨论题:

1. 简述货币在商品交换中的作用。
2. 试分析货币经济与物物交换经济的差别。
3. 简述使用银行卡在商场购物的过程。
4. 请举三个例子,说明支付在经济生活中的作用。
5. 举出五种以上国内和国外使用过的货币。
6. 支付结算的风险何在?

第二章 结算账户管理

第一节 结算账户概述

人民币银行结算账户(简称银行结算账户),是指银行为存款人开立的办理资金收付结算的人民币活期存款账户。

银行结算账户的分类具体如下:

1. 按存款人不同,分为单位银行结算账户和个人银行结算账户

存款人以单位名称开立的银行结算账户为单位银行结算账户,个体工商户凭营业执照以字号或经营者姓名开立的银行结算账户纳入单位银行结算账户管理。

存款人凭个人身份证件以自然人名称开立的银行结算账户为个人银行结算账户,个人银行结算账户是自然人因投资、消费、结算等而开立的可办理支付结算业务的存款账户。

2. 单位银行结算账户按用途分为基本存款账户、一般存款账户、专用存款账户和临时存款账户

(1)基本存款账户

基本存款账户是存款人因办理日常转账结算和现金收付需要开立的银行结算账户,是存款人的主办账户,用于存款人日常经营活动的资金收付及其工资、奖金和现金的支取。存款人只能开设一个基本存款账户,对于已在其他银行开立基本存款账户的单位客户,不得再为其开立基本存款账户。

(2)一般存款账户

一般存款账户是存款人因借款或其他结算需要,在基本存款账户开户银行以外的银行营业机构开立的银行结算账户,用于办理存款人借款转存、借款归还和其他结算的资金收付,该账户可以办理现金缴存,但不得办理现金支取。基本存款账户开户行不得为存款人开立一般存款账户;其取得的贷款,通过基本存款账户核算。

(3)专用存款账户

专用存款账户是存款人按照法律、行政法规和规章，对其特定用途资金进行专项管理和使用而开立的银行结算账户。用于办理各项专用资金的收付，单位银行卡、财政预算外资金、证券交易结算资金、期货交易保证金、信托基金专户资金开立的专用存款账户不得支取现金。其他专用存款账户支取现金应按照中国人民银行现金管理规定办理。

(4) 临时存款账户

临时存款账户是存款人因临时需要并在规定期限内使用而开立的银行结算账户，用于办理临时机构以及存款人临时经营活动发生的资金收付，其期限须根据相关开户证明文件确定，若遇展期必须在有效期内办理有关手续，有效期最长不得超过2年。支取现金应按照国家现金管理的规定办理；注册验资的临时存款账户在验资期间只收不付，注册验资资金的汇缴人应与出资人的名称一致。

第二节 结算账户的开立

一、单位账户开立

存款人申请开立单位银行结算账户时，应按《人民币银行结算账户管理办法》的有关规定，填制开户申请书并提供相应的开户证明，其名称须与证明文件一致。银行应对存款人提交的证明文件的真实性、完整性、合规性进行认真审核，并与存款人签订银行结算账户管理协议，明确双方的权利与义务。

单位银行结算账户的开立条件及开户时应提供的证明文件见表2-1。

表2-1　　　　开立单位银行结算账户应提供的证明文件

账户种类	开户条件	开户证明文件
基本存款账户	(一) 企业法人 (二) 非法人企业 (具有营业执照的企业集团的下属分公司等) (三) 机关、事业单位 (四) 团级 (含) 以上军队、武警部队及分散执勤的支 (分) 队 (五) 社会团体 (六) 民办非企业组织 (不以营利为目的的民办医院、福利院、学校等) (七) 异地常设机构 (八) 外国驻华机构 (九) 个体工商户 (十) 居民委员会、村民委员会、	(一) 企业法人，应出具企业法人营业执照正本 (二) 非法人企业，应出具企业营业执照正本 (三) 机关和实行预算管理的事业单位，应出具政府人事部门或编制委员会的批文或登记证书和财政部门同意其开户的证明；非预算管理的事业单位，应出具政府人事部门或编制委员会的批文或登记证书 (四) 军队、武警团级 (含) 以上单位以及分散执勤的支 (分) 队，应出具军队军级以上单位财务部门、武警总队财务部门的开户证明 (五) 社会团体，应出具社会团体登记证书，宗教组织还应出具宗教事务管理部门的批文或证明 (六) 民办非企业组织，应出具民办非企业登记证书 (七) 外地常设机构，应出具其驻在地政府主管部门的批文

续表

账户种类	开户条件	开户证明文件
	社区委员会 (十一)单位设立的独立核算的附属机构(招待所、食堂、幼儿园等) (十二)其他组织	(八)外国驻华机构,应出具国家有关主管部门的批文或证明;外资企业驻华代表处、办事处应出具国家登记机关颁发的登记证 (九)个体工商户,应出具个体工商户营业执照正本 (十)居民委员会、村民委员会、社区委员会,应出具其主管部门的批文或证明 (十一)独立核算的附属机构,应出具其主管部门的基本存款账户开户登记证和批文 (十二)其他组织,应出具政府主管部门的批文或证明 若存款人为从事生产、经营活动纳税人的,还应出具税务部门颁发的税务登记证
一般存款账户		客户应向银行出具其开立基本存款账户规定的证明文件、基本存款账户开户登记证和下列证明文件: (一)存款人向银行借款,应出具借款合同 (二)存款人因其他结算需要,应出具有关证明
专用存款账户	对下列资金的管理与使用,单位客户可申请开立专用存款账户: (一)基本建设资金 (二)更新改造资金 (三)财政预算外资金 (四)证券交易结算资金 (五)期货交易保证金 (六)信托基金 (七)金融机构存放同业资金 (八)政策性房地产开发资金 (九)单位银行卡备用金 (十)住房基金 (十一)社会保障基金 (十二)收入汇缴资金和业务支出资金 (十三)党、团、工会设在单位的组织机构经费 (十四)其他需要专项管理和使用的资金	客户应向银行出具其开立基本存款账户规定的证明文件、基本存款账户开户登记证和下列证明文件: (一)基本建设资金、更新改造资金、政策性房地产开发资金、住房基金、社会保障基金,应出具主管部门批文 (二)财政预算外资金,应出具财政部门的证明 (三)粮、棉、油收购资金,应出具主管部门批文 (四)单位银行卡备用金,应按照中国人民银行批准的银行卡章程的规定出具有关证明和资料 (五)证券交易结算资金,应出具证券公司或证券管理部门的证明 (六)期货交易保证金,应出具期货公司或期货管理部门的证明 (七)金融机构存放同业资金,应出具其证明 (八)收入汇缴资金和业务支出资金,应出具基本存款账户存款人有关的证明 (九)党、团、工会设在单位的组织机构经费,应出具该单位或有关部门的批文或证明 (十)其他按规定需要专项管理和使用的资金,应出具有关法规、规章或政府部门的有关文件 合格境外机构投资者在境内从事证券投资开立的人民币特殊账户和人民币结算资金账户纳入专用存款账户管理。其开立人民币特殊账户时应出具国家外汇管理部门的批复文件,开立人民币结算资金账户时应出具证券管理部门的证券投资业务许可证

续表

账户种类	开户条件	开户证明文件
临时存款账户	有下列情况的,单位客户可申请开立临时存款账户: (一)设立临时机构 (二)异地临时经营活动 (三)注册验资	(一)临时机构,应出具其驻在地主管部门同意设立临时机构的批文 (二)异地建筑施工及安装单位,应出具其营业执照正本或其隶属单位的营业执照正本,以及施工及安装地建设主管部门核发的许可证或建筑施工及安装合同 (三)异地从事临时经营活动的单位,应出具其营业执照正本以及临时经营地工商行政管理部门的批文 (四)注册验资资金,应出具工商行政管理部门核发的企业名称预先核准通知书或有关部门的批文 属第(二)、(三)项的还应出具其基本存款账户开户登记证

二、个人银行结算账户的开户条件和证明文件

(一)个人银行结算账户的开户条件

1. 使用支票、信用卡等信用支付工具的
2. 办理汇兑、定期借记、定期贷记、借记卡等结算业务的

自然人可根据需要申请开立个人银行结算账户,也可以在已开立的储蓄账户中选择并向开户银行申请确认为个人银行结算账户。

(二)开立个人银行结算账户应当提交的证明文件

银行业金融机构(以下简称银行)为开户申请人开立个人银行账户时,应核验其身份信息,对开户申请人提供身份证件的有效性、开户申请人与身份证件的一致性和开户申请人开户意愿进行核实,不得为身份不明的开户申请人开立银行账户并提供服务,不得开立匿名或假名银行账户。

银行为开户申请人开立个人银行账户时,应要求其提供本人有效身份证件,并对身份证件的真实性、有效性和合规性进行认真审查。银行通过有效身份证件仍无法准确判断开户申请人身份的,应要求其出具辅助身份证明材料。

有效身份证件包括:(1)在中华人民共和国境内已登记常住户口的中国公民为居民身份证;不满十六周岁的,可以使用居民身份证或户口簿。(2)香港、澳门特别行政区居民为港澳居民往来内地通行证。(3)台湾地区居民为台湾居民来往祖国大陆的通行证。(4)定居国外的中国公民为中国护照。(5)外国公民为护照或者外国人永久居留证(外国边民,按照边贸结算的有关规定办理)。(6)法律、行政法规规定的其他身份证明文件。

辅助身份证明材料包括但不限于:(1)中国公民为户口簿、护照、机动车驾驶

证、居住证、社会保障卡、军人和武装警察身份证件、公安机关出具的户籍证明、工作证。(2)香港、澳门特别行政区居民为香港、澳门特别行政区居民身份证。(3)台湾地区居民为在台湾居住的有效身份证明。(4)定居国外的中国公民为定居国外的证明文件。(5)外国公民为外国居民身份证、使领馆人员身份证件或者机动车驾驶证等其他带有照片的身份证件。(6)完税证明、水电煤缴费单等税费凭证。

军人、武装警察尚未领取居民身份证的,除了出具军人和武装警察身份证件外,还应出具军人保障卡或所在单位开具的尚未领取居民身份证的证明材料。

(三)个人银行账户实行分类管理

在现有个人银行账户基础上,增加银行账户种类,将个人银行账户分为Ⅰ类银行账户、Ⅱ类银行账户和Ⅲ类银行账户(以下分别简称Ⅰ类户、Ⅱ类户和Ⅲ类户)。银行可通过Ⅰ类户为存款人提供存款、购买投资理财产品等金融产品、转账、消费和缴费支付、支取现金等服务。银行可通过Ⅱ类户为存款人提供存款、购买投资理财产品等金融产品、限定金额的消费和缴费支付等服务。银行可通过Ⅲ类户为存款人提供限定金额的消费和缴费支付服务。银行不得通过Ⅱ类户和Ⅲ类户为存款人提供存取现金服务,不得为Ⅱ类户和Ⅲ类户发放实体介质。

三、存款人在异地开立银行结算账户的开户条件和证明文件

(一)异地开立银行结算账户的开户条件

1. 营业执照注册地与经营地不在同一行政区域(跨省、市、县)需要开立基本存款账户的。

2. 办理异地借款和其他结算需要开立一般存款账户的。

3. 存款人因附属的非独立核算单位或派出机构发生的收入汇缴或业务支出需要开立专用存款账户的。

4. 异地临时经营活动需要开立临时存款账户的。

5. 自然人根据需要在异地开立个人银行结算账户的。

(二)异地开立银行结算账户,按相关账户提供开户证明文件外,还应当出具以下开户证明文件

1. 经营地与注册地不在同一行政区域的存款人,在异地开立基本存款账户的,应出具注册地中国人民银行分支行的未开立基本存款账户的证明。

2. 异地借款的存款人,在异地开立一般存款账户的,应出具基本存款账户开户登记证和在异地取得贷款的借款合同。

3. 因经营需要在异地办理收入汇缴和业务支出的存款人,在异地开立专用存款账户的,应出具基本存款账户开户登记证和隶属单位的证明。

第三节 结算账户的运用管理

一、账户使用

存款人开立单位银行结算账户，自正式开立之日起3个工作日后，方可办理付款业务；但注册验资的临时存款账户转为基本存款账户和因借款转存开立的一般存款账户除外。个人结算账户的转账收付和现金存取，须按规定提供相关依据；储蓄账户不得办理转账结算。

二、变更与撤销

存款人和银行必须按变更或撤销的相关要求，在规定工作日内办理相应的变更或撤销手续；存款人尚未清偿其开户银行债务的，不得申请撤销该账户；撤销账户必须核对账户余额，交回各种重要空白凭证和开户登记证。

三、账户管理

人民银行是银行结算账户的监督管理部门，负责监督银行结算账户的开立和使用，纠正违规开立和使用银行结算账户的行为。各银行则应委派专人负责账户开立、使用和撤销的审查与管理，对已开立的单位银行结算账户实行年检，对一年未发生收付活动也未欠开户银行债务的账户，应通知存款人销户，逾期未销户的列入久悬未取专户管理。存款人不得出租、出借银行结算账户，不得利用银行结算账户套取银行信用。

思考讨论题：

1. 什么是银行支付结算业务？
2. 简述银行结算账户的分类。
3. 个人银行账户是如何进行分类管理的？

第三章　票据及其法律规定

第一节　票据业务概述

一、票据业务的主要形式及内容

票据是指汇票、本票和支票。其中,汇票是指出票人签发的,委托付款人在见票时或者在指定日期无条件支付确定的金额给收款人或持票人的票据,分为银行汇票和商业汇票。本票(银行本票)是指出票人签发的,承诺自己在见票时无条件支付确定的金额给收款人或者持票人的票据。支票是指出票人签发的,委托办理支票存款业务的银行或者其他金融机构在见票时无条件支付确定的金额给收款人或持票人的票据。

目前票据业务主要包括票据承兑业务、票据贴现业务、票据质押业务和票据转贴现业务四种。

(一)票据承兑业务

票据承兑是指商业汇票的承兑人在汇票上记载一定事项承诺到期支付票款的票据行为。承兑是汇票所独有的行为。之所以汇票需要承兑,是因为汇票出票人和付款人之间仅是一种委托关系,出票人签发汇票,并不等于付款人一定付款,因此,持票人为确定汇票到期时能得到付款,在汇票到期前向付款人进行承兑提示。如果付款人签字承兑,则付款人对汇票的到期付款负有承兑责任,否则持票人有权对其诉讼。可见,商业汇票一经银行承兑,承兑银行必须承担到期无条件付款的责任。因此,票据承兑属于一项授信业务。

(二)票据贴现业务

对持票人来说,贴现是指将未到期票据卖给银行或贴现公司获得流动性的行为。通过票据贴现业务,持票人可以提前收回垫支商业信用的资本,而对于银行和贴现公司来说,贴现是与商业信用结合的放款业务。

（三）票据质押业务

票据质押是指以客户持有的银行承兑汇票作为质押，银行重新开立新的银行承兑汇票来保证客户的结算需要的一种票据业务操作形式。

（四）票据转贴现业务

票据贴现分为直贴、转贴现和再贴现三种。其中：(1)直贴是指客户(持票人)将没有到期的票据卖给贴现银行，以便提前取得现款。一般来说，公司向银行办理的票据贴现属于直贴。(2)转贴现是指银行以贴现方式购得没有到期的票据，并向其他银行或同业机构所做的票据转让。转贴现一般是银行间相互拆借资金的一种方式。(3)再贴现是指贴现银行持未到期的、已贴现汇票向人民银行进行贴现，通过转让汇票取得人民银行再贷款的行为。再贴现是中央银行的一种信用业务，是中央银行为执行货币政策而运用的一种货币政策工具。

二、票据业务的主要经营过程

通常，票据业务经营活动包括票据承兑、票据买入、票据保管、票据卖出和票据托收五个过程，基本涵盖了商业票据从诞生到消亡的全部过程（见图3—1）。

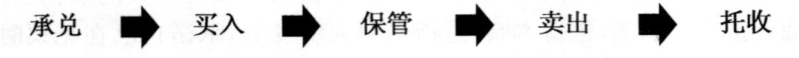

承兑 ➡ 买入 ➡ 保管 ➡ 卖出 ➡ 托收

图3—1 票据业务流程

（一）票据承兑

票据承兑是指银行根据在本行开户客户提出的承兑申请，对客户的资信情况、交易背景情况、担保情况进行审查，决定是否承兑的过程。票据承兑业务一般归类于信贷业务，通过银行承兑，商业信用则转化为银行信用。通常由银行的信贷部门负责。

（二）票据买入

票据买入是指银行根据持票人的申请，通过对票据承兑人、票据本身、跟单资料及申请人资格的审查，决定是否买进并实施的过程。票据买入可分为贴现买入、转贴现买入或买入返售三种形式。

（三）票据保管

票据保管是指银行对所买入的未到期票据在持有期间妥善管理的过程。票据保管是票据市场的附属业务，一般归属于结算业务，由银行的会计结算部门负责。

（四）票据卖出

票据卖出是指银行根据自身经营需要及市场价格等情况决定是否卖出并实施的过程。票据卖出可分为转贴现卖出、卖出回购和再贴现三种形式。票据的买入和卖出都属于票据市场的投融资业务,一般由银行的资金营运部门负责。

(五)票据托收

票据托收是指银行按照收款人(也可以是银行自身)委托以其持有的商业汇票向付款人收取款项的过程。主要包括发出托收、收到托收款项、退票拒付及逾期处理和遗失处理四个方面。

第二节 票据行为的内容与特点

一、票据行为的主要内容

票据行为是引起票据权利义务关系发生的法律行为,包括出票、背书、承兑和保证四种。

(一)出票

出票是指汇票、本票、支票的出票人按照《票据法》规定的记载事项和方式做成票据并支付的一种票据行为。出票是汇票、本票和支票共有的票据行为,是各种票据产生的前提和基础,也是票据行为中最为关键的环节。票据的一切行为均是以出具的票据是否真实、是否合法合规为基础的,票据的法律关系、权利、义务也是要靠出票这一环节予以实现的。在票据的出票行为中,"规定的记载事项和方式"是出具的票据是否有效的重要内容。对在票据中应该记载而没有记载或不应记载而记载的事项,在《票据法》中均认定该票据无效。

(二)背书

背书是票据权利转移和行使的一个证明,是汇票、本票和支票的共有行为。背书主要有三种方式:转让背书、委托收款背书和质押背书。

1. 转让背书

转让背书是以转让票据权利为目的的转让方式,包括背书交付和单纯交付。我国《票据法》规定,持票人转让票据时必须以背书方式进行,单纯交付不产生票据法上的效力,且背书必须是记名式背书,禁止不记名式背书。在票据转让过程中,转让背书的效力表现在:一是权利转移的效力。背书生效后,被背书人从背书人手中取得票据并享有票据的一切权利。二是权利证明效力。持票人只要持有背书连续的票据,法律上就推定他为合法的票据权利人,可以不必证明取得票据的原因,仅凭背书连续即可行使票据权利;债务人也不必要求他做出取得票据的证明就可以付款,只要没有恶意或重大过失,债务人对付款必须承担责任。三是权利担保效力。背书生效后,背书人即成为票据上的债务人,必须承担担保承兑和付款的责任。可见,转让背书中必须注意的是:背书必须记名且背书必须连续。

2. 委托收款背书

委托收款背书又称委任背书,是指以委托他人代替自己行使票据权利,收取票据金额为目的背书。委托收款背书不是票据权利的转让,实际上是代理权在票据上的体现,被背书人是背书人的代理人,而背书人则是被代理人,被背书人(代理人)收取的票据金额必须归于背书人(被代理人),既然被背书人不是票据的所有权人,其也不能以自己的名义将票据进行转让背书。若其要进行转让,必须以背书人的名义(即被代理人的名义)进行。若其自行转让背书,则是属于越权代理,背书无效,这势必影响背书的连续性。

3. 质押背书

质押背书是以设定质权,提供债务担保为目的在票据上进行的背书,被背书人依法实现其债权时,可以行使票据权利。在质押背书中,背书人为出质人,被背书人为质权人。

(三)承兑

承兑是汇票特有的行为,本票和支票均不存在承兑问题。承兑是指汇票的付款人按照《票据法》的规定,在汇票上记载一定的事项,以表示其愿意支付汇票金额的票据行为。

承兑的程序包括两个基本方面:一是持票人的提示承兑;二是付款人的承兑或拒绝承兑。其中,提示承兑是指持票人向付款人出示汇票,请求其承兑的行为。持票人必须在承兑提示期内提示承兑。《票据法》对定日付款、出票后定期付款的汇票以及见票后定期付款的汇票分别规定了不同的承兑提示期限。付款人对向其提示承兑的汇票,应当自收到汇票之日3日内承兑或拒绝承兑。付款人决定承兑的,应当按照《票据法》规定的记载事项和记载方式在汇票上做出承兑。

(四)保证

保证是指票据债务人以外的人,为担保特定债务人履行票据债务而在票据上记载有关事项并签章的行为。

国家机关、以公益为目的的事业单位、社会团体、企业法人的分支机构和职能部门不得作为票据保证人,否则视为票据保证无效。但经国务院批准为外国政府或国际经济组织贷款进行转贷,国家机关提供票据保证以及企业法人的分支机构在法人书面授权范围内提供票据保证的除外。

记载事项包括:(1)保证人在票据或者粘单上未记载"被保证人名称"的:已承兑的票据,承兑人为被保证人;未承兑的票据,出票人为被保证人。(2)保证人在票据或粘单上未记载"保证日期"的,出票日期为保证日期。(3)保证人未在票据或粘单上记载"保证"字样而另行签订保证合同或者保证条款的,不属于票据保证。

被保证的票据,保证人应当与被保证人对持票人承担连带责任。票据到期后得不到付款的,持票人有权向保证人请求付款,保证人应当足额付款。保证人为两人以上的,保证人之间承担连带责任。在保证效力上:(1)保证人对合法取得票据的持票人所享有的票据权利,承担保证责任。但是,被保证人的债务因票据记载事项欠缺而无效的除外。(2)保证不得附有条件;附有条件的,不影响对票据的保证责任。(3)保证人清偿票据债务后,可以行使持票人对被保证人及其前手的追索权。

二、票据行为的主要特点及法律基础

(一)票据行为的主要特点

票据的基本特点主要体现在要式性、无因性、文义性和独立性四个方面。

1. 要式性

要式性是指票据的制作格式和记载事项,必须严格遵守法律规定的方式,才能产生正常的票据效力。也就是说,票据必须按照《票据法》规定的格式进行出票、背书、保证、承兑等票据行为。

《票据法》对每一种票据行为都规定了必要形式,具体表现为:(1)签名。无论出票还是背书、保证、承兑,行为人必须签名或盖章,未在票据上签名或签名不符合规则的,其票据行为无效。(2)书面。各种票据行为的意思表示必须记载在票据上。虽有意思表示,但未记载在票据上,而是记载在其他地方或采用口头形式的,不能产生票据行为。(3)款式。票据上应记载的内容、书写格式和书写之处,均应按《票据法》规定的款式进行。

2. 无因性

票据的无因性是指票据如果具备《票据法》上的条件,票据权利就成立。也就是说,票据行为与作为其发生前提的实质性原因关系相分离,从而使票据行为的效力不再受原因关系的存废或其效力有无的影响。票据行为的这种无因性,也称为票据行为的抽象性或无色性。

3. 文义性

票据的文义性是指一切票据权利义务的内容,应当严格按照票据上记载的文义并根据《票据法》的规定予以解释或确定,此外的任何理由和事项都不得作为根据。据此,即使当事人在票据上记载的文义有误,也不能以票据以外的其他证明来进行变更或补充。票据的文义性有利于保护善意持票人,维护票据的流通性,确保交易安全。

4. 独立性

票据的独立性是指一张票据上存在有多个票据行为时,每个票据行为都独立地产生各自的效力,互不影响。主要表现在:(1)票据行为能力的独立性。如果无民事行为能力的人或者限制民事行为能力的人在票据上签章,其签章无效,但不影响其他签章的效力。(2)票据行为代理上的独立性。无代理权而以代理人名义在

票据上签章的,应由签章人自己承担票据责任;代理人超越代理权限的,应当就其超越权限的部分承担票据责任。(3)票据行为瑕疵上的独立性。这主要体现在票据伪造中,票据上有伪造签章的,票据上其他真实签章的效力并不因此受影响。(4)票据行为保证上的独立性。被保证人的债务即使无效,保证人仍然要承担担保责任。

需要指出的是,尽管票据具有独立性,但在责任上却具有连带性,即:凡在票据上签章的人即为票据债务人,他们对票据债权人承担连带责任。

(二)票据业务的相关法律法规

我国票据业务遵循的法律法规主要有:

1.《票据法》

该法在票据行为、票据权利的行使、票据义务的履行等方面做了全面、系统的规定,确定了调整票据关系、规范票据活动的各项规则和制度,明确了票据的要式性、无因性、文义性和独立性的基本特点,对票据的出票、背书、承兑、保证、付款、追索等行为进行了明确规定。

2.《最高人民法院关于审理票据纠纷案件若干问题的规定》

该规定于2000年2月24日通过,对人民法院受理票据纠纷案件的若干问题做了具体规定。包括:(1)受理和管辖;(2)票据保全;(3)举证责任;(4)票据权利及抗辩;(5)失票救济;(6)票据效力;(7)票据背书;(8)票据保证;(9)法律适用;(10)法律责任。

3.《票据管理实施办法》

为了加强票据活动的管理,保障《票据法》的贯彻实施,促进票据活动的健康发展,中国人民银行根据《票据法》起草了《票据管理实施办法》,该办法自1997年10月1日起施行。该办法结合我国实际,以票据活动的管理为核心,着重规定票据活动的规则和制度,并对《票据法》未做具体规定的一些主要内容做了具体规定。其主要内容包括:(1)出票人、承兑人和保证人的资格;(2)单位和银行在票据上的签章;(3)挂失止付;(4)票据的管理部门为中国人民银行;(5)冻结、止付票据;(6)行政处罚;(7)其他规定。

4.《支付结算办法》

中国人民银行根据《票据法》和《票据管理实施办法》制定了《支付结算办法》,自1997年12月1日起施行。该办法是《票据法》的重要配套制度,体现了《票据法》和《票据管理实施办法》的各项规定,具有很强的实施性和操作性。该办法主要从规范支付活动角度出发,对票据当事人和关系人在支付结算中的权利和义务进行了明确,强化了支付结算纪律和责任。

5.《商业银行承兑、贴现与再贴现管理暂行办法》

该办法是中国人民银行对票据市场监管的重要依据。最重要的几条原则包括:(1)承兑、贴现、转贴现、再贴现的商业汇票应以真实、合法的商品交易为基础。(2)上述票据活动,应遵循平等、公平、自愿和诚实信用的原则;再贴现应当有利于实现货币政策目标。(3)贴现率、再贴现率由中国人民银行制定、发布与调整,转贴现率由交易双方自主商定。

6.《中国人民银行关于完善票据业务制度有关问题的通知》(银发〔2005〕235号)

该通知进一步明确票据业务的相关制度。主要包括:(1)关于商业汇票真实交易关系的审查;(2)关于票据质押的相关处理;(3)关于银行承兑汇票的查询查复方式;(4)其他相关问题。

第三节 票据权利与义务

一、票据权利的定义及取得方式

票据权利是指持票人向票据债务人请求支付票据金额的权利。主要包括付款请求权和追索权。票据权利是一种证券权利,与票据具有不可分离性。票据权利的发生以做成票据为前提,票据权利的转让以交付票据为前提,票据权利的取得以取得票据、占有票据为前提。持票人只有取得票据,才能取得并享有票据权利。根据《票据法》,票据取得的两个基本条件:一是持票人取得票据时必须是善意的,有恶意或重大过失,不得享有票据权利。如,以欺诈、偷盗、胁迫等手段取得票据的,或者明知有前列情形,出于恶意取得票据的,不得享有票据权利。二是持票人取得票据时,必须给付对价,即:票据双方当事人认可的相对应的代价。无对价取得票据的,不得享有优于其前手的权利。

同时,由于票据属于无因证券,持票人对取得票据和债务人应付票据的原因无举证责任。因此,为保护票据的流通安全和无因性质,票据的债务人对此举证责任在债务人出示相关证明之前,法律认定票据的取得均为善意取得。但如果持票人从盗窃者手中出于善意或无重大过失而取得票据,虽然其前手(盗窃者)为恶意取得票据,但该持票人仍然可以正常取得票据权利。

(一)票据付款请求权

票据付款请求权是持票人在规定的提示付款期内,向付款人或承兑人出示票据,请求按照票据上记载的金额付款的权利,是第一次权利。该权利的行使人必须是具有合法权益的正当持票人,行使权利的对象是票据的承兑人或付款人。付款请求权行使后则持票人现实地得到了票据金额并返还票据,承兑人或付款人现实地支付到期票据款项并收回票据,票据关系绝对消灭或完全终止。

针对票据的付款请求权,有几点需要特别指明:(1)票据付款请求权的标的只

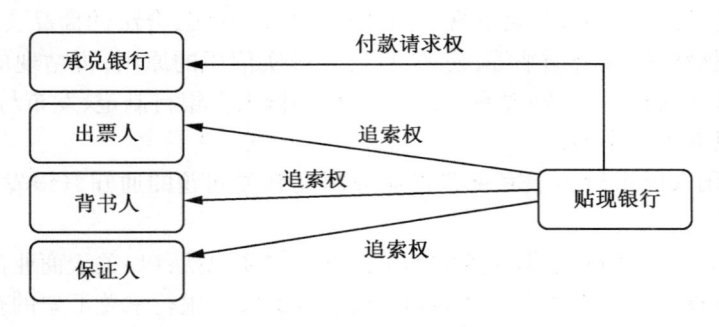

```
承兑银行 ←——付款请求权——┐
出票人   ←——追索权————┤
背书人   ←——追索权————┤ 贴现银行
保证人   ←——追索权————┘
```

图 3—2　票据权利流程

能是金钱,不能是其他物品。因为从票据的文义看,票面金额仅限于确定的金额,所以请求支付的也一定是确定数额的金钱。如果付款人所给付的是物品,持票人有权拒收。(2)持票人提示付款,必须是向其请求支付票据金额的承兑人或付款人出示票据。因为请求支付票据款项,只有向承兑人或付款人出示票据才能行使票据上的权利。(3)提示付款的提示人应当是票据的正当持票人,或者是正当持票人所委托的代理人。如果票据上收款人为两人以上[①]的,可以由全体收款人共同来做提示,也可以由其中的持有票据的一人或数人来做提示。(4)提示付款的期限。提示付款期限按照《票据法》规定分为两种:一种是即期的,称见票即付的票据;另一种是定期的,即定日付款、见票后定期付款的票据。见票即付的票据自出票日起 1 个月或 2 个月内向付款人提示付款;定日付款、出票后定期付款或见票后定期付款的票据自到期日起 10 日内向承兑人提示付款。持票人应当按照法定的期限提示付款。(5)持票人可以通过银行或通过票据交换提示付款。即,票据的持票人委托收款银行或者票据交换系统向付款人提示付款的,其效力视同持票人自己所进行的提示付款。

(二)票据追索权

票据追索权是持票人在票据到期不能获得付款,或票据到期前未能获得承兑时,持票人在做出行使票据权利或保全票据权利行为之后,可以对其前手(包括出票人、背书人或保证人)请求偿还票据金额、利息或其他法定费用的权利。由于追索权产生于票据提示付款或者提示承兑遭到拒绝之后,也就是说在第一次请求权未能实现后产生的权利,所以是票据权利中的第二次权利。

追索权是票据中特有的一种制度,在汇票、本票和支票中都适用。票据中的债务人,无论是出票人、背书人还是承兑人、保证人,只要在票据上签章的,就应依照

———
① 票据收款人为两人以上是指将一张票据作为一个整体为两人以上的人共同持有,而不是将票据分割成独立的几个部分分属于不同的人,或将票据金额分别转让给两人以上的转让背书。

票据上记载事项承担担保票据付款或承兑的责任。因此,追索权的行使不得以其直接前手为限,而是对于所有前手都可以行使。如果在前手中的某一人被追索并做了清偿之后,他对其前手可以再行使追索,一直追索到出票人为止。

持票人向出票人、背书人及票据的其他债务人行使追索权,必须按照票据所规定的法定程序进行,这是行使追索权必须具备的形式要件。行使票据追索权的形式主要包括:(1)提示票据。持票人行使追索权必须在法定期限内向付款人做出票据提示,请求承兑或付款。一旦提示的票据受到拒绝承兑或付款,持票人就可以行使追索权。票据的提示既是行使票据权利的必要行为,也是行使追索权的基本前提。(2)做出拒绝证明。票据经过提示之后,如未获承兑或付款的,都应以一定形式做成拒绝证明,以证实虽然经过提示但未获得结果。拒绝证明是由《票据法》规定的具有法律意义的证明文书,既证实了持票人在行使票据权利时未获结果的事实,又进而成为行使第二次权利(追索权)的必要条件。因为拒绝证明可以使拒绝事实明确,行使追索权的程序简明、便捷。拒绝证明按不同种类可分为四种做成方式:①由承兑人或付款人出具拒绝证明,或者出具退票理由书。未出具拒绝证明或退票理由书,应当承担由此产生的民事责任。②承兑人或付款人死亡、逃匿或其他原因的,由国家授权机关做成有关证明。③承兑人或付款人被人民法院依法宣告破产的,由人民法院出具拒绝证明。④承兑人或付款人因违法被责令终止业务活动的,有关行政主管部门的处罚决定具有拒绝证明的效力。

特别指出的是,票据的追索权是有限制的。按照《票据法》规定,追索权的限制主要体现在三个方面:(1)持票人为出票人的,对其前手无追索权。出票人是票据当事人中的最终债务人,如果出票人在出票之后,票据经过多次转让和受让之后,又为出票人所持有,此时出票人则成为持票人。在行使追索权时,势必追索到出票人自己,所以《票据法》规定,持票人为出票人的,对其前手无追索权,以避免不必要的往返追索。(2)背书人成为持票人后,对其后手无追索权。追索权是持票人对前手行使的权利,背书人在清偿了债务成为持票人后,只能对其前手背书人、出票人以及他们的保证人行使追索权。(3)追索权的丧失。持票人在法定的或约定的期限内不行使票据权利,也不做出保全票据权利的行为,将导致持票人对于票据债务人的追索权归于丧失。需强调的是,持票人在丧失追索权或再追索权后,只是票据权利丧失,但仍享有民事权利、利益偿还请求权。

二、票据权利的丧失与消灭

(一)票据权利丧失

票据权利丧失是指票据关系中的票据权利(包括付款请求权或追索权)的丧失,但并没有丧失《票据法》所指的非票据关系的票据权利以及《合同法》所支持的民事权利。票据权利丧失后可以采取一些保全措施,也就是说,持票人可以向出票

人或承兑人请求偿还额外利益的权利。通常,利益偿还请求权的享有和行使应当具备下列条件:

1. 票据权利必须是曾经有效存在的。
2. 票据权利是因时效超过或保全手续欠缺而已经丧失。
3. 因持票人权利丧失而使出票人或承兑人得到了额外的利益,即出票人或承兑人由于出票行为或承兑行为,已经获得了实际利益,但无须承担相应的票据义务。
4. 请求权人必须是持票人,被请求人必须是出票人或承兑人。

同时,在行使利益偿还请求权时,还应注意:(1)偿还的利益不应超过出票人或承兑人所实际获得的利益。也就是说,偿还仅是偿还应得的利益。(2)偿还利益时,不限于票面金额,还可能涉及一些附加利益。如果附加利益确定是票据金额引起的,也应包含在内。

(二)票据权利消灭

票据权利消灭则是指所有票据权利和民事权利都已经结束。票据权利消灭的事由不同,产生票据权利消灭的情况也不相同,主要有下列几种事由及情况:

1. 付款

它是票据权利消灭最普通、最经常的方式。作为付款人的票据债务人根据票据金额的大小,足额地向票据权利人支付,票据权利人同时将票据交还付款人,票据权利得以实现,全体票据债务人的票据义务解除,票据关系随之消灭。可见,付款行为属于票据权利归于绝对消灭的情形。

2. 清偿被追索的金额

持票人在不获承兑、付款时,可以向其前手行使追索权,请求支付票面金额、利息以及追索支付的费用。清偿人如果为最终债务人时,清偿追索可以消灭全部票据权利,为票据权利的绝对消灭情形之一;清偿人如果还有前手和最终债务人可以发生再追索时,票据权利部分消灭,为票据权利相对消灭的情形之一。

3. 时效届满

票据权利是民事权利,是有时效限制的。我国《票据法》第十七条关于票据权利时效有下列四种情况:(1)汇票、本票的持票人对出票人和承兑人的权利为2年,从到期日(远期票据)或出票日(即期票据)起计算。(2)支票持票人对出票人的权利为6个月,从出票日起计算。(3)各种票据的持票人对出票人以外其他前手的追索权为6个月,从被拒绝承兑或被拒绝付款之日起计算。(4)被追索人对其前手的再追索权为3个月,从清偿之日或被诉之日起计算。可见,我国《票据法》规定的时效是典型的消灭时效。

4. 票据权利的保全手续欠缺

持票人为行使追索权必须进行权利保全,即提示承兑、提示付款并取得拒绝证明。持票人没有保全手续或保全手续欠缺的,持票人的追索权归于消灭。

第四节　票据伪造与变造

一、票据的伪造和变造

票据伪造是指行为人为了达到票据行为的效果,故意假冒他人名义从事的票据行为。比如,假冒他人名义出票或在票据上签章,是票据伪造的前提条件。伪造的做法主要有盗用他人印章、仿制他人印章或制作并无其人的印章而签章等各种假冒手段。

而票据的变造是变造票据签名以外的一切事项,使票据内容与权利均发生变化。如,变造票据金额、付款地、到期日、利息或利率等。票据变造必须具备的条件:(1)必须是变更已经成立的有效票据。被变造的票据,一定是有效的票据,如果一张票据,在外观形式上都不能构成记载齐全,任由行为人加以变更,就不足以构成票据的变造。变造前的票据,应该是有效的,至少在外观上应是如此,变造后的票据也必须是有效的,将无效的票据变成有效,或者将有效的票据变成无效,都不是票据变造。(2)票据的变造是对已有内容的变更。在我国,对空白票据进行补记,无论其是否获得授权,都不认定其为票据变造。(3)必须是变更票据签章以外的其他事项。(4)必须是变更票据的重要记载事项。并非对票据已有内容的任何变更都足以构成票据变造,只有通过更改,致使票据的权利义务发生变化,才是法律所要认定的票据变造。(5)必须是无权限的变更。票据变造,是无变更权限之人擅自在票据上进行内容的改记。无变更权限之人实践中一般应当理解为原记载人或其授权人之外的第三人。我国《票据法》第9条第2、第3款规定:"票据金额、日期、收款人名称不得更改,更改的票据无效。对票据上的其他记载事项,原记载人可以更改,更改时应当由原记载人签章证明。"因此,原记载人可以对票据上记载的除金额、日期、收款人名称以外的内容进行变更记载,更改时由原记载人签章证明,原记载人或由原记载人授权之人对票据内容进行变更,属合法的变更,不构成票据变造。(6)必须是以行使票据权利为目的而进行变更。票据权利,既包括票据请求权,也包括追索权。伪造者伪造票据,其最终目的在于获得票据金钱的支付。这种支付,可以发生在票据流通的各个环节,也可以通过其他各种方式实现,如提示承兑、请求付款、背书转让等。行为人在变更票据记载内容以后,并不以实现票据支付为目的,而是仅为自我欣赏之用将其保存起来,则不构成票据的变造。

二、票据伪造和变造的构成条件及法律后果

（一）票据伪造的构成条件及法律后果

1. 伪造者所为的行为在形式上符合票据行为的要件，伪造出票、背书、承兑、保证这四种票据行为中的任何一种，都构成票据伪造。如果伪造者的行为不属于这些行为，如伪造票据格式或伪造最后持票人在票据上签收等，都不构成票据伪造。

2. 伪造者假冒他人的名义在票据上签章。这是票据伪造的根本。所谓"假冒"是指没有得到他人授权。所谓"他人"，从票据当事人来说，可以是出票人、背书人、承兑人、保证人；从具体个人来说，可以是自然人，也可以是法人；可以是现存的人，也可以是已经死亡的自然人或解散的法人，还可以是不曾存在的人。

3. 伪造者的目的是行使票据，从而使他人蒙受损失，自己从中获益。依据《票据法》第14条规定，伪造票据者应当承担法律责任，但伪造签章的无效不影响票据上其他真实签章的效力。因此，(1)对于伪造人来说，他在票据上的签章为假冒签章时，此签章行为不具有《票据法》上的效力，故伪造人不承担票据责任。但该签章行为属严重违法行为，触犯了刑法和民法。因此，该伪造人须承担刑事责任和民事赔偿责任。(2)对被伪造人来说，由于他自己没有在票据上签章，也未授权他人代其签章，因此，他无须对该签章负票据责任。除非有可归责于被伪造人的事由，如与伪造人恶意串通、应当防范但有疏忽等，被伪造人也不负其他法律责任。(3)对票据上其他真实签章人来说，基于"票据行为独立性"原则，一行为无效一般不影响其他行为的效力，"伪造行为的无效不影响真实签章所为的票据行为的效力"。(4)对持票人来说，他对于伪造人和被伪造人都不能主张票据权利，如果所持票据上有真实签章人，他只能向该签章人行使票据权利；若票据上无真实签章人，持票人只能依民法向伪造人主张民事赔偿。(5)对负有付款债务的付款人(如汇票的承兑人或本票的出票人)来说，他若没能辨认出票据上签章的真伪而对持票人付了款，只要持票人合法，该付款行为有效，付款人不得以票据上有虚假签章为由而请求退还。该付款人由此招致的损失，也只能寻求民法上的救济。(6)对代理付款人(如银行汇票中出票人记载的付款人或支票中出票人记载的付款银行等)来说，如果他按照法律的规定，对票据上的各项记载负了通常的审查义务，但未能辨认出签章真伪而付了款，该付款行为有效，委托人应对此付款行为负责；如果代理付款人在付款时对签章真伪的审查有恶意或重大过失，则付款人应当自行承担责任。

（二）票据变造的构成条件及法律后果

1. 必须是没有变更权限的人所为的变更行为

《票据法》第9条规定，票据金额、日期、收款人名称，任何人都无权变更。"对票据上其他记载事项，原记载人可以更改，更改时应当由原记载人签章证明。"除原

记载人之外,其他人都没有变更权限。即使原记载人,也应当在将票据交付之前变更并且在变更处签章证明,否则也可能构成变造。

2. 变更的事项通常为票据签章之外的其他记载事项,如变更票据金额、票据付款地、票据到期日等

严格地讲,变更的事项足以导致票据权利义务的变化,方构成票据变造。

3. 变更的目的必须是行使票据,从而使他人蒙受损失,变更者从中获益

根据《票据法》第14条规定,变造票据上的记载事项的,应当承担法律责任。同时,"票据上其他记载事项被变造的,在变造之前签章的人,对原记载事项负责;在变造之后签章的,对变造之后的记载事项负责;不能辨认是在票据被变造之前或之后签章的,视同在变造之前签章"。因此,票据变造的法律后果主要是:(1)对变造人来说,变造行为属于严重的违法行为,变造人必须为此行为承担刑事责任和民事赔偿责任。变造人是否对该行为负票据责任,视其是否是票据行为人而定。如果变造人自身就是票据上的票据行为人,则变造人所负的刑事责任和民事责任不影响其应付票据责任。如果变造人仅改写了票据上的记载事项,没有做一定的票据行为,则他只负刑事责任和民事责任。(2)对被变造人(变造之前在票据上签章的所有票据行为人)来说,只对变造之前记载事项承担责任。当然,如果被变造人和变造人恶意串通或变造人经其同意或有可能防止变造而因其疏忽未能防止等,该被变造人也应承担相应的法律责任。(3)对不能辨认其签章在变造之前或之后的签章人来说,法律推定其在变造之前签章,从而按照原记载事项承担票据责任。(4)对持票人来说,因其所持票据上存在瑕疵,其票据权利的实现就受到一定影响。持票人如果向变造之前的签章人主张票据权利,仅能依据原记载事项,而不论其得到票据时所负代价为多少;如果持票人向变造之后的签章人主张票据权利,则有可能实现票据所记载的全部票据权利;如果持票人向变造人主张权利,变造人若同时又是票据行为人,持票人既可以行使票据权利,又可以行使民事赔偿请求权;变造人若不是票据行为人,持票人只能行使民事权利。(5)对付款人和代理付款人来说,票据变造的后果与票据伪造相同。

第五节 票据丧失与补救

一、票据丧失的定义

票据丧失是指票据因焚烧、磨损、污损而完全灭失或因遗弃、被盗、被抢等原因而失去票据占有的情况。由于票据权利的行使以权利人持有票据为基础,因此票据丧失后,行使票据权利便失去了依据。对票据权利人来说,票据权利不因票据的丧失而丧失,但票据的丧失会产生较大的风险,例如,票据权利被无权利人冒用等。

通常，票据丧失主要包括两种情况：一是完全丧失，是指票据本身受到毁灭性损坏，不能恢复原来的形态，所以也称绝对丧失；二是相对丧失，是指持票人失去票据占有，但票据本身仍然存在，且依然完好无损。

二、票据丧失后补救的措施

目前，我国《票据法》对票据的丧失规定的补救措施主要有挂失止付、公示催告和提起诉讼三种。

（一）挂失止付

挂失止付是指票据丧失后，失票人填写挂失止付通知书，详细填明挂失止付人名称、票据丧失时间、票据丧失事由、票据种类、票据号码、票据金额、付款人名称、收款人名称、出票日期、付款日期以及挂失止付人联系地址或电话等事项，并由失票人签章，交由票据付款人，通知其停止付款的暂行性失票救济行为。我国《票据法》第15条规定："票据丧失，失票人可以及时通知票据的付款人挂失止付，但是，未记载付款人或者无法确定付款人及其代理付款人的票据除外。"

（二）公示催告

公示催告是人民法院根据失票人的申请，以公告的方式，通知票据付款人立即停止支付，告知并催促利害关系人在指定的期限内，向人民法院申报权利，如不申报权利，人民法院将依法做出判决，宣告票据无效的程序。

申请公示催告的申请人持有的票据包括汇票、本票、支票，但必须是可以背书转让的。无论是经背书，还是尚未背书；无论是票据被盗窃、被诈骗、自己遗失，还是灭失，只要不是因票据持有人本人的意思而丧失票据的，都可以申请公示催告。申请人在申请公示催告时需要提供以下材料：(1)公示催告申请书。申请书应写明申请人的基本情况(姓名或名称等)、票据的种类、票面金额、票据号码、出票人、收款人、背书人、支付人、支付账户、票据丢失原因等，并写明支付银行全称和地址，由申请人签章确认。(2)申请人主体资格证明材料。申请人是自然人的，需要提供居民身份证、户口簿、护照、港澳台同胞回乡证等与原件核对相符的复印件；申请人是法人或其他组织的，需提供申请人法定代表人(负责人)身份证原件、申请人法定代表人(负责人)身份证复印件、营业执照复印件或工商注册登记查询证明、组织机构代码证复印件或组织机构代码证查询证明。(3)申请人是最后持票人或票据支付地证明。最后持票人证明原件一份(要求从出票人开始，由各个前手背书人出具连续的背书证明，证明申请人为该票据最后持有人)；提交票据存根或银行挂失止付通知书等证明。(4)当事人的委托代理材料、授权委托书(一般授权或特别授权)原件。

（三）提起诉讼

票据丧失后提起的诉讼具有以下特点：在失票人提起诉讼之前，可能已经向付款人发出了挂失止付的通知;此类诉讼的被告既可以是付款人,也可以是出票人、背书人等其他票据债务人。诉讼请求的内容是要求付款人或者其他票据债务人在票据到期日或判决生效后支付或清偿票面金额及相应的利息。

在实务中,失票人已经确认票据遗失,并确认了拾到者,经请求不归还时可以直接起诉;失票人已经确认票据被盗,并且确认了盗窃者,可以直接起诉;失票人申请公示催告期间,在权利申报期限内,申报人申报权利与申请人主张权利发生争执,申报人或申请人可以向人民法院提起诉讼;在申报权利期间利害关系人因正当理由不能在判决前向法院申报权利的,应在知道或应当知道判决公告之日起1年内向做出判决的法院提起诉讼。

失票人向法院提起诉讼时,必须提供所丧失票据的有关书面证明,证明内容应包括已丧失票据所记载的内容和持有该票据的事实依据,并提供必要的证明(例如,商业汇票正反面复印件、贴现凭证原件、前手出具的相关证明等);在普通诉讼中,票据丧失期间的转让行为只要符合相关的法律规定,善意持票人的利益仍受保护;丧失的票据在判决做出之前出现,并被提示付款时,付款人应以票据已被止付为由暂不付款,并迅速通知失票人和法院,法院终结原有的票据遗失诉讼程序。当失票人与提示付款人对票据权利无争议时,由真正的票据债权人持有票据并依法享有票据权利;当失票人与提示付款人对票据权利有争议时,任何一方均可向人民法院提起票据权利纠纷诉讼,请求人民法院依法确认。

思考讨论题:
1. 简述票据业务的主要形式及内容。
2. 简述票据行为的主要特点。
3. 简述票据行为的主要内容。

附一　中国人民银行《支付结算办法》

中国人民银行关于印发《支付结算办法》的通知

(1997年9月19日中国人民银行银发〔1997〕393号公布)

中国人民银行各省、自治区、直辖市分行,深圳经济特区分行;各政策性银行,国有商业银行,交通银行,中信实业银行,中国光大银行,华夏银行,中国民生银行:

为了贯彻实施《中华人民共和国票据法》和国务院批准的《票据管理实施办法》,维护支付结算秩序,促进社会主义市场经济的发展,现将《支付结算办法》印发你们执行,并通知如下:

一、《支付结算办法》自1997年12月1日起施行,同时废止1988年12月19日印发的《银行结算办法》。

二、自1997年12月1日起取消国有商业银行签发50万元大额银行汇票通过人民银行清算资金的规定;各商业银行跨系统汇划款项和系统内50万元(含)以上大额汇划款项仍通过人民银行清算资金和转汇。

三、华东三省一市银行汇票结算办法及其会计核算手续将另文下发,新办法下发之前,仍按现行办法执行。

四、各家银行要加强领导,做好宣传、培训和组织执行等各项准备工作,确保《支付结算办法》的顺利实行。

对《支付结算办法》施行中的情况和问题,请及时报告中国人民银行总行。

中国人民银行
一九九七年九月十九日

支付结算办法

第一章 总 则

第一条 为了规范支付结算行为,保障支付结算活动中当事人的合法权益,加速资金周转和商品流通,促进社会主义市场经济的发展,依据《中华人民共和国票据法》(以下简称《票据法》)和《票据管理实施办法》以及有关法律、行政法规,制定本办法。

第二条 中华人民共和国境内人民币的支付结算适用本办法,但中国人民银行另有规定的除外。

第三条 本办法所称支付结算是指单位、个人在社会经济活动中使用票据、信用卡和汇兑、托收承付、委托收款等结算方式进行货币给付及其资金清算的行为。

第四条 支付结算工作的任务,是根据经济往来组织支付结算,准确、及时、安全办理支付结算,按照有关法律、行政法规和本办法的规定管理支付结算,保障支付结算活动的正常进行。

第五条 银行、城市信用合作社、农村信用合作社(以下简称"银行")以及单位和个人(含个体工商户),办理支付结算必须遵守国家的法律、行政法规和本办法的各项规定,不得损害社会公共利益。

第六条 银行是支付结算和资金清算的中介机构。未经中国人民银行批准的非银行金融机构和其他单位不得作为中介机构经营支付结算业务。但法律、行政法规另有规定的除外。

第七条 单位、个人和银行应当按照《银行账户管理办法》的规定开立、使用账户。

第八条 在银行开立存款账户的单位和个人办理支付结算,账户内须有足够的资金保证支付,本办法另有规定的除外。没有开立存款账户的个人向银行交付款项后,也可以通过银行办理支付结算。

第九条 票据和结算凭证是办理支付结算的工具。单位、个人和银行办理支付结算,必须使用按中国人民银行统一规定印制的票据凭证和统一规定的结算凭证。

未使用按中国人民银行统一规定印制的票据,票据无效;未使用中国人民银行统一规定格式的结算凭证,银行不予受理。

第十条 单位、个人和银行签发票据、填写结算凭证,应按照本办法和附一《正确填写票据和结算凭证的基本规定》记载,单位和银行的名称应当记载全称或者规范化简称。

第十一条 票据和结算凭证上的签章,为签名、盖章或者签名加盖章。

单位、银行在票据上的签章和单位在结算凭证上的签章,为该单位、银行的盖章加其法定代表人或其授权的代理人的签名或盖章。

个人在票据和结算凭证上的签章,应为该个人本名的签名或盖章。

第十二条 票据和结算凭证的金额、出票或签发日期、收款人名称不得更改,更改的票据无效;更改的结算凭证,银行不予受理。

对票据和结算凭证上的其他记载事项,原记载人可以更改,更改时应当由原记载人在更改处签章证明。

第十三条 票据和结算凭证金额以中文大写和阿拉伯数码同时记载,二者必须一致,二者不一致的票据无效;二者不一致的结算凭证,银行不予受理。

少数民族地区和外国驻华使领馆根据实际需要,金额大写可以使用少数民族文字或者外国文字记载。

第十四条 票据和结算凭证上的签章和其他记载事项应当真实,不得伪造、变造。

票据上有伪造、变造的签章的,不影响票据上其他当事人真实签章的效力。

本条所称的伪造是指无权限人假冒他人或虚构人名义签章的行为。签章的变造属于伪造。

本条所称的变造是指无权更改票据内容的人,对票据上签章以外的记载事项加以改变的行为。

第十五条 办理支付结算需要交验的个人有效身份证件是指居民身份证、军官证、警官证、文职干部证、士兵证、户口簿、护照、港澳台同胞回乡证等符合法律、行政法规以及国家有关规定的身份证件。

第十六条 单位、个人和银行办理支付结算必须遵守下列原则:

(一)恪守信用,履约付款;

(二)谁的钱进谁的账,由谁支配;

(三)银行不垫款。

第十七条 银行以善意且符合规定和正常操作程序审查，对伪造、变造的票据和结算凭证上的签章以及需要交验的个人有效身份证件，未发现异常而支付金额的，对出票人或付款人不再承担受委托付款的责任，对持票人或收款人不再承担付款的责任。

第十八条 依法背书转让的票据，任何单位和个人不得冻结票据款项。但是法律另有规定的除外。

第十九条 银行依法为单位、个人在银行开立的基本存款账户、一般存款账户、专用存款账户和临时存款账户的存款保密，维护其资金的自主支配权。对单位、个人在银行开立上述存款账户的存款，除国家法律、行政法规另有规定外，银行不得为任何单位或者个人查询；除国家法律另有规定外，银行不代任何单位或者个人冻结、扣款，不得停止单位、个人存款的正常支付。

第二十条 支付结算实行集中统一和分级管理相结合的管理体制。

中国人民银行总行负责制定统一的支付结算制度，组织、协调、管理、监督全国的支付结算工作，调解、处理银行之间的支付结算纠纷。

中国人民银行省、自治区、直辖市分行根据统一的支付结算制度制定实施细则，报总行备案；根据需要可以制定单项支付结算办法，报经中国人民银行总行批准后执行。中国人民银行分、支行负责组织、协调、管理、监督本辖区的支付结算工作，调解、处理本辖区银行之间的支付结算纠纷。

政策性银行、商业银行总行可以根据统一的支付结算制度，结合本行情况，制定具体管理实施办法，报经中国人民银行总行批准后执行。政策性银行、商业银行负责组织、管理、协调本行内的支付结算工作，调解、处理本行内分支机构之间的支付结算纠纷。

第二章 票 据

第一节 基本规定

第二十一条 本办法所称票据，是指银行汇票、商业汇票、银行本票和支票。

第二十二条 票据的签发、取得和转让，必须具有真实的交易关系和债权债务关系。

票据的取得，必须给付对价。但因税收、继承、赠与可以依法无偿取得票据的，不受给付对价的限制。

第二十三条 银行汇票的出票人在票据上的签章，应为经中国人民银行批准使用的该银行汇票专用章加其法定代表人或其授权经办人的签名或者盖章。银行承兑商业汇票、办理商业汇票转贴现、再贴现时的签章，应为经中国人民银行批准使用的该银行汇票专用章加其法定代表人或其授权经办人的签名或者盖章。银行本票的出票人在票据上的签章，应为经中国人民银行批准使用的该银行本票专用章加其法定代表人或其授权经办人的签名或者盖章。

单位在票据上的签章,应为该单位的财务专用章或者公章加其法定代表人或其授权的代理人的签名或者盖章。个人在票据上的签章,应为该个人的签名或者盖章。

支票的出票人和商业承兑汇票的承兑人在票据上的签章,应为其预留银行的签章。

第二十四条 出票人在票据上的签章不符合《票据法》、《票据管理实施办法》和本办法规定的,票据无效;承兑人、保证人在票据上的签章不符合《票据法》、《票据管理实施办法》和本办法规定的,其签章无效,但不影响其他符合规定签章的效力;背书人在票据上的签章不符合《票据法》、《票据管理实施办法》和本办法规定的,其签章无效,但不影响其前手符合规定签章的效力。

第二十五条 出票人在票据上的记载事项必须符合《票据法》、《票据管理实施办法》和本办法的规定。票据上可以记载《票据法》和本办法规定事项以外的其他出票事项,但是该记载事项不具有票据上的效力,银行不负审查责任。

第二十六条 区域性银行汇票仅限于出票人向本区域内的收款人出票,银行本票和支票仅限于出票人向其票据交换区域内的收款人出票。

第二十七条 票据可以背书转让,但填明"现金"字样的银行汇票、银行本票和用于支取现金的支票不得背书转让。

区域性银行汇票仅限于在本区域内背书转让。银行本票、支票仅限于在其票据交换区域内背书转让。

第二十八条 区域性银行汇票和银行本票、支票出票人向规定区域以外的收款人出票的,背书人向规定区域以外的被背书人转让票据的,区域外的银行不予受理,但出票人、背书人仍应承担票据责任。

第二十九条 票据背书转让时,由背书人在票据背面签章、记载被背书人名称和背书日期。背书未记载日期的,视为在票据到期日前背书。

持票人委托银行收款或以票据质押的,除按上款规定记载背书外,还应在背书人栏记载"委托收款"或"质押"字样。

第三十条 票据出票人在票据正面记载"不得转让"字样的,票据不得转让;其直接后手再背书转让的,出票人对其直接后手的被背书人不承担保证责任,对被背书人提示付款或委托收款的票据,银行不予受理。

票据背书人在票据背面背书人栏记载"不得转让"字样的,其后手再背书转让的,记载"不得转让"字样的背书人对其后手的被背书人不承担保证责任。

第三十一条 票据被拒绝承兑、拒绝付款或者超过付款提示期限的,不得背书转让。背书转让的,背书人应当承担票据责任。

第三十二条 背书不得附有条件。背书附有条件的,所附条件不具有票据上的效力。

第三十三条　以背书转让的票据,背书应当连续。持票人以背书的连续,证明其票据权利。非经背书转让,而以其他合法方式取得票据的,依法举证,证明其票据权利。

背书连续,是指票据第一次背书转让的背书人是票据上记载的收款人,前次背书转让的被背书人是后一次背书转让的背书人,依次前后衔接,最后一次背书转让的被背书人是票据的最后持票人。

第三十四条　票据的背书人应当在票据背面的背书栏依次背书。背书栏不敷背书的,可以使用统一格式的粘单,粘附于票据凭证上规定的粘接处。粘单上的第一记载人,应当在票据和粘单的粘接处签章。

第三十五条　银行汇票、商业汇票和银行本票的债务可以依法由保证人承担保证责任。

保证人必须按照《票据法》的规定在票据上记载保证事项。保证人为出票人、承兑人保证的,应将保证事项记载在票据的正面;保证人为背书人保证的,应将保证事项记载在票据的背面或粘单上。

第三十六条　商业汇票的持票人超过规定期限提示付款的,丧失对其前手的追索权,持票人在作出说明后,仍可以向承兑人请求付款。

银行汇票、银行本票的持票人超过规定期限提示付款的,丧失对出票人以外的前手的追索权,持票人在作出说明后,仍可以向出票人请求付款。

支票的持票人超过规定的期限提示付款的,丧失对出票人以外的前手的追索权。

第三十七条　通过委托收款银行或者通过票据交换系统向付款人或代理付款人提示付款的,视同持票人提示付款;其提示付款日期以持票人向开户银行提交票据日为准。

付款人或代理付款人应于见票当日足额付款。

本条所称"代理付款人"是指根据付款人的委托,代理其支付票据金额的银行。

第三十八条　票据债务人对下列情况的持票人可以拒绝付款:

(一)对不履行约定义务的与自己有直接债权债务关系的持票人;

(二)以欺诈、偷盗或者胁迫等手段取得票据的持票人;

(三)对明知有欺诈、偷盗或者胁迫等情形,出于恶意取得票据的持票人;

(四)明知债务人与出票人或者持票人的前手之间存在抗辩事由而取得票据的持票人;

(五)因重大过失取得不符合《票据法》规定的票据的持票人;

(六)对取得背书不连续票据的持票人;

(七)符合《票据法》规定的其他抗辩事由。

第三十九条 票据债务人对下列情况不得拒绝付款：

（一）与出票人之间有抗辩事由；

（二）与持票人的前手之间有抗辩事由。

第四十条 票据到期被拒绝付款或者在到期前被拒绝承兑，承兑人或付款人死亡、逃匿的，承兑人或付款人被依法宣告破产的或者因违法被责令终止业务活动的，持票人可以对背书人、出票人以及票据的其他债务人行使追索权。

持票人行使追索权，应当提供被拒绝承兑或者被拒绝付款的拒绝证明或者退票理由书以及其他有关证明。

第四十一条 本办法所称"拒绝证明"应当包括下列事项：

（一）被拒绝承兑、付款的票据种类及其主要记载事项；

（二）拒绝承兑、付款的事实依据和法律依据；

（三）拒绝承兑、付款的时间；

（四）拒绝承兑人、拒绝付款人的签章。

第四十二条 本办法所称退票理由书应当包括下列事项：

（一）所退票据的种类；

（二）退票的事实依据和法律依据；

（三）退票时间；

（四）退票人签章。

第四十三条 本办法所称的其他证明是指：

（一）医院或者有关单位出具的承兑人、付款人死亡证明；

（二）司法机关出具的承兑人、付款人逃匿的证明；

（三）公证机关出具的具有拒绝证明效力的文书。

第四十四条 持票人应当自收到被拒绝承兑或者被拒绝付款的有关证明之日起3日内，将被拒绝事由书面通知其前手；其前手应当自收到通知之日起3日内书面通知其再前手。持票人也可以同时向各票据债务人发出书面通知。

未按照前款规定期限通知的，持票人仍可以行使追索权。

第四十五条 持票人可以不按照票据债务人的先后顺序，对其中任何一人、数人或者全体行使追索权。

持票人对票据债务人中的一人或者数人已经进行追索的，对其他票据债务人仍可以行使追索权。被追索人清偿债务后，与持票人享有同一权利。

第四十六条 持票人行使追索权，可以请求被追索人支付下列金额和费用：

（一）被拒绝付款的票据金额；

（二）票据金额自到期日或者提示付款日起至清偿日止按照中国人民银行规定的同档次流动资金贷款利率计算的利息；

（三）取得有关拒绝证明和发出通知书的费用。

被追索人清偿债务时,持票人应当交出票据和有关拒绝证明,并出具所收到利息和费用的收据。

第四十七条 被追索人依照前条规定清偿后,可以向其他票据债务人行使再追索权,请求其他票据债务人支付下列金额和费用:

(一)已清偿的全部金额;

(二)前项金额自清偿日起至再追索清偿日止,按照中国人民银行规定的同档次流动资金贷款利率计算的利息;

(三)发出通知书的费用。

行使再追索权的被追索人获得清偿时,应当交出票据和有关拒绝证明,并出具所收到利息和费用的收据。

第四十八条 已承兑的商业汇票、支票、填明"现金"字样和代理付款人的银行汇票以及填明"现金"字样的银行本票丧失,可以由失票人通知付款人或者代理付款人挂失止付。

未填明"现金"字样和代理付款人的银行汇票以及未填明"现金"字样的银行本票丧失,不得挂失止付。

第四十九条 允许挂失止付的票据丧失,失票人需要挂失止付的,应填写挂失止付通知书并签章。挂失止付通知书应当记载下列事项:

(一)票据丧失的时间、地点、原因;

(二)票据的种类、号码、金额、出票日期、付款日期、付款人名称、收款人名称;

(三)挂失止付人的姓名、营业场所或者住所以及联系方法。

欠缺上述记载事项之一的,银行不予受理。

第五十条 付款人或者代理付款人收到挂失止付通知书后,查明挂失票据确未付款时,应立即暂停支付。付款人或者代理付款人自收到挂失止付通知书之日起12日内没有收到人民法院的止付通知书的,自第13日起,持票人提示付款并依法向持票人付款的,不再承担责任。

第五十一条 付款人或者代理付款人在收到挂失止付通知书之前,已经向持票人付款的,不再承担责任。但是,付款人或者代理付款人以恶意或者重大过失付款的除外。

第五十二条 银行汇票的付款地为代理付款人或出票人所在地,银行本票的付款地为出票人所在地,商业汇票的付款地为承兑人所在地,支票的付款地为付款人所在地。

第二节 银行汇票

第五十三条 银行汇票是出票银行签发的,由其在见票时按照实际结算金额无条件支付给收款人或者持票人的票据。

银行汇票的出票银行为银行汇票的付款人。

第五十四条 单位和个人各种款项结算,均可使用银行汇票。

银行汇票可以用于转账,填明"现金"字样的银行汇票也可以用于支取现金。

第五十五条 银行汇票的出票和付款,全国范围限于中国人民银行和各商业银行参加"全国联行往来"的银行机构办理。跨系统银行签发的转账银行汇票的付款,应通过同城票据交换将银行汇票和解讫通知提交给同城的有关银行审核支付后抵用。代理付款人不得受理未在本行开立存款账户的持票人为单位直接提交的银行汇票。省、自治区、直辖市内和跨省、市的经济区域内银行汇票的出票和付款,按照有关规定办理。

银行汇票的代理付款人是代理本系统出票银行或跨系统签约银行审核支付汇票款项的银行。

第五十六条 签发银行汇票必须记载下列事项:

(一)表明"银行汇票"的字样;

(二)无条件支付的承诺;

(三)出票金额;

(四)付款人名称;

(五)收款人名称;

(六)出票日期;

(七)出票人签章。

欠缺记载上列事项之一的,银行汇票无效。

第五十七条 银行汇票的提示付款期限自出票日起1个月。

持票人超过付款期限提示付款的,代理付款人不予受理。

第五十八条 申请人使用银行汇票,应向出票银行填写"银行汇票申请书",填明收款人名称、汇票金额、申请人名称、申请日期等事项并签章,签章为其预留银行的签章。

申请人和收款人均为个人,需要使用银行汇票向代理付款人支取现金的,申请人须在"银行汇票申请书"上填明代理付款人名称,在"汇票金额"栏先填写"现金"字样,后填写汇票金额。

申请人或者收款人为单位的,不得在"银行汇票申请书"上填明"现金"字样。

第五十九条 出票银行受理银行汇票申请书,收妥款项后签发银行汇票,并用压数机压印出票金额,将银行汇票和解讫通知一并交给申请人。

签发转账银行汇票,不得填写代理付款人名称,但由人民银行代理兑付银行汇票的商业银行,向设有分支机构地区签发转账银行汇票的除外。

签发现金银行汇票,申请人和收款人必须均为个人,收妥申请人交存的现金后,在银行汇票"出票金额"栏先填写"现金"字样,后填写出票金额,并填写代理付款人名称。申请人或者收款人为单位的,银行不得为其签发现金银行汇票。

第六十条　申请人应将银行汇票和解讫通知一并交付给汇票上记明的收款人。

收款人受理银行汇票时,应审查下列事项:

(一)银行汇票和解讫通知是否齐全,汇票号码和记载的内容是否一致;

(二)收款人是否确为本单位或本人;

(三)银行汇票是否在提示付款期限内;

(四)必须记载的事项是否齐全;

(五)出票人签章是否符合规定,是否有压数机压印的出票金额,并与大写出票金额一致;

(六)出票金额、出票日期、收款人名称是否更改,更改的其他记载事项是否由原记载人签章证明。

第六十一条　收款人受理申请人交付的银行汇票时,应在出票金额以内,根据实际需要的款项办理结算,并将实际结算金额和多余金额准确、清晰地填入银行汇票和解讫通知的有关栏内。未填明实际结算金额和多余金额或实际结算金额超过出票金额的,银行不予受理。

第六十二条　银行汇票的实际结算金额不得更改,更改实际结算金额的银行汇票无效。

第六十三条　收款人可以将银行汇票背书转让给被背书人。

银行汇票的背书转让以不超过出票金额的实际结算金额为准。未填写实际结算金额或实际结算金额超过出票金额的银行汇票不得背书转让。

第六十四条　被背书人受理银行汇票时,除按照第六十条的规定审查外,还应审查下列事项:

(一)银行汇票是否记载实际结算金额,有无更改,其金额是否超过出票金额;

(二)背书是否连续,背书人签章是否符合规定,背书使用粘单的是否按规定签章;

(三)背书人为个人的身份证件。

第六十五条　持票人向银行提示付款时,必须同时提交银行汇票和解讫通知,缺少任何一联,银行不予受理。

第六十六条　在银行开立存款账户的持票人向开户银行提示付款时,应在汇票背面"持票人向银行提示付款签章"处签章,签章须与预留银行签章相同,并将银行汇票和解讫通知、进账单送交开户银行。银行审查无误后办理转账。

第六十七条　未在银行开立存款账户的个人持票人,可以向选择的任何一家银行机构提示付款。提示付款时,应在汇票背面"持票人向银行提示付款签章"处签章,并填明本人身份证件名称、号码及发证机关,由其本人向银行提交身份证件及其复印件。银行审核无误后,将其身份证件复印件留存备查,并以持票人的姓名开立应解汇款及临时存款账户,该账户只付不收,付完清户,不计付利息。

转账支付的,应由原持票人向银行填制支款凭证,并由本人交验其身份证件办理支付款项。该账户的款项只能转入单位或个体工商户的存款账户,严禁转入储蓄和信用卡账户。

支取现金的,银行汇票上必须有出票银行按规定填明的"现金"字样,才能办理。未填明"现金"字样,需要支取现金的,由银行按照国家现金管理规定审查支付。

持票人对填明"现金"字样的银行汇票,需要委托他人向银行提示付款的,应在银行汇票背面背书栏签章,记载"委托收款"字样、被委托人姓名和背书日期以及委托人身份证件名称、号码、发证机关。被委托人向银行提示付款时,也应在银行汇票背面"持票人向银行提示付款签章"处签章,记载证件名称、号码及发证机关,并同时向银行交验委托人和被委托人的身份证件及其复印件。

第六十八条 银行汇票的实际结算金额低于出票金额的,其多余金额由出票银行退交申请人。

第六十九条 持票人超过期限向代理付款银行提示付款不获付款的,须在票据权利时效内向出票银行作出说明,并提供本人身份证件或单位证明,持银行汇票和解讫通知向出票银行请求付款。

第七十条 申请人因银行汇票超过付款提示期限或其他原因要求退款时,应将银行汇票和解讫通知同时提交到出票银行。申请人为单位的,应出具单位的证明;申请人为个人的,应出具本人的身份证件。对于代理付款银行查询的该张银行汇票,应在汇票提示付款期满后方能办理退款。出票银行对于转账银行汇票的退款,只能转入原申请人账户;对于符合规定填明"现金"字样银行汇票的退款,才能退付现金。

申请人缺少解讫通知要求退款的,出票银行应于银行汇票提示付款期满一个月后办理。

第七十一条 银行汇票丧失,失票人可以凭人民法院出具的其享有票据权利的证明,向出票银行请求付款或退款。

第三节 商业汇票

第七十二条 商业汇票是出票人签发的,委托付款人在指定日期无条件支付确定的金额给收款人或者持票人的票据。

第七十三条 商业汇票分为商业承兑汇票和银行承兑汇票。

商业承兑汇票由银行以外的付款人承兑。

银行承兑汇票由银行承兑。

商业汇票的付款人为承兑人。

第七十四条 在银行开立存款账户的法人以及其他组织之间,必须具有真实的交易关系或债权债务关系，才能使用商业汇票。

第七十五条 商业承兑汇票的出票人，为在银行开立存款账户的法人以及其他组织，与付款人具有真实的委托付款关系，具有支付汇票金额的可靠资金来源。

第七十六条 银行承兑汇票的出票人必须具备下列条件：

（一）在承兑银行开立存款账户的法人以及其他组织；

（二）与承兑银行具有真实的委托付款关系；

（三）资信状况良好，具有支付汇票金额的可靠资金来源。

第七十七条 出票人不得签发无对价的商业汇票用以骗取银行或者其他票据当事人的资金。

第七十八条 签发商业汇票必须记载下列事项：

（一）表明"商业承兑汇票"或"银行承兑汇票"的字样；

（二）无条件支付的委托；

（三）确定的金额；

（四）付款人名称；

（五）收款人名称；

（六）出票日期；

（七）出票人签章。

欠缺记载上列事项之一的，商业汇票无效。

第七十九条 商业承兑汇票可以由付款人签发并承兑，也可以由收款人签发交由付款人承兑。

银行承兑汇票应由在承兑银行开立存款账户的存款人签发。

第八十条 商业汇票可以在出票时向付款人提示承兑后使用，也可以在出票后先使用再向付款人提示承兑。

定日付款或者出票后定期付款的商业汇票，持票人应当在汇票到期日前向付款人提示承兑。见票后定期付款的汇票，持票人应当自出票日起1个月内向付款人提示承兑。

汇票未按照规定期限提示承兑的，持票人丧失对其前手的追索权。

第八十一条 商业汇票的付款人接到出票人或持票人向其提示承兑的汇票时，应当向出票人或持票人签发收到汇票的回单，记明汇票提示承兑日期并签章。付款人应当在自收到提示承兑的汇票之日起3日内承兑或者拒绝承兑。

付款人拒绝承兑的，必须出具拒绝承兑的证明。

第八十二条 商业汇票的承兑银行，必须具备下列条件：

（一）与出票人具有真实的委托付款关系；

（二）具有支付汇票金额的可靠资金；

（三）内部管理完善，经其法人授权的银行审定。

第八十三条 银行承兑汇票的出票人或持票人向银行提示承兑时,银行的信贷部门负责按照有关规定和审批程序,对出票人的资格、资信、购销合同和汇票记载的内容进行认真审查,必要时可由出票人提供担保。符合规定和承兑条件的,与出票人签订承兑协议。

第八十四条 付款人承兑商业汇票,应当在汇票正面记载"承兑"字样和承兑日期并签章。

第八十五条 付款人承兑商业汇票,不得附有条件;承兑附有条件的,视为拒绝承兑。

第八十六条 银行承兑汇票的承兑银行,应按票面金额向出票人收取万分之五的手续费。

第八十七条 商业汇票的付款期限,最长不得超过6个月。

定日付款的汇票付款期限自出票日起计算,并在汇票上记载具体的到期日。

出票后定期付款的汇票付款期限自出票日起按月计算,并在汇票上记载。

见票后定期付款的汇票付款期限自承兑或拒绝承兑日起按月计算,并在汇票上记载。

第八十八条 商业汇票的提示付款期限,自汇票到期日起10日。

持票人应在提示付款期限内通过开户银行委托收款或直接向付款人提示付款。对异地委托收款的,持票人可匡算邮程,提前通过开户银行委托收款。持票人超过提示付款期限提示付款的,持票人开户银行不予受理。

第八十九条 商业承兑汇票的付款人开户银行收到通过委托收款寄来的商业承兑汇票,将商业承兑汇票留存,并及时通知付款人。

(一)付款人收到开户银行的付款通知,应在当日通知银行付款。付款人在接到通知日的次日起3日内(遇法定休假日顺延,下同)未通知银行付款的,视同付款人承诺付款,银行应于付款人接到通知日的次日起第4日(法定休假日顺延,下同)上午开始营业时,将票款划给持票人。

付款人提前收到由其承兑的商业汇票,应通知银行于汇票到期日付款。付款人在接到通知日的次日起3日内未通知银行付款,付款人接到通知日的次日起第4日在汇票到期日之前的,银行应于汇票到期日将票款划给持票人。

(二)银行在办理划款时,付款人存款账户不足支付的,应填制付款人未付票款通知书,连同商业承兑汇票邮寄持票人开户银行转交持票人。

(三)付款人存在合法抗辩事由拒绝支付的,应自接到通知日的次日起3日内,作成拒绝付款证明送交开户银行,银行将拒绝付款证明和商业承兑汇票邮寄持票人开户银行转交持票人。

第九十条 银行承兑汇票的出票人应于汇票到期前将票款足额交存其开户银行。承兑银行应在汇票到期日或到期日后的见票当日支付票款。

承兑银行存在合法抗辩事由拒绝支付的,应自接到商业汇票的次日起 3 日内,作成拒绝付款证明,连同商业银行承兑汇票邮寄持票人开户银行转交持票人。

第九十一条 银行承兑汇票的出票人于汇票到期日未能足额交存票款时,承兑银行除凭票向持票人无条件付款外,对出票人尚未支付的汇票金额按照每天万分之五计收利息。

第九十二条 商业汇票的持票人向银行办理贴现必须具备下列条件:
(一)在银行开立存款账户的企业法人以及其他组织;
(二)与出票人或者直接前手之间具有真实的商品交易关系;
(三)提供与其直接前手之间的增值税发票和商品发运单据复印件。

第九十三条 符合条件的商业汇票的持票人可持未到期的商业汇票连同贴现凭证向银行申请贴现。贴现银行可持未到期的商业汇票向其他银行转贴现,也可向中国人民银行申请再贴现。贴现、转贴现、再贴现时,应作成转让背书,并提供贴现申请人与其直接前手之间的增值税发票和商品发运单据复印件。

第九十四条 贴现、转贴现和再贴现的期限从其贴现之日起至汇票到期日止。实付贴现金额按票面金额扣除贴现日至汇票到期前 1 日的利息计算。
承兑人在异地的,贴现、转贴现和再贴现的期限以及贴现利息的计算应另加 3 天的划款日期。

第九十五条 贴现、转贴现、再贴现到期,贴现、转贴现、再贴现银行应向付款人收取票款。不获付款的,贴现、转贴现、再贴现银行应向其前手追索票款。贴现、再贴现银行追索票款时可从申请人的存款账户收取票款。

第九十六条 存款人领购商业汇票,必须填写"票据和结算凭证领用单"并签章,签章应与预留银行的签章相符。存款账户结清时,必须将全部剩余空白商业汇票交回银行注销。

第四节 银行本票

第九十七条 银行本票是银行签发的,承诺自己在见票时无条件支付确定的金额给收款人或者持票人的票据。

第九十八条 单位和个人在同一票据交换区域需要支付各种款项,均可以使用银行本票。
银行本票可以用于转账,注明"现金"字样的银行本票可以用于支取现金。

第九十九条 银行本票分为不定额本票和定额本票两种。

第一百条 银行本票的出票人,为经中国人民银行当地分支行批准办理银行本票业务的银行机构。

第一百零一条 签发银行本票必须记载下列事项:
(一)表明"银行本票"的字样;
(二)无条件支付的承诺;

(三)确定的金额；

(四)收款人名称；

(五)出票日期；

(六)出票人签章。

欠缺记载上列事项之一的,银行本票无效。

第一百零二条 定额银行本票面额为1千元、5千元、1万元和5万元。

第一百零三条 银行本票的提示付款期限自出票日起最长不得超过2个月。

持票人超过付款期限提示付款的,代理付款人不予受理。

银行本票的代理付款人是代理出票银行审核支付银行本票款项的银行。

第一百零四条 申请人使用银行本票,应向银行填写"银行本票申请书",填明收款人名称、申请人名称、支付金额、申请日期等事项并签章。申请人和收款人均为个人需要支取现金的,应在"支付金额"栏先填写"现金"字样,后填写支付金额。

申请人或收款人为单位的,不得申请签发现金银行本票。

第一百零五条 出票银行受理银行本票申请书,收妥款项签发银行本票。用于转账的,在银行本票上划去"现金"字样；申请人和收款人均为个人需要支取现金的,在银行本票上划去"转账"字样。不定额银行本票用压数机压印出票金额。出票银行在银行本票上签章后交给申请人。

申请人或收款人为单位的,银行不得为其签发现金银行本票。

第一百零六条 申请人应将银行本票交付给本票上记明的收款人。

收款人受理银行本票时,应审查下列事项：

(一)收款人是否确为本单位或本人；

(二)银行本票是否在提示付款期限内；

(三)必须记载的事项是否齐全；

(四)出票人签章是否符合规定,不定额银行本票是否有压数机压印的出票金额,并与大写出票金额一致；

(五)出票金额、出票日期、收款人名称是否更改,更改的其他记载事项是否由原记载人签章证明。

第一百零七条 收款人可以将银行本票背书转让给被背书人。

被背书人受理银行本票时,除按照第一百零六条的规定审查外,还应审查下列事项：

(一)背书是否连续,背书人签章是否符合规定,背书使用粘单的是否按规定签章；

(二)背书人为个人的身份证件。

第一百零八条 银行本票见票即付。跨系统银行本票的兑付,持票人开户银行可根据中国人民银行规定的金融机构同业往来利率向出票银行收取利息。

第一百零九条 在银行开立存款账户的持票人向开户银行提示付款时,应在银行本票背面"持票人向银行提示付款签章"处签章,签章须与预留银行签章相同,并将银行本票、进账单送交开户银行。银行审查无误后办理转账。

第一百一十条 未在银行开立存款账户的个人持票人,凭注明"现金"字样的银行本票向出票银行支取现金的,应在银行本票背面签章,记载本人身份证件名称、号码及发证机关,并交验本人身份证件及其复印件。

持票人对注明"现金"字样的银行本票需要委托他人向出票银行提示付款的,应在银行本票背面"持票人向银行提示付款签章"处签章,记载"委托收款"字样、被委托人姓名和背书日期以及委托人身份证件名称、号码、发证机关。被委托人向出票银行提示付款时,也应在银行本票背面"持票人向银行提示付款签章"处签章,记载证件名称、号码及发证机关,并同时交验委托人和被委托人的身份证件及其复印件。

第一百一十一条 持票人超过提示付款期限不获付款的,在票据权利时效内向出票银行作出说明,并提供本人身份证件或单位证明,可持银行本票向出票银行请求付款。

第一百一十二条 申请人因银行本票超过提示付款期限或其他原因要求退款时,应将银行本票提交到出票银行,申请人为单位的,应出具该单位的证明;申请人为个人的,应出具该本人的身份证件。出票银行对于在本行开立存款账户的申请人,只能将款项转入原申请人账户;对于现金银行本票和未在本行开立存款账户的申请人,才能退付现金。

第一百一十三条 银行本票丧失,失票人可以凭人民法院出具的其享有票据权利的证明,向出票银行请求付款或退款。

第五节 支 票

第一百一十四条 支票是出票人签发的,委托办理支票存款业务的银行在见票时无条件支付确定的金额给收款人或者持票人的票据。

第一百一十五条 支票上印有"现金"字样的为现金支票,现金支票只能用于支取现金。

支票上印有"转账"字样的为转账支票,转账支票只能用于转账。

支票上未印有"现金"或"转账"字样的为普通支票,普通支票可以用于支取现金,也可以用于转账。在普通支票左上角划两条平行线的,为划线支票,划线支票只能用于转账,不得支取现金。

第一百一十六条 单位和个人在同一票据交换区域的各种款项结算,均可以使用支票。

第一百一十七条 支票的出票人,为在经中国人民银行当地分支行批准办理支票业务的银行机构开立可以使用支票的存款账户的单位和个人。

第一百一十八条 签发支票必须记载下列事项:

(一)表明"支票"的字样;

(二)无条件支付的委托;

(三)确定的金额;

(四)付款人名称;

(五)出票日期;

(六)出票人签章。

欠缺记载上列事项之一的,支票无效。

支票的付款人为支票上记载的出票人开户银行。

第一百一十九条 支票的金额、收款人名称,可以由出票人授权补记。未补记前不得背书转让和提示付款。

第一百二十条 签发支票应使用碳素墨水或墨汁填写,中国人民银行另有规定的除外。

第一百二十一条 签发现金支票和用于支取现金的普通支票,必须符合国家现金管理的规定。

第一百二十二条 支票的出票人签发支票的金额不得超过付款时在付款人处实有的存款金额。禁止签发空头支票。

第一百二十三条 支票的出票人预留银行签章是银行审核支票付款的依据。银行也可以与出票人约定使用支付密码,作为银行审核支付支票金额的条件。

第一百二十四条 出票人不得签发与其预留银行签章不符的支票;使用支付密码的,出票人不得签发支付密码错误的支票。

第一百二十五条 出票人签发空头支票、签章与预留银行签章不符的支票、使用支付密码地区支付密码错误的支票,银行应予以退票,并按票面金额处以百分之五但不低于1千元的罚款;持票人有权要求出票人赔偿支票金额2%的赔偿金。对屡次签发的,银行应停止其签发支票。

第一百二十六条 支票的提示付款期限自出票日起10日,但中国人民银行另有规定的除外。超过提示付款期限提示付款的,持票人开户银行不予受理,付款人不予付款。

第一百二十七条 持票人可以委托开户银行收款或直接向付款人提示付款。用于支取现金的支票仅限于收款人向付款人提示付款。

持票人委托开户银行收款的支票,银行应通过票据交换系统收妥后入账。

持票人委托开户银行收款时,应作委托收款背书,在支票背面背书人签章栏签章,记载"委托收款"字样、背书日期,在被背书人栏记载开户银行名称,并将支票和填制的进账单送交开户银行。持票人持用于转账的支票向付款人提示付款时,应在支票背面背书人签章栏签章,并将支票和填制的进账单交送出票人开户银行。

收款人持用于支取现金的支票向付款人提示付款时,应在支票背面"收款人签章"处签章,持票人为个人的,还需交验本人身份证件,并在支票背面注明证件名称、号码及发证机关。

第一百二十八条　出票人在付款人处的存款足以支付支票金额时,付款人应当在见票当日足额付款。

第一百二十九条　存款人领购支票,必须填写"票据和结算凭证领用单"并签章,签章应与预留银行的签章相符。存款账户结清时,必须将全部剩余空白支票交回银行注销。

第三章　信用卡

第一百三十条　信用卡是指商业银行向个人和单位发行的,凭以向特约单位购物、消费和向银行存取现金,且具有消费信用的特制载体卡片。

第一百三十一条　信用卡按使用对象分为单位卡和个人卡;按信誉等级分为金卡和普通卡。

第一百三十二条　商业银行(包括外资银行、合资银行)、非银行金融机构未经中国人民银行批准不得发行信用卡。

非金融机构、境外金融机构的驻华代表机构不得发行信用卡和代理收单结算业务。

第一百三十三条　申请发行信用卡的银行、非银行金融机构,必须具备下列条件:

(一)符合中国人民银行颁布的商业银行资产负债比例监控指标;

(二)相应的管理机构;

(三)合格的管理人员和技术人员;

(四)健全的管理制度和安全制度;

(五)必要的电信设备和营业场所;

(六)中国人民银行规定的其他条件。

第一百三十四条　商业银行、非银行金融机构开办信用卡业务须报经中国人民银行总行批准;其所属分、支机构开办信用卡业务,须报经辖区内中国人民银行分、支行备案。

第一百三十五条　凡在中国境内金融机构开立基本存款账户的单位可申领单位卡。单位卡可申领若干张,持卡人资格由申领单位法定代表人或其委托的代理人书面指定和注销。

凡具有完全民事行为能力的公民可申领个人卡。个人卡的主卡持卡人可为其配偶及年满18周岁的亲属申领附属卡,申领的附属卡最多不得超过两张,也有权要求注销其附属卡。

第一百三十六条 单位或个人申领信用卡,应按规定填制申请表,连同有关资料一并送交发卡银行。符合条件并按银行要求交存一定金额的备用金后,银行为申领人开立信用卡存款账户,并发给信用卡。

第一百三十七条 单位卡账户的资金一律从其基本存款账户转账存入,不得交存现金,不得将销货收入的款项存入其账户。

个人卡账户的资金以其持有的现金存入或以其工资性款项及属于个人的劳务报酬收入转账存入。严禁将单位的款项存入个人卡账户。

第一百三十八条 发卡银行可根据申请人的资信程度,要求其提供担保。担保的方式可采用保证、抵押或质押。

第一百三十九条 信用卡备用金存款利息,按照中国人民银行规定的活期存款利率及计息办法计算。

第一百四十条 信用卡仅限于合法持卡人本人使用,持卡人不得出租或转借信用卡。

第一百四十一条 发卡银行应建立授权审批制度;信用卡结算超过规定限额的必须取得发卡银行的授权。

第一百四十二条 持卡人可持信用卡在特约单位购物、消费。单位卡不得用于10万元以上的商品交易、劳务供应款项的结算。

第一百四十三条 持卡人凭卡购物、消费时,需将信用卡和身份证件一并交特约单位。智能卡(下称IC卡)、照片卡可免验身份证件。

特约单位不得拒绝受理持卡人合法持有的、签约银行发行的有效信用卡,不得因持卡人使用信用卡而向其收取附加费用。

第一百四十四条 特约单位受理信用卡时,应审查下列事项:

(一)确为本单位可受理的信用卡;

(二)信用卡在有效期内,未列入"止付名单";

(三)签名条上没有"样卡"或"专用卡"等非正常签名的字样;

(四)信用卡无打孔、剪角、毁坏或涂改的痕迹;

(五)持卡人身份证件或卡片上的照片与持卡人相符,但使用IC卡、照片卡或持卡人凭密码在销售点终端上消费、购物,可免验身份证件(下同);

(六)卡片正面的拼音姓名与卡片背面的签名和身份证件上的姓名一致。

第一百四十五条 特约单位受理信用卡审查无误的,在签购单上压卡,填写实际结算金额、用途、持卡人身份证件号码、特约单位名称和编号。如超过支付限额的,应向发卡银行索权并填写授权号码,交持卡人签名确认,同时核对其签名与卡片背面签名是否一致。无误后,对同意按经办人填写的金额和用途付款的,由持卡人在签购单上签名确认,并将信用卡、身份证件和第一联签购单交还给持卡人。

审查发现问题的,应及时与签约银行联系,征求处理意见。对止付的信用卡,应收回并交还发卡银行。

第一百四十六条 特约单位不得通过压卡、签单和退货等方式支付持卡人现金。

第一百四十七条 特约单位在每日营业终了，应将当日受理的信用卡签购单汇总，计算手续费和净计金额，并填写汇（总）计单和进账单，连同签购单一并送交收单银行办理进账。

第一百四十八条 收单银行接到特约单位送交的各种单据，经审查无误后，为特约单位办理进账。

第一百四十九条 持卡人要求退货的，特约单位应使用退货单办理压（刷）卡，并将退货单金额从当日签购单累计金额中抵减，退货单随签购单一并送交收单银行。

第一百五十条 单位卡一律不得支取现金。

第一百五十一条 个人卡持卡人在银行支取现金时，应将信用卡和身份证件一并交发卡银行或代理银行。IC卡、照片卡以及凭密码在POS上支取现金的可免验身份证件。

发卡银行或代理银行压（刷）卡后，填写取现单，经审查无误，交持卡人签名确认。超过支付限额的，代理银行应向发卡银行索权，并在取现单上填写授权号码。办理付款手续后，将现金、信用卡、身份证件和取现单回单联交给持卡人。

第一百五十二条 发卡银行收到代理银行通过同城票据交换或本系统联行划转的各种单据审核无误后办理付款。

第一百五十三条 信用卡透支额，金卡最高不得超过1万元，普通卡最高不得超过5千元。

信用卡透支期限最长为60天。

第一百五十四条 信用卡透支利息，自签单日或银行记账日起15日内按日息万分之五计算，超过15日按日息万分之十计算，超过30日或透支金额超过规定限额的，按日息万分之十五计算。透支计息不分段，按最后期限或者最高透支额的最高利率档次计息。

第一百五十五条 持卡人使用信用卡不得发生恶意透支。

恶意透支是指持卡人超过规定限额或规定期限，并且经发卡银行催收无效的透支行为。

第一百五十六条 单位卡在使用过程中，需要向其账户续存资金的，一律从其基本存款账户转账存入。

个人卡在使用过程中，需要向其账户续存资金的，只限于其持有的现金存入和工资性款项以及属于个人的劳务报酬收入转账存入。

第一百五十七条 个人卡持卡人或其代理人交存现金，应在发卡银行或其代理银行办理。

持卡人凭信用卡在发卡银行或代理银行交存现金的,银行经审查并收妥现金后,在存款单上压卡,将存款单回单联及信用卡交给持卡人。

持卡人委托他人在不压卡的情况下代为办理交存现金的,代理人应在信用卡存款单上填写持卡人的卡号、姓名、存款金额等内容,并将现金送交银行办理交存手续。

第一百五十八条 发卡银行收到代理银行通过同城票据交换或本系统联行划转的各种单据审核无误后,为持卡人办理收款。

第一百五十九条 持卡人不需要继续使用信用卡的,应持信用卡主动到发卡银行办理销户。

销户时,单位卡账户余额转入其基本存款账户,不得提取现金;个人卡账户可以转账结清,也可以提取现金。

第一百六十条 持卡人还清透支本息后,属于下列情况之一的,可以办理销户:

(一)信用卡有效期满45天后,持卡人不更换新卡的;
(二)信用卡挂失满45天后,没有附属卡又不更换新卡的;
(三)信用卡被列入止付名单,发卡银行已收回其信用卡45天的;
(四)持卡人死亡,发卡银行已收回其信用卡45天的;
(五)持卡人要求销户或担保人撤销担保,并已交回全部信用卡45天的;
(六)信用卡账户两年(含)以上未发生交易的;
(七)持卡人违反其他规定,发卡银行认为应该取消资格的。

发卡银行办理销户,应当收回信用卡。有效信用卡无法收回的,应当将其止付。

第一百六十一条 信用卡丧失,持卡人应立即持本人身份证件或其他有效证明,并按规定提供有关情况,向发卡银行或代办银行申请挂失。发卡银行或代办银行审核后办理挂失手续。

第四章 结算方式

第一节 基本规定

第一百六十二条 本办法所称结算方式,是指汇兑、托收承付和委托收款。

第一百六十三条 单位在结算凭证上的签章,应为该单位的财务专用章或者公章加其法定代表人或者其授权的代理人的签名或者盖章。

第一百六十四条 银行办理结算,给单位或个人的收、付款通知和汇兑回单,应加盖该银行的转讫章;银行给单位或个人的托收承付、委托收款的回单和向付款人发出的承付通知,应加盖该银行的业务公章。

第一百六十五条　结算凭证上的记载事项,必须符合本办法的规定。结算凭证上可以记载本办法规定以外的其他记载事项,除国家和中国人民银行另有规定外,该记载事项不具有支付结算的效力。

第一百六十六条　按照本办法的规定必须在结算凭证上记载汇款人、付款人和收款人账号的,账号与户名必须一致。

第一百六十七条　银行办理结算向外发出的结算凭证,必须于当日至迟次日寄发;收到的结算凭证,必须及时将款项支付给结算凭证上记载的收款人。

第二节　汇　兑

第一百六十八条　汇兑是汇款人委托银行将其款项支付给收款人的结算方式。

第一百六十九条　单位和个人的各种款项的结算,均可使用汇兑结算方式。

第一百七十条　汇兑分为信汇、电汇两种,由汇款人选择使用。

第一百七十一条　签发汇兑凭证必须记载下列事项:

(一)表明"信汇"或"电汇"的字样;
(二)无条件支付的委托;
(三)确定的金额;
(四)收款人名称;
(五)汇款人名称;
(六)汇入地点、汇入行名称;
(七)汇出地点、汇出行名称;
(八)委托日期;
(九)汇款人签章。

汇兑凭证上欠缺上列记载事项之一的,银行不予受理。

汇兑凭证记载的汇款人名称、收款人名称,其在银行开立存款账户的,必须记载其账号。欠缺记载的,银行不予受理。

委托日期是指汇款人向汇出银行提交汇兑凭证的当日。

第一百七十二条　汇兑凭证上记载收款人为个人的,收款人需要到汇入银行领取汇款,汇款人应在汇兑凭证上注明"留行待取"字样;留行待取的汇款,需要指定单位的收款人领取汇款的,应注明收款人的单位名称;信汇凭收款人签章支取的,应在信汇凭证上预留其签章。

汇款人确定不得转汇的,应在汇兑凭证备注栏注明"不得转汇"字样。

第一百七十三条　汇款人和收款人均为个人,需要在汇入银行支取现金的,应在信、电汇凭证的"汇款金额"大写栏,先填写"现金"字样,后填写汇款金额。

第一百七十四条　汇出银行受理汇款人签发的汇兑凭证,经审查无误后,应及时向汇入银行办理汇款,并向汇款人签发汇款回单。

汇款回单只能作为汇出银行受理汇款的依据,不能作为该笔汇款已转入收款人账户的证明。

第一百七十五条 汇入银行对开立存款账户的收款人,应将汇给其的款项直接转入收款人账户,并向其发出收账通知。

收账通知是银行将款项确已收入收款人账户的凭据。

第一百七十六条 未在银行开立存款账户的收款人,凭信、电汇的取款通知或"留行待取"的,向汇入银行支取款项,必须交验本人的身份证件,在信、电汇凭证上注明证件名称、号码及发证机关,并在"收款人签盖章"处签章;信汇凭签章支取的,收款人的签章必须与预留信汇凭证上的签章相符。银行审查无误后,以收款人的姓名开立应解汇款及临时存款账户,该账户只付不收,付完清户,不计付利息。

支取现金的,信、电汇凭证上必须有按规定填明的"现金"字样,才能办理。未填明"现金"字样,需要支取现金的,由汇入银行按照国家现金管理规定审查支付。

收款人需要委托他人向汇入银行支取款项的,应在取款通知上签章,注明本人身份证件名称、号码、发证机关和"代理"字样以及代理人姓名。代理人代理取款时,也应在取款通知上签章,注明其身份证件名称、号码及发证机关,并同时交验代理人和被代理人的身份证件。

转账支付的,应由原收款人向银行填制支款凭证,并由本人交验其身份证件办理支付款项。该账户的款项只能转入单位或个体工商户的存款账户,严禁转入储蓄和信用卡账户。

转汇的,应由原收款人向银行填制信、电汇凭证,并由本人交验其身份证件。转汇的收款人必须是原收款人。原汇入银行必须在信、电汇凭证上加盖"转汇"戳记。

第一百七十七条 汇款人对汇出银行尚未汇出的款项可以申请撤销。申请撤销时,应出具正式函件或本人身份证件及原信、电汇回单。汇出银行查明确未汇出款项的,收回原信、电汇回单,方可办理撤销。

第一百七十八条 汇款人对汇出银行已经汇出的款项可以申请退汇。对在汇入银行开立存款账户的收款人,由汇款人与收款人自行联系退汇;对未在汇入银行开立存款账户的收款人,汇款人应出具正式函件或本人身份证件以及原信、电汇回单,由汇出银行通知汇入银行,经汇入银行核实汇款确未支付,并将款项汇回汇出银行,方可办理退汇。

第一百七十九条 转汇银行不得受理汇款人或汇出银行对汇款的撤销或退汇。

第一百八十条 汇入银行对于收款人拒绝接受的汇款,应即办理退汇。汇入银行对于向收款人发出取款通知,经过 2 个月无法交付的汇款,应主动办理退汇。

第三节 托收承付

第一百八十一条 托收承付是根据购销合同由收款人发货后委托银行向异地付款人收取款项，由付款人向银行承认付款的结算方式。

第一百八十二条 使用托收承付结算方式的收款单位和付款单位，必须是国有企业、供销合作社以及经营管理较好，并经开户银行审查同意的城乡集体所有制工业企业。

第一百八十三条 办理托收承付结算的款项，必须是商品交易，以及因商品交易而产生的劳务供应的款项。代销、寄销、赊销商品的款项，不得办理托收承付结算。

第一百八十四条 收付双方使用托收承付结算必须签有符合《经济合同法》的购销合同，并在合同上订明使用托收承付结算方式。

第一百八十五条 收付双方办理托收承付结算，必须重合同、守信用。收款人对同一付款人发货托收累计3次收不回货款的，收款人开户银行应暂停收款人向该付款人办理托收；付款人累计3次提出无理拒付的，付款人开户银行应暂停其向外办理托收。

第一百八十六条 收款人办理托收，必须具有商品确已发运的证件（包括铁路、航运、公路等运输部门签发的运单、运单副本和邮局包裹回执）。

没有发运证件，属于下列情况的，可凭其他有关证件办理托收：

（一）内贸、外贸部门系统内商品调拨，自备运输工具发送或自提的；易燃、易爆、剧毒、腐蚀性强的商品，以及电、石油、天然气等必须使用专用工具或线路、管道运输的，可凭付款人确已收到商品的证明（粮食部门凭提货单及发货明细表）。

（二）铁道部门的材料厂向铁道系统供应专用器材，可凭其签发注明车辆号码和发运日期的证明。

（三）军队使用军列整车装运物资，可凭注明车辆号码、发运日期的单据；军用仓库对军内发货，可凭总后勤部签发的提货单副本，各大军区、省军区也可比照办理。

（四）收款人承造或大修理船舶、锅炉和大型机器等，生产周期长，合同规定按工程进度分次结算的，可凭工程进度完工证明书。

（五）付款人购进的商品，在收款人所在地转厂加工、配套的，可凭付款人和承担加工、配套单位的书面证明。

（六）合同规定商品由收款人暂时代为保管的，可凭寄存证及付款人委托保管商品的证明。

（七）使用"铁路集装箱"或将零担凑整车发运商品的，由于铁路只签发一张运单，可凭持有发运证件单位出具的证明。

（八）外贸部门进口商品，可凭国外发来的账单、进口公司开出的结算账单。

第一百八十七条 托收承付结算每笔的金额起点为1万元。新华书店系统每笔的金额起点为1千元。

第一百八十八条 托收承付结算款项的划回方法,分邮寄和电报两种,由收款人选用。

第一百八十九条 签发托收承付凭证必须记载下列事项:

(一)表明"托收承付"的字样;

(二)确定的金额;

(三)付款人名称及账号;

(四)收款人名称及账号;

(五)付款人开户银行名称;

(六)收款人开户银行名称;

(七)托收附寄单证张数或册数;

(八)合同名称、号码;

(九)委托日期;

(十)收款人签章。

托收承付凭证上欠缺记载上列事项之一的,银行不予受理。

第一百九十条 托收。收款人按照签订的购销合同发货后,委托银行办理托收。

(一)收款人应将托收凭证并附发运证件或其他符合托收承付结算的有关证明和交易单证送交银行。收款人如需取回发运证件,银行应在托收凭证上加盖"已验发运证件"戳记。

对于军品托收,有驻厂军代表检验产品或有指定专人负责财务监督的,收款人还应当填制盖有驻厂军代表或指定人员印章(要在银行预留印模)的结算通知单,将交易单证和发运证件装入密封袋,并在密封袋上填明托收号码;同时,在托收凭证上填明结算通知单和密封袋的号码。然后,将托收凭证和结算通知单送交银行办理托收。

没有驻厂军代表使用代号明件办理托收的,不填结算通知单,但应在交易单证上填写保密代号,按照正常托收办法处理。

(二)收款人开户银行接到托收凭证及其附件后,应当按照托收的范围、条件和托收凭证记载的要求认真进行审查,必要时,还应查验收付款人签订的购销合同。凡不符合要求或违反购销合同发货的,不能办理。审查时间最长不得超过次日。

第一百九十一条 承付。付款人开户银行收到托收凭证及其附件后,应当及时通知付款人。通知的方法,可以根据具体情况与付款人签订协议,采取付款人来行自取、派人送达、对距离较远的付款人邮寄等。付款人应在承付期内审查核对,安排资金。

承付货款分为验单付款和验货付款两种,由收付双方商量选用,并在合同中明确规定。

(一)验单付款。验单付款的承付期为3天,从付款人开户银行发出承付通知的次日算起(承付期内遇法定休假日顺延)。

付款人在承付期内,未向银行表示拒绝付款,银行即视作承付,并在承付期满的次日(法定休假日顺延)上午银行开始营业时,将款项主动从付款人的账户内付出,按照收款人指定的划款方式,划给收款人。

(二)验货付款。验货付款的承付期为10天,从运输部门向付款人发出提货通知的次日算起。对收付双方在合同中明确规定,并在托收凭证上注明验货付款期限的,银行从其规定。

付款人收到提货通知后,应即向银行交验提货通知。付款人在银行发出承付通知的次日起10天内,未收到提货通知的,应在第10天将货物尚未到达的情况通知银行。在第10天付款人没有通知银行的,银行即视作已经验货,于10天期满的次日上午银行开始营业时,将款项划给收款人;在第10天付款人通知银行货物未到,而以后收到提货通知没有及时送交银行,银行仍按10天期满的次日作为划款日期,并按超过的天数,计扣逾期付款赔偿金。

采用验货付款的,收款人必须在托收凭证上加盖明显的"验货付款"字样戳记。托收凭证未注明验货付款,经付款人提出合同证明是验货付款的,银行可按验货付款处理。

(三)不论验单付款还是验货付款,付款人都可以在承付期内提前向银行表示承付,并通知银行提前付款,银行应立即办理划款;因商品的价格、数量或金额变动,付款人应多承付款项的,须在承付期内向银行提出书面通知,银行据以随同当次托收款项划给收款人。

付款人不得在承付货款中,扣抵其他款项或以前托收的货款。

第一百九十二条 逾期付款。付款人在承付期满日银行营业终了时,如无足够资金支付,其不足部分,即为逾期未付款项,按逾期付款处理。

(一)付款人开户银行对付款人逾期支付的款项,应当根据逾期付款金额和逾期天数,按每天万分之五计算逾期付款赔偿金。

逾期付款天数从承付期满日算起。承付期满日银行营业终了时,付款人如无足够资金支付,其不足部分,应当算作逾期1天,计算1天的赔偿金。在承付期满的次日(遇法定休假日,逾期付款赔偿金的天数计算相应顺延,但在以后遇法定休假日应当照算逾期天数)银行营业终了时,仍无足够资金支付,其不足部分,应当算作逾期2天,计算2天的赔偿金。余类推。

银行审查拒绝付款期间,不能算作付款人逾期付款,但对无理的拒绝付款,而增加银行审查时间的,应从承付期满日起计算逾期付款赔偿金。

（二）赔偿金实行定期扣付，每月计算一次，于次月 3 日内单独划给收款人。在月内有部分付款的，其赔偿金随同部分支付的款项划给收款人，对尚未支付的款项，月终再计算赔偿金，于次月 3 日内划给收款人；次月又有部分付款时，从当月 1 日起计算赔偿金，随同部分支付的款项划给收款人，对尚未支付的款项，从当月 1 日起至月终再计算赔偿金，于第 3 月 3 日内划给收款人。第 3 月仍有部分付款的，按照上述方法计扣赔偿金。

赔偿金的扣付列为企业销货收入扣款顺序的首位。付款人账户余额不足全额支付时，应排列在工资之前，并对该账户采取"只收不付"的控制办法，待一次足额扣付赔偿金后，才准予办理其他款项的支付。因此而产生的经济后果，由付款人自行负责。

（三）付款人开户银行对付款人逾期未能付款的情况，应当及时通知收款人开户银行，由其转知收款人。

（四）付款人开户银行要随时掌握付款人账户逾期未付的资金情况，俟账户有款时，必须将逾期未付款项和应付的赔偿金及时扣划给收款人，不得拖延扣划。在各单位的流动资金账户内扣付货款，要严格按照国务院关于国有企业销货收入扣款顺序的规定（即从企业销货收入中预留工资后，按照应缴纳税款、到期贷款、应偿付货款、应上缴利润的顺序）扣款；同类性质的款项按照应付时间的先后顺序扣款。

（五）付款人开户银行对不执行合同规定、三次拖欠货款的付款人，应当通知收款人开户银行转知收款人，停止对该付款人办理托收。收款人不听劝告，继续对该付款人办理托收，付款人开户银行对发出通知的次日起 1 个月之后收到的托收凭证，可以拒绝受理，注明理由，原件退回。

（六）付款人开户银行对逾期未付的托收凭证，负责进行扣款的期限为 3 个月（从承付期满日算起）。在此期限内，银行必须按照扣款顺序陆续扣款。期满时，付款人仍无足够资金支付该笔尚未付清的欠款，银行应于次日通知付款人将有关交易单证（单证已作账务处理或已部分支付的，可以填制应付款项证明单）在 2 日内退回银行。银行将有关结算凭证连同交易单证或应付款项证明单退回收款人开户银行转交收款人，并将应付的赔偿金划给收款人。

对付款人逾期不退回单证的，开户银行应当自发出通知的第 3 天起，按照该笔尚未付清欠款的金额，每天处以万分之五但不低于 50 元的罚款，并暂停付款人向外办理结算业务，直到退回单证时止。

第一百九十三条 拒绝付款。对下列情况，付款人在承付期内，可向银行提出全部或部分拒绝付款：

（一）没有签订购销合同或购销合同未订明托收承付结算方式的款项。

（二）未经双方事先达成协议，收款人提前交货或因逾期交货付款人不再需要该项货物的款项。

（三）未按合同规定的到货地址发货的款项。

（四）代销、寄销、赊销商品的款项。

（五）验单付款，发现所列货物的品种、规格、数量、价格与合同规定不符，或货物已到，经查验货物与合同规定或发货清单不符的款项。

（六）验货付款，经查验货物与合同规定或与发货清单不符的款项。

（七）货款已经支付或计算有错误的款项。

不属于上述情况的，付款人不得向银行提出拒绝付款。

外贸部门托收进口商品的款项，在承付期内，订货部门除因商品的质量问题不能提出拒绝付款，应当另行向外贸部门提出索赔外，属于上述其他情况，可以向银行提出全部或部分拒绝付款。

付款人对以上情况提出拒绝付款时，必须填写"拒绝付款理由书"并签章，注明拒绝付款理由，涉及合同的应引证合同上的有关条款。属于商品质量问题，需要提出商品检验部门的检验证明；属于商品数量问题，需要提出数量问题的证明及其有关数量的记录；属于外贸部门进口商品，应当提出国家商品检验或运输等部门出具的证明。

开户银行必须认真审查拒绝付款理由，查验合同。对于付款人提出拒绝付款的手续不全、依据不足、理由不符合规定和不属于本条七种拒绝付款情况的，以及超过承付期拒付和应当部分拒付提为全部拒付的，银行均不得受理，应实行强制扣款。

对于军品的拒绝付款，银行不审查拒绝付款理由。

银行同意部分或全部拒绝付款的，应在拒绝付款理由书上签注意见。部分拒绝付款，除办理部分付款外，应将拒绝付款理由书连同拒付证明和拒付商品清单邮寄收款人开户银行转交收款人。全部拒绝付款，应将拒绝付款理由书连同拒付证明和有关单证邮寄收款人开户银行转交收款人。

第一百九十四条 重办托收。收款人对被无理拒绝付款的托收款项，在收到退回的结算凭证及其所附单证后，需要委托银行重办托收，应当填写四联"重办托收理由书"，将其中三联连同购销合同、有关证据和退回的原托收凭证及交易单证，一并送交银行。经开户银行审查，确属无理拒绝付款，可以重办托收。

第一百九十五条 收款人开户银行对逾期尚未划回，又未收到付款人开户银行寄来逾期付款通知或拒绝付款理由书的托收款项，应当及时发出查询。付款人开户银行要积极查明，及时答复。

第一百九十六条 付款人提出的拒绝付款，银行按照本办法规定审查无法判明是非的，应由收付双方自行协商处理，或向仲裁机关、人民法院申请调解或裁决。

第一百九十七条 未经开户银行批准使用托收承付结算方式的城乡集体所有制工业企业，收款人开户银行不得受理其办理托收；付款人开户银行对其承付的款项应按规定支付款项外,还要对该付款人按结算金额处以百分之五罚款。

第四节 委托收款

第一百九十八条 委托收款是收款人委托银行向付款人收取款项的结算方式。

第一百九十九条 单位和个人凭已承兑商业汇票、债券、存单等付款人债务证明办理款项的结算,均可以使用委托收款结算方式。

第二百条 委托收款在同城、异地均可以使用。

第二百零一条 委托收款结算款项的划回方式分邮寄和电报两种,由收款人选用。

第二百零二条 签发委托收款凭证必须记载下列事项:

(一)表明"委托收款"的字样;

(二)确定的金额;

(三)付款人名称;

(四)收款人名称;

(五)委托收款凭据名称及附寄单证张数;

(六)委托日期;

(七)收款人签章。

欠缺记载上列事项之一的,银行不予受理。

委托收款以银行以外的单位为付款人的,委托收款凭证必须记载付款人开户银行名称;以银行以外的单位或在银行开立存款账户的个人为收款人的,委托收款凭证必须记载收款人开户银行名称;未在银行开立存款账户的个人为收款人的,委托收款凭证必须记载被委托银行名称。欠缺记载的,银行不予受理。

第二百零三条 委托。收款人办理委托收款应向银行提交委托收款凭证和有关的债务证明。

第二百零四条 付款。银行接到寄来的委托收款凭证及债务证明,审查无误办理付款。

(一)以银行为付款人的,银行应在当日将款项主动支付给收款人。

(二)以单位为付款人的,银行应及时通知付款人,按照有关办法规定,需要将有关债务证明交给付款人的应交给付款人,并签收。

付款人应于接到通知的当日,书面通知银行付款。

按照有关办法规定,付款人未在接到通知日的次日起3日内通知银行付款的,视同付款人同意付款,银行应于付款人接到通知日的次日起第4日上午开始营业时,将款项划给收款人。

付款人提前收到由其付款的债务证明,应通知银行于债务证明的到期日付款。付款人未于接到通知日的次日起3日内通知银行付款,付款人接到通知日的次日起第 4 日在债务证明到期日之前的,银行应于债务证明到期日将款项划给收款人。

银行在办理划款时,付款人存款账户不足支付的,应通过被委托银行向收款人发出未付款项通知书。按照有关办法规定,债务证明留存付款人开户银行的,应将其债务证明连同未付款项通知书邮寄被委托银行转交收款人。

第二百零五条 拒绝付款。付款人审查有关债务证明后,对收款人委托收取的款项需要拒绝付款的,可以办理拒绝付款。

(一)以银行为付款人的,应自收到委托收款及债务证明的次日起 3 日内出具拒绝证明连同有关债务证明、凭证寄给被委托银行,转交收款人。

(二)以单位为付款人的,应在付款人接到通知日的次日起 3 日内出具拒绝证明,持有债务证明的,应将其送交开户银行。银行将拒绝证明、债务证明和有关凭证一并寄给被委托银行,转交收款人。

第二百零六条 在同城范围内,收款人收取公用事业费或根据国务院的规定,可以使用同城特约委托收款。

收取公用事业费,必须具有收付双方事先签订的经济合同,由付款人向开户银行授权,并经开户银行同意,报经中国人民银行当地分支行批准。

第五章　结算纪律与责任

第二百零七条 单位和个人办理支付结算,不准签发没有资金保证的票据或远期支票,套取银行信用;不准签发、取得和转让没有真实交易和债权债务的票据,套取银行和他人资金;不准无理拒绝付款,任意占用他人资金;不准违反规定开立和使用账户。

第二百零八条 银行办理支付结算,不准以任何理由压票、任意退票、截留挪用客户和他行资金;不准无理拒绝支付应由银行支付的票据款项;不准受理无理拒付、不扣少扣滞纳金;不准违章签发、承兑、贴现票据,套取银行资金;不准签发空头银行汇票、银行本票和办理空头汇款;不准在支付结算制度之外规定附加条件,影响汇路畅通;不准违反规定为单位和个人开立账户;不准拒绝受理、代理他行正常结算业务;不准放弃对企事业单位和个人违反结算纪律的制裁;不准逃避向人民银行转汇大额汇划款项。

第二百零九条 单位、个人和银行按照法定条件在票据上签章的,必须按照所记载的事项承担票据责任。

第二百一十条 单位签发商业汇票后,必须承担保证该汇票承兑和付款的责任。

单位和个人签发支票后,必须承担保证该支票付款的责任。

银行签发银行汇票、银行本票后,即承担该票据付款的责任。

第二百一十一条 商业汇票的背书人背书转让票据后,即承担保证其后手所持票据承兑和付款责任。

银行汇票、银行本票或支票的背书人背书转让票据后,即承担保证其后手所持票据付款的责任。

单位或银行承兑商业汇票后,必须承担该票据付款的责任。

第二百一十二条　票据的保证人应当与被保证人对持票人承担连带责任。

第二百一十三条　变造票据除签章以外的记载事项的,在变造之前签章的人,对原记载事项负责,在变造之后签章的人,对变造之后的记载事项负责;不能辨别在票据被变造之前或者之后签章的,视同在变造之前签章。

第二百一十四条　持票人超过规定期限提示付款的,银行汇票、银行本票的出票人、商业汇票的承兑人,在持票人作出说明后,仍应当继续对持票人承担付款责任;支票的出票人对持票人的追索,仍应当承担清偿责任。

第二百一十五条　付款人及其代理付款人以恶意或者重大过失付款的,应当自行承担责任。

第二百一十六条　商业汇票的付款人在到期前付款的,由付款人自行承担所产生的责任。

第二百一十七条　承兑人或者付款人拒绝承兑或拒绝付款,未按规定出具拒绝证明,或者出具退票理由书的,应当承担由此产生的民事责任。

第二百一十八条　持票人不能出示拒绝证明、退票理由书或者未按规定期限提供其他合法证明丧失对其前手追索权的,承兑人或者付款人应对持票人承担责任。

第二百一十九条　持票人因不获承兑或不获付款,对其前手行使追索权时,票据的出票人、背书人和保证人对持票人承担连带责任。

第二百二十条　持票人行使追索权时,持票人及其前手未按《票据法》规定期限将被拒绝事由书面通知其前手的,因延期通知给其前手或者出票人造成损失的,由没有按照规定期限通知的票据当事人,在票据金额内承担对该损失的赔偿责任。

第二百二十一条　票据债务人在持票人不获付款或不获承兑时,应向持票人清偿《票据法》规定的金额和费用。

第二百二十二条　单位和个人签发空头支票、签章与预留银行签章不符或者支付密码错误的支票,应按照《票据管理实施办法》和本办法的规定承担行政责任。

第二百二十三条　单位为票据的付款人,对见票即付或者到期的票据,故意压票、拖延支付的,应按照《票据管理实施办法》的规定承担行政责任。

第二百二十四条　持卡人必须妥善保管和正确使用其信用卡,否则,应按规定承担因此造成的资金损失。

第二百二十五条　持卡人使用单位卡发生透支的,由其单位承担透支金额的偿还和支付透支利息的责任。持卡人使用个人卡附属卡发生透支的,由其主卡持卡人承担透支金额的偿还和支付透支利息的责任；主卡持卡人丧失偿还能力的，由其附属卡持卡人承担透支金额的偿还和支付透支利息的责任。

　　第二百二十六条　持卡人办理挂失后，被冒用造成的损失，有关责任人按照信用卡章程的规定承担责任。

　　第二百二十七条　持卡人违反本办法规定使用信用卡进行商品交易、套取现金以及出租或转借信用卡的，应按规定承担行政责任。

　　第二百二十八条　单位卡持卡人违反本办法规定，将基本存款账户以外的存款和销货款收入的款项转入其信用卡账户的；个人卡持卡人违反本办法规定，将单位的款项转入其信用卡账户的，应按规定承担行政责任。

　　第二百二十九条　特约单位受理信用卡时，应当按照规定的操作程序办理，否则，由其承担因此造成的资金损失。

　　第二百三十条　发卡银行未按规定时间将止付名单发至特约单位的，应由其承担因此造成的资金损失。

　　第二百三十一条　银行违反本办法规定，未经批准发行信用卡的；帮助持卡人将其基本存款账户以外的存款或其他款项转入单位卡账户，将单位的款项转入个人卡账户的；违反规定帮助持卡人提取现金的，应按规定承担行政责任。

　　第二百三十二条　非金融机构、非银行金融机构、境外金融机构驻华代表机构违反规定，经营信用卡业务的，应按规定承担行政责任。

　　第二百三十三条　付款单位对收款单位托收的款项逾期付款，应按照规定承担赔偿责任；付款单位变更开户银行、账户名称和账号，未能及时通知收款单位，影响收取款项的，应由付款单位承担逾期付款赔偿责任；付款单位提出的无理拒绝付款，对收款单位重办的托收，应承担自第一次托收承付期满日起逾期付款赔偿责任。

　　第二百三十四条　单位和个人办理支付结算，未按照本办法的规定填写票据或结算凭证或者填写有误，影响资金使用或造成资金损失；票据或印章丢失，造成资金损失的，由其自行负责。

　　第二百三十五条　单位和个人违反本办法的规定，银行停止其使用有关支付结算工具，因此造成的后果，由单位和个人自行负责。

　　第二百三十六条　付款单位到期无款支付，逾期不退回托收承付有关单证的，应按规定承担行政责任。

　　第二百三十七条　城乡集体所有制工业企业未经银行批准，擅自办理托收承付结算的，应按规定承担行政责任。

　　第二百三十八条　单位和个人违反《银行账户管理办法》开立和使用账户的，应按规定承担行政责任。

　　第二百三十九条　对单位和个人承担行政责任的处罚，由中国人民银行委托商业银行执行。

第二百四十条 收款人或持票人委托的收款银行的责任，限于收到付款人支付的款项后按照票据和结算凭证上记载的事项将票据或结算凭证记载的金额转入收款人或持票人账户。

付款人委托的付款银行的责任，限于按照票据和结算凭证上记载事项从付款人账户支付金额。但托收承付结算中的付款人开户银行，应按照托收承付结算方式有关规定承担责任。

第二百四十一条 银行办理支付结算，因工作差错发生延误，影响客户和他行资金使用的，按中国人民银行规定的同档次流动资金贷款利率计付赔偿金。

第二百四十二条 银行违反规定故意压票、退票、拖延支付，受理无理拒付、擅自拒付退票、有款不扣以及不扣、少扣赔偿金，截留挪用结算资金，影响客户和他行资金使用的，要按规定承担赔偿责任。因重大过失错付或被冒领的，要负责资金赔偿。

第二百四十三条 银行违反本办法规定将支付结算的款项转入储蓄和信用卡账户的，应按规定承担行政责任。

第二百四十四条 银行违反规定签发空头银行汇票、银行本票和办理空头汇款的，应按照规定承担行政责任。

第二百四十五条 银行违反规定故意压票、退票、拖延支付，受理无理拒付、擅自拒付退票、有款不扣以及不扣、少扣赔偿金，截留、挪用结算资金的，应按规定承担行政责任。

第二百四十六条 银行未按规定通过人民银行办理大额转汇的，应按规定承担行政责任。

第二百四十七条 银行在结算制度之外规定附加条件，影响汇路畅通的，应按规定承担行政责任。

第二百四十八条 银行违反《银行账户管理办法》开立和管理账户的，应按规定承担行政责任。

第二百四十九条 违反国家法律、法规和未经中国人民银行批准，作为中介机构经营结算业务的；未经中国人民银行批准，开办银行汇票、银行本票、支票、信用卡业务的，应按规定承担行政责任。

第二百五十条 金融机构的工作人员在票据业务中玩忽职守，对违反规定的票据予以承兑、付款、保证或者贴现的，应按照《票据管理实施办法》的规定承担行政责任或刑事责任。

第二百五十一条 违反本办法规定擅自印制票据的，应按照《票据管理实施办法》的规定承担行政责任。

第二百五十二条 邮电部门在传递票据、结算凭证和拍发电报中，因工作差错而发生积压、丢失、错投、错拍、漏拍、重拍等,造成结算延误,影响单位、个人和银行资金使用或造成资金损失的,由邮电部门负责。

第二百五十三条 伪造、变造票据和结算凭证上的签章或其他记载事项的,应当承担民事责任或刑事责任。

第二百五十四条 有利用票据、信用卡、结算凭证欺诈的行为,构成犯罪的,应依法承担刑事责任。情节轻微,不构成犯罪的,应按照规定承担行政责任。

第六章 附 则

第二百五十五条 本办法规定的各项期限的计算,适用民法通则关于计算期间的规定。期限最后一日是法定休假日的,以休假日的次日为最后一日。

按月计算期限的,按到期月的对日计算;无对日的,月末日为到期日。

本办法所规定的各项期限,可以因不可抗力的原因而中止。不可抗力的原因消失时,期限可以顺延。

第二百五十六条 银行汇票、商业汇票由中国人民银行总行统一格式、联次、颜色、规格,并在中国人民银行总行批准的印制厂印制。由各家银行总行组织定货和管理。

银行本票、支票由中国人民银行总行统一格式、联次、颜色、规格,并在中国人民银行总行批准的印制厂印制,由中国人民银行各省、自治区、直辖市、计划单列市分行负责组织各商业银行定货和管理。

信用卡按中国人民银行的有关规定印制,信用卡结算凭证的格式、联次、颜色、规格由中国人民银行总行统一规定,各发卡银行总行负责印制。

汇兑凭证、托收承付凭证、委托收款凭证由中国人民银行总行统一格式、联次、颜色、规格,由各行负责印制和管理。

第二百五十七条 银行办理各项支付结算业务,根据承担的责任和业务成本以及应付给有关部门的费用,分别收取邮费、电报费、手续费、凭证工本费(信用卡卡片费)、挂失手续费,以及信用卡年费、特约手续费、异地存取款手续费。收费范围,除财政金库全部免收,存款不计息账户免收邮费、手续费外,对其他单位和个人都要按照规定收取费用。

邮费,单程的每笔按邮局挂号信每件收费标准收费;双程的每笔按邮局挂号信二件收费标准收费;客户要求使用特快专递的,按邮局规定的收费标准收取;超重部分按邮局规定的标准加收。

电报费,每笔按四十五个字照电报费标准收取,超过的字数按每字收费的标准加收。急电均加倍收取电报费。

手续费,按银行规定的标准收取。

银行办理支付结算业务按照附二《支付结算业务收费表》收取手续费和邮

电费。

信用卡统一的收费标准,中国人民银行将另行规定。

支票的手续费由经办银行向购买人收取,其他结算的手续费、邮电费一律由经办银行向委托人收取。

凭证工本费,按照不同凭证的成本价格,向领用人收取。

第二百五十八条　各部门、各单位制定的有关规定,涉及支付结算而与本办法有抵触的,一律按照本办法的规定执行。中国人民银行过去有关支付结算的规定与本办法有抵触的,以本办法为准。

第二百五十九条　本办法由中国人民银行总行负责解释、修改。

第二百六十条　本办法自1997年12月1日起施行。

附二　正确填写票据和结算凭证的基本规定

银行、单位和个人填写的各种票据和结算凭证是办理支付结算和现金收付的重要依据,直接关系到支付结算的准确、及时和安全。票据和结算凭证是银行、单位和个人凭以记载账务的会计凭证,是记载经济业务和明确经济责任的一种书面证书。因此,填写票据和结算凭证,必须做到标准化、规范化,要要素齐全、数字正确、字迹清晰、不错漏、不潦草,防止涂改。

一、中文大写金额数字应用正楷或行书填写,如壹(壹)、贰(贰)、叁(叁)、肆(肆)、伍(伍)、陆(陆)、柒、捌、玖、拾、佰、仟、万(万)、亿、元、角、分、零、整(正)等字样。不得用一、二(两)、三、四、五、六、七、八、九、十、念、毛、另(或0)填写,不得自造简化字。如果金额数字书写中使用繁体字,如贰、陆、亿、万、圆的,也应受理。

二、中文大写金额数字到"元"为止的,在"元"之后,应写"整"(或"正")字,在"角"之后可以不写"整"(或"正")字。大写金额数字有"分"的,"分"后面不写"整"(或"正")字。

三、中文大写金额数字前应标明"人民币"字样,大写金额数字有"分"的,"分"后面不写"整"(或"正")字。

四、中文大写金额数字前应标明"人民币"字样,大写金额数字应紧接"人民币"字样填写,不得留有空白。大写金额数字前未印"人民币"字样的,应加填"人民币"三字。在票据和结算凭证大写金额栏内不得预印固定的"仟、佰、拾、万、仟、佰、拾、元、角、分"字样。

五、阿拉伯小写金额数字中有"0"时,中文大写应按照汉语语言规律、金额数字构成和防止涂改的要求进行书写。举例如下:

(一)阿拉伯数字中间有"0"时,中文大写金额要写"零"字。如￥1 409.50,应写成人民币壹仟肆佰零玖元伍角。

(二)阿拉伯数字中间连续几个"0"时,中文大写金额中间可以只写一个"零"

字。如￥6 007.14,应写成人民币陆仟零柒元壹角肆分。

(三)阿拉伯金额数字万位或元位是"0",或者数字中间连续有几个"0",万位、元位也是"0",但千位、角位不是"0"时,中文大写金额中可以只写一个零字,也可以不写"零"字。如￥1 680.32,应写成人民币壹仟陆佰捌拾元零叁角贰分,或者写成人民币壹仟陆佰捌拾元叁角贰分;又如￥107 000.53,应写成人民币壹拾万柒仟元零伍角叁分,或者写成人民币壹拾万零柒仟元伍角叁分。

(四)阿拉伯金额数字角位是"0",而分位不是"0"时,中文大写金额"元"后面应写"零"字。如￥16 409.02,应写成人民币壹万陆仟肆佰零玖元零贰分;又如￥325.04,应写成人民币叁佰贰拾伍元零肆分。

六、阿拉伯小写金额数字前面,均应填写人民币符号"￥"(或草写:￥)。阿拉伯小写金额数字要认真填写,不得连写分辨不清。

七、票据的出票日期必须使用中文大写。为防止变造票据的出票日期,在填写月、日时,月为壹、贰和壹拾的,日为壹至玖和壹拾、贰拾和叁拾的,应在其前加"零";日为拾壹至拾玖的,应在其前面加"壹"。如1月15日,应写成零壹月壹拾伍日。再如10月20日,应写成零壹拾月零贰拾日。

八、票据出票日期使用小写填写的,银行不予受理。大写日期未按要求规模填写的,银行可予受理,但由此造成损失的,由出票人自行承担。

第二篇

银行支付结算业务

第二篇

银行支付结算业务

第四章 票据结算业务

第一节 商业汇票业务

一、商业汇票定义

商业汇票是出票人签发的,委托付款人在指定日期无条件支付确定的金额给收款人或者持票人的票据。

商业汇票按承兑人分为商业承兑汇票和银行承兑汇票。商业承兑汇票由银行以外的付款人承兑。银行承兑汇票由银行承兑。

商业汇票的付款人为承兑人。

二、商业汇票特点

(一)商业承兑汇票

商业承兑汇票相对于银行承兑汇票,手续方便,可以有效降低手续费支出,融资成本低,有利于企业培植自身良好的商业信用。如果汇票有货物背景,则还有货物抵押(见图4—1)。

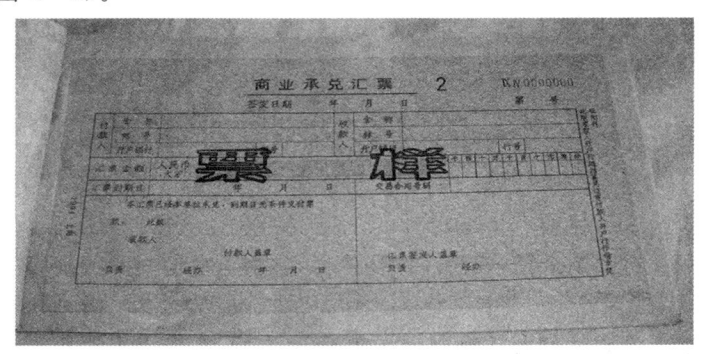

图4—1 商业承兑汇票票样

(二)银行承兑汇票

银行承兑汇票由银行作为承兑人,信用度高;银行承兑汇票一律记名,允许背书转让,符合条件的持票人可持未到期的银行承兑汇票向银行申请贴现;在开立银行承兑汇票时,可根据客户的资信状况,确定不同的保证金缴纳比例(见图4—2)。

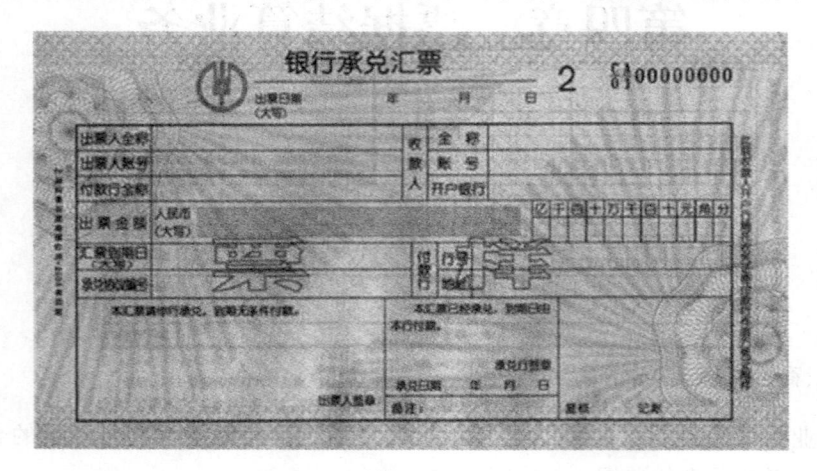

图4—2 银行承兑汇票票样

三、商业汇票使用规定

(一)在银行开立存款账户的法人以及其他组织之间,必须具有真实的交易关系或债权债务关系,才能使用商业汇票。

(二)商业承兑汇票的出票人必须具备以下条件:在银行开立存款账户的法人以及其他组织,与付款人具有真实的委托付款关系,具有支付汇票金额的可靠资金来源。银行承兑汇票的出票人必须具备下列条件:在承兑银行开立存款账户的法人以及其他组织;与承兑银行具有真实的委托付款关系;资信状况良好,具有支付汇票金额的可靠资金来源。

(三)签发商业汇票必须记载下列事项:表明"商业承兑汇票"或"银行承兑汇票"的字样;无条件支付的委托;确定的金额;付款人名称;收款人名称;出票日期;出票人签章。欠缺记载上列事项之一的,商业汇票无效。

(四)定日付款或者出票后定期付款的商业汇票,持票人应当在汇票到期日前向付款人提示承兑。见票后定期付款的汇票,持票人应当自出票日起1个月内向付款人提示承兑。汇票未按照规定期限提示承兑的,持票人丧失对其前手的追索权。

(五)商业汇票的付款人接到出票人或持票人向其提示承兑的汇票时,付款人应当在自收到提示承兑的汇票之日起3日内承兑或者拒绝承兑。付款人拒绝承的,必须出具拒绝承兑的证明。

(六)商业汇票的付款期限,最长不得超过6个月。

(七)商业汇票的提示付款期限,自汇票到期日起10日。持票人应在提示付款期限内通过开户银行委托收款或直接向付款人提示付款。对异地委托收款的,持票人可匡算邮程,提前通过开户银行委托收款。持票人超过提示付款期限提示付款的,持票人开户银行不予受理。

(八)符合条件的商业汇票的持票人可持未到期的商业汇票连同贴现凭证向银行申请贴现。贴现银行可持未到期的商业汇票向其他银行转贴现,也可向中国人民银行申请再贴现。贴现、转贴现、再贴现时,应作成转让背书,并提供贴现申请人与其直接前手之间的增值税发票和商品发运单据复印件。

四、商业汇票业务流程

(一)签发。商业承兑汇票可以由付款人签发,也可以由收款人签发。银行承兑汇票应由在承兑银行开立存款账户的存款人签发。

(二)承兑。商业承兑汇票由企业承兑,银行承兑汇票由银行承兑。

商业汇票可以在出票时向付款人提示承兑后使用,也可以在出票后先使用再向付款人提示承兑。商业承兑汇票和银行承兑汇票的持票人均应在汇票到期日前向付款人提示承兑。承兑不得附有条件。

出票人向银行提示承兑时,由信贷部门审批后,与出票人签订承兑协议,会计部门收妥保证金后,根据信贷部门的书面通知、承兑协议和审批书等资料,向申请人出售空白票据,承兑申请人按协议内容签发银行承兑汇票,承兑行编押、签章承兑后将票据交付申请人。

(三)到期处理。银行承兑汇票到期后,持票人委托开户行向承兑银行提示付款时,填制托收凭证,连同汇票一同递交开户行,由开户行办理发出托收,承兑行接到持票人开户行寄来的托收凭证及汇票,审核无误后,将票款划转至收款人开户行。

银行汇票业务流程见图4—3。

五、商业汇票风险提示

(一)申请人不符合银行承兑汇票申请条件的给予签发。

(二)未识别出克隆票据、假票据,办理贴现或付款。

(三)签发没有合法的商品交易为基础的银行承兑汇票,为企业套取资金。

(四)对于有逃废银行债务的、有承兑垫款余额的或曾以非法手段骗取金融机构承兑的出票人给予办理承兑业务。

(五)办理银行承兑汇票贴现业务未按有关规定向承兑银行进行查询、核实汇票的真实性。

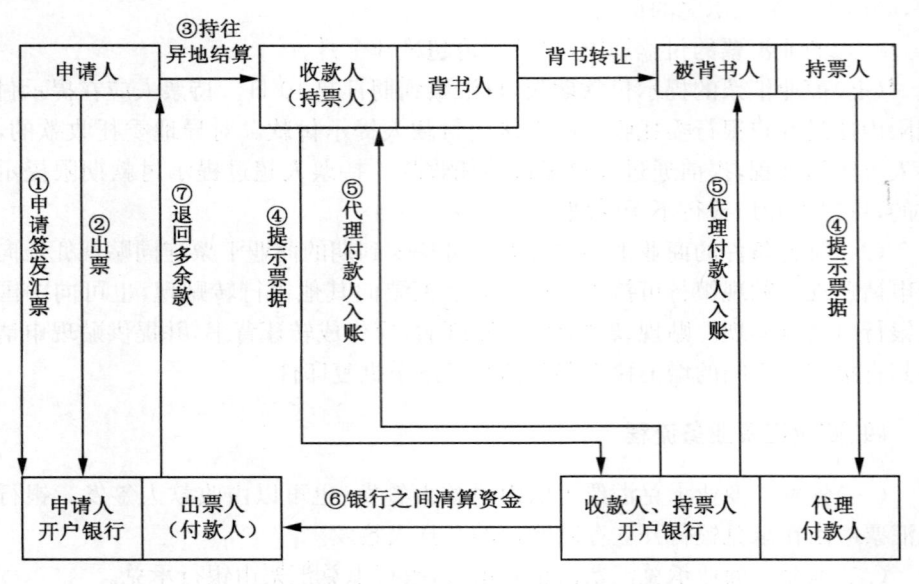

图 4-3　商业汇票业务流程

第二节　银行汇票业务

一、银行汇票定义

银行汇票是出票银行签发的,由其在见票时按照实际结算金额无条件支付给收款人或者持票人的票据。

银行汇票的出票银行为银行汇票的付款人(见图 4-4)。

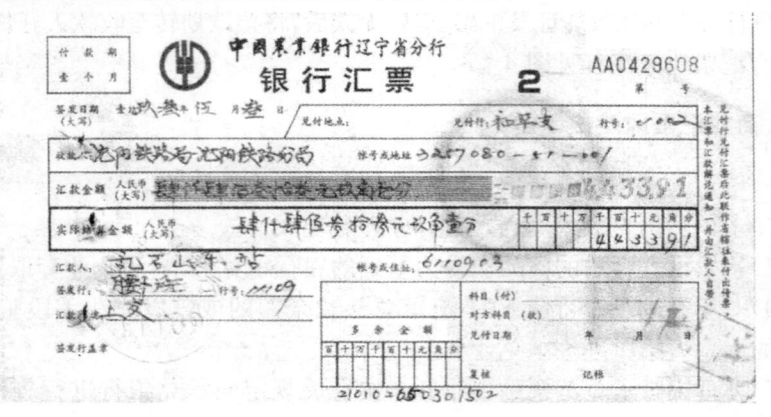

图 4-4　银行汇票

二、银行汇票特点

（一）该产品可满足客户款项结算的需要。

（二）系统内签发的银行汇票见票即付。

（三）在汇票有效期内可以背书转让。

（四）注明"现金"字样的汇票可以支取现金。

三、银行汇票使用规定

（一）单位和个人各种款项结算，均可使用银行汇票。银行汇票可以用于转账，填明"现金"字样的银行汇票也可以用于支取现金。

（二）银行汇票可以背书转让。未填写实际结算金额或实际结算金额超过出票金额的银行汇票不得背书转让。

（三）持票人向银行提示付款时，必须同时提交银行汇票和解讫通知，缺少任何一联，银行不予受理。

（四）持票人超过期限向代理付款银行提示付款不获付款的，须在票据权利时效内向出票银行作出说明，并提供本人身份证件或单位证明，持银行汇票和解讫通知向出票银行请求付款。

（五）银行汇票的提示付款期限自出票日起1个月。持票人超过付款期限提示付款的，代理付款人不予受理。

四、银行汇票业务流程

（一）签发。付款人填写"结算业务申请书"，提交出票行，出票银行依据申请书签发银行汇票。

（二）兑付。收款人或持票人填写进账单，连同银行汇票（"持票人向银行提示付款签章"处需加盖银行预留印鉴）和解讫通知一并送交代理付款银行办理兑付。

（三）未用退回。申请人应备函向出票行说明原因，按规定提交证明或身份证件，同时交回汇票和解讫通知。

（四）超期付款。持票人应备函向出票行说明原因，按规定提交证明或身份证件，同时交回汇票和解讫通知。

五、银行汇票风险提示

（一）申请人假冒开户单位出具"结算业务申请书"和伪造开户单位预留签章骗取银行汇票。

（二）客户因遗失汇票要求退票时，失票人未向人民法院申请公示催告或者提起诉讼并超过60天，且在票据有效期限内款项被支取。

（三）汇票不是统一规定印制的凭证，汇票不真实，提示付款期限超过有效期限。

（四）填明"现金"字样和记载"不得转让"的汇票转让。

第三节　银行本票业务

一、银行本票定义

银行本票是指银行签发，承诺自己在见票时无条件支付确定的金额给收款人或持票人的票据。

银行本票为不定额本票（见图4—5）。

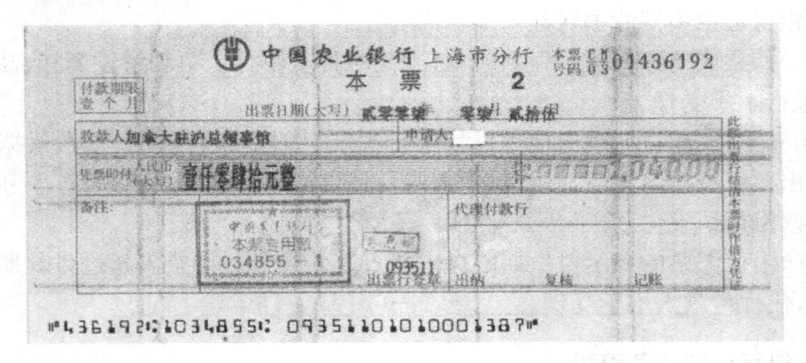

图4—5　银行本票

二、银行本票特点

（一）该产品可满足客户各种款项支付的需要。

（二）注明"现金"字样的本票可以支取现金。

（三）本票见票即付，可以背书转让。

三、银行本票使用规定

（一）银行本票的出票人，为经中国人民银行当地分支行批准办理银行本票业务的银行机构。

（二）签发银行本票必须记载下列事项：表明"银行本票"的字样；无条件支付的承诺；确定的金额；收款人名称；出票日期；出票人签章。欠缺记载上列事项之一的，银行本票无效。

（三）签发现金银行本票应遵循中国人民银行有关现金管理规定。

(四)银行本票的提示付款期限自出票日起最长不得超过2个月。持票人超过付款期限提示付款的,代理付款人不予受理。银行本票的代理付款人是代理出票银行审核支付银行本票款项的银行。

四、银行本票业务流程

(一)签发。由申请人填写"结算业务申请书",交经办行签发本票。

(二)兑付。收款人或持票人收到银行本票,填写进账单,交开户银行收款。开户银行通过人民银行小额支付系统或同城票据交换进行资金清算。

(三)超期付款。持票人超过提示付款期限不获付款的,在票据权利时效内向出票银行作出说明,并提供本人身份证件或单位证明,可持银行本票向出票银行请求付款。

五、银行本票风险提示

(一)签发无资金保障的银行本票,产生垫款。
(二)申请人、收款人有一方为单位的,给予签发现金银行本票。
(三)本票不是统一规定印制的凭证,本票不真实,提示付款期限超过有效期限。
(四)填明"现金"字样和记载"不得转让"的本票转让。

第四节 支票业务

一、支票定义

支票是出票人签发的,委托办理支票存款业务的银行或者其他金融机构在见票时无条件支付确定的金额给收款人或者持票人的票据。

支票分为现金支票、转账支票、普通支票三种(见图4—6)。

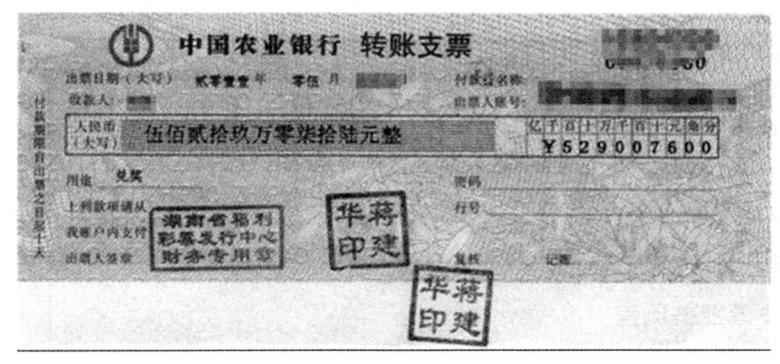

图4—6 银行转账支票

二、支票特点

（一）在同一票据交换区域内的各种款项结算都可以使用支票。

（二）支票无金额起点限制。

（三）现金支票可以从银行存款账户提取现金；转账支票用于转账结算，在有效期内可以背书转让。

三、支票使用规定

（一）签发支票必须记载以下事项：表明"支票"的字样、无条件支付的委托、确定的金额、付款人名称、出票日期、出票人签章。欠缺记载上列事项之一的，支票无效。

（二）支票的金额、收款人名称，可以由出票人授权补记。未补记前不得背书转让和提示付款。

（三）签发支票应使用碳素墨水或墨汁填写，中国人民银行另有规定的除外。金额、收款人名称、出票日期不得更改。

（四）签发现金支票和用于支取现金的普通支票，必须符合国家现金管理的规定。

（五）支票的出票人签发支票的金额不得超过付款时在付款人处实有的存款金额。禁止签发空头支票。

（六）支票的出票人预留银行签章是银行审核支票付款的依据。银行也可以与出票人约定使用支付密码，作为银行审核支付支票金额的条件。出票人不得签发与其预留银行签章不符的支票；使用支付密码的，出票人不得签发支付密码错误的支票。

（七）支票的提示付款期限自出票日起 10 日，但中国人民银行另有规定的除外。超过提示付款期限提示付款的，持票人开户银行不予受理，付款人不予付款。

（八）持票人委托开户银行收款时，做委托收款背书，在支票背面背书人签章栏签章、记载"委托收款"字样、背书日期，在被背书人栏记载开户银行名称。

（九）单位银行结算账户向个人银行结算账户支付款项单笔超过 5 万元人民币时，付款单位若在付款用途栏或备注栏注明事由，可不再另行出具付款依据，但付款单位应对支付款项事由的真实性、合法性负责。

（十）持票人为个人的，还需交验本人身份证件，并在支票背面注明证件名称、号码及发证机关，银行对客户身份证件通过联网核查系统进行验证。

四、支票业务流程

（一）签发。支票由出票人签发，并交付持票人或收款人。

（二）兑付。对于转账支票,持票人或出票人在支票提示付款期内填制进账单,并与支票一同交受理银行(可以是收款人开户银行,也可以是出票人开户银行)。受理银行可以通过现金管理系统、同城票据交换系统或支票影像交换系统收妥后入账。对于现金支票,持票人或出票人直接到出票人开户银行提示付款即可。

五、支票风险提示

（一）现金支票提取现金未执行中国人民银行的现金管理规定。
（二）受理超期、远期等作废、无效支票或变造支票。
（三）盗窃、借用他人空白支票,利用伪造的印章进行诈骗。
（四）支票审核不严,背书不连续。
（五）约定使用支付密码的,支票上填写的密码不符或未使用密码为客户付款。开通通兑的账户未使用支付密码。

思考讨论题：

1. 什么是银行汇票？银行汇票的使用有哪些规定？
2. 什么是商业承兑汇票？简述商业承兑汇票的流转程序。
3. 什么是银行本票？
4. 支票有哪些种类和具体规定？

第五章 非票据结算业务

本章所述非票据结算业务,是指银行的汇兑、托收承付和委托收款结算业务。

第一节 汇兑结算业务

一、汇兑结算基本规定

汇兑是汇款人委托银行将其款项支付给收款人的结算方式。单位和个人的各种款项的结算,均可使用汇兑结算方式。

(一)签发汇兑凭证必须记载下列事项:无条件支付的委托;确定的金额;收款人名称;汇款人名称;汇入地点、汇入行名称;汇出地点、汇出行名称;委托日期;汇款人签章。

汇兑凭证上欠缺上列记载事项之一的,银行不予受理。

汇兑凭证记载的汇款人名称、收款人名称,其在银行开立存款账户的,必须记载其账号。欠缺记载的,银行不予受理。

委托日期是指汇款人向汇出银行提交汇兑凭证的当日。

(二)汇兑凭证上记载收款人为个人的,收款人需要到汇入银行领取汇款,汇款人应在汇兑凭证上注明"留行待取"字样;留行待取的汇款,需要指定单位的收款人领取汇款的,应注明收款人的单位名称。

汇款人确定不得转汇的,应在汇兑凭证备注栏注明"不得转汇"字样。

(三)汇款人和收款人均为个人,需要在汇入银行支取现金的,应在结算业务申请书的"汇款金额"大写栏,先填写"现金"字样,后填写汇款金额。

(四)汇入银行对开立存款账户的收款人,应将汇给其的款项直接转入收款人账户,并向其发出收账通知。

(五)未在银行开立存款账户的收款人向汇入银行支取款项,必须交验本人的身份证件,在凭证上注明证件名称、号码及发证机关,并签字。

代理人代理取款的,代理人也应在凭证上签字,注明其身份证件名称、号码及发证机关,并同时交验代理人和被代理人的身份证件。

支取现金的,由汇入银行按照国家现金管理规定审查支付。

(六)汇款回单只能作为汇出银行受理汇款的依据,不能作为该笔汇款已转入收款人账户的证明。收账通知是银行将款项确已收入收款人账户的凭据。

(七)汇款人对汇出银行尚未汇出的款项可以申请撤销。申请撤销时,应出具正式函件或本人身份证件及原结算业务申请书回单。汇出银行查明确未汇出款项的,收回原结算业务申请书回单,方可办理撤销。

(八)汇款人对汇出银行已经汇出的款项可以申请退汇。对在汇入银行开立存款账户的收款人,由汇款人与收款人自行联系退汇;对未在汇入银行开立存款账户的收款人,汇款人应出具正式函件或本人身份证件以及原结算业务申请书回单,由汇出银行通知汇入银行,经汇入银行核实汇款确未支付,并将款项汇回汇出银行,方可办理退汇。

(九)转汇银行不得受理汇款人或汇出银行对汇款的撤销或退汇。

(十)汇入银行对于收款人拒绝接受的汇款,应即办理退汇。汇入银行对于向收款人发出取款通知,经过 2 个月无法交付的汇款,应主动办理退汇。

(十一)未在本机构开立账户的客户办理现金汇款一次性金融服务且交易金额单笔人民币 1 万元以上或者外币等值 1000 美元以上的,应核对客户的有效身份证件或者其他身份证明文件,登记客户身份基本信息,并留存有效身份证件或者其他身份证明文件的复印件或者影印件。

二、汇兑结算业务流程

(一)汇出

客户按照规定要求填写"结算业务申请书",填制完毕后交银行经办人员办理汇款。银行审核"结算业务申请书",收妥款项后根据收款人开户行区分行内、行外分别通过网内往来、大额支付系统、小额支付系统办理汇出。

(二)退汇

汇款人对汇出银行已经汇出的款项经汇入行核实尚未解付的,可以申请退汇。退汇时,由汇款人出具正式函件或本人有效身份证件连同原结算业务申请书回单,交汇出行办理退汇。

(三)解付

汇入行通过相关联行子系统收到汇出行汇入的款项,直接入账或转入应解汇款及临时存款账户支付。对于系统自动入账的,可打印客户入账通知书交客户作为入账通知。未在本行开立结算账户的收款人可凭身份证分一次或多次支取完毕,符合现金支取规定的,可直接支取现金。

汇兑结算业务流程见图 5—1。

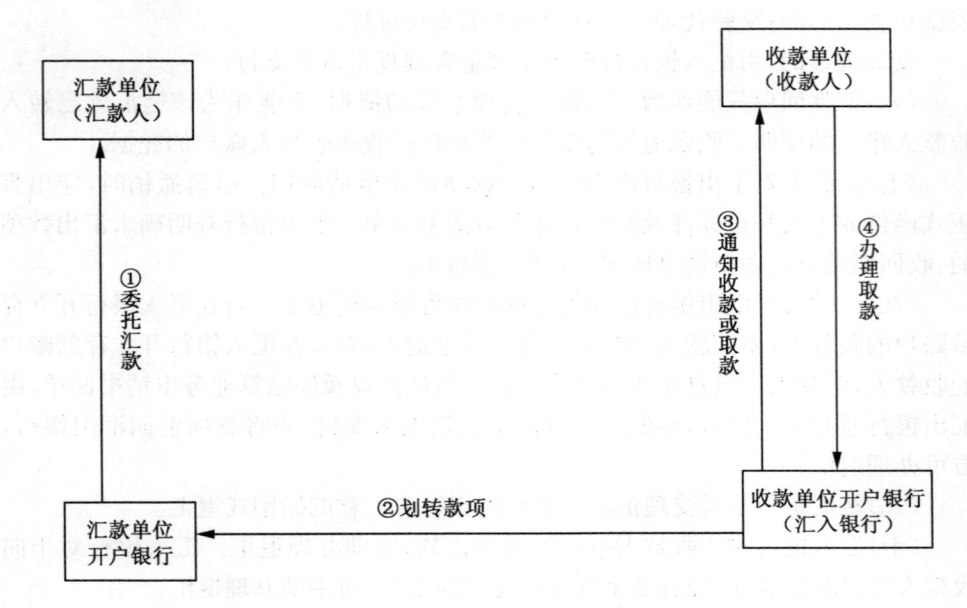

图 5—1　汇兑结算业务流程

三、汇兑结算业务的操作

（一）汇出汇款

1. 审核凭证

汇出行柜员收到汇款人提交的一式三联"结算业务申请书"（个人客户应使用"个人结算业务申请书"），应审查以下内容：

(1) 凭证必须记载的各项内容是否齐全、正确、清晰；

(2) 汇款人账户内是否有足够支付的余额；

(3) 汇款人的签章是否与预留银行签章相符；

(4) 汇款凭证上填明的汇款日期是否为当天；

(5) 对填明"现金"字样的结算业务申请书，还应审查汇款人和收款人是否均为个人；

(6) 需提交验效身份证件或者其他身份证明文件原件及复印件的，是否提交。

2. 业务处理

(1) 柜员收妥现金使用公共应用子系统"现金存入"（贷记跨柜员过渡）交易或相关子系统"贷记过渡"交易从付款人账户转入本柜员过渡账户或跨柜员过渡账户，录入相关要素，交易成功后，打印记账凭证并按规定签章。

① 单位结算账户办理汇兑的，直接在客户填写的"结算业务申请书"第一联进

行打印,作记账凭证。

②个人结算账户办理汇兑的,打印取款凭条并经客户签字确认后作记账凭证,"个人结算业务申请书"第一联作原始凭证附记账凭证后。

③未开立结算账户的个人以缴存现金形式办理的,直接在客户填写的"个人结算业务申请书"第一联进行打印,作记账凭证。在记账凭证背面登记客户基本信息并将留存的有效身份证件或者其他身份证明文件的复印件附记账凭证后。

(2)结算业务申请书第三联不需打印,按规定签章后作客户回单退汇款人。

(3)第二联加盖柜员名章后与过渡传票一并交相关柜员通过网内往来或大、小额支付系统办理划款,交易成功后,打印相关信息,附记账凭证后作原始凭证。

(4)柜员按照有关规定收取手续费。

(二)汇兑来账

1.审核凭证

柜员接收、打印联行来账凭证后,审核来账凭证是否属本行应受理的凭证,账号、户名是否一致,报单状态是否正确。

2.业务处理

(1)通过联行子系统自动入账的,柜员只需生成打印客户入账通知书,按规定签章后交收款人。

(2)手工入账的,柜员选择相关联行子系统交易将汇入款项转入收款人账户或柜员/跨柜员过渡账户,再通过相关"借记过渡"交易将汇入款项入收款人账户。未在本行开户的在应解汇款及临时存款户解付或转汇。其他比照相关业务处理手续办理。

在应解汇款及临时存款户解付的汇款回单联(来账凭证第三联)应作为应解汇款卡片留存,专夹保管。注明联系方式的通知收款人来行办理取款手续。

(三)应解汇款解付

1.业务受理

(1)收款人申请解付应解汇款时,应向银行交验本人身份证件,若收款人委托他人办理的,须提交授权委托书,并交验代理人、被代理人的身份证件。

(2)现金支付的,客户还应填制一联记账凭证;转账支付的,填制一式三联进账单;收款人要求转汇的,填制一式三联"结算业务申请书"。

(3)柜员根据申请人提交的授权委托书和身份证件及业务凭证,向收款人问明情况,抽出专夹保管的应解汇款卡片核对并审核:身份证件是否真实、有效,收款人证件的姓名是否与应解汇款卡片中收款人的姓名一致,收款人提供的其他信息与应解汇款卡片上记载的是否一致,审核无误后,在汇款回单联(来账凭证第三联)上注明收款人证件名称、号码及发证机关并由收款人签字;代理人代理取款的,同时登记收款人、代理人的证件名称、号码及发证机关,由代理人在凭证上签字。

(4)将有关资料交运营主管复核、审批,对属于大额现金的取款,还须按规定权限进行审批。审批完成后,进行业务处理。

2. 业务处理

(1)支取现金。柜员选择"现金支取"交易,进行账务处理,交易成功后,打印客户填写的记账凭证,按规定配款交收款人。在记账凭证上按规定签章,应解汇款卡片(来账凭证第三联)附记账凭证后作附件。

(2)转账支付。

①柜员选择"贷记过渡"交易,进行账务处理,交易成功后,打印记账凭证并按规定签章,应解汇款卡片附记账凭证后作附件。选择跨柜员过渡的,另行打印一式两联过渡记账凭证,连同客户填写的进账单及应解汇款卡片交有关柜员。

②柜员过渡业务,仍由原柜员选择相关借记过渡交易,将款项存入客户指定账户,交易成功后,打印记账凭证,按规定签章后,进账单第二联作原始凭证附记账凭证后,第一、三联退收款人;若需通过同城交换将款项划转收款行的,进账单第一联退收款人,第二、三联一并交换至对方行。

③跨柜员过渡业务,接收柜员收到两联过渡记账凭证、进账单及应解汇款卡片,审核无误后,选择相关借记过渡交易,将款项存入客户指定账户,交易成功后,打印接收的两联过渡记账凭证,按规定签章,第一联过渡凭证与应解汇款卡片退发起柜员,第二联过渡凭证作接收柜员"借记过渡"记账凭证,进账单第二联作原始凭证附记账凭证后,第一、三联退收款人;若需通过同城交换将款项划转收款行的,进账单第一联退收款人,第二、三联一并交换至对方行。

(3)转汇处理。柜员选择"贷记过渡"交易将款项由应解汇款及临时存款账户转入过渡账户,交易成功后,直接在客户填写的"结算业务申请书"第一联进行打印,作记账凭证,按规定签章后,结算业务申请书第三联退汇款人。跨柜员过渡的,两联过渡记账凭证和结算业务申请书第二联及应解汇款卡片一并交联行柜员办理划款,划款后,应解汇款卡片和一联过渡交易凭证一并退发起柜员作记账凭证附件;柜员过渡的,柜员直接选择相关交易办理划款。结算业务申请书第二联作划款交易的原始凭证。

(四)应解汇款退汇

应解汇款超过2个月仍无人受领的,柜员抽出专夹保管的应解汇款卡片,填制一式两联记账凭证,注明"应解汇款退汇"字样,确认无误并签章后,与应解汇款卡片交运营主管审批。

运营主管应审核:记账凭证的收款人、付款人名称及汇款金额是否与应解汇款卡片上的汇款人、收款人名称和金额一致;汇款事由是否真实、合理。审核无误后,运营主管在两联记账凭证上签章,将记账凭证和应解汇款卡片一并交柜员办理。

柜员选择"贷记过渡"交易将款项由应解汇款及临时存款账户转入过渡账户,

交易成功后,打印一联记账凭证,并按规定签章。跨柜员过渡的,两联过渡记账凭证和另一联记账凭证及应解汇款卡片一并交联行柜员办理划款,划款后,应解汇款卡片和一联过渡交易凭证一并退发起柜员作记账凭证附件;柜员过渡的,柜员直接选择相关交易办理划款。

第二节　托收承付结算业务

一、托收承付结算的基本规定

托收承付是指根据购销合同由收款人发货后委托银行向异地付款人收取款项,由付款人向银行承认付款的结算方式。

(一)使用托收承付结算方式的收款单位和付款单位,必须是国有企业、供销合作社以及经营管理较好,并经开户银行审查同意的城乡集体所有制工业企业;收付双方使用托收承付结算必须签有符合《合同法》的购销合同,并在合同上订明使用托收承付结算方式;办理托收承付结算的款项,必须是商品交易,以及因商品交易而产生的劳务供应的款项;代销、寄销、赊销商品的款项,不得办理托收承付结算。

(二)托收承付结算每笔金额起点为1万元,新华书店系统每笔金额起点为1 000元。

(三)签发托收承付凭证必须记载下列事项:表明"托收承付"的字样、确定的金额、收付款人名称及账号、收付款人开户银行名称、托收附寄单证张数或册数、合同名称及号码、委托日期和收款人签章。托收凭证上欠缺记载上列事项之一的,银行不予受理。

(四)承付货款分为验单付款和验货付款两种。验单付款的承付期为3天,从付款人开户银行发出承付通知的次日算起(承付期内遇法定休假日顺延);验货付款的承付期为10天,从运输部门向付款人发出提货通知的次日算起。对收付双方在合同中明确规定,并在托收凭证上注明验货付款期限的,银行从其规定。

(五)付款人开户银行对付款人逾期支付的款项,应当根据逾期付款金额和逾期天数,按每天万分之五计算逾期付款赔偿金;逾期付款天数从承付期满日算起;赔偿金实行定期扣付,每月计算一次,于次月3日内单独划给收款人;在月内有部分付款的,其赔偿金随同部分支付的款项划给收款人,对尚未支付的款项,月终在计算赔偿金,于次月3日内划给收款人;付款人开户银行对逾期未付的托收凭证,负责进行扣款的期限为3个月(从承付期满日算起)。

(六)对付款人逾期不退回单证的,开户银行应当自发出索回单证通知的第3天起,按照该笔尚未付清欠款的金额,每天处以万分之五但不低于50元的罚款,并暂停付款人对外办理结算业务,直到退回单证时止。

（七）未经开户银行批准使用托收承付结算方式的城乡集体所有制工业企业，收款人开户银行不得受理其办理托收；付款人开户银行对其承付的款项应按规定支付外，还要对该付款人按结算金额处以百分之五的罚款。

（八）收款人对同一付款人发货托收累计3次收不回货款的，收款人开户银行应暂停收款人向该付款人办理托收；付款人累计3次提出无理拒付的，付款人开户银行应暂停其向外办理托收。

（九）托收业务设立托收登记簿分为发出托收登记簿和收到托收登记簿。发出托收登记簿包括的业务类型为发出委托收款和发出托收承付的业务明细。

（十）托收凭证包括委托收款凭证和其他托收凭证，托收凭证编号由9位数字组成，各网点同一年度的托收凭证编号不可重复，托收凭证编号是柜员根据业务类型和录入日期在托收凭证留存联上手工按日按序编制的托收凭证序列号。发出托收行在第二联留存凭证上编号，收到托收行在第三联留存凭证上编号。

编排规则：1位识别码＋2位月份＋2位日期＋4位顺序号。识别码1表示发出托收业务，2表示收到托收业务。

（十一）网点柜员对当天发生的托收承付业务数据根据业务类型准确、及时进行录入和补录处理。

（十二）录入和补录数据的修改交易只对本月发生业务进行操作，删除交易可对历史数据进行操作。查询、修改、删除等交易只对本网点业务进行处理。

（十三）托收承付业务录入、补录、查询、修改、删除等所有交易均不产生传票号和日志号，不打印凭证。

（十四）托收登记簿按月打印，按会计档案管理要求装订、保管，打印的托收登记簿未销账明细与托收凭证留存联核对一致。

（十五）网点柜员对录入数据的真实性和完整性负责，网点运营主管负责数据的完整性、逻辑性审核，各行计财部门负责托收业务登记簿数据真实性的事后监管工作。

二、托收承付业务流程

假定企业A发出货物后，委托银行向异地付款人企业B办理托收承付的结算方式。

异地托收承付结算的程序如下（见图5－2）：
收款人发出商品；
收款人委托银行收款；
收款人开户行将托收凭证传递给付款人开户行；
付款人开户行通过付款人承付；
付款人承认付款；

银行间划拨款项；

通知收款人货款收妥入账。

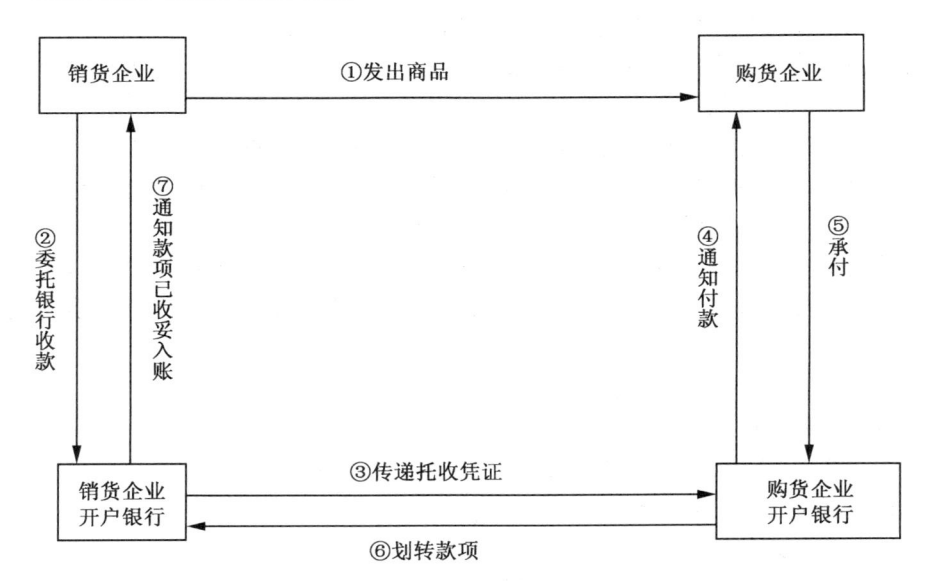

图 5-2 托收承付业务流程

三、托收承付结算业务的操作

(一) 收款人开户行的处理

1. 受理托收

(1) 业务审核。柜员受理收款人提交的一式五联托收凭证及有关单证,应审查如下内容：

①托收款项是否符合托收承付结算方式规定的范围、条件、金额起点以及其他有关规定。

②有无商品确已发运的证件。如提供的证件需要取回的,收款人在托收凭证上是否注明"发运日期"及"证件号码"。对提供发运证明有困难的,要审查其是否符合托收承付结算方式规定的其他条件。采用验货付款的,是否在托收凭证各联上明显加盖"验货付款"戳记。

③托收凭证必须记载的各项内容是否齐全和符合填写凭证的要求。

④托收凭证与所附单证的张数是否相符。

⑤第二联托收凭证上是否有收款人签章,其签章是否符合规定。

必要时,还应查验收、付款人签订的购销合同。

(2)业务处理。

①柜员按照规定收取手续费。

②托收凭证第一联按规定签章后退给收款人。对收款人向银行提交发运证件需要带回保管或自寄的,应在各联凭证和发运证件上加盖"已验发运证件"戳记后,将发运证件退给收款人。

③在第三联托收凭证上加盖结算专用章,本网点如不办理联行相关子系统业务,应在托收凭证的各联"备注"栏加盖"款项收妥请划收××(行号)转划我行"戳记,将第三、四、五联连同交易单证一并寄往付款人开户行。

④柜员根据已审核的托收凭证第二联,选择"单笔录入"交易,依据托收凭证内容按照系统提示录入相关信息,并将托收凭证第二联按受理日期顺序或委托人专夹保管。

2. 托收款项划回的处理

(1)全额划回。

①业务审核。接到联行柜传来第二、三联联行来账贷方凭证时,应与留存的第二联托收凭证进行核对,审查无误后进行业务处理。

②业务处理。

a. 在托收凭证第二联上填注收到日期,选择"单笔补录"交易对对方行付款日期和付款金额进行补录。

b. 选择相关子系统"借记过渡"交易,将划回款项转入收款人账户,交易成功后打印过渡交易凭证,并按规定签章,一联作记账凭证,一联退发起柜员,第二联托收凭证作原始凭证,联行来账凭证第二联作托收凭证附件,联行来账凭证第三联作收账通知交收款人。

(2)多承付款项划回。

①业务审核。柜员收到划回款项的来账凭证以及第三、四联多承付理由书,将来账凭证及多承付理由书与留存的托收凭证第二联进行核对,审查无误后进行业务处理。

②业务处理。

a. 在托收凭证第二联上填注收到日期,选择"单笔补录"交易对对方行付款日期和付款金额进行补录,金额为原托收金额。

b. 柜员接到联行柜员转来的过渡业务凭证和来账业务凭证,在来账业务记账凭证备注栏注明多承付的金额,选择相关子系统"借记过渡"交易,将划回款项转入收款人账户,交易成功后打印交易凭证,按规定签章,过渡业务凭证一联作记账凭证,一联退发起柜员,联行来账凭证第二联作原始凭证,在第二联托收凭证上与第三联多承付理由书一起作来账凭证第二联的附件;联行来账凭证第三联作收账通知交收款人,第四联多承付理由书作收账通知的附件。

(3)部分划回。

①业务审核。柜员收到接收、打印的来账凭证,应将来账凭证与留存的托收凭证第二联进行核对,并审查无误进行业务处理。

②业务处理。

a. 在托收凭证第二联备注栏注明部分划回的金额和日期,选择"单笔补录"交易对对方行付款日期和付款金额进行补录。(第二次及以后部分划回时,补录金额应为累计划回金额,以保证托收凭证记载的划回金额与登记簿记载的金额一致。)

b. 柜员接到联行柜员转来的过渡业务凭证和来账业务凭证,选择相关子系统"借记过渡"交易,将划回款项转入收款人账户,交易成功后打印交易凭证并按规定签章,过渡业务凭证一联作记账凭证,一联退发起柜员,联行来账凭证第二联作原始凭证,第三联作客户回单交收款人。第二联托收凭证在接到最后一次清偿划回款项的凭证时,注明"×月×日全部清偿"字样,并加盖附件章作来账凭证的附件。

(4)逾期划回、无款支付退回凭证或单独划回赔偿金。

①逾期划回。柜员接到第一、二联托收承付到期未收通知书后,在第二联托收凭证上加注"逾期付款"字样及日期,然后将第二联通知书交给收款人,第一联通知书附于第二联托收凭证后一并保管。逾期期满前一次或分次划回款项的比照全额划回或部分划回的手续办理。

②无款支付退回凭证。

a. 业务审核。柜员在逾期付款期满后接到第四、五联托收凭证(部分无款支付系第四联托收凭证)及二联无款支付通知书和有关单证,与留存的托收凭证第二联进行核对。核对无误后进行业务处理。

b. 业务处理。在第二联托收凭证备注栏注明"无款支付"字样,收款人在一联无款支付通知书上签收,然后连同第二联托收凭证一并保管备查。然后将第四、五联托收凭证、一联无款支付通知书和有关单证退给收款人。

c. 选择"单笔补录"交易对对方行付款日期和付款金额进行补录,金额为零。部分无款支付的不需再次补录。

③单独划回赔偿金。柜员收到接收、打印的来账凭证,将来账凭证与留存的托收凭证第二联进行核对,审查无误后,选择相关子系统"借记过渡"交易,将划回款项转入收款人账户,交易成功后打印交易凭证并按规定签章,过渡业务凭证一联作记账凭证,一联退发起柜员,联行来账凭证第二联作原始凭证,第三联作客户回单交收款人。在第二联托收凭证上注明第×个月划回的赔偿金的金额。

(5)全部拒绝付款。

①业务审核。柜员收到第四、五联托收凭证及有关单证和第三、四联全部拒绝付款理由书及拒绝证明,将上述资料与留存的托收凭证第二联进行核对,审查无误进行业务处理。

②业务处理。在第二联托收凭证备注栏注明"全部拒付"字样、日期,然后将第四、五联托收凭证及有关单证和第四联拒付理由书及拒付证明退给收款人。第三联拒付理由书由收款人签收后,连同第二联托收凭证由银行一并保管备查。

同时选择"单笔补录"交易对对方行付款日期和付款金额进行补录,付款金额为零。

(6)部分拒绝付款。柜员收到划回款项的来账凭证与第三、四联部分拒付理由书及拒付部分的商品清单、证明核对相符后,抽出第二联托收凭证,并在该联备注栏注明"部分拒付"字样、日期和部分拒付金额。划回款项比照多承付款项划回手续处理;如部分拒付将承付金额分次划回时,将每次划回的金额在托收凭证上注明,对划回的款项比照"部分划回"的手续处理。

转账后,将第四联部分拒付理由书及拒付部分的商品清单、证明交给收款人。

(二)付款人开户行的处理

1. 收到托收凭证

(1)业务审核。柜员收到收款人开户行寄来的第三、四、五联托收凭证及交易单证,按以下内容审核:

①是否属于本行受理凭证。如非本行受理的,应及时代为转寄,并将情况通知收款人开户行,如不能确定付款人开户行的,即退回原委托行。

②托收承付结算凭证联次(第三、四、五联)是否齐全,所附单证张数与凭证记载数量是否相符。

③第三联托收凭证上是否加盖收款人开户行结算专用章。

④托收凭证必须记载的内容是否齐全、清晰、正确,凭证内容与所附附件有关内容是否一致。

⑤采用验货付款的,在托收凭证各联是否加盖"验货付款"戳记。商品已发运的证件由收款人取回的,收款人是否在托收凭证上注明发运日期和证件号码。

(2)业务处理。

①柜员在第三、四、五联托收凭证上填注收到日期,并按验货付款和验单付款不同承付期的规定,在凭证上注明承付日期,及时通知付款人。通知的方法可根据具体情况与付款人签订协议,采用付款人来行自取、派人送达或对距离较远的付款人邮寄等。将第三、四联托收凭证按承付期先后顺序专夹保管,第五联托收凭证按规定签章后连同附件一并送交付款人。

②柜员选择"单笔录入"交易,依据托收凭证内容按照系统提示录入相关信息。

交易成功后,系统返回录入界面,柜员核对录入数据与托收凭证内容的一致性。业务类型为收到其他托收,返回界面中显示客户签收日期和客户签名栏,网点柜员屏幕打印返回信息交客户签收,客户签收凭证与留存的托收凭证配对专夹保管,付款或部分付款时作借方凭证附件,拒付时作拒付理由书附件,随传票装订。

2. 付款处理

（1）全额付款。

①付款人在承付期满日开户行营业终了前，账户有足够资金支付全部款项的，柜员在次日上午（遇法定休假日顺延）抽出专夹保管的第三、四联托收凭证，通过"贷记过渡"交易将款项转入过渡账户，交易成功后打印记账凭证（跨柜员过渡还需打印两联过渡记账凭证）并按规定签章。托收凭证第三联作原始凭证附记账凭证后；第四联托收凭证填注支付日期后作付款依据，通过联行子系统进行划款。

②柜员选择"单笔补录"交易对付款日期和金额进行补录。

（2）提前承付的处理。在规定的承付期满前，受理付款人提交的提前付款公函，要立即办理付款，账务处理比照全额付款业务流程办理。但应在托收承付凭证第三、四联注明"提前承付"字样。

（3）多承付的处理。付款人如因商品的价格、数量或金额变动等原因，要求对本笔托收多承付款项一并划回时，柜员受理付款人填制并加盖预留印鉴的四联"多承付理由书"（以"拒绝付款理由书"代）。

柜员审查"多承付理由书"各栏内容填写是否齐全、准确、清楚并加盖预留印鉴，无误后，进行业务处理。

①在托收凭证第三、四联备注栏注明"多承付"字样及多付的金额，通过"贷记过渡"交易将款项转入过渡账户，交易成功后打印记账凭证（跨柜员过渡还需打印两联过渡记账凭证）并按规定签章，第二联"多承付理由书"作借方凭证，托收凭证第三联作附件。

②联行柜员凭多承付理由书第三、四联（托收凭证第四联作附件）办理划款。划款后，将第三、四联多承付理由书寄交收款人开户行。

③柜员选择"单笔补录"交易对付款日期和金额进行补录。金额为原托收金额。

④多承付理由书第一联按规定签章后作付款通知退付款人。

（4）部分付款的处理。付款人在承付期满日开户行营业终了前账户只能部分支付款项的，抽出专夹保管的托收凭证第三、四联，填注付款日期和扣收金额。

①填制三联记账凭证，在转账原因栏注明"部分付款"字样及原托收号码及金额，通过"贷记过渡"交易将款项转入过渡账户，交易成功后打印记账凭证（跨柜员过渡还需打印两联过渡记账凭证）并按规定签章。一联记账凭证作借方凭证，一联记账凭证作支款通知交付款人，另一联记账凭证交联行柜员划款。

②柜员选择"单笔补录"交易对付款日期和金额进行补录。

③托收凭证第三、四联按付款人及先后日期单独保管，作为继续扣款的依据。柜员要随时监控付款人账户余额，以便将未承付部分款项及时地分次划转到收款人开户行，同时应逐次扣收逾期付款赔偿金。待最后清偿完毕，应在托收凭证上注

明"扣清"字样,托收凭证作借方凭证的附件。

(5)逾期付款的处理。付款人在承付期满日银行营业终了时,如无足额资金支付,其不足部分即为逾期未付款项,按逾期付款处理。

柜员抽出专夹保管的托收凭证第三、四联,在备注栏注明"逾期付款"字样。填制三联"托收承付结算到期未收通知书"(支付结算通知查询查复书代)。将第一、二联通知书寄收款人开户行,第三联通知书与第三、四联托收凭证一并专夹保管。

①当付款人账户有款时,按规定的扣款顺序,及时将逾期未付款项和应付赔偿金扣划给收款人。扣付赔偿金时,柜员应填制三联记账凭证,并注明原托收号码及金额,在转账原因栏注明逾期付款的金额及相应扣付赔偿金的金额。分次扣款的比照部分付款业务流程办理该部分支付款项;一次扣款的,在第三、四联托收凭证上注明"扣清"字样,分别作扣款凭证和划款凭证的附件,其余比照全额付款操作程序办理。

②扣付赔偿金。

a. 逾期付款天数的计算。付款人在承付期满日营业终了前,账户无足够资金支付,其不足支付部分,应当算作逾期 1 天,计算 1 天的赔偿金。在承付期满次日(遇法定节假日,逾期付款赔偿金的天数计算相应顺延,但在以后遇法定节假日应当照算逾期天数)营业终了前,仍无足够资金支付,其不足支付部分,应当算作逾期 2 天,计算 2 天的赔偿金,其余类推。

b. 赔偿金的计算。其计算公式如下:

赔偿金金额＝逾期付款金额×逾期天数×万分之五

c. 每月单独扣付赔偿金。

a)每月末营业终了时,对尚未支付的款项,按在当月实际逾期天数计算赔偿金。

b)次月 3 日内填制三联记账凭证,在各联上注明原托收号码及金额,在转账原因栏注明第 x 个月逾期付款的金额及相应扣付赔偿金的金额。

c)柜员选择"贷记过渡"交易,将应付赔偿金转入过渡账户,打印记账凭证,按规定签章后,一联记账凭证作借方凭证,一联作支款通知交付款人。另一联记账凭证连同二联过渡记账凭证交联行柜办理划款。

d)如付款人账户当时不足支付应付赔偿金,应在托收承付凭证第三、四联备注栏加注应扣付赔偿金金额,并对该账户采取只收不付的控制办法,等付款人账户能足够支付该月赔偿金时,再及时办理扣付。

赔偿金的扣付列为企业销货收入扣款顺序的首位,在一次足额扣付赔偿金前,不准予办理其他款项的支付。

③逾期付款期满后,付款人账户不能全额或部分支付该笔托收款项,柜员填制一式四联索回单证的通知(支付结算通知查询查复书代),第一联按规定签章后交

付款人,第二、三、四联与第三、四联托收凭证专夹保管。

计算赔偿金并填制三联记账凭证,在各联上注明原托收号码及金额和相应扣付赔偿金的金额,选择"贷记过渡"交易,将应付赔偿金转入过渡账户,打印记账凭证并按规定签章后,一联记账凭证作借方凭证,一联作支款通知交付款人。另一联记账凭证连同二联过渡记账凭证交联行柜办理划款,如付款人账户当时不足支付应付赔偿金,应在托收承付凭证第三、四联备注栏加注应扣付赔偿金金额,等全部扣付时,再销记托收登记簿。

a. 在规定期限内(银行发出通知的次日起两日内,到期日遇法定节假日顺延)收到付款人退回的第五联托收凭证(部分无款支付的除外)及有关单证或应付款项证明书(单证已作账务处理或已部分支付的,可以填制"应付款项证明"),与专夹保管的第三、四联托收凭证核对。核对无误后,在托收凭证各联备注栏注明单证退回的日期和"无款支付"字样。

将第三、四联索回单证的通知书和第四、五联托收凭证(部分无款支付系第四联托收凭证)及有关单证一并寄收款人开户行;第二联索回单证的通知书和第三联托收凭证一并专夹保管。

b. 逾期不退回单证的处理。从发出通知第三天起,至退回单证日止每天按照未付金额的万分之五但不低于 50 元的比例收取罚款。填制三联记账凭证,并在"转账原因"栏注明"单证未退罚款"字样,选择"贷记过渡"交易,录入相关要素,交易成功后打印记账凭证并按规定签章,一联作借方凭证,一联作支款通知交付款人;选择相关"借记过渡"交易将罚款转入规定账户,录入相关要素,交易成功后,打印另一联记账凭证并按规定签章;同时暂停付款人对外办理结算业务,直到退回单证为止。

(6) 全部拒绝付款的处理。接到付款人填写的全部拒绝付款理由书四联(以下简称全拒理由书)、有关拒付证明及托收凭证第五联及所附单证时,应认真审查以下内容并查验合同:

①是否在承付期内。

②拒付理由书各栏内容填写是否齐全、准确、清晰;付款人是否在各联加盖预留银行印鉴。

③拒付理由是否符合托收承付结算办法中规定的条件(对军品的拒绝付款,银行不审查拒绝付款理由):

a. 没有签订购销合同或购销合同未订明托收承付结算方式的款项。

b. 未经双方事先达成协议,收款人提前交货或因逾期交货付款人不再需要该项货物的款项。

c. 未按合同规定的到货地址发货的款项。

d. 代销、寄销、赊销商品的款项。

e. 验单付款,发现所列货物的品种、规格、数量、价格与合同规定不符,或货物已到,经查验与合同规定或发货清单不符的款项。

f. 验货付款,经查验货物与合同规定或发货清单不符的款项。

g. 货款已经支付或计算有错误的款项。

④提供有关部门检验证明是否符合规定,印证合同上的有关条款是否完整、准确。

对拒绝付款的手续不全、依据不足、理由不符合规定和不属于上述支付结算办法中规定的七种可以拒绝付款情况的,以及超过承付期拒付或将部分拒付提为全部拒付的,均不得受理。对不同意拒付的,要实行强制扣款。对无理的拒绝付款,而增加银行审查时间的,应从承付期满日起,为收款人计扣逾期付款赔偿金。

对符合规定同意拒付的,将全部拒付理由书(一式四联)和有关拒付证明、托收凭证及所附单证一并交运营主管复审,并在全部拒付理由书上签注审批意见并签章。金额较大的,须报主管行长(主任)批准,并签注意见及签章。

审批后,柜员在托收凭证第三、四联备注栏注明"全部拒付"字样。然后将第一联拒绝付款理由书按规定签章后作为回单退还付款人,将第二联拒绝付款理由书连同第三联托收凭证一并留存备查,将第三、四联拒绝付款理由书连同有关的拒付证明和第四、五联托收凭证及单证一并寄收款人开户行。柜员选择"单笔补录"交易对付款日期和金额进行补录,金额为零。

(7)部分拒绝付款的处理。付款人在承付期内提出部分拒绝付款时,应填制四联部分拒绝付款理由书,连同有关的拒付证明、拒付部分商品清单送交开户行。柜员按照全部拒付的审查程序和要求审查。对不符合规定的拒付,不得受理拒付。对符合规定同意拒付的,依照全部拒绝付款的审查手续办理,并在托收凭证备注栏注明"部分拒付"字样及部分拒付金额。对同意承付部分,比照部分付款操作程序办理。

第一联拒付理由书按规定签章后作支款通知交给付款人,第二联拒付理由书和第三联托收凭证作借方凭证附件,第三、四联拒付理由书连同拒付部分的商品清单和有关证明一并寄收款人开户行;第四联托收凭证作联行划款凭证的附件。

(三)重办托收的处理

1. 收款人开户行处理

柜员受理收款人提交的三联"重办托收理由书"和购销合同、有关证据和退回的原第四、五联托收凭证及交易单证,经审查确属对方无理拒付的,抽出原留存备查的第二联托收凭证,并在该联凭证上注明"重办"字样,将一联重办托收理由书与第二联托收凭证一并保管,另两联连同第四、五联托收凭证、交易单证和有关证据一并寄给付款人开户行。

2. 付款人开户行处理

柜员收到收款行寄来的两联重办托收理由书和托收承付凭证第四、五联交易单证及有关证据,抽出原留存备查的托收承付凭证第三联,同托收承付凭证第四联核对,确属本行拒付,重办托收金额与原托收金额一致。在托收承付凭证第三联上注明"重办"字样。在两联重办托收理由书上填注收到日期和承付日期。将一联重办托收理由书和托收承付凭证第三、四联一并专夹保管,另一联重办托收理由书连同托收承付凭证第五联、单证和有关证据一并交付款人,并签收。

付款人在承付期内没有提出拒绝付款的,比照付款人全额支付业务办理,如付款人仍提出拒绝付款的,比照有关拒付的业务办理。

(四)差错处理

柜员发现当日或当月的业务差错时,可选择"单笔修改"或"单笔删除"交易对差错业务进行修改或删除处理;柜员发现跨月的业务差错时,可选择"单笔删除"交易对差错业务进行删除,并视差错类型做相应处理。

(五)打印发出托收和收到托收登记簿

柜员按月(次月2日后一旬内)选择"查询打印报表"交易分别打印发出托收登记簿和收到托收登记簿,按会计档案管理要求装订、保管。

(六)查询查复

1. 查询行的处理

(1)对超过凭证传递正常期尚未划回的托收款项,又未收到逾期付款、部分付款、拒绝付款等项通知书,必须主动办理查询。

(2)根据留存的托收凭证第二联,填制两联"支付结算通知查询查复书"。

(3)交运营主管审查无误后,加盖结算专用章和运营主管、经办员名章,将一联查询书交联行柜办理查询,一联附在第二联托收凭证后面一并保存。

(4)对于查询不复的,应进行再次查询。

(5)收到查复书,对所查询问题已得到明确答复的,经运营主管审批后,如属付款人开户行未收到托收凭证及交易单证,除查明原因外,应及时根据留存的第二联托收凭证照填一份(托收凭证第三、四、五联),并用红笔注明"补寄副本"字样,以免重复,并在补制的托收凭证第三联上加盖结算专用章,有关交易单证必要时亦可请收款人另填一份一并寄发。

(6)查复书与原查询书附在托收凭证第二联后一并专夹保管,待款项划回时作有关记账凭证附件。

2. 被查行的处理

(1)收到查询书,必须按照查询的要求认真查明原因。

(2)当日或次日查明原因后,填制两联"支付结算通知查询查复书",交运营主管审批无误后,加盖结算专用章和运营主管、经办员名章。

(3)将一联查复书交联行柜员办理查复。

(4)一联查询查复书连同留存的托收凭证第三联(未收到托收凭证除外)一并保存,待款项付清后作有关记账凭证附件。

第三节 委托收款结算业务

一、委托收款结算的基本规定

委托收款是收款人委托银行向付款人收取款项的结算方式。

(一)单位和个人凭已承兑商业汇票、债券、存单等付款人债务证明办理款项的结算,均可以使用委托收款结算方式。

(二)签发委托收款凭证必须记载下列事项:表明"委托收款"字样、确定的金额、付款人名称、收款人名称、委托收款凭据名称及附寄单证张数、委托日期、收款人签章。欠缺记载上列事项之一的,银行不予受理。

(三)委托收款在同城、异地都可以使用,没有金额起点和最高限额;收款人办理委托收款应向银行提交托收凭证和有关的债务证明。

(四)委托收款以银行为付款人的,银行应在当日或到期日将款项主动支付给收款人;以单位为付款人的,银行应及时通知付款人,按照有关办法规定,需要将有关债务证明交给付款人的应交给付款人,并签收。付款人应于接到通知的当日,书面通知银行付款。按照有关办法规定,付款人未在接到通知日的次日起3日内通知银行付款的,视同付款人同意付款,银行应于付款人接到通知日的次日起第4日上午开始营业时,将款项划给收款人。

(五)付款人审查有关债务证明后,对收款人委托收取的款项需要拒绝付款的,可以办理拒绝付款。

(六)委托日期、收款人名称和金额不得更改,更改的托收凭证,银行不予受理。

(七)在同城范围内,收款人收取公用事业费或根据国务院的规定,可以使用同城特约委托收款。收取公用事业费,必须具有收付双方事先签订的经济合同,由付款人向开户银行授权,经开户银行同意后,报经中国人民银行当地分支行批准。

(八)委托收款以银行外的单位为付款人的,委托收款凭证必须记载付款人开户行名称;以银行外的单位或在银行开立存款账户的个人为收款人的,委托收款凭证必须记载收款人开户行名称;未在银行开立存款账户的个人为收款人的,委托收款凭证必须记载被委托银行名称。欠缺记载的,银行不予受理。

(九)托收业务设立托收登记簿分为发出托收登记簿和收到托收登记簿。发出托收登记簿包括的业务类型为发出委托收款和发出托收承付的业务明细。其中,发出委托收款业务种类分为发出同城特约委托收款、发出商业承兑汇票委托收款、发出银行承兑汇票委托收款和发出的其他委托收款业务。收到托收登记簿包括的业务类型为收到商业承兑汇票托收、收到银行承兑汇票托收和收到其他托收的业务明细。

（十）托收凭证包括委托收款凭证和其他托收凭证。托收凭证编号由9位数字组成，各网点同一年度的托收凭证编号不可重复，托收凭证编号是柜员在录入托收登记簿时根据业务类型和录入日期在托收凭证留存联上手工按日按序编制的托收凭证序列号。发出托收行在第二联留存凭证上编号，收到托收行在第三联留存凭证上编号，汇总录入的同城特约委托收款业务在首份留存凭证上编号。

编排规则：1位识别码＋2位月份＋2位日期＋4位顺序号。识别码1表示发出托收业务，2表示收到托收业务。

（十一）网点柜员对当天发生的委托收款业务数据根据业务类型准确、及时进行录入和补录处理。

（十二）在录入托收登记簿时，收到商业承兑汇票托收和收到其他托收业务录入交易成功后，对返回信息进行屏幕打印，客户在打印凭证上签收。客户签收凭证和托收凭证留存联配对专夹保管，付款或部分付款时客户签收凭证作借方凭证附件；拒付时作拒付理由书附件，随传票装订。

（十三）系统提供业务种类为同城特约委托收款的汇总录入交易。汇总录入的同城特约委托收款业务视同已补录交易，不再作补录处理。

（十四）录入和补录数据的修改交易只对本月发生的业务进行操作，删除交易可对历史数据进行操作。查询、修改、删除等交易只对本网点业务进行处理。

（十五）委托收款业务录入、补录、查询、修改、删除等所有交易均不产生传票号和日志号，不打印凭证。

（十六）托收登记簿按月打印，按会计档案管理要求装订、保管，打印的托收登记簿未销账明细与托收凭证留存联核对一致。

（十七）网点柜员对录入数据的真实性和完整性负责，网点运营主管负责数据的完整性、逻辑性审核，各行计财部门负责托收业务登记簿数据真实性的事后监管工作。

二、委托收款结算业务流程

（一）收款人办理委托收款。收款人填写"托收凭证"，将托收凭证和有关单据提交开户行，收款单位开户银行审核无误后，一并寄交付款人开户行。

（二）付款人付款流程。付款人开户银行收到托收凭证及有关债务证明后，应通知付款人付款。付款人在接到付款通知的次日起3日内未书面通知开户银行付款，也未出具拒绝付款理由，视同同意付款。付款人存款账户不足支付的，由划款银行通过被委托银行向收款人发出未付款项通知书，并将债务证明连同通知书邮寄被委托银行转交收款人。

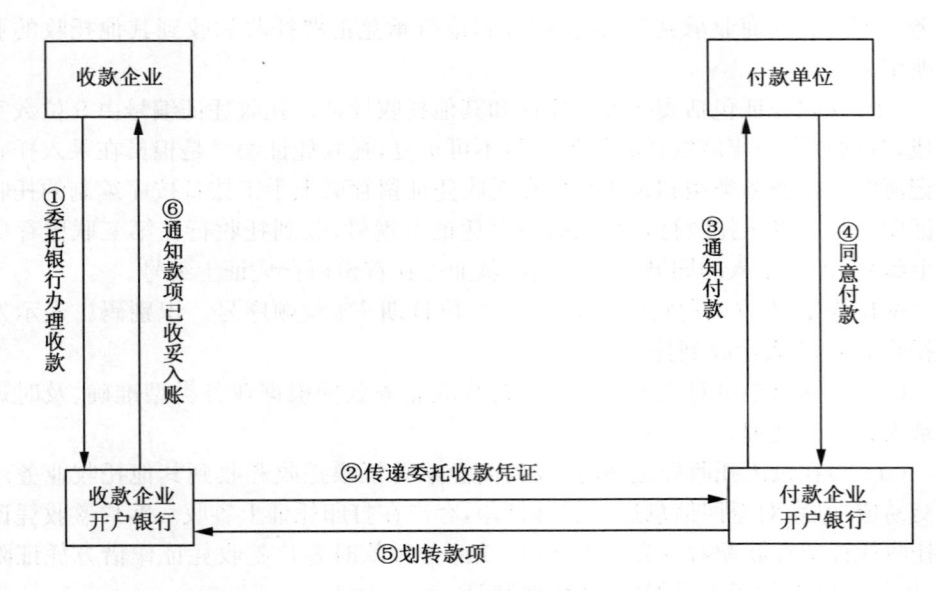

图 5—3　委托收款结算业务流程

（三）付款人拒绝付款。付款人审查有关债务证明后，对收款人委托收取的款项需要拒绝的，可以在接到付款通知的次日起 3 日内办理拒绝付款。银行将拒绝证明、债务证明和有关凭证一并寄给被委托银行，转交收款人。银行对拒付理由不予审查。

三、委托收款结算业务的操作

（一）收款人开户行的处理

1. 受理委托收款

（1）业务审核。柜员接到收款人提交的一式五联托收凭证及有关单证后，应审核以下内容：

①托收凭证各栏内容填写是否齐全、准确、清晰，与所附债务证明的名称及号码是否一致。

②托收凭证金额与附件是否一致。

③第二联托收凭证上是否加盖收款人的预留印鉴。

④所附的债务证明是否为已承兑商业汇票、债券、存单等。

（2）业务处理。

①柜员按照规定收取交易手续费。

②托收凭证第一联按规定签章后交收款人。

③根据已审核的托收凭证第二联，选择"单笔录入"交易，依据托收凭证内容按

照系统提示录入相关信息。多笔同城特约委托收款业务,柜员可选择"同城特约委托收款汇总录入"交易进行录入处理,汇总录入的同城特约委托收款业务视同已补录交易。并将托收凭证第二联按受理日期顺序或委托人专夹保管。

④在已审核的托收凭证第三联加盖结算专用章,连同第四、五联凭证及有关债务证明,一并寄交付款人开户行。如本行不办理相关联行子系统业务,还须在托收凭证第三、四、五联的备注栏加盖"款项收妥请划收××(行号)转划我行"戳记。

2. 款项划回的处理

(1)业务审核。柜员接到联行柜或交换柜传来的过渡业务交易凭证及联行来账二、三联或有关交换凭证,与留存的第二联托收凭证进行核对,核对无误后,进行业务处理。

(2)业务处理。

①在第二联托收凭证上填注收到日期,选择"单笔补录"交易对对方行付款日期和付款金额进行补录。

②选择相关过渡转存款账户交易,将划回款项转入收款人账户,交易成功后打印过渡业务交易凭证,按规定签章,如为跨柜员过渡的,跨柜员过渡记账凭证一联退发起柜员,一联作记账凭证,第二联托收凭证作原始凭证附记账凭证后,第二联电子汇兑凭证或相关交换凭证作附件,第三联联行来账凭证或相关交换凭证作收款通知交收款人。

3. 付款人无款支付的处理

(1)业务审核。柜员收到转来的托收凭证第四联和两联未付款项通知书及债务证明后,将上述资料与留存的托收凭证第二联进行核对。核对无误后,进行业务处理。

(2)业务处理。

①在托收凭证第二联备注栏注明"无款支付"字样及日期,选择"单笔补录"交易对对方行付款日期和付款金额进行补录,补录金额为零。

②将第四联托收凭证和一联未付款项通知书及有关债务证明一并转交收款人,经收款人签收后的一联未付款项通知书连同托收凭证第二联一并保管备查。

4. 拒绝付款的处理

(1)业务审核。柜员收到第四、五联托收凭证及有关债务证明和第三、四联拒绝付款理由书后,将上述资料与留存的托收凭证第二联进行核对。核对无误后,进行业务处理。

(2)业务处理。

①在第二联托收凭证备注栏注明"拒绝付款"字样及日期。选择"单笔补录"交易对对方行付款日期和付款金额进行补录,补录金额为零。

②将第四、五联托收凭证及有关债务证明和第四联拒绝付款理由书一并退给

收款人。收款人签收后的第三联拒绝付款理由书,连同托收凭证第二联一并保管备查。

(二)付款人开户行的处理

1. 收到托收凭证

(1)业务审核。柜员接到收款人开户行寄来的第三、四、五联托收凭证及有关债务证明后,应审核以下内容：

①是否属本行受理的凭证。对误寄本行的托收凭证,要及时转寄正确的付款行,并将情况通知收款人开户行,如无法确定付款行的,要注明原因退回原托收行。

②凭证上所填写内容与所附债务证明有关内容一致。

③托收凭证第三联是否加盖收款人开户银行结算专用章。

④如债务证明为银行承兑汇票时,还应与专夹保管的第一联银行承兑汇票卡片进行核对。

(2)业务处理。

①柜员选择"单笔录入"交易,依据托收凭证内容按照系统提示录入相关信息。多笔同城特约委托收款业务,柜员可选择"同城特约委托收款汇总录入"交易进行录入处理,汇总录入的同城特约委托收款业务视同已补录交易。

交易成功后,系统返回录入界面,柜员核对录入数据与托收凭证内容的一致性。业务类型为收到商业承兑汇票托收和收到其他托收时,返回界面中显示客户签收日期和客户签名栏,网点柜员屏幕打印返回信息交客户签收,客户签收凭证与留存的托收凭证配对专夹保管,付款或部分付款时作借方凭证附件,拒付时作拒付理由书附件,随传票装订。

②在收到的托收凭证第三、四、五联上分别填注收到日期和付款期限,对付款人为银行的托收凭证,柜员应将其第三、四、五联与银行承兑汇票第二联或其他债务证明一并按先后顺序专夹保管。对付款人为单位的托收凭证,柜员应将其第五联上按规定签章,连同需交付款人的有关债务证明一并及时送交付款人,并由付款人按上述要求签收。第三、四联按收到日期顺序或付款人专夹保管。

2. 到期付款处理

(1)付款人为银行。

①同意付款。对委托收款凭据已到期并在付款期限内的,柜员应在收到凭证的当日将款项主动支付给收款人;对委托收款凭据未到期的,待到期日将款项主动支付给收款人。

a. 柜员在内部核算子系统选择"贷记过渡"交易,将票款从相关账户转入过渡账户,交易成功后打印记账凭证和过渡凭证,托收凭证第三联作原始凭证;银行承兑汇票第一联(留存备查联,出现垫款时作为债权凭证)、第二联(汇票联)作托收凭证第三联的附件;有关债务证明和第五联付款通知也作托收凭证第三联的附件。

b. 托收凭证第四联上填注转账日期,作贷方记账凭证附件,通过网内往来、大额支付系统或票据交换进行划款。

c. 若为银行承兑汇票业务还需要选择"表外或有类内转"交易销记"银行承兑汇票应收、应付款"科目。

d. 柜员选择"单笔补录"交易对付款日期和金额进行补录。

②拒绝付款(债务证明为银行承兑汇票,存在合法抗辩事由拒绝支付)。

a. 柜员填制一式四联拒绝付款理由书,并由联行印章保管柜员在各联上加盖结算专用章,在托收凭证第三联备注栏注明"拒绝付款"字样,托收凭证第三联连同拒绝付款理由书第一、二联以及银行承兑汇票第一联等,一并留存备查。

b. 联行柜员将拒绝付款理由书第三、四联连同托收凭证第四、五联及有关债务证明一并寄发收款人开户行。

c. 柜员选择"单笔补录"交易对付款日期和金额进行补录,金额为零。

(2)付款人为单位。收到付款人付款通知书或未接到付款人付款通知书,联行柜员应在付款人签收日的次日起第四日营业开始,抽出专夹保管的托收凭证第三、四联及按规定留存的债务证明,进行账务处理。

①付款人账户足够支付全部款项的。

a. 柜员选择相关"贷记过渡"交易,将款项从付款人账户转入过渡账户,交易成功后打印记账凭证,按规定签章,托收凭证第三联作原始凭证附记账凭证后;留存债务证明的,其债务证明作托收凭证第三联凭证附件。

b. 托收凭证第四联上填注转账日期,作贷方记账凭证附件,通过联行子系统进行划款。

c. 柜员选择"单笔补录"交易对付款日期和金额进行补录。

②付款人账户不足支付全部款项的。

a. 柜员填制三联"未付款项通知书"(用"支付结算通知查询查复书"代),并由联行印章保管柜员在各联通知书上加盖结算专用章。在托收凭证第三、四联分别注明单证退回日期和"无款支付"字样,托收凭证第三联连同一联未付款项通知书,一并留存备查。

b. 联行柜员将第四联托收凭证、债务证明,以及两联未付款项通知书一并寄发收款人开户行。

c. 柜员选择"单笔补录"交易对付款日期和金额进行补录,金额为零。

③付款人拒绝付款。

a. 柜员收到付款人在规定期限内(付款人签收次日起3日内)出具的四联拒绝付款理由书和第五联托收凭证及所附债务证明,审查拒绝付款理由书各栏内容填写是否齐全、准确、清晰;付款人是否已在各联加盖预留单位印鉴。审查无误后,在拒绝付款理由书上按规定签章,并将第一联退交付款人。

b. 柜员在专夹保管的托收凭证第三、四联分别注明"拒绝付款"字样,托收凭证第三联和拒绝付款理由书第二联一并留存备查。将托收凭证第四、五联及有关单证,连同拒绝付款理由书第三、四联一并寄发收款人开户行。

c. 柜员选择"单笔补录"交易对付款日期和金额进行补录,金额为零。

（三）差错处理

柜员发现当日或当月的业务差错时,可选择"单笔修改"或"单笔删除"交易对差错业务进行修改或删除处理;柜员发现跨月的业务差错时,可选择"单笔删除"交易对差错业务进行删除,并视差错类型做相应处理。

（四）打印发出托收和收到托收登记簿

柜员按月(次月 2 日后一旬内)选择"查询打印报表"交易,分别打印发出托收登记簿和收到托收登记簿,按会计档案管理要求装订、保管。

思考讨论题:

1. 什么是汇兑结算方式？汇兑结算方式有哪些规定？
2. 委托收款方式有哪些规定？简述委托收款方式的业务流程。
3. 托收承付业务的使用范围如何？什么是验单付款？
4. 托收承付与委托收款有哪些区别？
5. 信用卡结算方式有哪些规定？信用卡有哪些种类？
6. 简述信用卡特约单位收取账款的处理。
7. 什么是贷款承诺业务？什么是银行担保业务？什么是验货付款？

第六章 银行卡业务

银行卡是我国个人金融支付服务中使用最为广泛的非现金支付工具,安全、高效的银行卡支付也成为支付服务的主要应用方式。银行卡种类众多,功能也不断丰富。在卡基支付的基础上,新型支付方式将进一步发展,支付服务领域也将进一步拓展。2015年,全国共发生银行卡交易852.29亿笔,同比增长43.07%,增速加快17.91个百分点;金额669.82万亿元,同比增长48.88%,增速加快42.61个百分点。日均23 350.41万笔,金额18 351.23亿元。其中,银行卡存现91.92亿笔,金额70.97万亿元,同比分别增长4.57%和0.47%;取现184.21亿笔,金额73.15万亿元,同比分别下降7.48%和1.69%;转账业务3 285.86亿笔,金额470.70万亿元,同比分别增长157.11%和79.34%;消费业务290.30亿笔,金额55.00万亿元,同比分别增长46.96%和29.78%。[1]

第一节 银行卡概述

一、银行卡的定义及分类

(一)银行卡的定义

银行卡是按照一定的技术标准制成的,由商业银行向社会公开发行的,载有消费信用、转账结算、存取现金等全部或部分功能,并可以作为结算支付工具使用的各种介质卡的统称,其卡样如图6—1所示,银行卡集消费、结算、信贷、理财、信用等功能于一体,是现代信息技术应用在金融领域的产物。

此外,还有广义的银行卡和狭义的银行卡之分。广义的银行卡是指商业银行、非银行金融机构(如保险、邮政金融机构等)或专业发卡公司(发卡机构)向社会发行的具有信用透支、消费结算、转账支付、存取现金等全部或者部分功能的信用凭证和支付工具。狭义的银行卡是特指由商业银行发行的银行卡。中国人民银行

---

[1] 中国人民银行网站:《2015年支付体系运行总体情况》。

1999年1月印发的《银行卡业务管理办法》中将银行卡定义为：由商业银行（含邮政金融机构）向社会发行的具有消费信用、转账结算、存取现金等全部或部分功能的信用支付工具。

图6—1 银行卡

（二）银行卡的分类

银行卡是具有通用支付功能的电子支付工具，按其功能不同，可以分为借记卡和信用卡。

1. 借记卡

借记卡是指由商业银行向社会发行的具有消费信用、转账结算、存取现金等全部或者部分功能的支付工具，不能透支，只有现金提取和支付消费服务功能的卡。

2. 信用卡

信用卡是由银行或者信用卡公司向资信良好的个人和机构签发的一种信用凭证，持卡人可以在指定的特约商户购物消费或者获得服务。信用卡既是发卡机构发放循环信贷和提供相关服务的凭证，也是持卡人信誉的标志，可以透支消费，即具有支付与信贷服务的功能。

二、银行卡的发展

（一）银行卡的发展沿革

银行卡的发展是市场经济发展的产物，也是货币信用发展的一种表现。追踪银行卡发展的轨迹，可归纳为三个阶段：

1. 第一阶段（20世纪初至40年代末），商业信用阶段

银行卡最早起源于美国。1915年美国的一些商店、饮食业为了扩大销售、招揽生意、方便顾客，创用了一种"信用筹码"，其雏形类似于一种金属徽章，后来演变为用塑料制成的卡片，作为客户购物消费的凭证，持卡人可以先赊销货物或消费，事后付款，这可以说是信用卡的萌芽。

1920年,美国各大电气、石油公司推出了签账卡,供顾客用电和加油使用,其实质相当于先消费、后付款的信用卡。

1946年,美国的狄纳斯俱乐部和运输公司发行了用于旅游、娱乐的信用卡。

1949年,美国大来公司推出了在餐馆使用的签账卡。

1950年,美国狄纳斯俱乐部在全美组织信用卡联合经营,凡是参加联营饭店、餐馆所发行的信用卡均可以通用,大大扩展了信用卡的使用范围。

2. 第二阶段(20世纪50年代至80年代),银行信用阶段

1952年,美国加州富兰克林国民银行首先发行了银行信用卡,这是银行信用卡的先河。到1959年,美国有60多家银行开始发行信用卡。

银行发行信用卡是对持卡人的一种消费信贷,它将仅限于买卖双方的商业性质的信用卡发展为涉及持卡人、特约商户和银行三方关系的银行性质的信用卡。银行信用卡信用程度更高、使用范围更广、功能更多,它使商业性质的信用卡发生了质的升华。

3. 第三阶段(20世纪90年代至今),综合信用阶段

在这一阶段,随着网络技术的发展和银行卡应用领域的扩大,银行卡实现了国际化,银行卡的发行主体出现了多样化,银行卡的信用融合了银行信用、商业信用、个人信用甚至国家信用的综合特征。

(二)中国银行卡历程

1. 第一阶段(20世纪80年代中期至90年代初期),培育阶段

1985年3月,第一张"中银卡"(BOC卡)在中国银行珠海分行问世。

1986年,中国银行发行了国内第一张信用卡——人民币长城信用卡;1987年,中国银行加入了万事达和VISA国际组织,并在全国开始发行"长城万事达卡",1989年发行了"长城VISA卡"。

1987年,中国工商银行发行了红棉卡,1989年发行牡丹卡;1989年底,中国工商银行加入了万事达国际组织,1990年加入了VISA国际组织。

1989年,中国建设银行加入万事达国际组织,1990年加入VISA国际组织;1990年5月,中国建设银行发行中国建设银行万事达卡,1991年又推出中国建设银行VISA卡。

1990年,中国农业银行加入万事达国际组织,1991年发行金穗卡。

国内早期推出的都是适合中国国情的准贷记卡,也就是先存款后消费并有小额透支,这适合中国收入消费的现状。

2. 第二阶段(20世纪90年代中期至90年代末),初级阶段

这一时期,各家银行在推出准贷记卡的同时,陆续推出了借记卡。

1991年,中国建设银行广东分行率先发行了面向储蓄客户的具有存、取款功能的ATM卡;1994年,中国建设银行在全行推广发行借记卡,并正式推出了"龙

卡"品牌；1994年以后，国内各家银行陆续推出了不能透支，具有存款、取款、支付结算等功能的借记卡。借记卡迎合了中国人谨慎消费的心理，一经推出便迅速发展，目前已成为我国银行卡市场的主体。

1993年6月我国由央行主导开始实施"金卡工程"，这是一项跨部门、跨地区、跨世纪的、以电子货币应用为重点的庞大社会系统工程。从1994年开始，中国人民银行会同各商业银行在12个省市进行"金卡工程"试点工作，建设城市银行卡交换中心，实现了银行卡同城跨行联网。1998年12月，北京银行卡信息交换总中心投入试运行，开展异地跨行联网。

3. 第三阶段（21世纪初至今），成长阶段

2001年开始，国内银行一方面陆续推出了适合中高端客户需要的真正意义上的信用卡，另一方面开始进行联网联合。

2002年1月10日，北京、上海、广州、杭州、深圳5城市包括工商银行、农业银行、中国银行、建设银行、交通银行等80余家银行在内的发卡金融机构都已陆续发行"银联"标识卡。

2002年3月26日，经中国人民银行批准的、由80多家国内金融机构共同发起设立的股份制金融机构，注册资本16.5亿元人民币，在原有的18个城市交换中心和北京银行卡信息交换总中心的基础上，成立我国自己的银行卡组织——中国银联，中国银联是目前全球最大的区域性银行卡组织。

2004年1月18日，29家内地银行和农村信用社"银联"标识卡的持卡人可在香港4 000多家商户刷卡消费，也可在香港1 100台ATM机上提取港币现金；内地游客在香港地区贴有"银联"标识的商店里刷卡消费，不受刷卡金额限制。

2004年9月8日，中国银联股份有限公司正式开办内地"银联"卡在澳门地区的特约商户（POS）消费业务、自动取款机（ATM）的查询和取现业务。

2005年1月10日，中国银联正式开通银联卡在泰国、韩国及新加坡的自动取款机（ATM）和商户POS受理业务。此举意味着银联卡继在中国香港、澳门地区实现受理后，首次在真正意义上走出国门。

三、银行卡的技术标准

为了统一规则，方便联网通用，适应经济发展需要，在银行卡产业发展过程中，逐渐形成了银行卡技术标准体系，这些体系主要包括：业务运作规则、跨行信息交换标准、受理终端安全标准、卡片规范、加密及安全要求等，使银行卡联网通用得以顺利实现和发展。

在我国银行卡标准化是银行卡产业深入发展的基础，适应市场，不断完善发展银行卡各类标准是银行卡产业发展的重要任务。目前，我国银行卡产业相关业务规范与标准已有45项，基本覆盖了产业各个层面。表6-1就是我国目前银行卡

行业主要技术标准。

表 6—1　　　　　　　　　　银行卡主要技术标准

发布时间	发布单位	规范名称
2000 年	中国人民银行	《银行卡磁条信息格式和使用规范》
2000 年	中国人民银行	《银行卡发卡行标识代码及卡号》
2000 年	中国人民银行	《银行 IC 卡密钥管理规范》
2001 年	中国人民银行	《银行卡联网联合业务规范》
2001 年	中国人民银行	《银行磁条卡销售终端(POS)规范》
2001 年	中国人民银行	《银行卡联网联合安全规范》
2006 年	中国银联	《银行卡联网联合技术规范 V2.0》
2008 年	中国银联	《CUPMobile 移动支付项目基于非接触式 IC 卡的银行(磁条)卡应用规范 V1.0.2b》
2008 年	中国银联	《CUPMobile 核心功能规范 V0.12》
2008 年	中国人民银行 中国银联	《新一代移动支付(CUPMobile)项目商用实验方案 V0.02》
2009 年	中国人民银行	《银行磁条卡销售点终端(POS)规范》(修订版)
2009 年	中国人民银行	《银行卡自助柜员机(ATM)终端规范》
2009 年	中国人民银行	《银行卡卡片规范》
2010 年	中国银联	《中国银联银行卡联网联合技术规范 V2.1》
2010 年	中国人民银行	《中国金融集成电路(IC)卡规范》(修订版)
2012 年	中国人民银行	《中国移动支付技术标准体系报告》
2013 年	中国人民银行	《中国金融集成电路(IC)卡规范(V3.0)》

四、银行卡的分类

按照银行卡使用功能的不同,银行卡可分为贷记卡、借记卡和储值卡三种。

（一）贷记卡

贷记卡也称信用卡,是银行或其他财务机构签发给资信状况良好的用户,用于在指定商户购物和消费,或在指定银行机构存取现金的特制卡片,是一种特殊的信用凭证,也是持卡人信誉的标志。贷记卡是银行卡中出现最早,也是最重要的一个分类。

贷记卡的特点是先消费后还款。发卡机构给予持卡人一定的信用额度,持卡人在还款到期日前偿还所使用全部银行款项即可享受免息还款期待遇,无须支付非现金交易的利息。持卡人也可以在支付相应利息的前提下,只偿还发卡机构规定的最低还款额,持卡人获得的信用额度可以循环使用。此外,持卡人还可以通过支付一定比例的手续费直接从 ATM 提取现金。由于贷记卡具有在持卡人刷卡消费的同时还能自动使用信贷这一特点,因此贷记卡不仅是一种重要的个人支付工具,而且是一种独特的个人消费信贷工具。在互联网时代,随着人们生活消费范围的扩大,消费信贷兴起,贷记卡的使用越来越广泛和频繁,已成为银行卡中最为重要的分类。

(二)借记卡

借记卡是指先存款后消费(或取现)的没有透支功能的银行卡。借记卡与个人结算账户或活期储蓄账户直接关联。借记卡一般采用密码验证,可以用于在 ATM 取款和在商户刷卡支付,相应的金额实时从持卡人账户中扣划。

(三)储值卡

储值卡是一种货币存储的载体,持卡人需先付一定金额购卡或向账户中充值后,才能用卡付款。储值卡一般不记名,不挂失,不取现,且一般都有使用时间和取现最高额度的限制。储值卡可以分为单用途储值卡和多用途储值卡。单用途储值卡一般只能在发行主体内部或某一特定领域使用,多用途储值卡能够跨主体或跨领域使用。

五、银行卡机构及组织

(一)银行卡的发卡机构

发卡机构的主要职能是向潜在持卡人发行银行卡,并通过提供各类相关的银行卡服务收取相关的费用。通过发行银行卡,发卡机构获得持卡人支付的银行卡年费、持卡人享受各种服务支付的手续费、商户回佣分成、收单机构向其转移支付的交换费和持卡人透支消费产生的透支利息等收益。

国际银行卡市场上发卡机构主要有两类:商业银行和专业的信用卡公司,其中专业的信用卡公司通常都是由大型企业集团和零售商发起。这些发卡机构为持卡人提供信贷产品、支付产品以及其他便利。目前,国际上排名前十名的发卡机构中,商业银行占 70%,专业信用卡公司占 30%,银行是主要的发卡机构。

在我国,发卡机构基本都是各商业银行,其发卡总量占所有发卡机构的 95%以上。近年来,随着各发卡机构的竞争加剧,各发卡机构纷纷采取了减免信用卡年费的方式,而由于中国人在消费上有量入为出的习惯,人们一般习惯在免息期内还款,因此,发卡机构的主要收入来源为商户回佣的分成。

(二)银行卡的收单机构

1. 银行卡的收单业务与收单机构

银行卡收单业务,是指收单机构与特约商户签订银行卡受理协议,在特约商户按约定受理银行卡并与持卡人达成交易后,为特约商户提供交易资金结算服务的行为。

收单机构,包括从事银行卡收单业务的银行业金融机构,获得银行卡收单业务许可、为实体特约商户提供银行卡受理并完成资金结算服务的支付机构,以及获得网络支付业务许可、为网络特约商户提供银行卡受理并完成资金结算服务的支付机构。大多数发卡银行都兼营收单业务,也有一些非银行专业服务机构经营收单业务。

2. 收单机构的业务经营

国际银行卡市场的收单机构主要有两类:银行和专业化收单机构。收单机构提供商户的收单交易处理服务,主要包括授权和交易获取、清退、交易信息管理和设备管理等。随着网络规模化和集中化趋势的不断发展,收单市场在专业化分工的推进下经历了大规模的整合与集中。在北美、欧洲等成熟的银行卡市场,80%左右的收单机构为专业化的服务机构,这与发卡市场上以银行为主(如我国)的格局截然不同。

收单机构的收益主要来源于扣率收入和非扣率收入。扣率收入是商户根据毛销售额按照一定比率支付给收单机构的佣金,通常扣率水平会根据商户所在行业的不同而有所差别。非扣率收入包括交易费、对账单手续费、退单手续费和追加罚款费等。近年来,收单机构在商户回佣分成中的比例日趋下降,这迫使收单机构开始重视非扣率收入,通过降低经营成本、提供更多的增值服务来获取更多利润。

在我国,收单业务大多由各家银行来承担,收单机构的收益来源主要是转接费、特约商户的刷卡扣费、POS终端租用费、机具月费以及特约商户存款的增加等。

(三)银行卡组织

银行卡组织是指以受理银行卡网络为主要资源,拥有自己独立的业务规则、技术标准和品牌的机构。银行卡组织起源于美国,它不仅是银行卡市场中的一环,而且代表了银行卡市场的发展模式。它们一端连接发卡方,另一端连接着收单方和商户。不仅提供了先进的交换网络和服务平台,更是银行卡行业标准和规范的牵头制定者,扮演者仲裁者的角色,确保游戏规则的顺利执行。这些组织创造了一系列确定成员之间关系和投票权分配的规则,构成了连接着全世界的消费者、商户和银行的全球银行卡产业的基础平台。

银行卡组织的主要职能是建立、维护和扩大跨行信息交换网络,通过建立公共信息网络和统一的操作平台,向会员银行提供信息交换、清算和结算、统一授权、品牌营销、协会会员银行进行风险控制及反欺诈等服务。其收益主要来源于发卡行和收单行支付的银行卡网络转接费和向收单行收取银行卡服务的交换费。

1. 国际银行卡组织

目前国际银行卡组织中,维萨卡(Visa)国际组织和万事达卡(Master Card)国际组织是世界上最大的两个开放式的银行卡组织,分别在 200 多个国家和地区有 22 000 多个会员机构,经营的网络覆盖全球;美国运通公司(American Express)、美国大莱银行卡公司(Diners Club International)和日本 JCB 公司、中国银联公司都是著名的国际银行卡组织。银行卡组织在银行卡的发展过程中扮演了重要的角色。图 6-2 是六大国际卡组织的品牌标志,分别是维萨卡、万事达卡、大莱卡、运通卡、JCB 卡、银联卡。

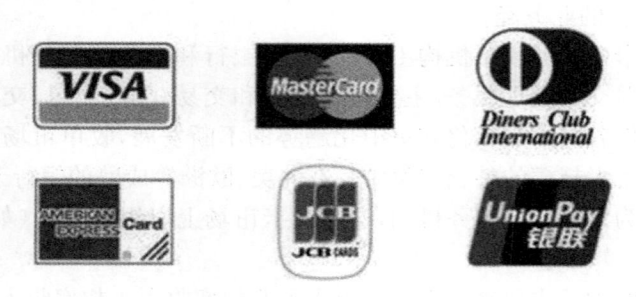

图 6-2 全球六大国际卡组织

国际银行卡市场的卡组织分为两类:开放式银行卡组织和封闭式银行卡组织。无论是哪一种银行卡组织,都是以受理网络为主要资源,一般拥有自己独立的业务规则、技术标准和品牌机构。目前全球性的开放式银行卡组织有两家:维萨卡国际组织和万事达卡国际组织。此外还有一些地区性的银行卡组织,如法国 CB、中国的银联和中国台湾的"联合信用卡中心"等。开放性的国际卡组织本身并不直接发卡,银行卡是由参加该组织的会员(主要是银行)发行。与开放性的国际卡组织不同的是,封闭式的国际卡组织本身就是发行机构,美国运通国际股份有限公司、大莱和日本 JBC 国际信用卡公司是国际三大封闭式信用卡公司。两大开放式银行卡组织在全球信用卡市场上的份额已经超过 80%,两大封闭式信用卡公司在全球信用卡市场上的份额还不到 10%。此外,两种卡组织的价格形成机制明显不同:以维萨卡为代表的开放式卡组织联合其发卡会员集中制定交换费(即发卡行利润分成),收单机构的收益由各收单机构与商户自行谈判确定,发卡组织的转接费由发卡机构和收单机构承担,商户无须承担转接费。而以美国运通为代表的封闭式卡组织由于自身发卡,同时还自己从事收单业务(有时也委托其他收单机构收单),通常直接与各商户谈判协定商户扣率,它们的特许发卡机构和代理收单机构按照特许协议或收单协议获取收益,定价主体是网络本身,完全市场化。

2. 中国银行卡组织

目前我国最大的也是唯一的卡组织是中国银联股份有限公司,它是经国务院同意,由中国人民银行批准设立的股份制金融机构,是在全国信用卡信息交换总中心和 18 个城市的银行卡中心的基础上,由中国工商银行、中国银行、中国建设银行、中国农业银行、交通银行等银行卡发卡金融机构共同发起设立的。图 6—3 是中国银联的品牌标志。

图 6—3　中国银联品牌标志

作为我国的银行卡联合组织,中国银联处于我国银行卡产业的核心和枢纽地位,对我国银行卡产业发展发挥着基础性作用,各银行通过银联跨行交易清算系统,实现了系统间的互联互通,进而使银行卡得以跨银行、跨地区和跨境使用。在建设和运营银联跨行交易清算系统、实现银行卡联网通用的基础上,中国银联积极联合商业银行等产业各方推广统一的银联卡标准规范,创建银行卡自主品牌;推动银行卡的发展和应用;维护银行卡受理市场秩序,防范银行卡风险。

中国银联的成立标志着"规则联合制定、业务联合推广、市场联合拓展、秩序联合规范、风险联合防范"的产业发展新体制正式形成,标志着我国银行卡产业开始向集约化、规模化发展,进入了全面、快速发展的新阶段,推动我国银行卡产业实现了超常规、跨越式发展,使中国快速发展成为全球银行卡产业发展最快、最具潜力的国家之一。

为顺应我国经济社会发展需要,履行国家赋予的产业使命和社会责任,中国银联积极联合商业银行建设中国银行卡自主品牌。2003 年 8 月,中国银联正式推出了具有自主知识产权,符合统一业务规范和技术标准的高品质、国际化的自主品牌银行卡——银联标准卡。随着银联标准卡的普及应用,银联品牌在我国民众中的知名度日益提高。

第二节　银行卡的业务流程

一、银行卡的终端设配

(一)POS 交易

销售点终端交易是将 POS 终端安装在银行卡的特约商户和受理网点中,与计算机联成网络,实现电子资金自动转账。POS 终端支持消费、预授权、余额查询和转账等功能,使用安全、快捷、可靠。利用 POS 刷卡消费和利用 ATM 取现是最常使用的支付方式,其基本过程有相似之处。这里以 POS 刷卡并带密码验证的消费交易为例。

如图 6-4 所示,一笔交易的全过程如下:持卡人在 POS 终端上刷卡,并输入个人密码;POS 在进行简短的信息处理之后,把信息转发到收单机构;收单机构把交易信息转发给信息转接组织;信息转接组织根据银行卡的相关信息判断卡的路由方向,并把交易转发到发卡银行;发卡银行对交易的有效性进行校验并做出裁决,决定交易的成功与否,并把交易的应答结果按照原路返回给 POS。在顾客签单之后,一笔交易完成。

(二)ATM 交易

自动柜员机(ATM)交易是指银行卡持卡人在银行或银联设置的 ATM 进行提款、存款、转账等银行柜台服务。

二、银行卡的支付

(一)银行卡的支付参与和业务流程

银行卡产业是传统金融业务与现代信息技术有机结合的新兴产业,是以现代电子信息技术为基础,融传统金融产品和金融创新于一体,由制卡、发卡、收单、专业化服务等众多企业组成,通过为社会提供电子支付产品和消费信贷产品而营利的企业群体。银行卡在国际上已经发展成为一个庞大的产业体系,根据各种业务形成专业化的市场分工,并且仍然保持着较快的增长速度。图 6-5 显示了银行卡业务的网络结构。

银行卡支付是一种由发卡行、收单行和银行卡支付网络三者共同合作提供给消费者和商户的一种支付服务。

由于银行卡业务涉及环节多,业务差异大,参与者要求不同,为适应产业特点,国际上银行卡产业目前已经形成了不同的分工协作,并在此基础上实现了市场的高度集中,以及以不同要素密集度为标准的专业化分工。按照银行卡的发卡、收单、信息转接、清算服务、机具维护等业务的特点,收单专业化服务商、信用卡发卡代理商、终端机具制造商、新兴支付渠道服务商、各种增值服务商、系统集成及软件提供商等专业化机构迅速发展。这样,银行卡的生产、运营、销售、支付等环节各个参与者专业化趋势不断深化,形成一个有机的银行卡产业链。

现代银行卡支付流程一般为(以持卡人在特约商户处消费为例):持卡人在特约商户处以刷卡消费方式,支付购买产品或服务,到期时向发卡行支付该刷卡额以及银行卡年费;发卡行将收到的该笔费用减去交换费后支付给收单行,收单行将该笔费用减去扣率后支付给特约商户。银行卡组织在银行卡支付流程中所做的工作

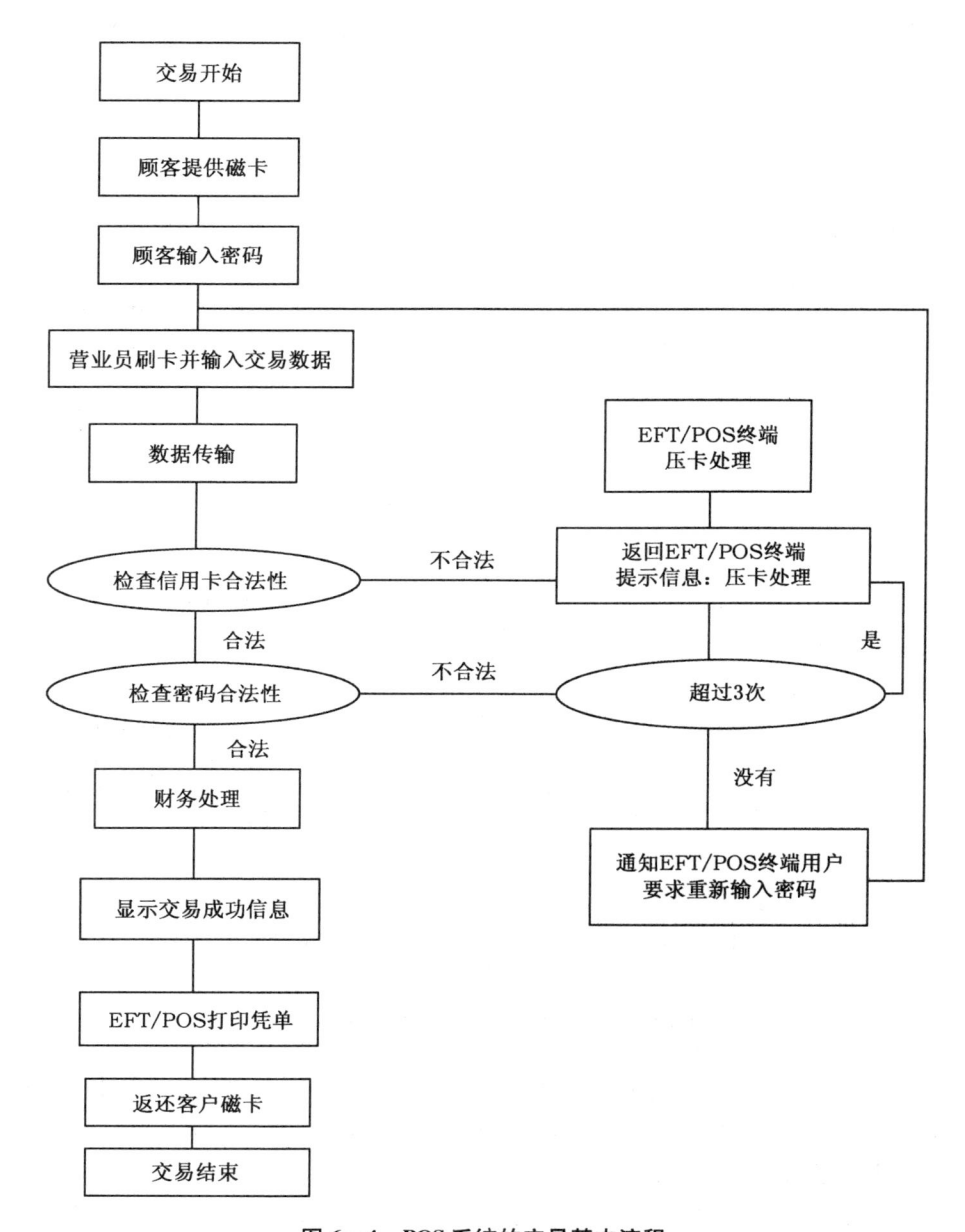

图 6－4　POS 系统的交易基本流程

就是跨行转接和资金清算。图 6－6 显示了银行卡业务的参与者和基本流程。

(二)银行卡支付的基本步骤与流程

银行卡支付的基本步骤是：发卡机构向客户发卡—持卡人持卡在商户消费(或

图 6—5　银行卡业务网络结构

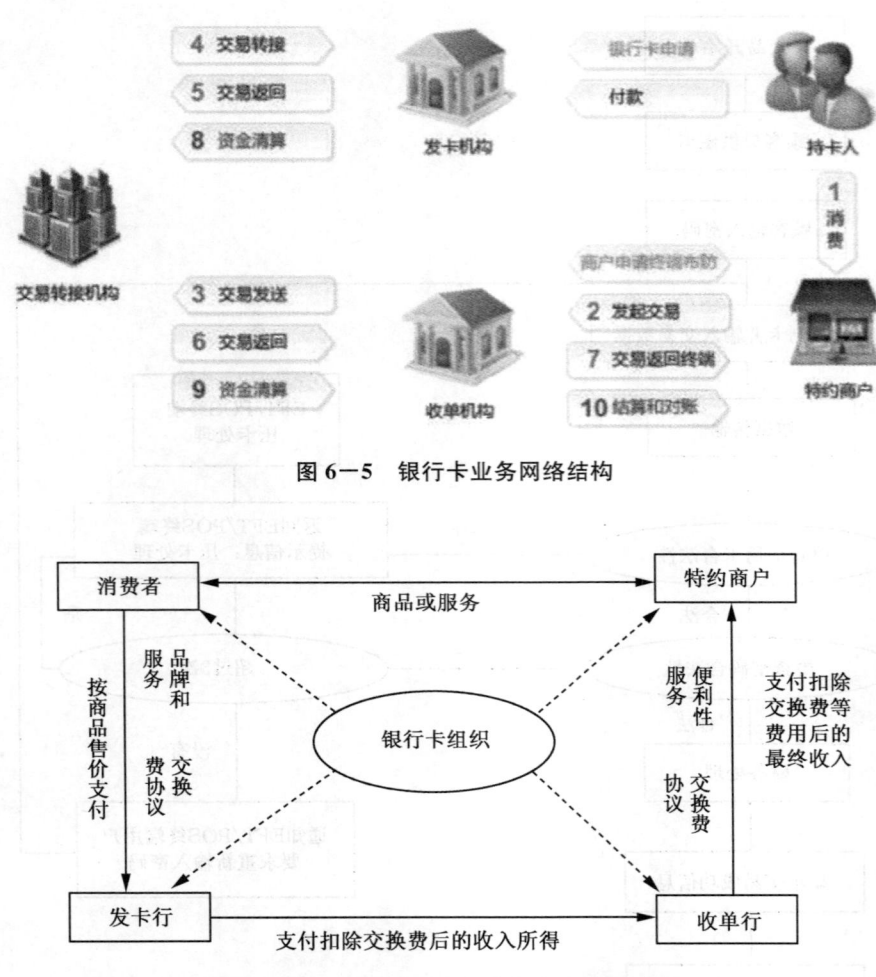

图 6—6　银行卡业务的参与者和基本流程

在 ATM 取款）—商户向收单机构结算—银行卡组织进行信息转接—发卡机构调整持卡人账户—发卡机构与收单机构清算—收单机构与商户清算。如图 6—7 所示。

持卡人的银行卡交易分为两类：一类为行内交易，即持卡人在发卡机构布放的 ATM 上取款查询或在发卡机构收单的商户处刷卡消费；另一类是跨行交易，即持卡人在非本行 ATM 上取款查询或在非本行收单的商户处刷卡消费。图 6—8 显示了两种不同银行卡业务的支付流程。

在行内交易中，发卡机构同时也是收单机构，因此流程相对简单。持卡人的卡信息及交易请求通过终端机具直接传递到发卡系统，在得到发卡系统自动授权后，交易即可完成。

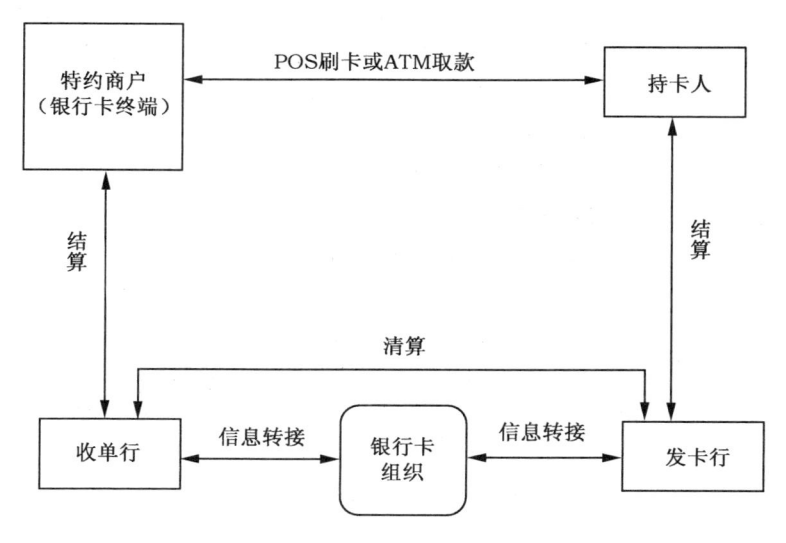

图 6—7 银行卡支付的基本步骤

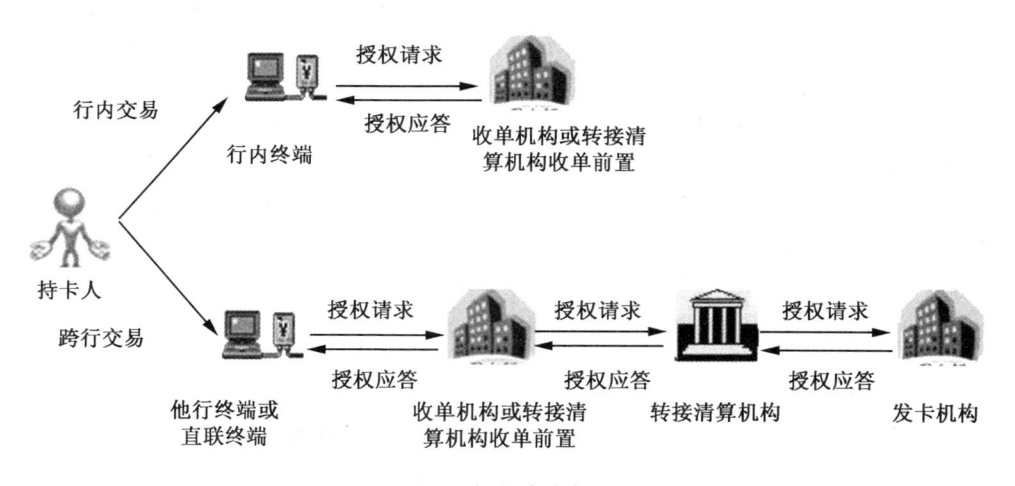

图 6—8 银行卡支付流程

在跨行交易中,持卡人使用银行卡在 ATM 上取款或在商户处刷卡消费时,一个完整的银行卡业务流程包括交易授权和资金清算处理,需要发卡机构、收单机构和银行卡转接清算机构共同为其服务,才能完成交易。

(三)银行卡跨行交易流程

1. 跨行 ATM 取款

如图 6—9 所示,假设持卡人持 A 银行发行的银行卡到 B 银行的 ATM 上取款,当持卡人插入银行卡并输入密码和提款金额后,ATM 将信息发送至 B 银行。B 银行系统判断出此卡不是本行卡后将相关信息转送至银行卡转接清算机构,转接清算机构判断出此卡是 A 银行发行的卡片后,将相关信息送至 A 银行发卡系统以获取交易授权。A 银行核查信息后,向转接清算机构发送授权应答或拒绝交易请求。转接清算机构将信息转发给 B 银行。B 银行得到授权应答后,向 ATM 发出授权指令或通知 ATM 拒绝交易。最后持卡人获取所需的现金。A 银行与 B 银行之间的资金清算由转接清算机构进行批量资金轧差清算,并完成资金的划转。

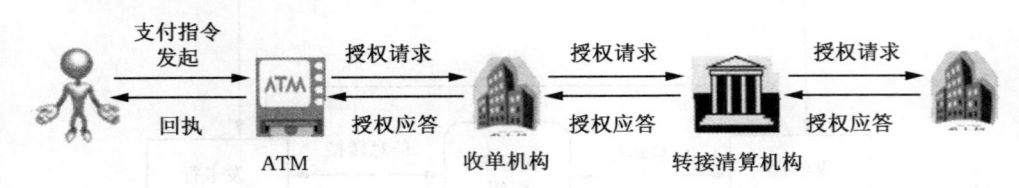

图 6-9　跨行 ATM 取款

2. 跨行 POS 刷卡

如图 6-10 所示,假设持卡人使用 A 银行的银行卡在 B 银行的签约收单商户处刷卡支付,收银员在 POS 终端上刷卡并输入相关交易信息。POS 终端将信息送至 B 银行的收单系统,收单系统判别不是本行卡后,将信息送至银行卡转接清算系统。转接清算机构判断出此卡是 A 银行发行的卡片后,将相关信息送至 A 银行发卡系统以获取交易授权。A 银行核查信息后,向转接清算机构发送授权应答或拒绝交易请求。转接清算机构将信息转发给 B 银行。B 银行得到授权应答后,向 POS 终端发出授权指令或通知 POS 终端拒绝交易。最后持卡人在自动打印的签购单上签字确认并经收银员核实后,完成刷卡支付获得支付凭证。A 银行与 B 银行之间的资金清算由转接清算机构进行批量资金轧差清算,并完成资金的划转。

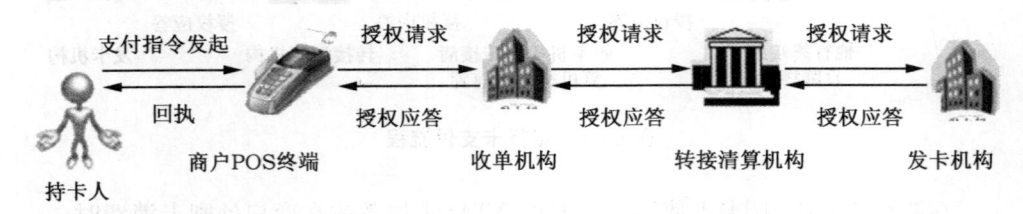

图 6-10　跨行 POS 刷卡

三、银行卡的支付清算与结算

(一)银行卡支付系统

银行卡支付系统是我国支付系统的重要组成部分,由发卡银行行内银行卡支付系统和银行卡跨行支付系统组成,完成银行卡业务清算与账务处理工作。发卡银行行内银行卡支付系统主要应用于行内资金的清算。当发卡行和收单行为同一家银行时,银行卡支付系统只需为银行提供收付款人双方的交易信息,供其完成行内系统的清算与账户结算。银行卡跨行支付系统主要应用于跨行资金的清算。当发卡行与收单行不是同一家银行时,交易资金的划转涉及两家银行,银行卡支付系统既要承担转发交易信息的职责,又要承担跨行资金清算的职责。图6-11显示了银行卡跨行支付的基本原理。

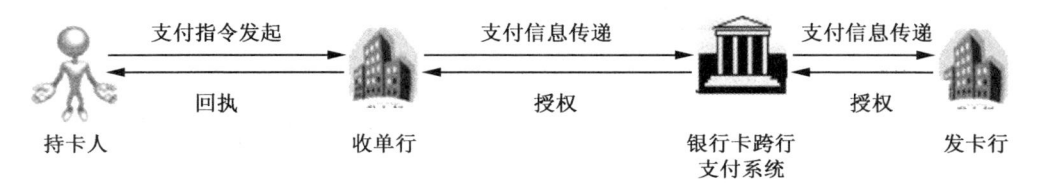

图 6－11　银行卡跨行支付的基本原理

经过近几年的发展,我国已形成以中国银联银行卡跨行支付系统为主干,连接各发卡银行行内银行卡支付系统的银行卡支付网络架构。这是银行卡支付体系的重要基础设施,实现了银行卡的联网通用,促进了银行卡的广泛应用。

银行卡跨行支付系统专门处理银行卡跨行交易信息转接和交易清算业务,由中国银联建设和运营,具有借记卡和信用卡、密码方式和签名方式共享系统资源等特点。2004年10月,中国银联建成新一代银行卡跨行支付系统,解决了过去银行卡跨行交换网络分散、整体运行效率不高、各地区执行标准各异、受理质量参差不齐等问题,适应了各银行业金融机构数据集中处理的需要,加速了银行卡全国联网通用进程,为境内外人民币银行卡跨行业务的集中、高效处理提供了技术保障。2004年11月,银行卡跨行支付系统成功接入中国人民银行大额实时支付系统,实现了银行卡跨行支付的即时清算,提高了银行卡跨行支付效率和控制资金清算风险的能力。

(二)银行卡清算过程

银行卡业务的转接清算包括交易转接、资金清分清算、差错业务处理、实时风险控制以及后台数据分析处理。银行卡业务的转接清算是整个银行卡支付系统的核心处理点,需要不间断处理大量的实时交易数据,并进行整个网络交易的批量清算处理。图6-12展示了银行卡业务清算系统的基本结构。

银行卡业务的清算按发卡行和收单行是否是同一家银行分为行内资金清算和跨行资金清算。行内资金清算由各发卡银行行内银行卡支付系统完成,是最简单的资金清算模式。这里主要介绍跨行资金清算模式。

1. 结算与清算

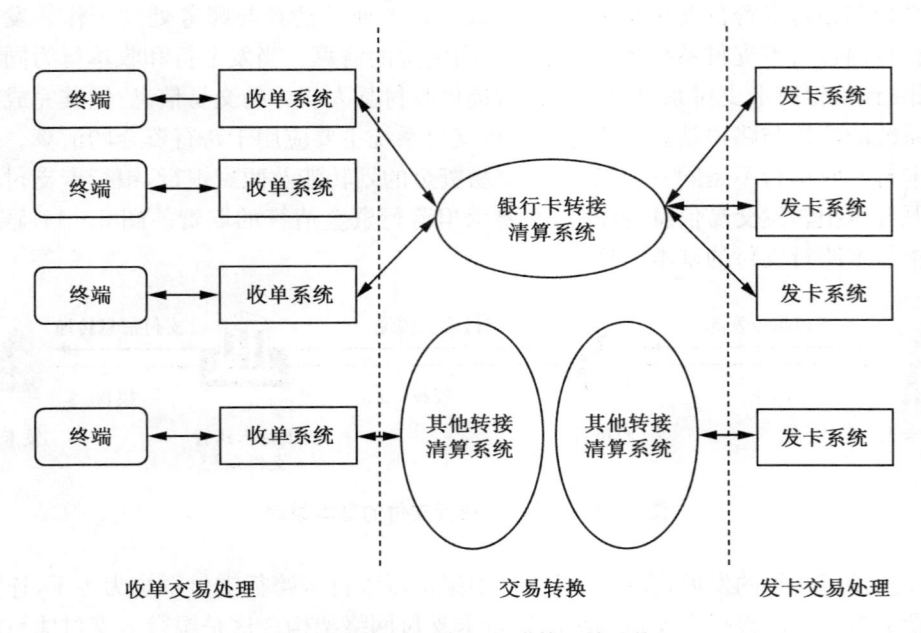

图 6－12　银行卡业务清算系统结构

在银行卡业务中,由于交易实现过程的跨行性,将发卡行与持卡人之间的支付结算关系,演化为结算和清算两个层次。

各银行与持卡人、特约商户之间称为结算关系。根据持卡人和特约商户的特点,结算关系包括:收单行与持卡人之间的收付关系;与特约商户的结算关系;发卡行与持卡人的实时记账的结算关系,或扣减信用额度及事后的结算关系。

在各银行与清算银行(中心)之间,构成银行之间的清算关系。通过清算账户之间的资金划付和清算网络内的清算信息传递,进行银行间的清算。

银联作为银行卡清算系统核心的交换中心,虽然也属于现代化的支付与清算系统的组成部分之一,但并非严格意义上的支付系统,其本身一般不具备资金清算功能,而是日结后向清算银行提交清分数据,由清算银行(中心)对成员行进行借、贷交易汇总轧差后的净额清算,完成最终支付。因此,在整个网络的业务运行中,实际上存在两个网络,即交易网络和清算网络。交易网络 24 小时连续运行,实时处理客户的网络交易;清算网络则仅在交易网络日结后,传送银行之间当日网络交易清算净额的资金划拨信息。

2. 清算的过程

在这种双重网络体系中,包括最终清算的跨行交易的全过程,一般应经过两个阶段:实时交易阶段和日结清算阶段。

实时交易阶段,一般由持卡人在收单行终端上发起,经收单行主机、交换中心、送达发卡行主机,发卡行记账或授权后发出响应报文,经交换中心、收单行主机返回收单行交易终端。对于金融交易,一般在交易阶段即已完成发卡行与客户之间的结算。但是,发卡行与代理收单行之间并未进行清算,处于挂账状态。网上传递的是持卡人与银行之间的资金转移信息。

清算阶段包括清分、对账和清算。清分是清算的数据准备阶段,主要是将当日的全部网络交易数据按照各成员行之间本代它、它代本、贷记、借记、笔数、金额、轧差净额等进行汇总、整理、分类。对账以清分为基础,信息交换中心与成员行之间进行汇总性的网上联机对账,网上传输的是交易记录信息,而非银行之间的资金转移信息。清算在清分与对账的基础上进行,信息交换中心向清算银行(中心)提交各成员行与交换中心之间的净额清算数据,由清算银行(中心)按照预先商定的清算方式发起清算,在成员行的清算账户之间实施清算划付,或通过清算网络传递资金调拨指令,完成银行间的清算。

第三节 信用卡业务

一、信用卡业务概述

(一)信用卡概念

信用卡概念经常易与银行卡概念混淆,根据中国人民银行1995年1月5日发布的《银行卡业务管理办法》,银行卡是指商业银行向社会发行的具有消费信用、转账结算等全部或者部分功能的信用支付工具,包括借记卡和信用卡,其中信用卡又分为贷记卡和准贷记卡。而2004年12月29日,第十一届全国人大常委会第十三次会议明确了在《刑法》中提及的信用卡是指由商业银行或者其他金融机构发行的具有消费支付、信用贷款、转账结算、存取现金等全部功能或者部分功能的电子支付卡。[1] 按照国际通行惯例解释,信用卡(credit card)是指具有循环信贷、转账结算、存取现金等功能设计和"先消费、后还款",无须担保人和保证金,可按最低还款额分期还款等特点的个人信用和支付工具。[2]

(二)信用卡分类

根据卡片的业务特质差异,银行卡可以按账户性质、结算币种、发行对象、发卡合作方式或卡片信息存储特征等进行类别划分[3],如表6-2所示。

---

[1] 林功实,林健武.信用卡[M].北京:清华大学出版社,2006.
[2] 吴洪涛.商业银行信用卡业务[M].北京:中国金融出版社,2003.
[3] 1999年1月5日,中国人民银行出台《银行卡业务管理办法》,对银行卡的称谓和分类给予了明确定义。

表6—2　　　　　　　　　　　　　信用卡种类

序号	分类标准	种类
1	按账户划分	贷记卡与准贷记卡
2	按结算币种划分	人民币卡与外币卡
3	按发行对象划分	单位卡和个人卡
4	按发卡合作方式划分	联名卡与认同卡
5	按卡片信息存储特征划分	磁条卡与芯片卡（IC卡）

信用卡分类，无论采用何种划分方式，都并非完全孤立和持续不变。一项信用卡产品按不同维度划分也往往都会同时归属不同类型。随着新技术的不断应用，以及市场对信用卡功能需求的变化，信用卡的分类也将变得更加丰富，如表6—3和表6—4所示。

表6—3　　　　　　　　　　　　　银行信用卡种类

序号	银行	目前信用卡种类（截至2013年2月）	举例
1	中国工商银行	41种	牡丹卡、牡丹海航等
2	中国银行	62种	中银信用卡、中银银泰联名卡等
3	中国农业银行	164种	金穗银联卡、金穗天一联名卡等
4	中国建设银行	170种	白金卡、上海购物龙卡等
5	招商银行	119种	招商银行VISA卡、百事达汽车联名卡等

表6—4　　　　　　　　　　　中国农业银行信用卡产品一览

系列	信用卡	主要特色
标准系列	乐卡	乐享周六 屈臣氏满120最高立减60
车主系列	安邦车主信用卡	刷享保障，安享畅行刷卡购险返价值保费25%的刷卡金
车主系列	ETC信用卡（通衢、鲁通、安徽交通、冀通、苏通、车行无忧、辽通、豫通、湘通、吉通、闽通、赣通、沪通、陇通、津通、渝通、速通、青通）	全国通行，ETC电子缴费，车险低至64折，办卡送OBU，高速通行费9折，加油满仟返佰，一元洗车，月刷月有礼
车主系列	金穗XCAR IC卡	国内首张网络媒体类联名贷记卡，为爱车人士量身定制

续表

系列	信用卡	主要特色
商旅系列信用卡	环球商旅信用卡	境外消费返现；航空保险保障；境外商旅服务首年免年费，全年刷卡满5次，免次年年费；新户消费达标送龙腾出行贵宾厅、50元机场美食券
	金穗悠游世界信用卡	悠然游世界，尊享无国界首年免年费，全年刷卡满5次，免次年年费，全球消费"0"货币转换费
	全球支付芯片卡	任意外币消费免货币转换费；境外消费双倍积分；EMV国际芯片标准。境外消费，笔笔返，最高返10%；线上海淘1美元赠1航空里程；办理全球签证，轻松免服务费；外币分期，享3期、6期零手续费
	厦航白鹭联名信用卡	快速累积厦航奖励积分；高额航空意外险；白金卡机场贵宾室等商旅出行服务；EMV卡任意外币消费免货币转换费；境外消费双倍积分；EMV国际芯片标准。办银联卡送农行积分和机票优惠券，消费满额直接送机票；办EMV卡再送限量版飞机模型
	吉祥航空联名IC信用卡	快速累积吉祥积分；高额保险；白金卡机场贵宾室等超值服务
	金穗汉庭东方万里行联名卡	快速累积东方万里行积分；高额航意险和盗刷险；汉庭酒店门禁卡和会员折扣优惠
	金穗携程旅行信用卡	双卡合一；高额航意险和盗刷险
	金穗海航联名卡	快速累积海航里程；高额航意险和盗刷险
	中国旅游IC信用卡	年轻乐游族，旅行"芯"体验
	金穗台湾旅游卡	内地首张台湾旅游主题信用卡，境外刷卡双倍积分，免收信用卡货币转换费
女性系列	农行漂亮升级妈妈信用卡	知名母婴商户特惠，儿童早教培训优惠；首年免年费，全年刷卡满5次，免次年年费；京东、一号店等周六满120减30
白金系列	悠然白金信用卡	悠然享白金，优越再晋级，免费预约专家挂号，最高5万元盗失险，1元机场停车
	尊然白金信用卡	尊贵境界 从心品味5万积分，或当年刷满30次，可兑换年费，尊享商旅出行、高额保险、健康管理
	金穗网球白金信用卡	国内首张白金级网球主题信用卡产品，华贵优雅的品位，释放新势力族群的独特魅力，细致多彩的特色网球服务，打造网球一族必备的贴身伴侣
年轻系列	农行房贷客户专属信用卡	供优惠的分期服务，为您今后的家装、购车、婚庆等大额开销提供优惠的资金支持
	金穗QQ联名IC信用卡	终身免年费
	喜羊羊与灰太狼联名卡	多款时尚卡面，7.5折积分专区礼遇
	优卡	为广大高校学子度身打造的专属银联贷记卡产品，使在校学生能够及早享受周到便捷的金融服务，培养信用消费理念

续表

系列	信用卡	主要特色
公务系列	穗中央预算单位公务卡（金穗地方预算单位公务卡）	面向中央(地方)预算单位在职人员发行的贷记卡个人金卡产品。具有先消费、后还款，挂失零风险等功能
	金穗公务卡	面向各级政府部门、各级政府部门所属预算单位、国有大中型企业在职人员发行的贷记卡个人金卡。具有"先消费、后还款"、一卡双币，最长56天免息期，消费可选密码，挂失后零风险等基本服务功能
	金穗军队单位公务卡（金穗军队单位装备经费公务卡）	向军队在职工作人员发行的银联品牌个人贷记卡金卡，具有一定透支额度与透支消费免息期，主要用于日常公务支出和财务报销业务。军队公务卡实行"一人一卡"实名制，由申请人向银行申请和签订合约，并由申请人持有、使用和保管
	金穗武警部队公务卡（金穗武警边防部队公务卡）	面向中国人民武警警察部队发行的银联品牌个人贷记卡金卡，具有一定透支额度与透支消费免息期，主要用于日常公务支出和财务报销业务。该卡实行"一人一卡"实名制，由申请人向银行申请和签订合约，并由申请人持有、使用和保管
其他系列	金穗环保卡	国内首张环保主题贷记卡，引领绿色生活
	金穗乐分卡	为信用卡专项分期业务设计的专用产品
	金穗温州商人卡	商旅服务更全面，温商的身份象征
	金穗新华社读者联名信用卡	中国农业银行与新华社浙江分社合作发行的联名信用卡，客户持有"新华社读者卡"，将以新华社核心读者和农业银行金卡持有者的双重身份，享受新华社、中国农业银行、中国石化浙江石油分公司、浙江省邮政公司、浙江省级机关事务管理局共同提供的系列服务和优惠项目
	金穗浙江都市网联名卡	中国农业银行与浙江都市网联合在浙江地区发行的双币种信用卡，包括个人金卡与普卡，具备金穗贷记卡所有服务，还特有购物消费优惠功能，为持卡人打造精彩生活
	金穗影迷卡	电影主题信用卡。该卡除具备金穗信用卡个人卡的所有金融功能外，还具有与电影有关的系列增值服务，包括购票折扣、影片鉴赏、影迷活动、电影资讯等。目前在广东地区发行(深圳地区除外)
	中国旅游卡（广东海陵岛）	IC联名卡，相关地域旅游景点、博物馆门票折扣，海陵岛内超过70家加盟商家折扣优惠

资料来源：http://www.abchina.com/cn/中国农业银行网站。

(三)信用卡功能特点

信用卡主要有支付结算、汇兑转账、特惠商户、个人信用、循环授信等功能。

我国信用卡还具有以下特点：

第一，具有一定授信额度，先消费后还款，提取现金按天收取利息。

第二，存款无利息收入。

第三，还款时，在免息还款期内免收利息，不同银行一般为20~60天不等，利息一般为按日单利计息，按月复利计息。

第四，还款时，有最低还款额，客户选择最低还款额还款，将继续享用循环信用，但不再享受免息还款待遇。

第五，对未能按期以最低还款额还款，征收惩罚性利息或滞纳金；恶意透支的，要承担法律责任。

二、信用卡业务管理

（一）授信额度

授信额度是指商业银行根据申请人的资信状况等为其核定、在卡片有效期内可以使用的透支限额。授信额度分为信用额度、保证担保额度、质押担保额度和抵押担保额度。以免担保方式获得的授信额度为信用额度，以保证担保方式获得的授信额度为保证额度，以质押担保方式获得的授信额度为质押额度，以抵押担保方式获得的授信额度为抵押额度。

（二）还款

信用卡到期还款需注意交易日、记账日、账单日、实际还款日、到期还款日等特殊日期，具体区别见表6-5。还款方式可以全额还款，或者偿还银行规定一个计息周期内的最低还款额，持卡人未能在到期还款日之前偿还最低还款额的，则应按最低还款额未偿还部分的一定百分比支付滞纳金。

表6-5　　　　　　　　　信用卡利息计算相关日期概念

序号	相关日期	相关内涵
1	交易日	指持卡人实际消费、存取现、转账交易或与相关机构实际发生交易的日期
2	记账日	指发卡机构在持卡人发生交易后将交易款项记入其信用卡账户，或根据规定将费用、利息等记入其信用卡账户的日期
3	账单日	指发卡机构每月对持卡人的累计未还消费交易本金、取现交易本金、费用等进行汇总，结计利息，并计算出持卡人应还款额的日期
4	实际还款日	指持卡人以存现、转账等方式向发卡机构偿还其欠款的日期，以发卡机构收到客户还款资金的实际日期为准
5	到期还款日	发卡机构规定的持卡人应该偿还其全部应还款额或最低还款额的最后日期

(三)计息与收费

信用卡透支余额部分银行收取投资利息,人民币账户计收人民币,外币账户计收外币。超额存款部分一般不支付利息。除了向持卡人按年度收取年费,发卡行有时还征收国际结算费等其他服务费。

三、信用卡风险

信用卡业务风险管理是指运用先进技术、手段及分析工具针对信用卡业务风险进行有效识别和分析,并及时采取有效防范、控制措施,消除和化解风险,将风险控制在一定范围内的过程。信用卡风险主要分为信用风险和操作风险。

信用风险是指债务人及担保人违反约定,不能按时足额归还所欠银行贷款本息而给银行带来损失的可能性或不确定性。影响信用风险的因素与国家宏观经济状况、行业中观发展状况、企业微观效益状况以及借款人本身债务程度息息相关。

操作风险是指由于内部程序不完善、操作人员差错或舞弊、IT系统失灵或技术失误、外部事件等给银行造成损失的风险。常见导致操作风险的主要原因产生于:由于债务人或者第三方从事欺诈活动,在信用卡申请环节及交易环节产生,或由于信用卡业务外包过程中导致。

第四节 银行卡的定价

一、银行卡产业与市场

银行卡组织在银行卡产业中处于枢纽地位,作为联结发卡机构与收单机构的平台,卡组织建立了一个能够供广大持卡人使用的覆盖众多商户及各类终端的网络,用以满足持卡人及商户的支付需求,并形成了一个双边市场,具有明显的外部性。通过这一网络,产业各方的利益得以协调,最终使所有参与者都受益。银行卡产业的这些特性决定了银行卡产业具有不同于一般产业的特征,银行卡产业也因此拥有独特的定价机制和利益分配模式。

双边市场是指由一类可称为平台型企业的运营商通过一定的价格机制向基于平台交易的双方(如消费者和商户)出售平台产品或服务,并努力促成它们在平台上实现交易的市场结构。与一般的企业不同,平台的运营者同时运作两个需求相互依赖且相关程度很高的市场,并使双方交易发生。银行卡产业是一个典型的双边市场,银行卡组织成为双边市场中的平台运营商,搭建平台联结发卡市场和收单市场,持卡人和特约商户成为两边市场的终端用户。只有当消费者和商户对银行卡的需求达到某种平衡时,持卡人和特约商户才能从中受益,银行卡组织平台才能正常运转,银行卡的价值才能体现。

外部性是指每一个用户使用产品或服务都能使其他用户受益或遭受损失的现象。如果给其他用户带来收益,可称之为正外部性;反之则为负外部性。网络型或平台型经济通常具有明显的正外部性。银行卡产业的外部性表现在:一是受理银行卡的商家越多,持卡人可以越方便地持卡消费,持卡人使用银行卡的价值增加;反过来,持卡人越多,受理银行卡为商家带来的价值越大。二是持卡人和商户几乎总是由于对方使用银行卡而受益,当持卡人使用银行卡而非现金支付时,商家因节省现金管理等成本而获利;反之,当商家受理银行卡支付时,持卡人节省了提现等成本。

二、银行卡的定价机制

(一)非对称性定价

在银行卡双边市场中,由于持卡人和商户之间存在需求互补性,网络平台的产品和服务定价不同于传统的单边市场。网络平台常常根据市场条件的不同,通过利益关系向某一方倾斜,以吸引其参与到该网络中。在开放式银行卡网络中,商户通过受理银行卡可节约成本,提高资金安全,扩大客户群,促进销售收入,获得了更多的实质性收益,所以银行卡交易的主要收入来源于商户;而持卡人付费很少甚至不用付费,同时还享有其他优惠服务。

(二)交换费为基础的定价

银行卡产业的外部性导致银行卡网络两端的用户无法进行成本转嫁,只能依靠平台运营商来平衡各参与主体之间的利益分配。如发卡机构无法将交易数据处理成本转嫁给收单机构,收单机构无法将受理银行卡的成本直接转嫁给持卡人等。为了保证银行卡网络的有效运作,银行卡交换费应运而生。交换费是指发卡机构因向消费者发行银行卡及提供相应服务而从收单机构处获得的收入。收单机构制定商户扣率,并根据银行卡每笔交易的一定比率向发卡机构支付交换费。银行卡组织通过制定和调整交换费实现资源从收单市场向发卡市场的转移,以使发卡机构和收单机构均能获得相应的利益保障。因此,银行卡组织制定的交换费成为银行卡定价体系的基础和核心,以协调双边市场的发展,促进产业全面健康发展。

三、开放式银行卡网络的定价机制

在开放式银行卡网络中,持卡人和发卡机构组成发卡市场,特约商户和收单机构组成收单市场。图6—13为开放式银行卡网络的定价及收费模式。持卡人申领银行卡后,在用卡过程中,向发卡机构支付一定的卡费 f(如年费)。收单机构和商户构成收单市场的供需双方,收单机构和商户通过POS协议形成战略关系。当持卡人在商户处选购金额为 p 的商品或服务并刷卡支付时,发卡机构从持卡人账户扣除相应的金额 p。同时,发卡机构会将扣除交换费 a 后的资金 p-a 支付给收单机构。收单机构将购物金额 p 扣除商户扣率 m 后的资金 p-m 支付给商户。此外,发卡机构和收单机构还需向银行卡组织支付网络转接服务费 t。在我国,网络转接服务费仅由收单机构向卡组织支付。

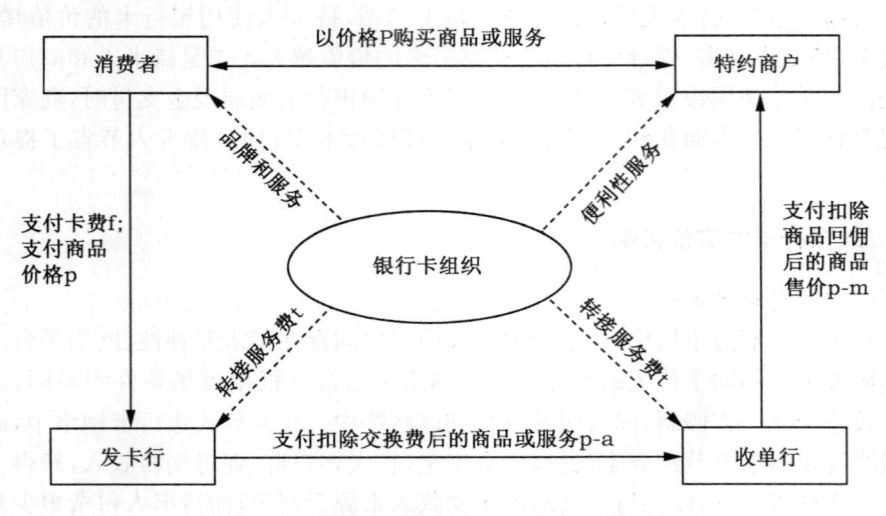

图 6—13 开放式银行卡网络的定价及收费模式

收单机构因向商户提供有关设备,负责设备维护及承诺付款等服务而获得收单收益,即商户回佣 m。收单机构扣除收单服务费后,将剩余交易金额支付给商户。收单机构的支出包括支付给发卡机构的交换费和支付给银行卡组织的转接费。可见,银行卡特约商户的扣率是由发卡行收取的交换费、卡组织收取的转接服务费、收单机构收取的收单服务费构成。在整个交易中,卡费和商户收单扣率由两个市场分别决定,交换费一般由银行卡组织设定。

四、中国银行卡产业的利益分配

银行卡的刷卡手续费涉及三家利益,包括发卡行固定收益、银联网络服务费与收单机构的收益。收单机构将其作为跨行业务中交易成本的一部分,并结合自身在业务开展中对设备、人力的投入成本,以及对商户交易风险管理的要求,与商户自主协商签订协议,获得商户回佣,再由利益各方对此笔收入进行利益分配。

根据国际通行做法,利益分配采用固定发卡机构收益(交换费)和银联网络服务费(转接费)方式。从 2004 年起,我国银行卡产业的利益分配机制由中国人民银行 126 号文批复的《中国银联入网机构银行卡跨行交易收益分配办法》所规定。该文件的主要内容如下:

(1)对宾馆、餐饮、娱乐、珠宝金饰、工艺美术品类的商户,发卡行的固定收益为交易金额的1.4%,银联网络服务费标准为交易金额的0.2%。

(2)对一般类型的商户,发卡行的固定收益为交易金额的0.7%,银联网络服务费的标准为交易金额的0.1%。

(3)对航空售票、加油、超市等类型的商户,发卡行的固定收益为交易金额的0.35%,银联网络服务费标准为交易金额的0.05%。

(4)对房地产、汽车销售类商户,发卡行的固定收益及银联网络服务费比照一般类型商户的办法和标准收取,但发卡行收益每笔最高不超过40元,银联网络服务费最高不超过5元;对批发类的商户,发卡行固定收益及银联网络服务费比照一般类型商户的办法和标准收取,但发卡行收益每笔最高不超过16元,银联网络服务费最高不超过2元。

(5)对公立医院和公立学校,发卡行和银联暂不参与收益分配。

根据该分配办法,发卡机构和银联从交易额中提取的交换费与转接费之比被固定为7:1,收单机构的收益没有规定,因此,通常将上述规定的发卡机构、转接机构(即中国银联)和收单机构的利益分配机制称为7:1:x。收单机构的收益由其与商户以谈判的方式来确定,体现了人民银行对市场运作机制的充分尊重,所以,未定的X值可以被认为是对银行卡服务的市场性定价结果。

7:1:x利益分配机制固定了发卡机构与银联的收益,没有规定收单机构的费率,这是银行卡分润机制的重要调整,是银行卡服务定价机制走向市场化的重要标志。在这种分润方式下,银行卡服务的收单机构在开发商户的过程中可根据自身成本、市场需求状况与特约商户协商确定扣率水平;并且,收单机构成为剩余索取者,其与商户谈判确定的费率越高,扣除掉发卡机构与银联的固定收益后,所剩余的部分也越多,这种制度安排不仅给收单机构以足够的激励去拓展受理市场,也为收单机构弥补各项收单成本,加大对受理市场的建设和投入,实现收单市场服务的专业化和规模化,建立可持续发展的收单盈利模式提供了便利。7:1:x利益分配机制是我国银行卡产业发展最快和最重要的期间实行的,对我国银行卡产业的发展影响深远。

五、银行卡交易手续费的有关规定

2013年,根据国家发展改革委《关于优化和调整银行卡刷卡手续费的通知》以及《中国人民银行关于切实做好银行卡刷卡手续费标准调整实施工作的通知》,在维持行业差别化定价的基础上,对现行刷卡手续费进行了调整,发卡行获得的固定收益和银联收取的网络服务费执行的标准详见表6-6。相比于126号文件规定的利益分配机制,新标准有如下特点:

(1)对第一类商户,包括宾馆、餐饮、娱乐、珠宝金饰、工艺美术品、房地产及汽车销售,如果x按照0.4%计算,则整体费率为2%。调整后的发卡行服务费

0.9%,银行卡清算机构网络服务费 0.13%,收单服务费基准价按 0.22%计算,整体费率为 1.25%。整体费率由原来的 2%下调到 1.25%,降幅达 37.5%。房地产、汽车销售等大额封顶费率,全部上调到 80 元封顶。

(2)对第二类商户,包括百货、批发、社会培训、中介服务、旅行社、景区门票等,整体费率下调到 0.78%,其中发卡行服务费 55%,银行卡清算机构网络服务费 0.08%,收单服务费基准价(可上下浮动 10%)0.15%,同时批发类封顶 26 元。

(3)对第三类商户,主要包括超市、大卖场、水电煤气缴费、加油、交通运输售票等,整体费率为 0.38%。

(4)规定了收单服务费基准价,基准价可上下浮动 10%。

表 6-6　　　　　　　　商户分类标准及收益分配标准

第一类	宾馆、餐饮娱乐、珠宝金饰、工艺美术品、房地产、汽车销售	发卡行的固定收益为交易金额的 0.9%(其中房地产和汽车销售封顶 60 元),银行卡清算机构网络服务费为 0.13%(其中房地产和汽车销售封顶 10 元),收单服务基准价 0.22%(其中房地产和汽车销售封顶 10 元)
第二类	百货、批发、社会培训、中介服务、旅行社及景区门票	发卡行的固定收益为交易金额的 0.55%(其中批发类封顶 20 元),银行卡清算机构网络服务费为 0.08%(其中批发类封顶 2.5 元),收单服务基准价 0.15%(其中批发类封顶 3.5 元)。
第三类	超市、大型仓储式卖场、水电煤气缴费、加油、交通运输售票	发卡行的固定收益为交易金额的 0.26%,银行卡清算机构网络服务费为 0.04%,收单服务基准价 0.08%
第四类	公立医院和公立学校类	发卡行和银行卡清算机构暂不参与收益分配

2016 年 3 月 14 日,国家发展改革委、中国人民银行发布《关于完善银行卡刷卡手续费定价机制的通知》,通知已于 2016 年 9 月 6 日起执行。完善定价机制的具体措施可以概括如下:

(1)降低发卡搜索行服务费费率水平。发卡机构收取的发卡行服务费由现行区分不同商户类别实行政府定价,对借记卡、贷记卡(含准贷记卡,下同)执行相同费率,改为不区分商户类别,实行政府指导价、上限管理,并对借记卡、贷记卡差别计费。费率水平降低为:借记卡交易不超过交易金额的 0.35%,贷记卡交易不超过交易金额的 0.45%。

(2)降低网络服务费费率水平。银行卡清算机构收取的网络服务费由现行区分商户类别实行政府定价,改为不区分商户类别,实行政府指导价、上限管理,分别向收单、发卡机构计收。费率水平降低为不超过交易金额的 0.065%,由发卡、收单机构各承担 50%(即分别向发卡、收单机构计收的费率均不超过交易金额的

0.0325%)。

(3)调整发卡行服务费、网络服务费封顶控制措施。发卡机构收取的发卡行服务费,借记卡交易单笔收费金额不超过13元,贷记卡交易不实行单笔收费封顶控制。银行卡清算机构收取的网络服务费不区分借、贷记卡,单笔交易的收费金额不超过6.5元(即分别向收单、发卡机构计收时,单笔收费金额均不超过3.25元)。

(4)对部分商户实行发卡行服务费、网络服务费费率优惠措施。对非营利性的医疗机构、教育机构、社会福利机构、养老机构、慈善机构刷卡交易,实行发卡行服务费、网络服务费全额减免;自本次刷卡手续费调整措施正式实施起2年的过渡期内,按照费率水平保持总体稳定的原则,对超市、大型仓储式卖场、水电煤气缴费、加油、交通运输售票商户刷卡交易实行发卡行服务费、网络服务费优惠。

(5)收单环节服务费实行市场调节价。收单机构收取的收单服务费由现行政府指导价改为实行市场调节价,由收单机构与商户协商确定具体费率。国家鼓励收单机构积极开展业务创新,根据商户需求提供个性化、差异化增值服务,并按照市场化原则,综合考虑双方合作需要和业务开展情况,与商户协商合理确定服务收费。

调整后的银行卡刷卡手续费项目及费率上限详见表6—7。由银行卡清算机构在不超过上限标准的范围内,按照国家政策规定,确定其品牌银行卡执行的发卡行服务费、网络服务费具体费率及相关优惠措施操作办法,并抄报国家发展改革委、中国人民银行。

表6—7　　　　　　　　银行卡刷卡手续费项目及费率上限

收费项目	收费方式	费率及封顶标准
收单服务费	收单机构向商户收取	实行市场调节价
发卡行服务费	发卡机构向收单机构收取	借记卡:不高于0.35% (单笔收费金额不超过13元) 贷记卡:不高于0.45%
网络服务费	银行卡清算机构向发卡机构收取	不高于0.00325%(单笔收费金额不超过3.25元)
	银行卡清算机构向收单机构收取	不高于0.00325%(单笔收费金额不超过3.25元)

第五节　银行卡的错账处理

错账处理是银行卡跨行联机交易不可缺少的完善和补充方式,提供通畅的异常交易处理渠道,是做好银行卡联网联合的有效保障。在银行卡联网初期,许多地方采取了手工传真的方式处理差错交易。随着银行卡跨行业务交易量的不断增加,差错交易的处理速度和处理质量越来越重要。

一、银行卡的错账类型

目前,银行卡错账可以分为行内交易错账和跨行交易错账两类。

(一)行内交易错账

行内交易错账是指持卡人在发卡银行的银行卡终端机具上用卡时发生的差错。由于行内交易错账处理涉及的发卡行、受理行均为商业银行系统内机构,所以协调相对容易。而且,通过多年的工作实践,已形成了一套行之有效的差错处理办法。当持卡人在某银行 ATM 上办理业务出现交易错账时,持卡人可直接拨打 ATM 上标示的联系电话提出调账申请,也可以到指定营业网点提出书面调账申请。在受理行和发卡行核实情况后,就会按照实际交易情况进行处理。

(二)跨行交易错账

跨行交易错账是指持卡人在发卡行以外的其他商业银行或银联的银行卡终端机具上用卡时发生的差错。

跨行交易错账主要存在以下几个问题:

一是退单申请程序存在风险隐患。根据《银行卡跨行业务差错处理实施细则》(以下简称《细则》)规定,发卡行接到客户投诉后,除需核实该交易在本方和银行卡总中心的处理情况外,还需向收单行索取原始交易凭证原件和复印件、扫描件等证明材料。由于跨行交易错账处理的中间环节多,各环节又多为手工处理,造成跨行交易信息传递渠道不够畅通,向收单行索取相关证明材料比较困难。现阶段发卡行基本上只能凭借客户签名的投诉书直接向总行提出退单申请。这种情况下,只能核实客户账户的交易记录,难以反映交易终端的实际出钞情况。总中心受理后,将直接调整客户账户,如收单行发现有误再向发卡行申请退款时,持卡人账户可能已无款可扣,极易形成资金损失。

二是处理环节过多。现阶段,一笔跨行交易差错处理业务一般需要经过四个环节,而一笔跨行交易查询业务则要在"商业银行—银行卡总中心—商业银行"之间经过七个环节。从网点到一级分行再到总行的传递多为手工传真方式,电子处理系统尚不完善,难免有差错和疏漏发生,导致处理信息传递渠道不够畅通,存在脱节现象。

三是查询、查复渠道不畅。按照《细则》要求,无论发卡行还是收单行,接到客户投诉都应受理,不得以任何理由拒绝。但现阶段发卡行和收单行互不确定,没有形成一个畅通的查询、查复渠道。受理客户投诉后,通过现有资料发卡行不知道该卡在哪里发生交易,收单行也不知道代理的是哪里的卡,一笔差错交易的相关两方不能直接联系。对于跨行交易,如果发生客户称已扣账,代理方总行、省行及网点均无交易记录的投诉,在上报跨行交易查询查复单后长时间得不到回复,无法给客户合理的解释。

二、银行卡的错账处理

为了提高跨行交易错账处理效率,可以考虑渠道、流程、手段、机制四个方面的改善。

(一)渠道

向持卡人明确唯一的交易错账现象反映渠道。针对交易差错的不同类型,明确相应的受理渠道。例如,ATM取款扣账不吐钞,就可以确定由受理行处理。同时,要向持卡人提供电话、传真、互联网等多种反馈渠道,提供24小时服务,并及时将反馈内容和处理结果向社会公布。

(二)流程

制定科学合理、切实可行的跨行交易错账处理流程。科学合理的错账处理流程,至少应包括差错的受理和处理、单据的传递、时间要求、职责划分等内容。在银行卡联网通用的大环境下,处理流程的制定还需要商业银行和银联的共同参与,发挥各自的优势,提高解决问题的效率。

(三)手段

采用先进的信息传递手段。尽量采用网络手段,实现流程自动化、持卡人自主化的投诉机制,减少人为因素,提高处理效率。

(四)机制

形成严格的监督机制。一方面,加强跨行交易错账处理的监管,提高错账处理效率,完善持卡人服务,增强持卡人用卡信心;另一方面,加强相关工作人员的专业化培训,主动发现并积极解决错账现象。

第六节 银行卡的应用与发展

一、银行卡应用的渠道

随着市场竞争和技术进步,目前银行卡受理渠道可分为两类:一是传统受理渠道;二是新兴受理渠道。

(一)传统受理渠道

传统受理渠道主要指柜台渠道和自助渠道类型,包括营业网点、自助设备和POS机等渠道。

1. 营业网点

营业网点是发卡行发行银行卡,办理银行卡存款、转账、取款、挂失、换卡、代理缴纳各种费用、买卖各种理财产品等银行卡业务的直接渠道。

2. 自助设备

截至 2015 年，我国 ATM 已超过 200 万台，覆盖近 3 400 万家商户，可 7×24 小时为持卡人提供跨行查询、取款业务以及本行同城与本行异地存取款、转账、查询、密码修改等业务，是持卡人使用频繁的电子自助服务渠道。

3. POS 机

POS 机是为改善用卡环境，方便持卡人消费、缴费和方便特约单位受理银行卡，在特约商户或收费单位安放的用于收款、结算的一种专用电子设备，是使用广泛的银行卡服务渠道。目前还推出个人或家庭使用的 POS 机产品，方便客户足不出户就能刷卡消费或缴费。

（二）新兴受理渠道

新兴受理渠道主要是依托网络和新技术的电子渠道类型，依托手机、刷卡电话、自助终端、智能电视、互联网等众多银行卡支付受理渠道，分别针对公众场所、个人使用和家庭服务推出的银联便民支付点、银联手机支付、便民支付进家庭和银联便民支付网上平台等丰富的便民支付产品，实现银联随时随地的"便民支付"服务。

1. 电话支付

电话支付是中国银联和中国电信合作的、面向家庭及行业用户的新型增值业务。通过增加安全加密功能，使普通电话机变成多功能、自助式的金融终端。客户只需在自家的电话机上就可以随时进行自助银行服务，信用卡还款，网上刷卡购物，缴纳水、电、煤气等公共事业费，预订酒店、机票、火车票等。

2. 在线支付

在线支付平台是一种基于互联网的银行卡在线受理渠道。中国银联充分利用自身资源、技术、平台和管理优势，建立了具有中国自主知识产权、国际领先的网上银行卡交易转接清算平台——CUP Secure 银联互联网认证支付系统。该系统支持网上银行卡消费、预授权、余额查询、账户验证和汇款等多种交易类型，可广泛提供银联卡辅助安全认证、网上公共事业缴费、境内网上购物、跨境网上支付、网上信用卡还款、基金及银行理财产品直销支付、企业代收付、收单外包和企业集成支付等诸多互联网支付服务。

3. 手机支付

手机支付服务是中国银联在各商业银行的支持下，与移动运营商联合为持卡人提供的，通过手机对银行卡账户进行操作以完成支付交易的一种新型服务。该业务将移动通信运营商的无线通信网络和银行金融系统相连，使手机变成随时、随地、随身的个人金融支付终端，持卡人可以足不出户，随时随地享受金融支付服务。

4. 便民支付

"银联便民支付点"是中国银联采取市场合作模式，借助电话支付终端、金融自助终端等银行卡自助设备,为广大银联卡持卡人提供银行卡查询、公共事业缴费、信用卡还款等便民金融服务的场所与网点,主要分布在银行营业网点、便利店、大型超市、社区物业、商业楼宇、机关学校等区域。

5. 数字机顶盒支付

数字电视支付业务是中国银联与青岛广电等合作伙伴自主研发的新一代面向个人和家庭的数字电视支付产品,是全国乃至全世界第一套基于刷卡遥控器实现的数字电视支付产品。将银行卡交换网络与广电网络相结合,使用户在家中通过电视遥控器刷银行卡,就可以轻松实现银行卡的查询,水、电、通信、电视等费用的缴纳,电视购物,买卖证券,医院预约挂号,互动游戏及订票等多种金融业务服务,是面向个人和家庭的新型电子支付产品和服务渠道,也是未来面向家庭和个人支付的一种新趋势。

二、银行卡的应用与发展

(一)银行卡的发展趋势

银行卡的出现是支付电子化与支付模式创新的产物,银行卡的整个发展是一个不断创新的过程。20世纪90年代以来,信息技术的发展所带来的互联网、移动通信的广泛使用,进一步加速了银行卡的发展。

1. 银行卡的支付介质改变

银行卡与个人银行账户直接关联,如借记卡与个人存款账户相关联,信用卡与个人信用账户相关联。因此,银行卡本质上属于个人银行账户的载体,是一种支付介质。随着信息技术的发展和支付需求的多样化,这种卡基类支付介质产生了新的变化。首先,银行IC卡的出现和发展使传统的银行磁条卡逐步向更加安全智能的银行IC卡方向迁移。其次,对持卡人身份识别方式开始进行有益的探索。无论是银行磁条卡还是银行IC卡,最重要的功能是识别持卡人身份。新技术的不断涌现,使持卡人身份识别的手段趋于多样化,出现了指纹识别等多种更为安全可靠的方式。持卡人不需要卡片这样的物理介质就可以实现支付,传统的卡基支付出现了虚拟化的趋势。

2. 银行卡的支付渠道和支付终端增多

在信息技术演进的推动下,各种网络所传输的信息资源都已经实现了数字化,这就为银行卡支付渠道的拓展奠定了最坚实的技术基础。因此,互联网、移动通信网络、固定电话网络、数字电视网络都发展成为银行卡的新兴支付渠道。

与支付渠道的发展相对应,银行卡的受理终端也正朝着低成本、多层次和更便捷的趋势发展。除了传统的PUS终端和ATM以外,电脑、手机、电话支付终端、数字机顶盒等这些在居民生活中随处可见的电子产品,都可以帮助持卡人轻松地完成支付。

多样化的支付渠道和支付终端的结合催生了互联网支付、手机支付、电话支付、数字机顶盒支付等新兴支付方式。其中,通过计算机实现的互联网支付和通过手机实现的手机支付发展尤为迅速,成为最受关注的新兴支付方式。

3. 银行卡的应用领域扩大

随着银行卡的不断普及,以及银行卡受理渠道和受理终端的日益丰富,银行卡的应用已不再局限于取款、购物、餐饮、住宿等日常消费领域,而逐渐扩展到公共事业缴费、保险基金等理财产品购买以及学费医药费的缴纳等领域。在与居民日常生活密切相关的领域,银行卡的应用正在进一步深入,居民的多元化支付需求正在得到进一步满足。

同时,随着企业信息化和电子商务的蓬勃发展,传统流通领域支付方式升级的需求日益强烈。银行卡作为非现金支付工具,在电子商务、企业资金归集、快速消费品行业和分销行业等领域都获得了越来越广泛的应用。

(二)主要支付方式的发展方向

1. 银行 IC 卡

1993 年,EMV(Europay,MasterCard,VISA)三家国际大信用卡组织联合制定了金融集成电路(IC)卡的金融支付标准,目的是为金融 IC 卡、金融终端、支付系统及金融机构建立一个统一的标准平台,正式发布的版本有 EMV 96 和 EMV 2000。目前 EMV 标准已成为公认的银行 IC 卡的框架性标准,在该标准下银行 IC 卡支付系统中所有的卡片和终端接口能够互通互用,并大大提高了银行卡支付的安全性,减少了银行卡欺诈损失。

欧洲、亚太地区和北美的一些国家和地区率先进行 EMV 迁移并推动本国银行 IC 卡的发展。在全球推进 IC 卡迁移的同时,我国也启动了银行卡芯片化迁移的准备工作。2010 年中国人民银行发布了《中国金融集成电路(IC)卡规范》(修订版),即"中国金融 IC 卡标准",其中包括电子钱包/电子存折规范、借/贷记卡片规范、应用规范、IC 卡与终端的接口规范、借/贷记安全规范、非接触式规范、借/贷记个人化指南等。

借助银行 IC 卡的智能化特点,银行卡的应用将进入一个新时代。一是小额支付领域将大量应用银行 IC 卡。结合非接触式支付技术的银行 IC 卡能够为持卡人提供更便捷的支付体验和更广泛的支付范围,还有利于受理商户减少交易时间,节约交易成本。二是银行 IC 卡推广到新兴支付方式中。采用银行 IC 卡进行客户身份认证可以提高网上交易的安全性和服务质量,网上支付和银行 IC 卡之间的双向互动有利于两个市场的共同前进。在各种技术模式的手机支付中,将放在手机中的金融 IC 卡作为支付载体,用其存储银行卡和电子现金等支付信息,实现非接触式手机现场支付,可以提供更快捷、更方便、更安全的小额支付。

2. 互联网支付

互联网支付已经深入到网络购物、航空客票、公共事业缴费等多个领域,银行卡在互联网支付中发挥着重要的作用,互联网支付也为银行卡扩大了使用渠道和应用领域。

目前互联网支付的业务模式主要包括商户直联网银模式、网关支付模式、虚拟账户支付模式和银行卡互联网支付模式。虽然四种模式均依托于银行卡进行支付,但银行卡的作用有所不同。在虚拟账户支付模式中,银行卡只是充当虚拟账户的充值渠道,资金周转时在支付服务商的网络下进行。而其他三种模式的业务处理和传统POS渠道业务处理基本一致,是基于银行卡账户完成交易。

持续上升的用户数量和交易额,以及市场竞争的加剧,将导致互联网支付市场快速走向成熟。互联网支付定价水平也会产生变化,为控制网上交易的欺诈风险,服务收费成为必然趋势。同时,更多的安全认证技术如指纹识别、声音识别等也会应用到互联网支付领域,互联网支付服务商也会采用多元化的业务模式或集成型业务模式创新实现持续发展。

3. 手机支付

近几年来,手机支付在全球范围内受到移动运营商、商业银行、银行卡组织、芯片厂商以及手机厂商等多种机构的高度关注,手机支付将为电信业和传统银行卡产业带来新的收入增长点。

手机支付的业务模式主要包括手机话费模式、虚拟账户模式、虚拟卡模式、手机银行模式、物理卡的关联支付模式。这些支付模式的应用都不同程度地涉及银行卡绑定、银行账户绑定或银行卡植入等技术以支持支付服务的完成。2015年我国手机支付市场规模为865 260亿元,同比增长61.14%。如图6-14、图6-15所示。

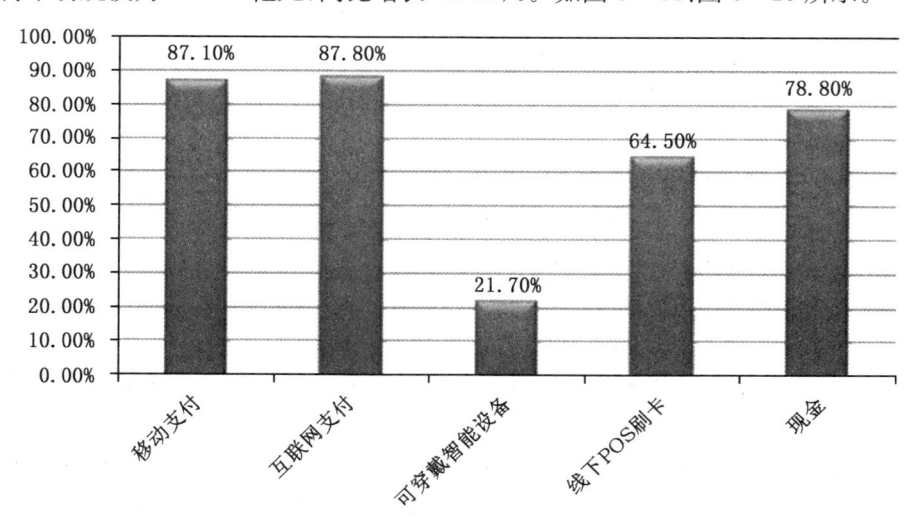

图6-14 2015年中国消费者支付使用情况

可穿戴智能设备
5.90%

互联网支付
32.00%

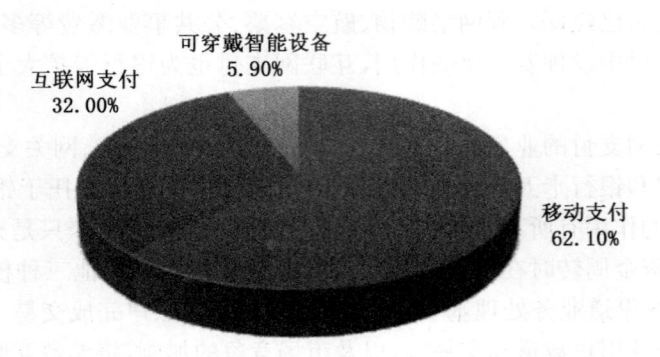

移动支付
62.10%

图6—15 2015年中国消费者支付渠道选择倾向

银行卡作为现代化支付工具，代表了我国个人支付未来发展的方向，是我国支付体系中重要的支付工具。而个人支付行为无处不在的特性，决定了银行卡必将渗透到社会生活的方方面面，支付结算更加高效快捷，对金融经济起到显著影响。对比发达国家的发展状况，我国的银行卡产业还有着巨大的发展空间，各种卡基类支付工具的出现与发展为银行卡的支付应用开辟了新的道路，促使银行卡的支付服务不断改变。随着物联网等高新技术推动下的经济环境的改变，银行卡产业的发展必将对人们支付习惯的改变、金融服务水平的提高、人们生活水平的改善等各方面发挥更重要的促进作用，对我国支付体系和金融经济的发展起到推动作用。

思考讨论题：

1. 银联卡有何特点？与Visa和Master卡有何区别？
2. 简述银行卡的卡面信息。哪些是关键信息？
3. 简述银行卡的交易过程。
4. 简述信用卡的交易过程。
5. 关于银行卡的标准有哪些？
6. 银行卡有哪些环节需要发生费用？上网查询费用的情况怎样？
7. 简述银联卡到境外消费的信息流程。
8. 简述开放式卡组织的组织结构。
9. 什么是收单银行？收单银行的主要功能是什么？
10. 储值卡与借记卡和信用卡的主要区别有哪些？请分别从交易过程和清算结算过程等方面考虑。
11. 银行卡的安全机制主要有哪些？你认为银行卡主要的风险是哪些方面？
12. 虚拟银行卡是没有实物卡的一种银行卡。请比较虚拟卡和实物卡的异同。

13. 在互联网上使用银行卡购物和在商场中使用银行卡有区别吗？请举例说明。

14. 讨论银联便民服务的优点和缺点。如何改进？

15. 请讨论境外银行卡在中国境内的使用流程。分别说明信息流和资金流的过程。

附：国家发展改革委、中国人民银行

关于完善银行卡刷卡手续费定价机制的通知

发改价格〔2016〕557号

发文时间：2016-03-14

各省、自治区、直辖市发展改革委、物价局；中国人民银行上海总部，各分行、营业管理部，各省会（首府）城市中心支行，深圳市中心支行；中国商业联合会、中国银行业协会、中国支付清算协会；各国有商业银行、股份制商业银行、中国邮政储蓄银行；各银行卡清算机构：

为贯彻落实《国务院办公厅关于促进内贸流通健康发展的若干意见》（国办发〔2014〕51号）精神，进一步降低商户经营成本，扩大消费，引导银行卡经营机构提升经营管理水平和服务质量，增强竞争力，促进我国银行卡产业持续健康发展，现就完善银行卡刷卡手续费定价机制有关事项通知如下：

一、完善定价机制的具体措施

（一）降低发卡行服务费费率水平。发卡机构收取的发卡行服务费由现行区分不同商户类别实行政府定价，对借记卡、贷记卡（含准贷记卡，下同）执行相同费率，改为不区分商户类别，实行政府指导价、上限管理，并对借记卡、贷记卡差别计费。费率水平降低为借记卡交易不超过交易金额的0.35％，贷记卡交易不超过0.45％。

（二）降低网络服务费费率水平。银行卡清算机构收取的网络服务费由现行区分商户类别实行政府定价，改为不区分商户类别，实行政府指导价、上限管理，分别向收单、发卡机构计收。费率水平降低为不超过交易金额的0.065％，由发卡、收单机构各承担50％（即分别向发卡、收单机构计收的费率均不超过交易金额的0.0325％）。

（三）调整发卡行服务费、网络服务费封顶控制措施。发卡机构收取的发卡行服务费，借记卡交易单笔收费金额不超过13元，贷记卡交易不实行单笔收费封顶控制。银行卡清算机构收取的网络服务费不区分借、贷记卡，单笔交易的收费金额不超过6.5元（即分别向收单、发卡机构计收时，单笔收费金额均不超过3.25元）。

（四）对部分商户实行发卡行服务费、网络服务费费率优惠措施。对非营利性的医疗机构、教育机构、社会福利机构、养老机构、慈善机构刷卡交易，实行发卡行服务费、网络服务费全额减免；自本次刷卡手续费调整措施正式实施起2年的过渡期内,按照费率水平保持总体稳定的原则,对超市、大型仓储式卖场、水电煤气缴费、加油、交通运输售票商户刷卡交易实行发卡行服务费、网络服务费优惠。

(五)收单环节服务费实行市场调节价。收单机构收取的收单服务费由现行政府指导价改为实行市场调节价,由收单机构与商户协商确定具体费率。国家鼓励收单机构积极开展业务创新,根据商户需求提供个性化、差异化增值服务,并按照市场化原则,综合考虑双方合作需要和业务开展情况,与商户协商合理确定服务收费。

调整后的银行卡刷卡手续费项目和费率上限详见附表。由银行卡清算机构在不超过上限标准的范围内,按照国家政策规定,确定其品牌银行卡执行的发卡行服务费、网络服务费具体费率及相关优惠措施操作办法,并抄报国家发展改革委、中国人民银行。

二、相关工作要求

此次完善银行卡刷卡手续费定价机制政策性强,调整内容多,涉及面广。各有关部门和单位要高度重视、加强领导,明确责任、协同配合,精心组织、依法推进,积极、稳妥做好银行卡刷卡手续费调整、完善措施的准备和实施工作。

(一)国家发展改革委、中国人民银行统一负责完善银行卡刷卡手续费定价机制有关政策措施的组织实施工作。中国人民银行及其分支机构负责部署、组织各发卡、收单机构和银行卡清算机构,做好技术改造、业务调整、应急处理等工作。国家发展改革委牵头负责政策解读和宣传工作。各级价格主管部门要加强对银行卡刷卡交易领域价格政策执行情况的监督检查,依法查处各类价格违法违规行为,维护市场正常价格秩序。

(二)银行卡清算机构及各发卡、收单机构要按各自业务分工,认真做好各项实施准备工作,并组织内部人员培训,向持卡人、商户做好政策宣传解读。

银行卡清算机构负责完成转接清算系统改造,组织各成员机构制定具体的业务、技术实施方案及应急预案,开展系统联调测试,确保调整后的系统按照规定时间切换上线并安全运行。

各发卡机构负责发卡、积分、会计、清算对账等内部系统改造;会同银行卡清算机构开展系统联调测试和切换上线工作。

各收单机构负责收单、商户管理、会计、清算对账等内部系统改造;有序开展商户协议换签工作;会同银行卡清算机构开展系统联调测试和切换上线工作。

(三)中国商业联合会、中国银行业协会、中国支付清算协会要积极配合政府有关部门宣传解释政策,组织协调所属会员单位做好准备工作,落实完善银行卡刷卡手续费定价机制的各项措施。

本次调整、完善后的银行卡刷卡手续费政策,适用于我国境内发卡机构发行的银行卡在境内银行卡受理终端发起的消费交易。国家发展改革委、中国人民银行此前制定的银行卡刷卡手续费有关政策规定与本通知相抵触的,以本通知规定为准。

  银行卡清算机构应于本通知印发之日起 30 日内,将其品牌银行卡发卡行服务费、网络服务费具体费率和优惠措施操作办法抄报国家发展改革委、中国人民银行,经审核符合国家有关法律、法规和政策规定后自 2016 年 9 月 6 日起实施。

  请中国人民银行上海总部,各分行、营业管理部,各省会(首府)城市中心支行,深圳市中心支行将本通知转发至辖区内人民银行分支机构,城市商业银行、农村商业银行、农村合作银行、农村信用社、村镇银行、外资银行和非银行支付机构。各单位执行中如遇问题,请及时报告国家发展改革委、中国人民银行。

国家发展改革委　中国人民银行
2016 年 3 月 14 日

第三篇

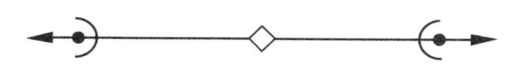

现代支付系统清算业务与管理

第七章 现代支付系统

第一节 现代支付系统概述

一、支付系统的概念

支付系统是支撑各种支付工具应用,实现资金清算和结算并完成资金最终转移的渠道,包含从支付指令发起到支付最终完成的业务流程、技术保障和制度安排。支付系统将各个支付要素整合在一起,是支付体系的核心,是金融市场和经济运行的核心基础设施。

支付系统一端连接客户,为广大消费者、企事业单位提供各种支付工具传递和处理的渠道,促进商品的消费,维持经济秩序;另一端连接金融机构,是金融机构、金融市场之间资金流通的汇路,其能否安全稳定运行,关系到金融市场中的资金和证券能否在中央银行与金融机构之间以及金融机构之间顺利转移。支付系统是一个国家经济金融的重要基础系统,对加速资金周转、提高资源配置效率、促进经济增长、满足社会公众日益增长的支付需求、提高人民生活质量有重要意义;也有利于畅通货币政策传导,密切各金融市场有机联系,推动金融创新,防范金融风险,坚定社会公众对货币及其转移机制的信心。因此,支付系统具有如下作用:

(一)支付系统是经济金融系统的重要组成部分

以货币为媒介的商品交易以及相伴随的资金融通是社会经济活动的基本形式。商品交易和资金融通蕴涵着资金的转移,而资金的转移过程就表现为支付。自从银行制度诞生以来,作为支付的货币表现方式有两种:一是实物货币或现金,二是银行存款。现金交易属于典型的"钱货两讫",支付过程瞬时完成。

银行存款为支付手段的交易则是付款人存在银行账户上的存款资金向收款人银行账户转移。这一过程包括交易的确认、运用非现金支付工具发出支付指令、通过支付系统传递支付信息并实现资金转移。支付过程的每一个环节能否顺利通过,其功能直接决定交易的成败和效率。与此同时,作为支付过程中服务主体的银行业金融机构,不仅要提供账户服务,记录存款货币的存量和流量信息,为交易主体提供支付工具、支付信用、支付信息传递渠道和资金转移通道,而且要为交易主体之间的复杂的债权债务提供清算和结算服务。这就使银行所持有的账户信息记录与管理功能同货币、支付与金融、经济发生了紧密的联系,支付系统必然成为经济金融系统的一个重要组成部分。支付系统的效率直接决定了一个国家和地区的经济系统运行的效率。

(二)支付系统是货币政策有效传导的渠道和金融稳定的基础

在支付系统中,重要的支付系统(特别是大额支付系统)是有效传导货币政策的重要渠道。大额实时支付系统与中央银行公开市场操作业务系统相连,完成中央银行买卖有价证券的资金清算,提高公开市场操作效率,直接影响银行业金融机构的超额储备,调节货币供应量。公开市场操作是中央银行灵活执行货币政策的主要手段,货币的投放和回笼主要是通过公开市场的操作而实现的,对调节社会的货币供应量起着重要的、直接的、最敏感的作用。

大额实时支付系统为中央银行进行存款准备金考核提供准确、即时的信息,提高了中央银行货币政策的有效性。大额实时支付系统处理的每笔支付业务实时到账,实现跨行资金清算的零在途,大大加速了社会资金周转,对狭义货币以及货币需求都有较大的影响。大额实时支付系统还为外汇交易、同业拆借市场提供快捷、低成本的资金结算服务,有助于货币市场运作和货币市场资金流动性的增强。

支付系统作为经济金融的重要基础设施,是维系金融机构、金融市场之间的纽带,支付系统中的参与者支付能力的不足可能引发流动性风险、信用风险甚至系统风险,引发整个金融系统风险和社会震荡。一些重要的零售支付系统(如银行卡系统、票据支付系统等)的运行中断也可能造成大面积、长时间无法使用非现金支付工具,直接影响生产和生活,造成社会的不安定,并损害社会公众对货币转移机制的信心,危及国家的金融和经济系统的安全。维护支付系统的稳定,确保其安全高效运行,是有效传导货币政策和维护金融稳定的重要前提。支付系统不能成为诱发金融危机的源头。

(三)支付系统的发展有效促进经济增长和金融效率的提高

中央银行作为一国支付系统建设的组织者、推动者和监管者,通过建设和运行重要支付系统等为银行业金融机构提供跨行资金清算及最终结算服务,并依法对支付服务组织及其支付业务活动实施监督,维护支付结算秩序,促进银行业金融机构及其他支付服务组织有序竞争,提高金融服务质量。银行业金融机构通过账户和中介服务,以及遍布城乡的机构及网络,为国民经济各部门、单位和个人提供支付服务,通过技术创新和业务创新,不断提高支付服务的效率和质量。非金融机构性质的支付清算组织利用信息技术优势,通过与银行业金融机构合作,提供多样化零售支付服务,也逐渐成为我国支付服务市场的有效补充力量。

支付系统的安全和效率决定资金转移的安全和效率,进而影响经济活动的效率。各国经济发展的经验表明,经济越发展,经济活动及其参与者对支付系统运行质量的要求就越高。一个国家的支付系统的效率直接关系一个国家经济发展的水平,这已经得到各国的共识。

(四)支付系统的发展能促进社会公众生活质量的提高

支付系统的建设和发展能满足客户的即时支付需求,大大缩短了资金转移的时间,降低了在途资金的风险。银行业金融机构和支付清算组织提供个人存款的通存通兑,水、电、煤气等公用事业费用缴纳,工资、养老金发放等服务,极大地便利了社会公众生活。银行卡、电话支付、网上支付等新兴支付工具的发展,使得支付过程可以瞬间完成,更能满足社会公众对支付的个性化需求。支付系统的发展对提高人们生活质量、促进新型支付文化发展有重要的影响和作用。

(五)支付系统的发展能有效推动金融创新

安全和高效的支付系统是支持和推动金融创新的重要基础,它的不断完善将提升银行业金融机构的业务处理能力,为其进行产品和服务的创新提供了公共的平台,进一步提高其竞争能力。非现金支付工具是银行业金融机构产品创新的重要内容。它的使用将不断拓展金融服务对象,延伸金融服务领域,丰富金融服务产品,提高中间业务收入。支付系统将银行业金融机构紧密联系在一起,促进了竞争与合作,发挥了金融系统的整体优势,提高了金融服务的质量,推动了金融创新。

二、支付系统的分类

支付系统有不同的分类,按照提供者可以分为国家支付清算系统、商业银行行内资金汇划系统、同城票据交换所系统以及提供社会支付服务的第三方专业化支付服务系统等;按照处理支付业务的不同类型分为大额支付系统、零售支付系统、外汇结算系统和证券结算系统等;按照支付工具的不同分为银行卡支付系统、票据支付系统等。

三、国内现代支付系统

(一)发展历程

新中国成立以来,我国经历了计划经济、改革开放和市场经济建设等不同的经济阶段,支付系统的建设大致分为四个发展阶段。

1. 计划经济阶段

20世纪50年代,人民银行借鉴苏联的模式,在国内建立了中央银行支付清算系统,系统采用"全国大联行"的三级支付清算体系,转账结算高度集中于中央银行,限制市场的自由交易,系统清算效率低。这种大联行制度一直持续到了1984年。

2. 改革开放阶段(1985~2004年)

20世纪80年代,为了适应国内经济金融的市场发展,人民银行对支付清算系统进行了一系列的改革,主要是对人民银行资金和商业银行资金做出严格区分,将人民银行主导的"全国大联行"三级支付清算系统改革为工、农、中、建四大专业银行自有联行系统,人民银行负责对跨行业务进行清算,确立了票据在结算系统中的主导地位。这个时期,为适应建立社会主义市场经济体制的需要,1993年12月国务院发布了《国务院关于金融体制改革的决定》。文件指出:"要建设现代化支付系统,实现结算工具票据化,扩大信用卡、商业汇票、支票、银行本票等支付工具的使用对象和范围,加快金融电子化建设,加快人民银行卫星通信网络的建设,推广计算机的运用和开发,实现联行清算、信贷储蓄、信息统计、业务处理和办公的自动化。

3. 第一代现代化支付系统阶段(2005~2010年)

第一代现代化支付系统由大额支付系统、小额支付系统和支票影像交换系统三个业务系统以及清算账户管理子系统和支付管理信息系统两个辅助支持系统构成。三个核心的业务系统分别于2005年、2006年和2007年完成了全国推广,系统运行安全稳定,资金清算准确无误,对加快社会资金周转、提高支付清算效率、畅通货币政策传导、促进国民经济健康平稳发展发挥了重要作用。然而,第一代现代化支付系统存在着一些不完善的地方,主要体现在:不能有效满足银行业金融机构灵活接入的需求,流动性管理功能有待进一步完善,应对突发事件的能力需要加强,业务功能及服务对象有待进一步拓展,运行维护机制不能适应系统管理需要。

4. 第二代现代化支付系统建设阶段(2010年至今)

为了继续推进支付系统的建设,人民银行在第一代现代化支付系统的基础上开始建设第二代现代化支付系统。第二代现代化支付系统在管理上更简便,能支持参与机构一点接入、一点清算,适应了银行业金融机构行内系统数据大集中的发展趋势,为银行机构节约了流动性和接入成本;在技术上更先进,大额、小额、网银各应用系统间的技术松耦合,增加了参与机构对应用系统的自主选择权;在架构上更合理,支付结算方式的创新和服务质量的优化,高效支撑了各种跨境、电子支付和金融市场交易,提升了支付体系整体竞争力。网上支付跨行清算系统已于2010年8月30日先行上线,2011年1月完成了在全国的推广应用。

(二)国内现代支付系统的层次

目前,我国的支付系统可以分为中央银行和金融市场核心支付系统、银行业金融机构基础支付系统、市场化支付组织系统服务层。

第一层中央银行和金融市场核心支付系统层。该层系统主要为金融机构服务,包括大额支付系统、小额支付系统、网银互联系统、支票影像系统、境内外币支付系统、中央国债登记结算系统、银行间资金拆借交易系统、证券登记结算系统等。

第二层银行业金融机构基础支付系统层。随着我国商业银行数据大集中的完成，国有银行和各全国性股份制银行都在行内资金汇划系统和会计系统基础上完善了行内综合支付系统和网上银行。大部分的城商行和农信社也通过连接国家支付系统和城市商业银行资金清算中心、农信银等支付机构，构成了各自的支付系统。

第三层市场化支付组织系统服务层。由市场化支付组织提供运行和维护的服务系统，是我国支付系统的有效补充，是随着信息化的发展、国家支付系统的建立和支付创新的蓬勃发展而建立和发展起来的。除了传统的票据清算中心外，其他的系统都是市场化服务在支付体系中深化发展的结果。例如，中国银联银行卡跨行信息转接信息处理系统、城市商业银行资金清算系统、农信银资金清算系统、同城票据清算系统、集中代收付系统、网上第三方支付系统、储值卡支付系统、城市公交支付清算系统等。

为了提高整体支付系统的安全和效率，各个层次支付系统的相互连接已经成为发展趋势。例如，大额支付系统与中央国债登记结算系统的连接，大额支付系统与中国银联银行卡跨行支付系统的连接，都显著提高了资金汇划的效率与安全。

结合以上的这些系统，人民银行的导向是要通过建设以大、小额支付系统为主要应用系统的现代化支付系统，逐步形成以中国现代化支付系统为核心，商业银行行内系统为基础，票据交换系统、银行卡支付系统和外币支付系统并存，支撑多种支付工具的应用并满足社会各种经济活动支付需要的中国支付清算体系。

第二节 大额支付系统

一、大额支付系统概述

大额实时支付系统（High Value Payment System，HVPS，简称大额支付系统）是中国人民银行按照我国支付清算需要，利用现代计算机技术和通信网络开发建设，处理同城和异地跨行之间和行内的大额贷记及紧急小额贷记支付业务、人民银行系统的贷记支付业务以及即时转账业务等的应用系统。大额支付系统在我国支付体系中占有重要地位。

2005年6月27日，大额支付系统完成全国推广，各政策性银行、中外资商业银行和绝大部分农村信用社都已接入大额支付系统。系统直接连接1 500多个参与者，涉及的分支机构达6万多个；连接货币市场、债券市场和外汇市场，实现了债券交易和央行公开市场业务的DVP（券款对付）结算。同时，为外汇交易中的人民币结算、银行间资金拆借以及债券发行提供资金清算。到2015年，大额实时支付系统处理业务7.89亿笔，金额2 952.06万亿元，日均处理业务316.80万笔，金额

118 556.49亿元。

（一）系统结构

大额支付系统与中央银行会计集中核算系统（ABS系统）、国家金库会计核算系统（TBS系统）、银行业金融机构行内支付系统、中央债券综合业务系统、外汇交易及同业拆借系统、中国银联信息处理系统、城市商业银行汇票处理系统等多个系统相连接，能够为各银行和广大企事业单位以及金融市场提供快速、高效、安全的支付清算服务，防范支付风险。

商业银行业务系统与大额支付系统的连接方式有直连模式和间连模式两种。直连模式是指商业银行的业务处理系统与人民银行现代化支付系统直接连接，一笔跨行支付业务只需现代化支付系统处理一次，就能在发送（接收）支付报文的同时，完成商业银行行内系统的账务更新处理。间连模式是指商业银行的业务处理系统不直接与人民银行现代化支付系统连接，而是使用人民银行现代化支付系统的商业银行端进行跨行支付指令的发送（接收）处理，一笔跨行业务需要经过商业银行本行系统记账和现代化系统支付报文处理两个过程。现在的大部分商业银行都是采用直连模式，本教材中，如果没有特殊说明，都是指采用直连模式。

（二）功能特点

人民银行大额支付系统的建设，具有以下主要功能特点：

1. 资金清算功能

大额支付系统与直接参与者连接，支付全过程自动化处理，实行逐笔发送，实时清算。NPC（国家处理中心）直接与中央债券综合业务系统和中国银联信息处理系统连接，实现了债券交易的DVP清算和银联卡跨行业务的即时转账清算。

2. 流动性管理功能

大额支付系统提供联机头寸查询、日间透支限额、自动质押融资机制、设置清算窗口等系统功能，商业银行可随时查询和预测中长期头寸的变化情况，并根据需要及时筹措资金，完成支付业务的最终清算。

3. 风险防范功能

系统实行全额实时资金清算，对不足支付的交易进行排队处理，采取债券质押与资金融通相结合的自动质押融资机制，建成了大额支付系统应急灾难备份系统和运行维护机制，禁止隔夜透支，实行高额罚息贷款机制，切实防范支付风险。

4. 清算账户管理功能

大额支付系统对商业银行的清算账户采取"物理上集中摆放，逻辑上分散管理"的方式，即各商业银行在人民银行当地分支机构开设的清算账户从物理上讲在NPC集中存储，日间处理跨行资金的清算；从逻辑上讲由人民银行当地分支行进行管理，日终中央银行会计集中核算系统ABS会下载清算账户数据，并进行账务平衡。

5. 系统管理功能

大额支付系统设置了接入管理的功能,可以满足各银行灵活接入系统的需要;设置了业务控制功能,可对不同参与者发起和接收的支付业务进行控制;设置了队列管理功能,参与者可对排队业务进行次序调整;设置了清算账户控制管理功能,人民银行可对严重违规或发生信用风险的直接参与者的清算账户实施部分金额控制、借记控制直至关闭。

6. 支付交易信息及清算结算管理功能

为了确保大额实时支付系统安全、可靠,系统提供了支付信息登录、传输、分发、清算结算处理、日终退回、对账及意外事故处理等功能。

(三)运行时序

大额支付系统按照国家法定工作日运行。系统支持24小时连续运行,每一个工作日分为日间业务处理时间、清算窗口时间、日终业务处理时间和营业准备时间四个阶段。具体的运行时间为:8:30—17:00,日间业务处理时间;17:00—17:30,清算窗口处理时间,用于各清算账户筹措资金;17:30进行日终业务处理;日终业务处理完成后进入下一个工作日营业准备阶段。大额支付系统采用支付指令实时传输、逐笔实时处理、全额清算资金的处理方式。在系统正常运行情况下,一笔支付业务从支付系统发起到支付系统接收行的时间为实时到达。如收款客户的开户行应用大额支付系统,付款客户在营业日当日下午17:00前办理的大额支付业务都可实现实时到达收款行。

(四)业务范围

大额支付系统业务范围包括一般大额支付业务、即时转账业务和城市商业银行银行汇票业务。

1. 一般大额支付业务

一般大额支付业务是由发起行发起,逐笔实时发往国家处理中心,国家处理中心清算资金后,实时转发接收行的业务。包括汇兑、委托收款划回、托收承付划回、中央银行和国库部门办理的资金汇划等。

2. 即时转账支付业务

即时转账支付业务是由与支付系统国家处理中心直接连接的特许参与者(第三方)发起,通过国家处理中心实时清算资金后,通知被借记行和被贷记行的业务。目前主要由中央债券综合业务系统发起。

3. 城市商业银行银行汇票业务

城市商业银行银行汇票业务是支付系统为支持中小金融机构结算和通汇而专门设计的支持城市商业银行银行汇票资金的移存和兑付的资金清算的业务。

二、大额支付系统的支付流程

总的来说,大额支付系统的支付业务是由付款行或者特许参与者发起,经过清算行、发报城市处理中心、国家处理中心、收报城市处理中心、收款清算行收款为止。为了便于读者理解,在介绍支付业务处理流程之前,先对大额支付系统涉及的支付机构名称进行说明。

付款行,指付款人的开户银行,可以是直接接入银行机构或者代理接入银行机构。

付款清算行,指付款人开户行所属的直接接入银行机构。

收款行,指收款人的开户银行,可以是直接接入银行机构或者代理接入银行机构。

收款清算行,指收款人开户行所属的直接接入银行机构。

发报城市处理中心,指向国家处理中心转发付款清算行支付信息的城市处理中心(以下简称"发报CCPC")。

收报城市处理中心,指向收款清算行转发国家处理中心支付信息的城市处理中心(以下简称"收报CCPC")。

国家处理中心,指接收、转发支付信息,并进行资金清算处理的机构(以下简称"NPC")。

(一)一般大额支付业务

1. 发起行(发起清算行)的处理

(1)商业银行发起的支付业务:发起行根据发起人提交的原始凭证和要求,根据业务类型选择不同的报文,确定支付业务的优先级次(普通、紧急或者特急),经行内业务处理系统将数据组包自动发给前置机。前置机对提交的业务按收款清算行组包并加编地方密押后发送至发报CCPC。

(2)中国人民银行发起的支付业务:人民银行会计营业部和国库部门分别通过中央银行会计集中核算系统(以下简称"ABS")、国库会计核算系统(以下简称"TBS")将支付业务向发报CCPC发送。人民银行对发送的支付业务进行账务处理,并逐笔加编地方密押。

2. 发报CCPC的处理

发报CCPC收到发起清算行发来的支付信息,确认无误后,逐笔加编全国密押,实时发送国家处理中心。

3. NPC的处理

国家处理中心收到发报CCPC发来的支付报文,逐笔确认无误后,自动核全国密押,分别情况进行账务处理。

(1)发起行、接收行均为商业银行,或发起行为商业银行,接收行为人民银行会计营业部或国库部门时,若发起清算行对应的清算账户头寸足以支付,则进行账务处理;若发起清算行对应的清算账户头寸不足支付,则对支付指令进行排队处理,到预定清算窗口结束时间,如清算账户的余额仍不足支付,则将排队的支付业务做退回处理。

(2)发起行为人民银行会计营业部或国库部门,接收行为商业银行,或发起行、接收行均为人民银行会计营业部或国库部门时,直接进行账务处理。NPC账务处理完成后,将支付信息发往收报CCPC。

4. 收报CCPC的处理

收报中心接收NPC发来的支付信息,确认无误后,逐笔加编地方密押实时发送接收清算行。

5. 接收行(接收清算行)的处理

若接收行为商业银行,则处理流程为接收清算行系统前置机收到CCPC发来的业务包,逐笔确认后经行内业务系统发送至接收行;若接收行为中国人民银行会计营业部或国库部门,则处理流程为直接逐笔确认并进行账务处理。一般大额支付业务支付流程如图7-1所示。

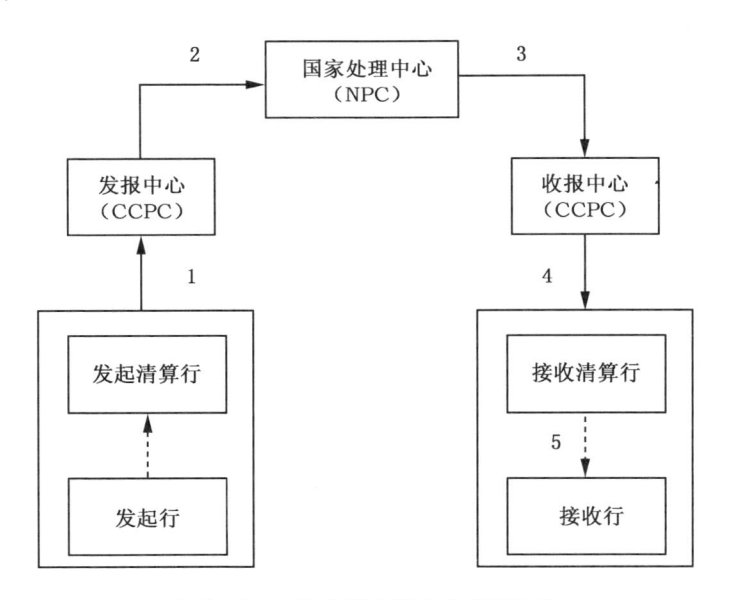

图7-1 一般大额支付业务支付流程

例如:中国工商银行北京市分行通过大额支付系统向中国农业银行上海市分行支付一笔金额为100万元的大额汇款,流程如图7-2所示。

(1)中国工商银行北京市分行将大额支付指令实时发送至北京CCPC。

(2)北京CCPC将大额支付指令实时转发至NPC。

(3)NPC 实时全额完成资金清算后转发至上海 CCPC。

(4)上海 CCPC 将大额支付指令实时转发至中国农业银行上海市分行,完成资金汇划。

说明:在案例中,付款行和付款清算行均为工商银行,收款行和收款清算行均为农业银行。

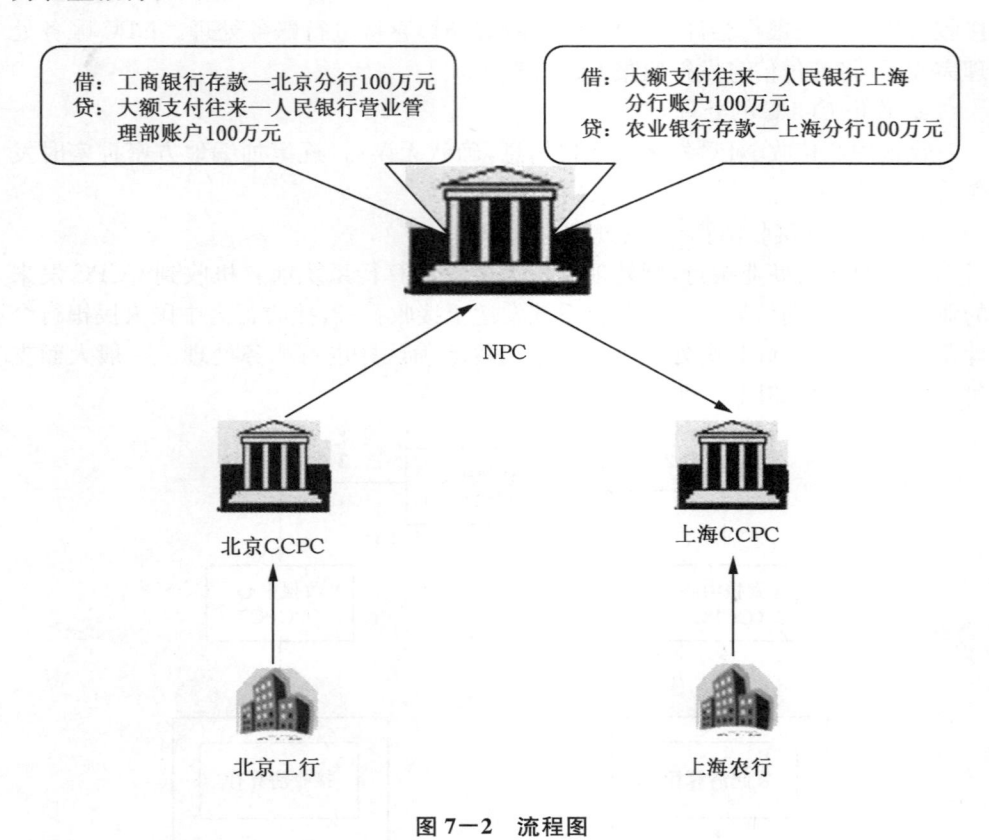

借：工商银行存款—北京分行100万元
贷：大额支付往来—人民银行营业管理部账户100万元

借：大额支付往来—人民银行上海分行账户100万元
贷：农业银行存款—上海分行100万元

NPC

北京CCPC　　　　　　上海CCPC

北京工行　　　　　　上海农行

图 7—2　流程图

(二)即时转账支付业务

1. 即时转账支付业务的发起

即时转账支付业务由特许参与者(第三方)发起,经逐笔核加全国密押后直接发往 NPC。

2. NPC 的处理

NPC 接收由特许参与者发起的支付业务,逐笔核加全国密押,并对被借记行和被贷记行做账务处理。如果清算(特许)账户余额不足支付的,NPC 将对该笔业务进行排队处理,并将不足支付的信息通知特许参加者和被借记行。直到预定清算窗口关闭时间,如果清算(特许)账户仍不足支付,NPC会将排队的即时转账支付业务退回。账务处理完成后,NPC将资金清算成功结果通知特许参与者和发报CCPC以及收报CCPC。

3. CCPC的处理

发报行和收报行的CCPC分别将NPC发来的清算结果通知被借记行和被贷记行。

4. 接收行的处理

被借记行和被贷记行收到CCPC发送的即时转账通知报文,进行相关处理。

即时转账支付业务流程如图7-3所示。

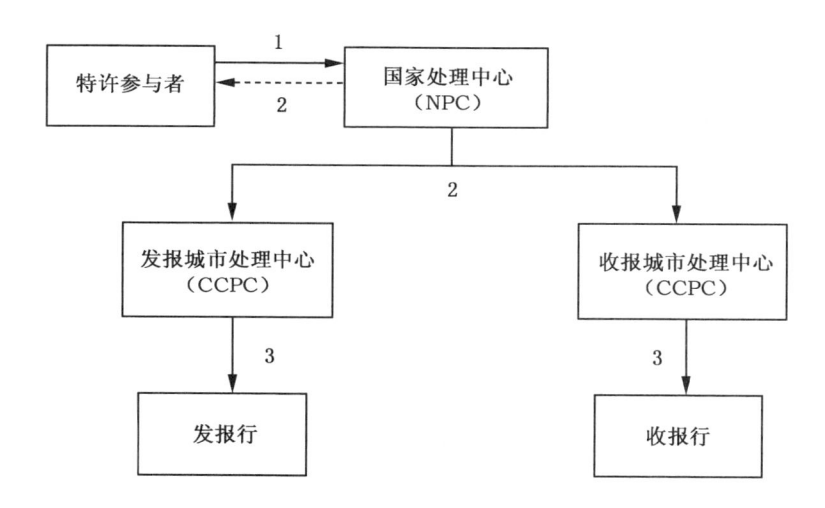

图7-3 即时转账支付业务流程

特许参与者直接与国家处理中心连接,包括公开市场业务、债券发行缴款、债券兑付和收益款划拨、银行间债券交易等。

被借记行是指与特许参与者之间发生即时转账业务的付款清算行,被贷记行是指与特许参与者之间发生即时转账业务的收款清算行。

(三)城市商业银行的银行汇票业务

城市商业银行的银行汇票业务是指各地城市商业银行依托支付系统办理银行汇票资金转移和兑付业务。该业务由专门的城市商业银行汇票处理系统进行办理。大额支付系统相关的业务主要是:

1. 汇票资金转移

签发行签发银行汇票,并生成汇票资金移存报文,逐笔加编地方密押发送发报中心。发报中心收到银行汇票资金移存报文,检查发起行业务种类权限,确认无误,逐笔加编全国密押,实时发送国家处理中心。国家处理中心收到发报中心发来的银行汇票资金移存报文,逐笔确认无误后,进行账务处理。国家处理中心向发起行发送清算回执,并将报文转发收报中心。如清算账户头寸不足支付时,国家处理中心将该笔支付业务做排队处理。

2. 银行汇票承兑

代理兑付行收到兑付银行汇票申请,生成申请清算银行汇票资金报文,发送发报中心(其中收报中心为上海城市处理中心,接收行为汇票处理中心),经国家处理中心、上海城市处理中心,转发汇票处理中心。汇票处理中心收到报文,核验汇票密押后,自动生成清算银行汇票资金报文及银行汇票全额兑付通知报文,并通过大额支付系统将汇款划付兑付行。如果有多余的款,系统还会自动生成银行汇票资金多余款划回报文退回签发行。如果没有多余的款,则生成全额兑付通知发送签发行。

3. 银行汇票未用退回

签发行将银行汇票未用退回申请信息通过支付系统发送给银行汇票处理中心。银行汇票处理中心收到后再进行相应处理。

第三节 小额支付系统

一、小额支付系统概述

小额批量支付系统(Bulk Electronic Payment System,BEPS,简称"小额支付系统")是继大额实时支付系统之后中国人民银行建设运行的又一重要应用系统,是我国现代化支付系统的主要业务子系统和组成部分。它主要处理同城和异地纸凭证截留的借记支付业务和小额贷记支付业务[①],中央银行会计和国库部门办理的借记业务以及每笔金额在规定起点以下的各种小额贷记支付业务等。小额支付系统采取支付指令批量发送,轧差净额清算资金,为社会提供了低成本、大业务量的支付清算服务。小额支付系统实行 7×24 小时连续运行,能支撑多种支付工具的使用,满足社会多样化的支付清算需求,成为银行业金融机构跨行支付清算和业务创新的安全高效的平台。小额支付系统与大额支付系统实现了功能互补,是重要的零售支付系统。2015 年,小额批量支付系统处理业务 18.35 亿笔,金额 24.94 万亿元,同比分别增长 27.82% 和 12.98%。日均处理业务 506.98 万笔,金额 688.96 亿元。

(一)系统结构

小额支付系统是以国家处理中心为核心,以城市处理中心为接入点的两层星

[①] 同城业务是指同一城市处理中心的参与者相互间发生的支付业务。异地业务是指不同城市处理中心的参与者相互间发生的支付业务。

型结构。商业银行、清算组织等机构利用本行前置机与支付系统城市处理中心连接。中央银行会计核算系统(ABS)、国家金库核算系统(TBS)、同城清算系统通过城市处理中心(CCPC)接入小额支付系统。国债、银联、外汇和城市商业银行汇票等处理系统不接入小额支付系统,只处理大额支付业务。

商业银行业务系统与小额支付系统的连接方式也有直连模式和间连模式两种。直连模式是指商业银行的业务处理系统与人民银行现代化小额支付系统直接连接,一笔跨行支付业务只需小额支付系统处理一次,就能在发送(接收)支付报文的同时,完成商业银行行内系统的账务更新处理。间连模式是指商业银行的业务处理系统不直接与人民银行现代化小额支付系统连接,而是直接使用人民银行现代化小额支付系统的商业银行端通过手工录入或者磁介质方式,在规定时间组包进行跨行支付指令的发送(接收)处理,一笔跨行业务需要经过商业银行本行系统记账组包和现代化小额支付系统支付报文处理两个过程。现在的大部分商业银行都是采用直连模式,在本章业务流程的介绍中,如果没有特殊说明,都是指采用直连模式。

(二)功能特点

小额支付系统处理的业务具有种类多、结算量大、金额小、运行周期长、时限要求不高等特点,因此系统对支付功能的设计也具有独特的优势,主要表现在:

1. 信息流和资金流异步处理机制

小额支付系统的支付信息由国家处理中心和城市处理中心分别定时清分或实时转发,支付信息可以在 24 小时内连续传输,但是资金是在日间规定的时点轧差清算,有利于合理利用系统资源,保证系统高效稳定运行。

2. 灵活的轧差机制

小额支付系统在国家处理中心和城市处理中心同时设计了清分轧差的功能,将在本城市处理中心覆盖范围内的业务和跨城市处理中心覆盖范围内的业务在城市处理中心和国家处理中心同时设计清分轧差。对跨城市处理中心覆盖范围内的业务即时转发给国家处理中心轧差,再转收报行;对本城市处理中心覆盖范围内的业务直接转发给收报行,本城市处理中心再在设定轧差时间自动向国家处理中心轧差净额清算资金。

(三)运行时序

1. 运行时间

小额支付系统实行 7×24 小时连续运行,采取批量发送支付指令,轧差净额清算资金。系统每一工作日运行时间为前一自然日 16:00 至本自然日 16:00。每日 8:00—17:00 为系统接收小额支付指令的时间,17:00—18:00 为清算窗口时间,用于发生透支的银行和其他金融机构等筹措资金。系统的运行时间和清算窗口时间由人民银行根据需要进行灵活调整。

2. 轧差的处理

对当日前收到的小额贷记支付业务、借记支付业务进行轧差，清算窗口开启时，将清算窗口开启前与当日前一次定时轧差间收到的小额贷记支付业务、借记支付业务和当日生效的定期借记支付业务进行轧差。城市处理中心每天的轧差次数可以调整，且清算窗口开启时，进行最后一次轧差。生效日的定期借记业务只在清算窗口开启前纳入最后一次轧差。城市处理中心自动轧差平衡后，将轧差结果自动发送国家处理中心清算资金。国家处理中心的轧差处理同城市处理中心，轧差后自动提交 SAPS 清算资金。

（四）业务范围

1. 普通贷记业务

普通贷记业务指付款人通过其开户银行办理的主动付款业务，主要包括金额 2 万元以下的汇兑、委托收款（划回）、托收承付（划回）、网上银行支付以及财税库汇划等业务。

2. 普通借记业务

普通借记业务指收款人通过其开户银行向付款人开户银行主动发起的收款业务，包括人民银行机构间的借记业务、国库借记汇划业务和支票截留业务等。

3. 定期贷记业务

定期贷记业务指付款人开户银行依据当事各方事先签订的合同（协议），定期向指定的收款人开户银行发起的批量付款业务，如代付工资、养老金、保险金、国库各类款项的批量划拨等。

4. 定期借记业务

定期借记业务指收款人开户银行依据当事各方事先签订的合同（协议），定期向指定的付款人开户银行发起的批量收款业务，如收款人委托其开户银行收取水、电、煤气等公用事业费用。

5. 实时贷记业务

实时贷记业务指付款人委托其开户银行发起的，将确定款项实时划拨到指定收款人账户的业务，主要包括国库实时缴税、跨行个人储蓄通存等业务。

6. 实时借记业务

实时借记业务指收款人委托其开户银行发起的，从指定付款人账户实时扣收确定款项的业务，主要包括国库实时扣税、跨行个人储蓄通兑等业务。

二、小额支付系统的支付流程

小额支付系统的支付业务总体上可以分为贷记类业务、借记类业务和其他类支付业务，下面将分别进行说明。支付流程中涉及的机构名词与大额支付系统相同，参见大额系统业务处理流程章节。

（一）贷记类业务

贷记类业务指由付款人向收款人主动发起的付款业务，包括普通贷记、定期贷记和实时贷记三种。根据业务处理周期的不同，小额支付系统的贷记业务又可以分为实时处理和批量处理两种模式。其中，实时贷记业务采用实时处理模式，普通贷记和定期贷记采用批量处理模式。下面分别进行说明。

1. 普通贷记业务

(1)付款(清算)行的处理。银行业金融机构发起业务的处理：付款(清算))行根据客户提交的普通贷记凭证(或信息)，审核无误后进行账务处理。完成账务处理后，付款(清算)行行内业务处理系统将数据组包自动发给前置机。前置机对提交的业务按收款清算行组包并加编地方密押后发送至发报CCPC。

中国人民银行(库)发起业务的处理：人民银行会计营业部门和国库部门进行账务处理后，分别在中央银行会计集中核算系统(以下简称"ABS")和国家金库会计核算系统(以下简称"TBS")按收款清算行组包后，加编地方密押发送至发报城市处理中心。

(2)付款清算行CCPC的处理。付款清算行CCPC收到付款清算行发来的业务包后，进行合法性检查并核验地方密押。CCPC对检查、核押无误的同城业务进行净借记限额检查。检查通过的纳入轧差处理并对业务包标记"已轧差"状态，转发收款清算行，同时向付款清算行返回已轧差信息；检查未通过的，将业务包做排队处理并向付款清算行返回已排队信息。CCPC对检查、核押无误的异地业务加编全国密押后转发NPC。

(3)NPC的处理。NPC收到付款清算行CCPC发来的业务包，进行合法性检查并核验全国密押。NPC对检查、核押无误的业务包进行净借记限额检查。检查通过的纳入轧差处理并对包标记"已轧差"状态，转发收款清算行CCPC，同时向付款清算行CCPC返回已轧差信息；检查未通过的，将业务包做排队处理并向付款清算行CCPC返回已排队信息。

(4)收款清算行CCPC的处理。收款清算行CCPC收到NPC发来的业务包，核验全国密押无误后，加编地方密押转发收款清算行。

(5)收款(清算)行的处理。银行业金融机构接收业务的处理：银行行内业务处理系统前置机收到CCPC发来的业务包，逐包确认并核地方密押无误后，发送至行内系统拆包并立即进行账务处理。

(6)人民银行(库)接收业务的处理。ABS和TBS收到CCPC发来的业务包，逐包确认并核地方密押无误后，做相应账务处理。

普通贷记业务支付流程如图7-4所示。

2. 定期贷记业务

定期贷记业务由付款清算行发起，办理定期贷记业务前，付款(清算行需要与

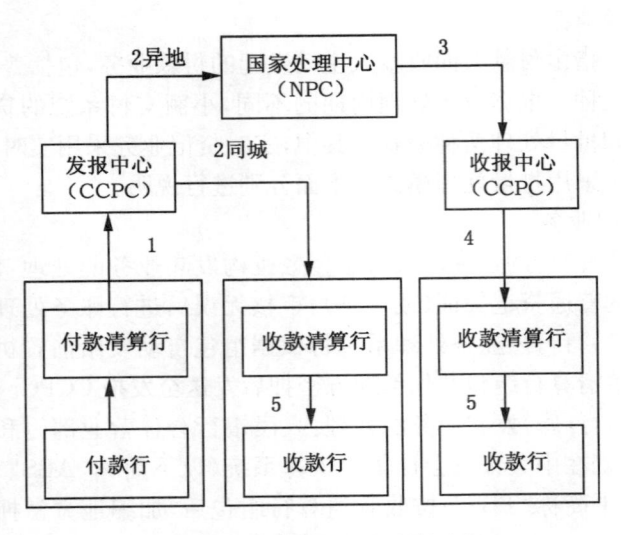

图 7—4 普通贷记业务支付流程

企业签订双方合同(协议)。付款(清算)行办理定期贷记业务时,受理企事业单位以联机或磁介质方式提交的业务数据,依据合同审核无误后做相应账务处理。扣款成功的按同一收款清算行、同一付款人、同一业务种类进行组包,经由 CCPC(或 NPC)轧差后转发给收款清算行。定期贷记业务与普通贷记业务的处理流程基本一致,差别在于普通贷记业务是单个付款人付给单个收款人;定期贷记业务为签订协议各方定期发生的批量付款,是单个付款人付给多个收款人。

3. 实时贷记业务

实时贷记业务分为发起实时业务的处理和实时业务回执的处理两个阶段。在发起实时业务的处理阶段,付款(清算)行根据客户提交的实时贷记凭证(或信息),按实时贷记业务报文单笔组包加密押,经由 CCPC(或 NPC)轧差后转发给收款清算行。在实时业务回执阶段,收款(清算)行对实时贷记业务的收款人账号、户名进行检查,并将受理成功或拒绝受理的实时业务回执包返回 CCPC。CCPC 对受理成功的同城回执业务包、NPC 对受理成功的异地回执业务包进行付款清算行的净借记限额检查。检查通过的纳入轧差处理;检查未通过的直接拒绝给付款(清算)行,并将处理结果发送收款(清算)行。收款(清算)行、CCPC、NPC、付款(清算)行的其他业务处理手续比照普通贷记业务处理手续处理。

(二)借记类业务

借记类业务指由收款人向付款人主动发起的收款业务,包括普通借记、定期借记和实时借记三种。根据业务处理周期的不同,小额支付系统的借记业务又可以分为实时处理和批量处理两种模式。

1. 普通借记业务

普通借记业务支付流程如图 7-5 所示。

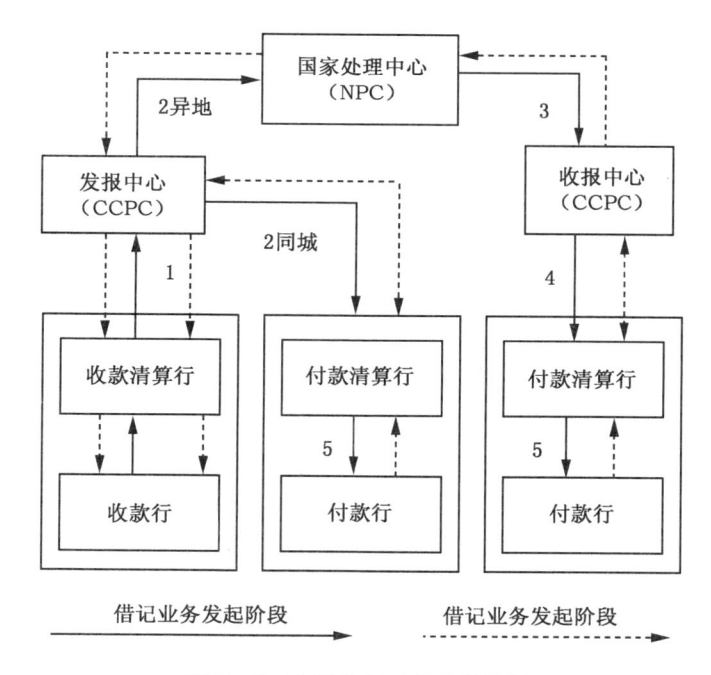

图 7-5 普通借记业务支付流程

(1)发起借记业务的处理。

①收款(清算)处理。

a. 银行业金融机构发起业务的处理。收款(清算)行根据客户提交的普通借记凭证(或信息)每笔业务的借记回执信息最长返回时间 N 日(借记回执信息返回基准时间≤N≤5),按相同的 N 和付款清算行组包后发送至前置机。前置机对包的格式、业务权限进行检查,并对包的笔数和金额的总额与分笔金额核对后,逐包登记借记业务登记簿并加编地方密押后发送 CCPC。

b. 中国人民银行(库)发起业务的处理。ABS 和 TBS 对需要发起的借记业务,确定每笔业务的借记回执信息最长返回时间 N(应在报文中记载 N),按相同的 N 和付款清算行组包后,逐包登记借记业务登记簿并加编地方密押后发送 CCPC。

②收款清算行 CCPC 的处理。收款清算行 CCPC 收到收款清算行来的业务包后,进行合法性检查并核验地方密押,无误后登记借记业务登记簿。CCPC 对同城业务转发付款清算行,对异地业务加编全国密押后发送 NPC。

③NPC 的处理。NPC 收到收款清算行 CCPC 发来的业务包,进行合法性检查并核验全国密押,无误后登记借记业务登记簿并将业务包转发付款清算行

CCPC。

④付款清算行CCPC的处理。付款清算行CCPC收到NPC发来的支付业务，核验全国密押无误后，登记借记业务登记簿并加编地方密押后转发付款(清算)行。

⑤付款(清算)行的处理。

a. 银行业金融机构接收业务的处理。付款(清算)行收到CCPC发来的业务包，逐包确认并核验地方密押无误后，登记借记业务登记簿并发送至行内业务处理系统拆包和处理。

b. 中国人民银行(库)接收业务的处理。ABS和TBS收到CCPC发来的业务包，逐包确认并核验地方密押无误后，登记借记业务登记簿并拆包进行相应处理。

(2)借记业务回执的处理。付款(清算)行收到借记业务后，检查协议，执行扣款，并返回借记业务回执包，由前置机将回执包加编地方密押发送付款清算行CCPC。付款清算行CCPC对检查、核押无误的同城借记业务回执包中成功金额进行净借记限额检查，并转发收款清算行，同时向付款清算行返回已轧差信息；异地借记业务回执包加编全国密押后发往NPC。NPC对检查、核押无误的借记业务回执包中成功金额进行净借记限额检查，实时纳入轧差处理，并转发收款清算行CCPC。收款清算行CCPC核验全国密押无误后销记登记簿，并加编地方密押转发收款(清算)行。收款(清算)行收到逐包确认并核地方密押无误后销记登记簿，发送至行内业务处理系统拆包并立即进行账务处理。

2. 定期借记业务

办理定期借记业务前，付款(清算)行、付款人、收费单位需要签订办理代扣某类费用的三方合同(协议)。定期借记业务分为发起业务阶段和处理借记回执阶段。在发起业务阶段，收款(清算)行接收收费单位以联机或磁介质方式提交的业务数据，检查无误后按同一付款清算行、同一收款人、同一业务种类、同一借记回执信息最长返回时间N组包，定期借记业务与普通借记业务的区别是，普通借记业务是单个收款人向单个付款人收款，而定期借记则是单个收款人向多个付款人收款，其他的支付流程，两者是相同的。

3. 实时借记业务

收款(清算)行根据客户提交的实时借记业务凭证(或信息)，按实时借记业务报文单笔组包。付款(清算)行对扣款成功或失败的，需实时返回受理成功或拒绝受理的回执包。CCPC对受理成功的同城回执业务包、NPC对受理成功的异地回执业务包进行付款清算行的净借记限额检查。检查通过的纳入轧差处理；检查未通过的直接拒绝给付款(清算)行，并将处理结果发送收款(清算)行，不做排队处理。收款(清算)行、CCPC、NPC、付款(清算)行的其他业务处理手续比照"普通借记业务处理手续"处理。

第四节 银行行内支付系统

一、银行行内支付系统概述

同一银行内不同分支机构之间因资金汇划、缴存、借贷而产生债权债务关系，需要一定的清算组织和一定的清算程序与方法来进行支付指令发送与接收、对账与确认、收付数额的统计轧差、金额或净额的结清，以便清偿债权和债务关系。银行行内的支付系统就是实现行内支付指令传送和资金清算结算的系统，是银行综合业务系统的重要组成部分。2015年，银行业金融机构行内支付系统业务保持稳步增长态势，共处理业务197.08亿笔，金额1 194.01万亿元，同比分别增长37.64%和33.22%，分别占支付系统业务量的41.98%和27.24%。日均处理业务5 399.38万笔，金额32 712.66亿元。

二、商业银行行内支付系统

在我国，商业银行采用分支行组织结构，每个银行以总行为核心，形成一个银行系统。在系统内，各级行实行划分资金、独立核算、自求平衡的财务管理制度。因此，国民经济各部门、各单位之间的资金结算，最终都转化为银行内部的资金结算。在商业银行的业务分类中，系统内两个不同行之间的资金和账务往来称为联行往来业务，处理联行往来业务的系统就称为联行系统。随着现代商业银行经济管理水平的提高和信息技术的发展，联行系统也在不断升级换代，从早期的手工联行系统发展到电子资金汇兑系统，再进一步发展到了电子资金汇划与清算系统，行内支付系统正向着业务流程电子化、业务处理高效化、业务功能全面化和业务管理综合化的方向发展。下面按照联行系统的发展阶段依次介绍。

(一) 手工联行系统

手工联行是一种比较原始的系统，在计算机网络技术不发达的时期这种系统曾在商业银行内部广泛使用。手工联行系统是指同一商业银行内部不同分支机构间通过联行往来凭证，以邮寄或电报方式传递，实现资金在不同分支机构转账划拨的系统。一般划分为全国联行往来、分行辖内往来和支行辖内往来三种，采取总行、分行和支行三级管理。随着现代科学技术的发展，基本上所有商业银行的分支机构都实现了全国联网，手工联行系统逐渐被新的电子资金汇兑系统所取代。

(二) 电子资金汇兑系统

电子资金汇兑系统是指具有电子联行行号的银行与银行之间通过电子计算机网络系统技术进行异地资金划拨账务往来的系统。与原来的手工联行相比，电子支付指令经各级处理中心进行交换，取代了原先在发起行和接受行之间直接交换纸票据的过程，极大地加快了支付清算速度。

1. 系统结构

电子资金汇兑系统由全国处理中心、省级处理中心、城市处理中心和县级处理中心等多级分中心构成。银行内每一个分支机构须在每一级处理中心开设单独的账户。大部分商业银行的电子资金汇兑系统都采用净额批处理的方式。各级分行接收纸质凭证支付项目，将纸票据截留后以电子方式发往相应的处理中心，处理中心在当天或者第二天营业前将净额结算头寸通告分支机构。有一些商业银行的电子资金汇兑系统除了提供批处理外，还提供实时支付交易处理。一般在日终或者夜间进行批处理，在下一个营业日早晨营业开始之前，再把净额结算头寸通知各分支机构。

2. 业务处理方式

交换纸凭证方式。汇出行提交纸凭证，发报行接收汇出行的纸凭证支付信息，并签发符合规定的纸凭证回单；收报行向汇入行提交纸凭证支付信息，汇入行签收该纸凭证。

3. 交换磁介质方式

汇出行将汇划凭证数据录入计算机系统，向发报行提交磁介质支付信息；发报行接收汇出行的磁介质支付信息；收报行向汇入行提交磁介质支付信息，汇入行签收该磁介质。

4. 联网方式

汇出行将汇划凭证数据录入计算机系统，并向发报行发送支付信息；发报行通过网络接收汇出行的支付信息；收报行通过网络向汇入行发送支付信息；汇入行接收并确认该支付信息。

(三) 电子资金汇划与清算系统

电子资金汇划与清算系统是集汇划结算、清算为一体的人民币实时支付和清算业务处理平台，业务处理范围包括了银行内部结算资金汇划、资金调拨、拆借及清算等业务。系统以资金汇划代替了传统的联行业务，具有清算网络结构层次少、资金清算速度快等特点(见图7—6)。

1. 系统结构

该系统由汇划业务经办行、清算行、省级分行和总行清算中心通过计算机网络组成，是一种现代化的电子支付系统。系统的参与机构包括商业银行总行、各省级分行、发报清算行、收报清算行、发报经办行、收报经办行。

经办行是具体办理结算资金和内部资金汇划业务的行处。汇划业务的发生行是发报经办行，汇划业务的接收行是收报经办行。清算行是在清算中心开立备付金存款账户，办理其辖属行处汇划款项清算的分行，包括直辖市分行、总行直属分行及二级分行。省级分行在总行开立备付金账户，只办理系统内资金调拨和内部资金利息汇划。总行清算中心是办理系统内各经办行之间的资金汇划、各清算行

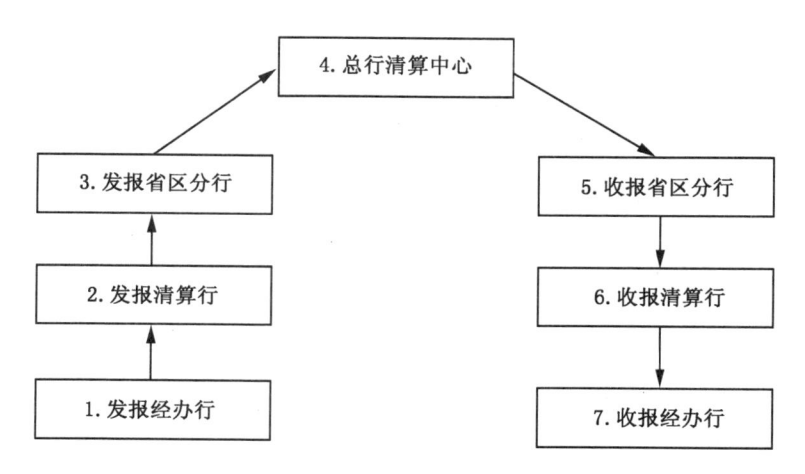

图 7－6　电子资金汇划与清算系统

之间的资金清算及资金拆借、账户对账的核算和管理部门。通过此系统商业银行可直接进行银行系统内的资金汇划,而不必通过央行的清算系统进行汇划,缩短了资金的在途时间,提高了汇划的效率。

2. 资金汇划流程

(1)发报经办行根据汇划凭证录入数据,并根据汇划业务种类进行账务处理,汇划数据经复核无误后,发送至清算行。

(2)发报清算行收到发报经办行传输来的汇划数据后,按规定进行授权、编押及账务处理,发送至发报省级分行。

(3)发报省级分行收到发报清算行传输来的汇划业务时,上传总行清算中心,由资金汇划系统自动完成。

(4)总行清算中心收到汇划数据后,系统自动处理,并将款项传送至收报省级分行,每天营业终了后更新各清算行的备付金存款账户。

(5)收报省级分行主要负责将总行清算中心传输来的全国汇划信息传输给收报清算行,由资金汇划系统自动完成。

(6)收报清算行收到汇划数据,经核对无误后自动进行账务处理,其中实时业务及时传送至收报经办行,批量业务于次日传送至收报经办行。

第五节　其他银行间支付系统

一、全国支票影像交换系统

全国支票影像交换系统是指运用影像技术将实物支票转换为支票影像信息,

通过计算机及网络,将影像信息传递至出票人开户银行提示付款的业务处理系统,它是中国人民银行继大、小额支付系统建成后的又一重要金融基础设施。影像交换系统定位于处理银行机构跨行和行内的支票影像信息交换,并支持处理非特定格式的通用业务,包括人民银行汇票、商业承兑汇票、银行承兑汇票、银行本票和商业本票等,其资金清算通过中国人民银行覆盖全国的小额支付系统处理。

(一)系统结构

支票影像交换系统参与者包括办理支票结算业务的银行业金融机构和票据交换所。银行业金融机构可以采用分散接入模式或集中接入模式通过影像交换系统处理支票业务。在分散接入模式下,银行业金融机构委托票据交换所提交和接收支票影像信息;在集中接入模式下,银行业金融机构与影像交换系统联网,通过省级机构或法人机构集中提交和接收支票影像信息。

(二)支付业务

支票影像业务的处理分为影像信息交换和业务回执处理两个阶段,即支票提出银行通过影像交换系统将支票影像信息发送至提入行提示付款;提入行通过小额支付系统向提出行发送回执完成付款。支票影像交换系统处理的支票业务分为区域业务和全国业务。区域业务是指支票的提出行和提入行均属同一分中心并由分中心转发的业务;全国业务是指支票的提出行和提入行分属不同分中心并由总中心负责转发的业务。分中心是指接收、转发同一区域内系统参与者的支票影像信息,并向总中心发送和从总中心接收支票影像信息的系统节点;总中心是指接收、转发跨分中心支票影像信息的系统节点。提出行是指持票人开户的银行业金融机构;提入行是指出票人开户的银行业金融机构。

二、同城票据交换系统

同城票据交换是指同一城市所有商业银行分支机构将代收代付的票据,按照时间、场次,集中到中央银行指定场所进行交换,轧计往来银行之间应收、应付差额,由中央银行以转账方式清算同城银行间资金清算的一种办法。人民银行作为主办清算行核准各商业银行参加并向其颁发"交换号",对参与票据交换的各商业银行进行监督和提供清算服务。同城商业银行间的票据交换清算由人民银行通过设立票据交换所统一组织。2015年,同城清算系统共处理业务3.95亿笔,金额124.34万亿元,同比分别增长2.96%和96.67%。日均处理业务158.70万笔,金额4 993.43亿元。

(一)系统结构

票据清算所是处理票据交换区域范围内借记、贷记支付,且主要是支票支付,以纸质凭证为基础,磁介质入/出为重要手段,人工或者自动分类交换票据的支付系统,每日分两场或更多场次进行批业务处理,余额清算采用净额方式,资金次日抵用。票据交换分为提出行和提入行两个系统,凡向他行提出交换凭证的行/处,称为提出行;在交换所提回交换凭证的行/处,称为提入行。

(二)支付业务

同城票据交换的内容包括转账支票、委托收款、解付汇票、转解汇款等计数单据。每次交换前,各行应将当日需要提出的票据和异地汇划凭证,按提入行清分,并分别填制应收、应付两清分单,列明票据的种类、张数及应收、应付金额,票据交换后,各行立即汇总提出、提入票据的笔数、金额,并轧算出应收(付)资金差额。

三、银行卡跨行支付系统

银行卡跨行支付系统专门处理银行卡跨行交易信息转接和交易清算业务,由中国银联建设和运营,具有借记卡和信用卡、密码方式和签名方式共享系统资源等特点。2004年11月,银行卡跨行支付系统成功接入中国人民银行大额实时支付系统,实现了银行卡跨行支付的即时清算,提高了银行卡跨行支付效率和控制资金清算风险的能力,逐步形成了一套安全、高效的清算系统,为我国银行卡产业的高速发展提供了坚实的基础保障。2015年银行卡跨行支付系统业务保持高位增长,共处理业务206.68亿笔,金额49.28万亿元,同比分别增长75.01%和46.62%,分别占支付系统业务量的44.02%和1.12%。日均处理业务5 662.35万笔,金额1 350.01亿元。

(一)系统结构

我国银行卡跨行支付系统经历了两次系统升级改造。2004年12月,第一代银行卡信息交换系统正式投入运行。该系统以"集中交换、统一清算"为目标,实现了国内银行卡信息的跨行交换集中处理,以及全国银行卡业务联网联合通用。2010年9月,第二代银行卡跨行交易清算系统成功投产。第二代系统采用主辅架构,以交易转接系统两地"双中心同步运行"为核心[①],以收单、发卡前置和外围应用系统为辅助,采用统一技术标准、一体化运维管理。第二代银行卡跨行交易清算系统是一个功能齐全的开放型支付服务平台,支持POS等多渠道支付接入以及各种银行卡和创新支付工具使用,在支付结算方面具有如下特点:

1. 清算系统采用多边日终净额清算制,可以实现跨行交易资金清分、会计核算和资金划拨等多项功能。

2. 清算系统实行两级清算制度。一级清算完成发卡行和收单行之间的同业清算;二级清算完成收单行/结算行与商户之间的结算。

---

① 双中心同步运行是指入网机构同时连接两个处理中心,向任意一个处理中心发送交易,两个中心均能处理转接交易,一旦某中心发生灾难事故,系统自动将送到本机的交易转到另一中心,由正常中心接管所有交易,保证业务的连续性。

3. 支持多点接入。我国的银行卡跨行交易系统的参与者包括了全国性商业银行总行、商业银行各地分行、城市商业银行、农村商业银行和第三方机构以及商户。这和大多数国际银行卡公司与每个成员机构仅有一个清算节点且不介入商户和第三方清算的制度有很大的不同。

（二）支付业务

我国银行卡跨行清算业务的服务范围包括 ATM 取现、POS 消费等传统支付渠道以及基于银行卡的水、电、气、航空、铁路售票、缴税等行业渠道，网上支付、移动支付等新兴支付领域。当银行卡交易涉及多家银行时，银行卡跨行支付系统承担交易信息转接和资金清算职责。

四、境内外币支付系统

境内外币支付系统是指为境内的银行业金融机构和外币清算机构提供外币支付服务的实时全额支付系统。外币支付系统由外币清算处理中心负责对参与者和特许参与者提交的支付指令进行接收、清算和转发，由代理结算银行负责对外币清算处理中心提交的清算结果进行结算。银行参加外币支付系统应以境内法人或管理行为单位接入外币支付系统，并在代理结算银行开立外币结算账户。境内外币支付系统于 2008 年 4 月 28 日投产之后，已经成为境内商业银行间外币支付的主要渠道。2015 年，境内外币支付系统共处理业务 207.88 万笔，处理业务金额 9 062.04 亿美元（折合人民币约为 57 002.02 亿元），同比分别增长 8.76% 和 5.25%。日均处理业务 0.83 万笔，金额 36.39 亿美元（折合人民币约为 228.92 亿元）。

（一）系统结构

境内外币支付系统主要有外币清算处理中心和代理结算银行两个系统参与者。外币清算处理中心主要功能包括外币支付报文收发，圈存资金和授信额度管理，对外币支付进行逐笔实时清算。代理结算银行的主要功能包括为参与者开立外币结算账户，提供日间授信，圈存资金和授信额度管理，根据清算结算进行记账处理，日终对账。

与其他支付系统相比，境内外币支付系统主要具有如下特点：一是支持美元、港币、日元、欧元、澳大利亚元、加元、英镑和瑞士法郎 8 个币种的支付与结算。二是采用 Y 形信息流结构。系统由中国人民银行清算总中心对参与者和特许参与者的支付指令进行接收、清算和转发，由代理结算银行负责对支付指令进行结算。三是采用"一点接入，一个账户"架构。银行以法人或境内管理行为单位"一点"接入境内外币支付系统,相应币种只需在代理结算银行[①]开立一个结算账户,参与者对其行内业务系统发起行或接收行实行资金统一管理。四是采用市场化、自愿加入的原则。五是参照国际标准和惯例对支付流程、系统风险等进行监督管理。

(二)支付业务

外币支付系统处理的基本业务包括支付类业务和信息类业务。支付类业务是指由外币清算处理中心清算和代理结算银行结算的资金收付业务,包括境内跨行贷记业务、轧差额业务、付款交割业务。信息类业务是指利用外币清算处理中心作为信息通道,无须外币清算处理中心清算和代理结算银行结算的信息发送与接收业务,包括转汇信息业务、查询查复业务、退汇申请业务、退汇应答业务、圈存资金调整业务、授信额度调整业务、质押和解押业务、通用信息业务。

第六节　清算所

一、同城清算所

同城清算所由人民银行运营和管理,在全国共有约250家。同城清算所分布在各个中心城市和县城/镇,系统主要处理同城跨行交易支付,所有的贷记和借记支付项目都可以通过同城清算所交换和结算。

同城清算所辖区内的银行分支机构,具备一定的条件就可以直接参加同城清算和结算,这些条件可以为每一家成员分支机构设立清算账户;商业银行较小的营业网点可使用其管理分行的清算账户,为一家商业银行开设一个账户,该银行在当地的所有机构都可以通过这同一账户清算同城业务。对于城市合作银行集中开设清算账户,供其成员及客户共同使用。

中国人民银行负责对清算所的成员进行监督并为其提供结算服务。清算所成员之间互相交换票据,每位成员根据提交和收到的全部贷记和借记支付交易计算出自己的净额结算金额,并将净额结算头寸告知人民银行,由人民银行当日过账到该机构的账户上,当日完成结算。票据交换的频率,在支付业务量较大的地区,清算所每天上、下午各进行一次;在支付业务量较小的地区,清算所每天只进行一次交换。

早期,国内银行普遍使用的是"半自动化"清算所,票据的清分、打包都采用手

---

① 代理结算银行由人民银行指定或授权的商业银行担任,资格实行期限管理,3年一届。经人民银行评审,获得中国境内外币支付系统代理结算银行资格的商业银行名单:中国工商银行为境内外币支付系统的欧元、日元代理结算银行;中国银行为美元代理结算银行;中国建设银行为港币代理结算银行;上海浦东发展银行为英镑、加元、澳大利亚元和瑞士法郎代理结算银行。各代理结算银行任期分别为3年,自开通相关币种业务之日起。

工处理方式,只是票据资金的汇总、结算,采用计算机进行处理。随着科学技术的不断发展,出现了自动化清算所,利用清分机设施、磁介质以及数据通信网的技术,实现了对进入系统的纸张支票、票据按接收银行来分类并打包、会计记账、轧差清算和票据清单打印。自动化清算所的核心设备是自动清分机。

自动化清算所的功能如下:

(一)机器阅读

自动阅读,支票票据必须事先进行磁墨字符识别(MICR)和光学字符阅读(OCR)符编码。

(二)自动清分

清分设备必须能按照机器可读码对票据进行分类。

(三)应用软件清分

应用软件应该支持的应用包括清分格式修改、清分处理、记账和结算支持、支持多至三台清分机、缩微影像、支持多媒体输出、支持批量文件和打印财务报表、背书、修改背书。

二、中国银行间市场清算所

中国银行间市场清算所股份有限公司是经财政部、中国人民银行批准成立的专业清算机构,由中国外汇交易中心、中央国债登记结算有限责任公司、中国印钞造币总公司、中国金币总公司4家单位共同发起,按照《公司法》的要求依法设立的股份有限公司。公司注册资本金3亿元人民币。2009年11月28日,中国银行间市场清算所股份有限公司暨上海清算所在上海挂牌成立,简称"上海清算所"(Shanghai Clearing House)。

银行间市场清算所股份有限公司的主要业务是,为银行间市场提供以中央对手净额清算为主的直接和间接的本外币清算服务,包括清算、结算、交割、保证金管理、抵押品管理、信息服务、咨询业务,以及相关管理部门规定的其他业务。与市场参与者之间的双边清算相比,清算所通过推广中央对手等集中清算服务,能够节约市场参与者的资金成本,从而活跃市场交易,释放市场流动性,拓展市场的信息反映功能以及价格发现功能,提高金融市场运行效率,促进金融市场积极创新,推动金融市场加快发展。

在支付结算方面,2010年4月,上海清算所接入SWIFT系统,10月正式接入人民银行大额支付系统。上海清算所作为独立的专业清算机构,通过提供集中清算服务,连通了中央银行实时全额支付系统、外汇跨境支付系统、证券托管结算系统等,提供中央对手服务,建立起交易头寸报告机制、风险暴露盯市机制、自动证券借贷机制等,使自身成为金融业务开展的核心枢纽和重要平台。

三、中国现代化支付系统

中国现代化支付系统(CNAPS)是中国人民银行按照我国支付清算的需要,并利用现代计算机技术和通信网络自主开发建设的,能够高效、安全处理各银行办理的异地、同城各种支付业务及其资金清算和货币市场交易的资金清算的应用系统。它是各银行和货币市场的公共支付清算平台,是中国人民银行发挥其金融服务职能的重要的核心支持系统。

(一)发展历程

2002年10月,大额支付系统在北京和武汉投产试运行,标志着中国现代化支付系统建设的开始。回顾现代化支付系统的建设,可以将其发展历程概括为:

1. 第一代现代化支付系统阶段

2003年12月大额支付系统第三批城市上线,标志着大额支付系统在全国的推广。2004年2月中国香港的清算行接入大额支付系统办理人民币汇款业务。2005年6月,大额支付系统完成在全国的推广应用,全国电子联行系统全部被大额支付系统所代替,成为中国支付体系改革和发展中重要的里程碑。2005年11月,小额支付系统在首批试点省市完成上线运行工作,2006年6月,小额支付系统完成全国推广建设工作。至此现代化支付系统的两大核心应用系统完成推广。现代化支付系统运行安全稳定,资金清算准确无误,对加快社会资金周转、提高支付清算效率、畅通货币政策传导、促进国民经济健康平稳发展发挥着重要作用。

然而,随着支付业务的发展,第一代现代化支付系统表现出一些不适应,具体体现为:

(1)不能有效满足银行业金融机构灵活接入的需求。部分银行、ACS、TCBS希望一点接入,而CCPC一点接入处理压力大,行号信息变更影响业务处理。

(2)流动性管理功能尚待进一步完善。银行无法实时查询其在中央银行所有账户余额,分支机构分别开户资金利用效率不高。

(3)应对突发事件的能力需要加强。应急备份系统级别低,系统恢复能力有限。

(4)业务功能及服务对象有待进一步拓展。网上银行、电话银行新兴电子支付业务飞速发展,非银行支付服务组织提供支付服务等方面的处理应加强。

(5)运行维护机制不能适应系统管理需要。大额MBFE应用系统故障、小额及支票影像交换系统运行风险无法及时监测,运行维护的效率较低。

鉴于以上问题,中国人民银行决定建设第二代现代化支付系统。

2. 第二代现代化支付系统建设阶段

第二代现代化支付系统建设的总体目标是立足第一代支付系统的成功经验,引入国外先进的支付清算管理理念和技术,进一步丰富系统功能,提高清算效率,拓宽服务范围,加强运行监控,完善灾备系统,建设适应新兴电子支付发展的、面向参与者管理需要的、功能更完善、架构更合理、技术更先进、管理更简便,以上海中心建设为起点,以北京中心投产为建成标志的新一代支付系统。目前,第二代现代化支付系统中的网上支付跨行清算系统已经于2011年1月完成全国推广。

(二)第一代现代化支付系统

1. 系统结构

第一代现代化支付系统采用的是三级节点的物理体系结构。系统结构如图7-7所示。

位于系统最高层的是国家处理中心(NPC),它是整个支付系统的核心处理机构,负责完成所有支付业务的资金清算、信息存储、指令转发、系统运行状态管理等工作。该中心将存储所有支付系统参与单位的清算账户信息,并通过调整清算账户余额完成跨行业务的资金清算。位于系统中间层的是城市处理中心(CCPC),它是整个系统在各个城市的业务处理和运营单位,主要负责对当地支付系统参与者的管理及支付业务的接收和转发。位于系统最底层的是银行业金融机构,它们是支付业务的最终发起者和接收者。银行业金融机构通过各自的前置机(MBFE)系统与当地的CCPC相连,同时依托各自在当地人民银行开立的清算账户进行资金清算。

NPC和CCPC在功能上有所分工:NPC主要负责支付系统的运行和管理,接收、转发各城市处理中心的支付指令并对集中开设的清算账户进行资金清算和处理。CCPC主要负责支付指令的转发。接收并向NPC发送支付指令的CCPC称为发报中心(OPC),接收NPC发来的支付指令并向接收行转发的CCPC称为收报中心(RPC)。此外,CCPC还负责对本CCPC范围内的小额业务进行清分轧差。

2. 系统参与者

现代化支付系统的参与者众多,图7-8显示了与其连接的各个参与者。根据参与者身份的不同,可以将这些参与者大致分为三类:

(1)直接参与者。包括人民银行地市级(含)以上中心支行(库)及在人民银行开设清算账户的银行和非银行金融机构。直接参与者与城市处理中心直接连接,并通过城市处理中心处理支付清算业务。

(2)间接参与者。包括人民银行县(市)支行(库)及未在人民银行开设清算账户而委托直接参与者办理资金清算的银行。间接参与者不与城市处理中心直接连接,其支付业务通过行内系统或其他方式提交给其清算资金的直接参与者,再由该参与者提交城市处理中心处理。

(3)特许参与者。指经人民银行批准可经由支付系统办理特定业务的机构。外汇交易中心、债券一级交易商等特许参与者在人民银行当地分支机构开设特许账户,它们拥有的系统与当地城市处理中心连接,通过所连接城市处理中心办理支

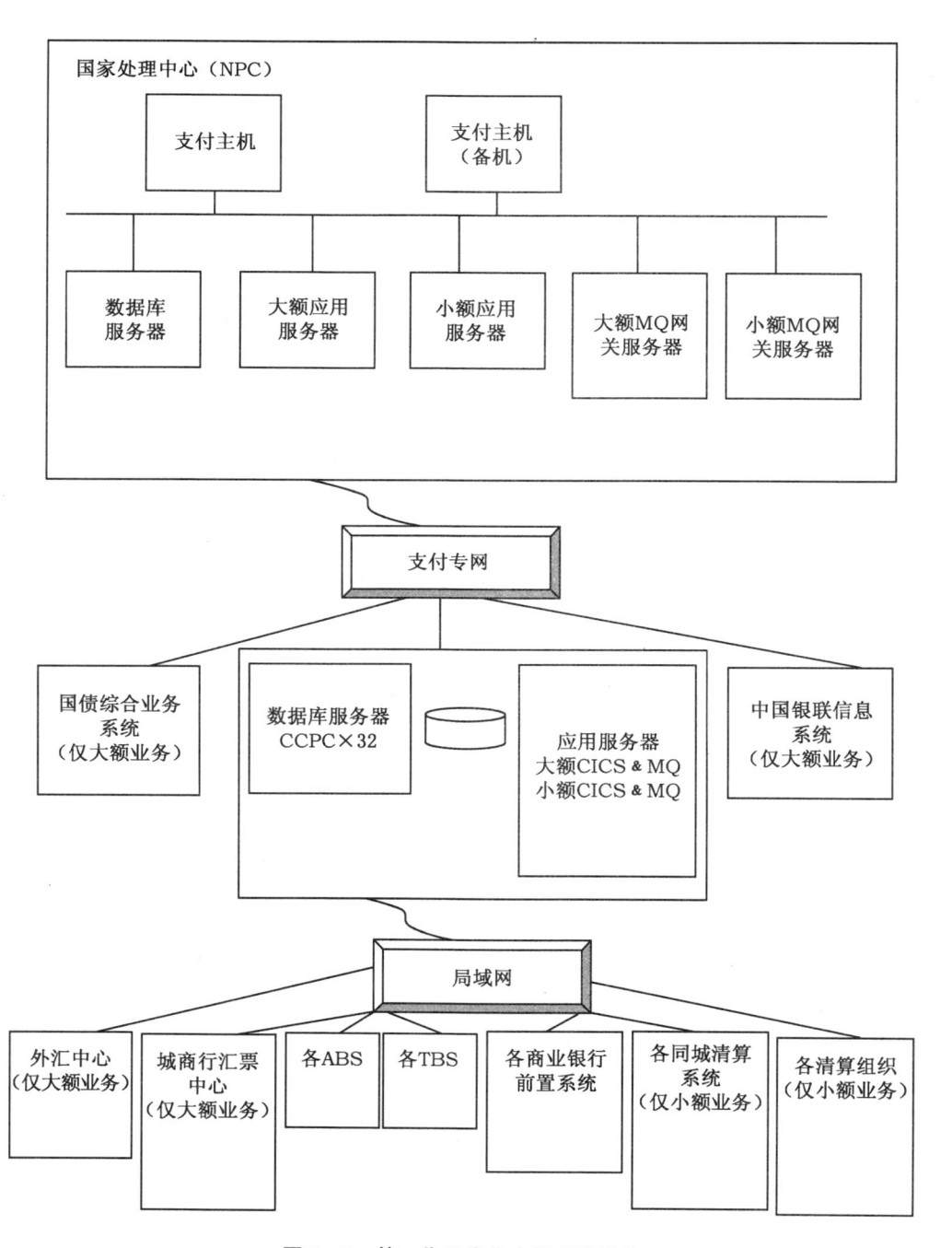

图 7-7 第一代现代化支付系统结构

现代支付结算与电子银行

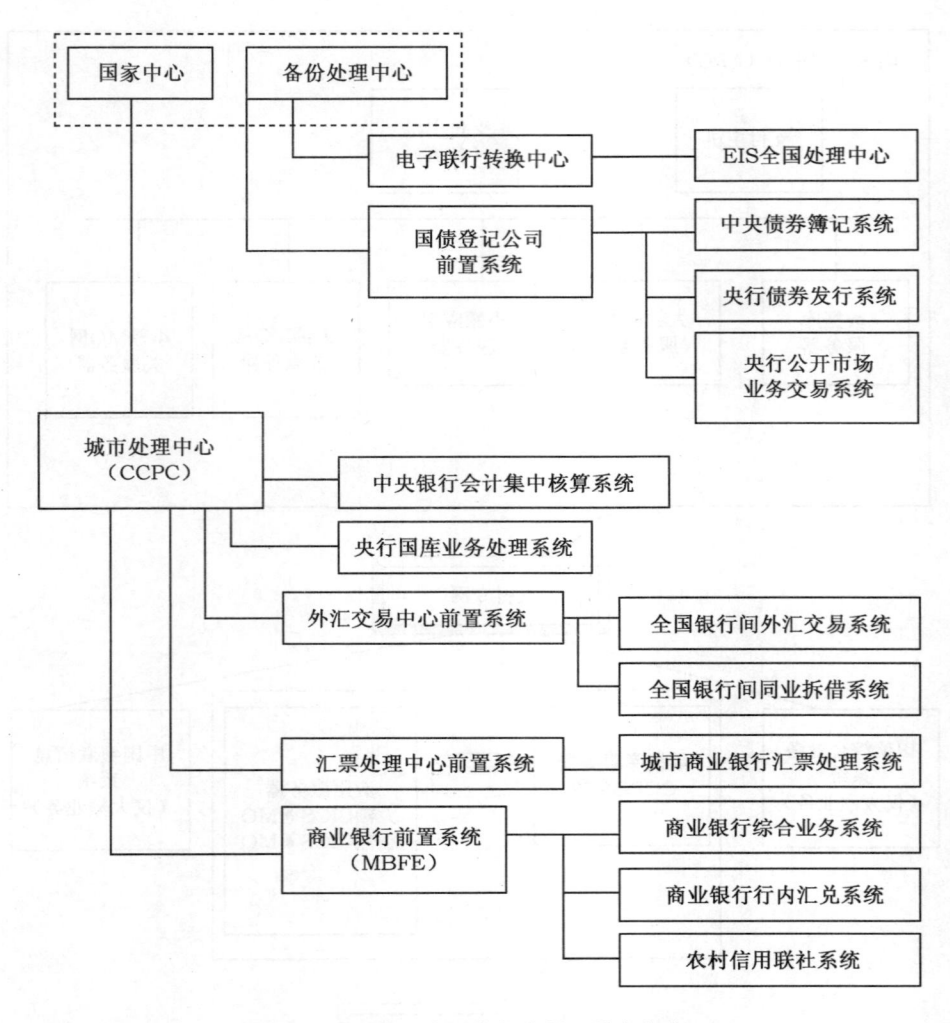

```
┌─────────────┬──────────────┐
│  国家中心    │ 备份处理中心  │
└─────────────┴──────────────┘
                    │
                    ├──── 电子联行转换中心 ──── EIS全国处理中心
                    │
                    ├──── 国债登记公司      ┬── 中央债券簿记系统
                    │     前置系统          ├── 央行债券发行系统
                    │                      └── 央行公开市场
                    │                          业务交易系统
  城市处理中心
   （CCPC）         ├──── 中央银行会计集中核算系统
                    │
                    ├──── 央行国库业务处理系统
                    │
                    ├──── 外汇交易中心前置系统 ┬── 全国银行间外汇交易系统
                    │                         └── 全国银行间同业拆借系统
                    │
                    ├──── 汇票处理中心前置系统 ─── 城市商业银行汇票处理系统
                    │
                    └──── 商业银行前置系统   ┬── 商业银行综合业务系统
                          （MBFE）          ├── 商业银行行内汇兑系统
                                            └── 农村信用联社系统
```

图 7－8　第一代现代化支付系统参与者

付业务。中央国债登记结算有限责任公司、公开市场操作室、银联等特许参与者与支付系统国家处理中心连接,通过国家处理中心办理支付交易。

3. 主要应用系统

现代化支付系统由大额支付系统、小额支付系统和支票影像交换系统三个业务系统,清算账户管理系统和支付管理信息系统两个辅助支持系统构成(见图7－9)。

(1)大额支付系统:主要处理同城和异地的,金额在规定起点以上的贷记支付业务和紧急的小额支付业务。支付指令实行逐笔实时发送,全额清算资金。

（2）小额支付系统：主要处理借记支付业务和规定金额以下的小额贷记支付业务。支付指令实行定时批量或即时发送，净额清算资金。

（3）清算账户管理系统：是支付系统的支持系统，集中存储清算账户，处理支付业务的资金清算，并对清算账户进行集中管理。通过对清算账户的集中管理，可防范支付风险；便于监测异常支付和统计、采集支付清算信息，为货币政策的实施和金融监管提供服务；可加快资金清算速度，适应金融市场资金清算的客观需要。

（4）支付管理信息系统：是支付系统的支持系统，集中管理支付系统的基础数据，负责行名行号、应用软件的下载，提供支付业务的查询查复、报表统计分析和计费服务等。

（5）支票影像交换系统：定位于处理银行机构跨行和行内的支票影像信息交换，其资金清算通过中国人民银行覆盖全国的小额支付系统处理。

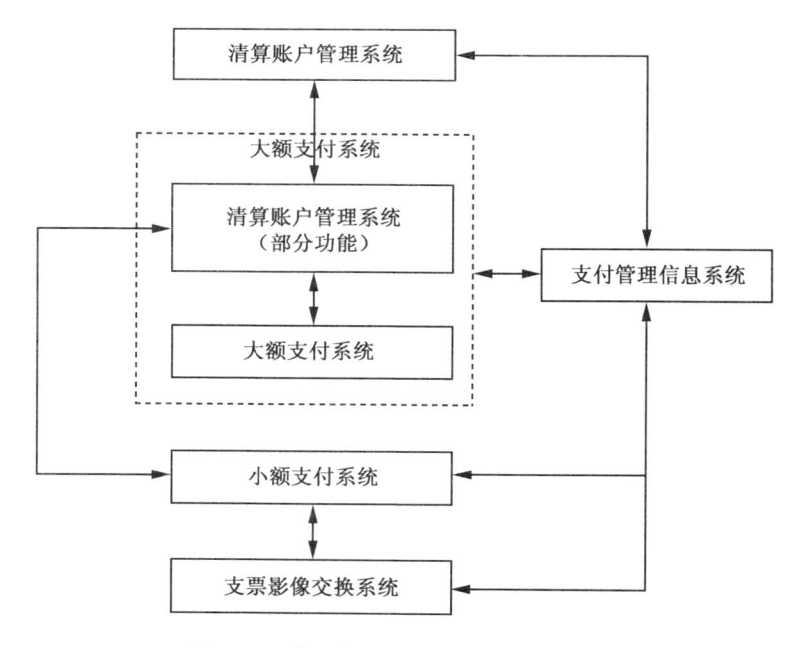

图 7-9 第一代现代化支付系统应用系统

4. 系统功能

现代化支付系统的总体目标主要是提供跨行的支付清算服务，创造公平竞争环境，满足社会各种支付活动的需要；支持公开市场操作、债券交易、同业拆借、外汇交易等金融市场资金的即时清算；充分利用支付系统蕴藏的大量支付业务信息资源，为金融监管提供信息和手段；防范支付风险，提高流动性，并确保支付的最终清算。对于商业银行的支付结算而言，现代化支付系统的功能主要体现在：

(1)实时全额清算。实现同城和异地范围内各参与者之间贷记支付的实施转移和在中央银行账户的资金清算。

(2)批量的净额清算。实现同城和异地间批量的贷记、事先授权借记和定期借记电子支付传输、清分轧差、净额记账清算。

(3)支付资金清算和账户管理。实现对全国银行参与者账户之间支付业务的资金清算,参与者账户和有关部门往来账户在物理上集中处理,在逻辑上分散管理。

(三)第二代现代化支付系统

1. 系统架构

第二代现代化支付系统以清算账户管理系统为核心,大额支付系统、小额支付系统、支票影像交换系统、网上支付跨行清算系统(网银互联子系统)为业务应用子系统,公共管理控制系统和支付管理信息系统为支持系统(见图7-10)。

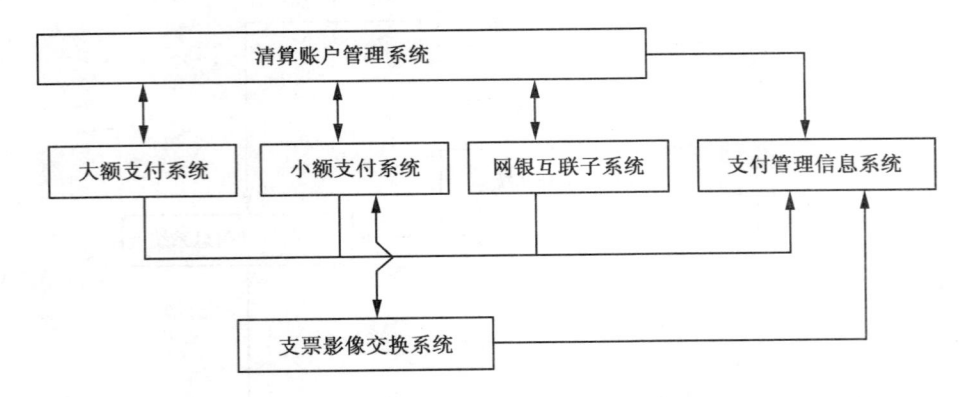

图7-10 第二代现代化支付系统

2. 系统功能

(1)灵活的接入方式及清算模式:第二代支付系统将同时支持"一点清算"和"多点清算"。一点接入方式下,银行机构可灵活选择资金清算模式。既可开设单一清算账户,所有支付业务通过该账户结算;也可开立多个清算账户,支付业务分别通过指定账户结算。

(2)全面的流动性管理功能:在保留第一代支付系统排队管理、清算窗口、自动质押融资、小额业务撮合等流动性管理功能的基础上,新增大额清算排队业务撮合、"资金池"管理、日终自动拆借、"一揽子"流动性实时查询等功能,为参与者提供更加全面的流动性管理。

(3)支持新兴电子支付业务处理:建设网上支付跨行清算系统,主要用于支持网上跨行零售支付业务的处理业务指令逐笔发送、实时轧差、定时清算客户通过在线方式提交的支付业务,并可实时获取业务处理结果。

(4)支持外汇交易市场 PVP 清算:目前,我国境内银行间外币询价交易主要通过外汇交易市场完成,外币资金结算通过外币支付系统完成,人民币资金结算则主要通过支付系统完成,人民币与外币之间资金结算时间不同步,存在结算风险。第二代支付系统将与境内外币支付系统连接,支持人民币与外币交易的 PVP 结算,提高结算效率,降低结算风险。

(5)支持人民币跨境结算功能:2009 年国务院批准上海、广州部分城市开展人民币跨境支付试点业务;2010 年国务院批准 18 个省(市)开展人民币跨境支付试点。人民币正逐步向国际化货币发展。为支持人民币跨境支付业务的资金结算,第二代支付系统性设计相关功能,支持人民币用于跨境支付以及境外支付的最终结算。在功能上支持参与者之间办理以电汇、保函、托收、信用证为主要贸易国际结算方式产生的人民币跨境支付业务的信息流转及资金清算。目前支付系统参与者已覆盖香港和澳门地区的商业银行,未来还有可能扩展至其他地区,对于收、付款人开户银行均为支付系统参与者的跨境人民币支付业务,可直接通过支付系统办理;对于收、付款人开户银行不是支付系统参与者的,可通过代理行方式委托支付系统参与者完成资金结算。

(6)支付报文标准国际化:第二代支付系统拟在支持现行 CMT 和 PKG 业务标准基础上逐步引入 ISO 20022 报文标准和 XML 格式标准。

(7)高效的运行控制与维护机制:公共管理与系统维护(CCMS)旨在对大额支付系统、小额支付系统、支票影像交换系统、网银支付系统以及清算账户管理系统等提供统一服务,提高系统整体业务处理效率。

(8)强大的信息管理及数据存储功能:运用数据仓库、数据分析和报表工具,对支付系统中蕴藏的大量支付清算交易信息,进行深度挖掘和加工,建立面向客户和管理决策层的应用数据仓库,实现支付业务数据共享,为货币政策、反洗钱、金融稳定等提供信息支持和决策依据。对采集的各类支付交易信息,按特定规则进行加工与整合,实现按特定对象的数据存储,方便按支付主体(单位或个人)一揽子信息查询。

思考讨论题:

1. 支付系统有哪些作用?
2. 国内支付系统的建设经过了哪些阶段?每个阶段有什么特点?
3. 什么是大额支付系统?它的功能如何?
4. 大额支付系统的业务范围是什么?试解释一种大额支付系统的业务支付流程。
5. 什么是小额支付系统?它的功能如何?

6. 小额支付系统的业务范围是什么？试解释一种小额支付系统的业务支付流程。

7. 商业银行行内支付系统经历了哪几个阶段？请解释电子资金汇划与清算系统的资金汇划流程。

8. 请列举三种以上其他银行间支付系统，并说明其系统结构、业务功能。

9. 目前我国有哪两种清算所模式？各自特点如何？

第八章　跨境支付与结算

跨境支付清算是指两个或两个以上国家、地区之间因国际贸易、国际投资及其他方面所发生的国际债权债务，借助一定的结算工具和支付系统进行清算，实现资金跨国和跨地区转移的行为。随着国际交往的深入，对外贸易、消费、旅游为跨境支付提供有效支撑。近十年来，中国消费者跨境网购业务正在飞速发展，展现着跨境支付市场广阔的发展空间。

自2004年起，中国银联便把国际化摆上了战略发展日程。到目前，全球共有140多个国家和地区开通了银联卡的受理业务。在日本、韩国等超过30个国家和地区发行了银联卡，为境外人士到中国工作、旅游、学习提供便利的支付服务。2013年2月6日，中国银联推出"海购"跨境网购平台，为银联卡持卡人提供商户导购、页面翻译、跨境支付以及物流通关等全方位服务，打造更加便捷、安全、实惠的跨境网购新体验。持卡人通过银联"海购"平台跨境消费，与在境外刷银联卡消费一样，以外币标价的交易金额为人民币计入账户，实时完成人民币账户的扣款。

2012年以来，国内两大第三方支付企业——支付宝和财付通，分别与万事达卡旗下的DataCash集团和全球知名电子支付提供商Cybersource、Asiapay达成战略合作协议，大力发展跨境支付业务，为用户提供国际支付解决方案。2012年2月，支付宝宣布将快捷支付的商户支持范围推向境外，国内的消费者可以通过银行卡快捷支付直接支付人民币即可在网上进行境外购物。快捷支付是支付宝2010年年底推出的新型支付方案。其实支付宝跨境支付的服务自2008年开始已经启动，支付宝境外支付的购汇合作伙伴是中国银行。在支持商务的网站上，点击购买链接下单后人民币支付完成的同时，支付宝后台将自动生产购汇订单，境外商家也将能即时收到款项。国内第三方支付企业主要通过与境外机构合作开展跨境网上支付服务，包括购汇支付和收汇支付两种模式。其中，购汇支付是指第三方支付企业为境内持卡人的境外网上消费提供人民币支付、外币结算的服务；收汇支付是指第三方支付企业为境内外商企业在境外的外币支付收入提供的人民币结算支付服务。根据《非金融机构支付服务管理办法》的相关规定，其中的货币兑换和付款流程由其托管银行完成。

目前,中国跨境支付市场上已经形成三股竞争力量:一是主要涉足跨境网络购物、外贸 B2B 市场的境内第三方支付企业;二是凭借强大的银行网络,不仅支持跨境购物、外贸 B2B,还覆盖了境外 ATM 取款和刷卡消费等国际卡业务市场的境内传统金融机构;三是在跨境支付市场上已成熟布局的、提供全球在线收付款业务的境外支付企业。

在全球支付货币排行中,人民币的地位迅速提升,从 2010 年 10 月的第 35 位跃升至 2015 年 5 月的第 5 位。① 鉴于人民币国际化的大趋势,跨境人民币支付流量及其占比必将大幅增长,跨境支付清算体系建设需适时跟进。目前关于人民币跨境支付清算的讨论主要集中在贸易结算等零售方面,而对银行间(大额批发)支付清算体系的建设涉及有限。零售支付和银行间清算犹如枝干和主干的关系,大部分都需汇集到银行间电子资金划拨渠道完成最终清算。例如美元的银行间清算系统 CHIPS 涵盖了全球美元跨境清算的 95%。银行间系统构成各国和全球系统重要性支付体系,也构成支付清算体系整体安全、高效、低成本运行的基础。

第一节 跨境支付清算

一、发展历程

跨境支付清算业务是伴随着国际产业分工以及国际交往活动的不断发展而发展起来的,并随着整个国际社会政治、经济、文化活动的日趋频繁和科学技术的进步,逐渐向着迅速、安全、节约的方向发展。

(一)跨境支付与贵金属清算

最早期的国际金融制度建立在贵金属充当世界货币的基础上,实行以黄金和白银为国际货币的复本位制。因此,跨境支付清算,最初实行的是贵金属清算,即通过直接运送贵金属来清算国际的债权债务关系。19 世纪,国际货币制度开始由复本位制向金本位制过渡,黄金可以自由流通和自由输出输入。此后跨境支付清算主要通过黄金来完成。

(二)跨境支付与纸币现金清算

纸币是与国家政权紧密结合在一起的国家货币,不可自由兑换的纸币一般只限于在其国内流通,不能作为跨境支付清算手段。而实现了可自由兑换的纸币(如英镑、法郎、美元等),能够在国际市场中大规模地自由流通,承担起跨境支付清算、资本计价和外汇储备的国际货币职能。

---

① 环球同业银行金融电讯协会(SWIFT)发布报告显示:人民币重回全球第五大支付货币地位(《新浪财经》2015 年 5 月 6 日)。

(三)跨境支付与纸质转账清算

随着国际化生产、交往活动及各国银行业的不断发展,跨境支付清算业务逐步进入纸质转账清算阶段。纸质转账清算是指使用各种纸质支付工具,通过银行间的纸质账户轧差和资金划拨来清算债权债务关系。纸质转账清算不仅克服了贵金属清算和纸币现金清算风险大、成本高的特点,而且加速了资金周转。跨境支付纸质转账清算又被进一步细分为协定记账清算和自由现汇清算。在订有双边或多边贸易协定的国家之间,其债权债务一般是根据支付协定记入相应纸质清算账户,定期进行差额清算。

1. 两国之间缔约的协定记账清算称为协定双边清算

协定双边清算一般规定两国的债权债务通过两国中央银行或其指定银行开立的清算账户进行轧差,而不必逐笔进行现汇清算。在限定期内两国中央银行外汇指定银行将两国间债权债务的差额以现汇、商品形式清偿或转入一年度清算账户。清算货币可以是本国货币、对方国家货币或第三国货币,具体使用哪国的货币要在支付协定中明确规定。尽管清算货币多为发达国家的硬通货,但在未清算前,该记账货币只能作为双边贸易价值计量单位,不能自由流通,即不能自由兑换成其他货币也不能转让给第三国使用。在协定双边清算中,仅偶尔发生过使用商品进行差额清偿的案例。

2. 多国之间缔约的协定记账清算被称为协定多边清算

它是指多国银行机构(通常是各国的中央银行)结成联盟,以类似国际票据交换所的形式进行活动,一国与另一国的国际收支顺差可用来抵消该国与第三国的国际收支逆差。1950年成立的欧洲支付同盟、1961年成立的中美洲清算协会、1974年成立的亚洲清算联盟、1975年成立的西非清算协会、1977年成立的加勒比共同体多边清算组织、1979年成立的中部非洲票据交换所、1980年成立的拉美一体化协会等都是多边清算联盟。它们成立的宗旨和任务极其相似,都是为了以多边清算制取代双边清算制,为本地区各国中央银行之间的清算及相互信贷提供便利,把必须用黄金或国际贷款进行清算的金额减少到最低限度,加快成员国跨境支付清算速度,促进成员国货币金融合作和经济贸易的发展。

3. 自由现汇清算

各国之间由于贸易及其他经济交易产生的债权债务,以银行为清算中心,相互之间用现汇结算。由于设立国外分支机构会占用银行大量资金,同时还需要银行派出许多业务人员,大大增加了运营成本,且必须充分考虑国与国之间的关系、客户业务的分布、银行自身业务的发展以及业务的结算币种等因素,所以只有一些大型银行会在国外设立分支机构,并且通常只在主要结算货币的清算中心设立分支机构。而银行间的代理关系通过两国银行间相互传递有关合作信息并达成协议后即可建立运营,成本较低。因此,目前国际上形成了规模巨大的自由现汇清算代理行关系网,极大地方便了跨境支付纸质转账清算。

在纸质转账清算阶段,纸质单据一直占有重要地位,但由于贸易条件的多样化,纸质单据逐渐在单证的制作、审核、传递等一系列工作上消耗了越来越多的人力、物力和时间。随着科学技术的发展,电子化手段在国际上兴起并发展壮大,电子化手段制单与电子系统及网络在信用证管理、数据传输储存等方面的运用,快速提高了跨境支付清算效率。

(四)跨境支付与电子转账清算

EDI技术(即电子数据交换技术)问世于20世纪60年代,行业性EDI系统产生于20世纪70年代,主要集中于银行业、运输业和零售业。1973年5月,环球金融电讯协会(SWIFT)依据比利时法律在布鲁塞尔注册成立,为银行间会员多种货币的资金调拨、外汇交易、托收、信用证和有价证券交易等业务提供EDI技术通信便利服务。跨境支付清算业务引入EDI技术,使单据制作和处理出现了革命性转变。表现在跨境支付清算中,使用电子文件代替传统的纸质单证并实现各有关部门之间的电子数据交换处理,使各个金融市场通过电子化交易手段形成了24小时不间断的全球一体化市场,大大简化了跨境支付清算程序,国际上资金运转速度进一步加快。跨境支付电子转账清算业务主要有两种形式:分散的双边支付清算安排和集中的多边支付清算安排。

分散的双边支付清算安排依靠两国银行之间双边直接往来,不依靠中介机构或中间系统,通过计算机网络远程连接合作伙伴银行,它是自由现汇纸质转账清算的继承和发展。世界各大银行的电子清算中心大都设有直线电传,联机后,可通过电脑自动转拨电传系统快速地传递资金划拨信息。

在集中的多边支付清算安排下,参与成员的信息是通过一个集中式的机构处理的。国际经验证明,对跨境电子支付转账清算业务进行集中式的处理和管理比分散处理和管理可以取得更好的效果,能大大提高支付清算效率。1997年20国集团从事交易的大银行在伦敦发起成立了CLS[①]服务有限公司,随后又在纽约成立了其附属机构CLS银行,旨在提供全球性多币种外汇交易差额清算服务,以CLS银行内部外汇交易资金对冲和轧差的方式完成当日银行间外汇交易的结算,从而降低银行间跨境外汇交易和货币结算的风险。2005年,CLS银行按照新的市场标准,对每个有效日的债务进行多边轧差,消除了外币结算风险。目前CLS是全球唯一一个多币种的跨境支付清算系统。

欧元区的跨境支付清算体系建设则经历了先集中电子支付转账清算、后现金清算的独特路径。这是因为,1999年,由欧元区央行体系运行的TARGET系统和由欧洲银行业协会运行的EUR01系统已投入运行,使欧元的大额跨境支付像在

---

① CLS:持续连接清算系统,Continuous Linked Settlement,简称CLS。

国内支付一样安全高效。而到了 2002 年,欧元区央行体系才发行欧元纸币和硬币,使欧元现金的跨境零售支付成为现实。

(五)跨境支付清算中的主要问题

世界货币职能是指货币在世界市场上发挥价值尺度、价值流通手段、价值支付手段、价值贮藏手段等职能。在跨境支付清算中,货币主要发挥价值流通手段和价值支付手段的职能,它们以流量形式表现;而黄金储备和外汇储备主要体现了货币的价值贮藏手段职能,它们以存量形式存在,是跨境支付清算业务的"蓄水池"。

尽管 20 世纪 30 年代初期西方各国相继放弃金本位制,1976 年 4 月生效的国际货币基金组织第二次修正协定取消了黄金条款,削弱了黄金的储备作用,但在当前跨境电子支付转账清算方兴未艾的趋势下,黄金作为原始的跨境支付清算工具仍然是主要的国际储备资产之一和国际支付清算的最后手段。

以美国强大的经济军事实力为依托,美元仍占据国际储备货币的主体地位,是国际信贷和计价结算的标准,也是跨境支付清算的重要支付货币。尽管美元地位逐年降低,但是美国仍然享有无制约的货币发行权和美元铸币税的特权,美元的境外流通量仍占其发行总量的 3/4。

二、主要模式及其特征

货币的跨境支付清算及其系统是国内支付清算及其系统的一部分或跨境延伸,主要国际货币的跨境支付清算系统及特征可进行如下划分。

(一)按系统结构分类

1. 两分模式

独立于国内系统的专门跨境系统,通常由银行间机构拥有和运作,但通过央行的 RTGS 系统作账户结算。典型代表是美元的 CHIPS。其驱动因素是美元在 20 世纪 50~60 年代迅速国际化,美元跨境支付量高速增长。其次是日元的 FXYCS,其驱动因素也是日元跨境支付量的大幅增长。这种模式基本上限于高度国际化的货币,并且具有减少趋势。2002 年外汇交易多币种清算系统 CLS 进入日本后,FXYCS 的主要功能缩减到外汇交易中日元的结算部分。2008 年日本央行在将其 RTGS 系统 BOJ-NET 升档为 RTNS 之后,FXYCS 又进一步将部分清算整合到 BOJ-NET,它作为独立跨境清算系统的重要性下降。

而美国的两分模式在很大程度上也是人为分工。但 Fedwire 的主要成员是 6 000 多家国内银行,以国内清算为主;而 CHIPS 则专门从事跨境清算,其 47 家直接成员都是跨国大银行,代理着 1 万多家各国银行的 4 万多个清算账户。Fedwire 和 CHIPS 都可从事国内、跨境收付清算。外国银行也可通过其位于纽约的代理行在 Fedwire 账户间作借、贷记完成跨境清算。所以从理论和技术上说,Fedwire 也可以承担全部国内、跨境清算,但美元的这种分工已经形成,并且可以更好地发挥比较优势，加上美元的跨境清算量巨大，所以美元可能会继续维持两分模式。

RTGS(实时总额清算，Real Time Gross Settlement)是各国支付清算体系的基础，其基石则是央行使用其基金，通过对各成员在央行账户之间的贷、借记完成结算。并且央行通过成员在央行的资金提供日内流动性信贷透支。RTGS 也成为外汇和证券交易清算中本币一方的主要清算机制。RTGS 消除了 DNS(延迟净额清算，Deferred Net Settlement)的清算风险。在大额支付系统中，效率和速度与安全是同义词，越是接近实时的清算安排，清算风险越低。此外，效率和时间对收款方也意味着早起息，资金早动用。这种系统最具有竞争力。但 RTGS 普遍具有高成本(包括透支利息支出和流动性占用机会成本)的特征。进入 21 世纪以来，主要国家开始将 RTGS 与 DNS 混合，建立创新系统——RTNS(实时净额清算系统，Real Time Net Settlement)。这种双轨制的新系统逐渐成为发达国家银行间支付清算的主流模式。RTNS 在提高安全性、实现日内/实时结算的同时，维持了流动性、节省的特性，具有明显优势。在短短几年内，DNS 在主要国家的使用率大幅度下降；RTGS 作为其他系统的基础和紧急支付渠道依然具有存在价值，但使用率减速增长；而最具有前景的混合系统 RTNS 的使用率在加速增长。

2. 整合模式

大部分国际货币如欧元、加元、瑞士法郎、英镑的银行间清算系统都同时承担跨境清算。

(二)按账户安排分类

本币的跨境或境外支付清算系统，通常最终都需要经由本币所在国和央行，资金的使用主要有以下模式：

(1)系统由央行直接拥有和运作，可以直接使用央行账户作结算。例如德国的 RTGSpIus 欧元清算系统。

(2)非央行系统采用自己的账户资金作结算，但是和央行的 RTGS 连接，根据清算头寸调入调出央行账户资金。例如外汇清算系统 CLS 和美元清算系统 CHIPS。

(三)按清算模式分类

清算模式直接涉及清算效率、风险、成本，以及清算系统和金融市场的整合等关键方面，是跨境清算需要考虑的关键因素。在资金清算中，时间或效率至关重要，清算系统设计无不在这方面费尽心机，特别是跨境、跨时区清算更是如此(见表 8—1)。

表 8—1　　　　　　　　　　　国际货币跨境支付的主要清算模式

	币种	系统名称	系统所在地
在岸模式(成员需在系统所在地加入系统;系统设在本币所在地)	美元	CHIPS	美国
	日元	BOJ·NET,FXYCS	日本
	加元	LVTC	加拿大
	英镑	CHAPS Sterling	英国
	瑞典克朗	K—RIX	瑞典
	欧元	TARGET2,EUR01	欧元区
	人民币	CNAPS	中国大陆
离岸模式(成员需在系统所在地加入系统;但系统设在本币所在地之外)	美元	USD CHATS	中国香港
	欧元	EUR CHATS	中国香港
	人民币	CNY CHATS	中国香港
远程模式(成员可在系统所在地之外跨境加入系统;系统设在本币所在地)	瑞士法郎	SIC(20%远程成员)	瑞士
	CLS 合格货币	合格货币央行的 RTGS	各货币 RTGS 所在地
在岸/离岸/远程混合模式(成员可采用上述三种方式加入系统)	CLS 合格货币	CLS	在美国注册监管系统分布于美国、伦敦、日本

1. 正式系统和准系统

其中离岸模式主要适用于国际化程度高的货币在时差和清算量大的地区的清算。所以亚洲是采用离岸美元清算模式最集中的地区。典型案例是香港的离岸清算系统,它并非真正意义上的清算系统,也非传统的代理行,而是一种介乎二者之间的独特的"准系统"。其可行性条件及特征为:清算量和份额大;清算银行实际上起着清算所的作用——制定规则和定价;不采用央行或清算系统账户作结算,而是由清算银行作为独家总代理,与清算成员采用标准化、正式合约方式建立关系,利用自己的账户完成结算,并提供相关服务。这种独特模式的产生有其特殊的原因——香港成为美元、欧元离岸中心主要因为这些货币是亚洲的主要非本币,以及亚洲和这些货币的在岸清算中心时差最大。

以美元清算为例。香港美元清算所自动划拨系统(USD CHATS)在技术上等同于"港元清算所自动划拨系统(HKD CHATS)",区别是:它由汇丰(香港)作为主清算行,其最终结算发生在美元在岸系统 CHIPS 中汇丰(美国))的账户。汇丰(香港)利用清算成员在该银行的清算账户,在香港当地时区提供实时、总额、连续、终结性清算，并提供日内流动性支持。该系统可和其他系统连接，实现港元、美元、欧元等货币之间的 PVP 交易。这是一种罕见的由商业银行提供的 RTGS 系统，意在消除传统代理行模式在清算美元时由于时差导致的清算风险，并提高清算效率。其中绝大部分清算采取 RTGS 完成，多边净额清算仅占 2‰～3‰，远低于全球 RTNS 的平均 90%。香港美元清算系统建立之初，日均清算量达 3 270 笔，金额达 281 亿港元，市场份额 48%。

2. 代理行模式

代理行也有在岸和离岸两种模式。离岸模式也主要适用于国际化程度高的货币。采用这种模式的主要是跨国大银行，大通是典型案例。大通的亚洲美元离岸清算内部系统经历了两个发展阶段，集中反映了代理行模式的发展趋势。

(1) 第一阶段。通过其在亚洲主要地区的机构与当地银行建立代理关系，例如在日本建立东京美元清算系统，并成为该系统的独家代理，为当地银行提供美元清算代理服务。汇丰主导的香港美元清算中心（USD CHATS）运行之后，大通选择不加入该系统，而是利用其在 CHIPS 的成员地位和在岸资金能力，通过内部账户簿记，为亚洲客户提供类似于 USD CHATS 的当日美元清算，维持代理行模式，与汇丰主导的准系统抗衡。

(2) 第二阶段。大通利用其在亚洲各地以及母国的网络，将其内部系统和在岸系统 CHIPS，以及中国大陆、中国香港、中国台湾、日本、菲律宾的离岸美元清算系统连接，将其在亚洲的系统整合成新系统"Asia Direct"，成为第一个直接连接亚洲多地区、加入亚洲多系统的单一支付清算平台。亚洲客户可在亚洲大通的任一机构开立单一美元账户，以集中资金、降低费用、简化现金管理。大通的资金清算一直都是其公司财务管理业务组合的一部分，新的系统同时也加强了大通跨国财务管理能力。

三、发展趋势

(一) 跨境和国内清算的两分并非主要趋势，相反，从国内向跨境延伸、跨境和国内系统一体化整合是主流趋势。相应地，将支付根据金额大小、紧急/非紧急、高成本/低成本，在 RTGS、DNS 或 RTNS 之间区分，并且将各种支付类型在一个系统中整合是主流趋势。

(二) 从本币向多币种清算功能延展，其中 CLS 的潜力巨大。该系统目前主要用于外汇交易引起的跨境多币种清算，但由于它已经在一个平台上将主要央行的 RTGS 连接，并延伸到跨境清算，并可从事多币种 RTNS 清算，这实际上是奠定了跨境、多币种、多接口的基础，未来有可能扩展到外汇交易以外，成为多币种跨境支付清算主渠道。

(三) 数据传递安全性提高和基础设施改进，地理位置的重要性下降，原来需集中在本币 RTGS 所在国完成的清算,目前可远程化实时清算。相应地,有些央行系统也开始接受远程成员,例如 CLS 银行即是各合格货币央行 RTGS 的远程成员。上述因素使得传统的代理行模式和离岸模式受到挑战。

(四)传统的代理行模式更多是一种临时、初级的过渡性安排,成本高、效率低,且有更高的结算和系统性风险,不为国际监管机构所主张,目前正被正规、连接各方的先进系统取代。例如,CLS 实际上成为其全部成员的单一代理行,简化了外汇交易清算程序。1997~2006 年 10 年间,全球外汇交易中各清算渠道占比数据显示:传统代理行从 85% 下降到 32%,CLS 从 0 上升到 55%。

(五)离岸模式在未来也可能受到挑战,发生较大变化,主要表现在:

1. 这种模式本身的缺陷

首先,离岸模式通常不是经由监管安排,而是在市场实践中自然形成。相应地,这种模式一方面具有市场强势,另一方面也具有脆弱性——它可能被正规系统取代。

其次,离岸模式缺乏央行资金支持,对参与方和清算行风险较大。

2. 来自在岸系统的挑战

例如,美元离岸模式存在的意义主要在于克服清算时差。但随着美元在岸系统 Fedwire 和 CHIPS 分别将运作时间延长到 18 和 20 个小时,涵盖了亚洲时区,亚洲的银行可直接进入 CHIPS 系统在当地实时清算美元,这也对离岸模式形成挑战。香港美元清算系统的意义已遭到美国本国的质疑。

3. 来自 CLS 的挑战

目前的美元离岸清算系统主要有中国香港、菲律宾、巴西、俄罗斯,且主要用于本币与美元交易引起的支付。除港元外,其他货币均非 CLS 合格货币。而数据显示,港元在 2004 年加入 CLS 后,香港美元离岸清算系统 USD CHATS 的清算量下降。而非 CLS 成员的印度和巴西离岸美元清算量继续上升。可以预测,随着 CLS 合格货币扩展,全球美元离岸清算量可能继续下降。当然,由于离岸对在岸模式主要是互补关系,所以它仍会作为服务于微型市场、特定货币的跨时区同步清算安排而继续存在。

4. 来自大型跨国银行的挑战

随着 IT、监管、银行跨国发展程度的提升,这些渠道之间在安全、效率、成本方面的差异将越来越小。实践也表明,大型跨国银行完全有可能采用远程方式,绕过离岸中心,在岸/离岸机构及其账户资金,类似于离岸中心的实时清算,采用海内外一体化联动方式,通过自己的跨国网络维持美元清算主要银行的地位。例如,随着中国的跨国银行的发展,中国成为 CHIPS 中成员最集中的国家,这些机构完全可绕过香港美元离岸清算中心,直接进入在岸系统。

5. 来自远程成员模式的挑战

目前欧元、澳元、日元、瑞士法郎等货币的清算接受远程成员。这样境外机构可绕过离岸机构,直接加入在岸系统。其中最典型的是瑞士法郎的清算系统 SIC,它不仅几乎 24 小时运作,并且接受远程成员,减少了对离岸清算的依赖。并且由于多元化成员模式可避免大额清算过于集中在少数大银行,降低系统性清算风险,所以可能得到监管支持。

第二节　美元的清算与结算

美元是世界上主要的国际货币,它在经济金融、贸易投资以及价值储备等领域被广泛地接受和使用,其国际地位主要源于布雷顿森林体系。

一、美元的国际化历程

美元的国际化之路始于 19 世纪末 20 世纪初,当时美国进入了快速发展阶段,成为当时最具实力的区域和投资地,出现了如花旗银行、摩根公司、美孚石油公司等世界级的大公司。美国总统塔夫脱 1919 年提出"金元外交"政策,掀起了美元最终成为国际货币的序幕。美元的国际化历程有其特殊的历史背景,通过不断打压最终取代英镑的国际化历程,两次世界大战是其发展的引线,美元的国际化历程大体有以下几个阶段。

(一)第一阶段:是在两次世界大战之间,随着战争的到来,美元的地位凸显出来。1914 年第一次世界大战爆发,美国并没有参与到战争中来,而是保持中立,静观其变。相反,它利用这个契机与交战国进行大规模的军火生意,从而大发战争财,黄金储备大大增加。美国政府借此机会建立金本位制,使固定价格保持与黄金兑换的美元挂钩,更具吸引力,这样美元计价的世界格局开始形成。为了减少交易所带来的风险,部分私人部门开始用美元来进行贸易。第二次世界大战爆发后,作为主战场的欧洲国家受到重创,美元成为各国主要储备货币。战争结束时,美国工业产成品数额高达全球的 1/2,对外交易往来数额超过了全球范围的 1/3,美国在开展对外贸易投资中,其投资总额大幅度上升,在短短的 7 年中黄金储备也从 100 多亿美元急速突破了 200 亿美元,高达资本主义世界黄金储备的 59% 左右。

(二)第二阶段:在第二次世界大战时期,美元进一步抢占英镑市场。美国借战争机会,经济水平突飞猛进,并建立以美元为主导的货币体系格局;相反,英国的经济地位有了明显的下降,英国参与战争,而美国作为旁观者、作为其后方供应者,不断地供给物资从中获利,迅猛发展,由于英国的经济实力大为削弱,美国自然而然地成为全球债权国的首领。1944 年 7 月,布雷顿森林体系的形成意味着美元最终实现了国际化发展。布雷顿森林体系建立后,出现了"特里芬难题"①,即国际货币需要有大量清偿实力,这就要求美国通过贸易逆差形式来提供美元,同时还要维持美元与黄金的正常兑换,以保证美元的信用地位。在20世纪50年代末期,大量的美元闲置无用,过剩的美元使得其黄金储备逐渐流向国外。

(三)第三阶段:在1945年第二次世界大战结束至20世纪50年代中后期,最终形成了以美元为主导的国际货币体系,这种格局的建立使美元成为当时唯一的世界性货币。第二次世界大战后,建立了关贸总协定(GATT),这个多边性的协定,主张降低关税、扫清国际贸易中的困难和不平等待遇,从而有利于将美国商品运到国外去,占领国际市场,达到经济扩张的目的。由于美元是当时仅有的一个可自由兑换的货币,所以美国凭借关贸总协定和布雷顿森林体系使美元的国际货币地位稳如磐石。另外,美国还通过马歇尔计划和"占领地区救济基金",对欧洲和日本进行援助,这也为这些国家和地区打开了市场,放弃商品定价权,更加依赖美元。

(四)第四阶段:在20世纪70年代,布雷顿森林体系崩溃。1971年美国市场上涌现出全国的收支逆差现象,美国的国际收支出现了不平衡状态,导致黄金储备大量减少。1971年8月15日尼克松政府就此现象迫不得已宣布实行"新经济政策",这标志着美元与黄金的兑换制度停滞。1973年初,美国正式宣布停止美元兑换黄金,布雷顿森林体系也走到了最后,最终彻底瓦解。

布雷顿森林体系结束后,多元化的货币体系格局开始形成,日元、德国马克、英镑等货币逐步涌入国际货币体系中去,美元并不是世界上唯一的世界货币了,美元的国际地位受到了一定程度的削弱。即便如此,美国依旧是全球范围内经济实力强大的主力国家,短期内基本不会改变美元的核心货币格局。美国境外大规模使用美元,并且规模远高于其他国家或地区直接与美国发生的贸易和金融交易规模。仅从BIS统计的跨境银行头寸中就可以看出,在全球跨境资产头寸中,美元占据了40%以上的比重。规模庞大的跨境美元最终要回到美国的支付体系内,通过Fedwire和CHIPS进行清算。

二、美国支付体系

美国支付体系是一个高度发达的系统,到目前已经形成一个规模庞大、结构科学、高效稳定、功能齐全的综合体系。美国的支付体系具有以下特点:

1. 有众多的金融机构提供支付服务

---

① 1960年,美国经济学家罗伯特·特里芬在其《黄金与美元危机——自由兑换的未来》一书中提出:"由于美元与黄金挂钩,而其他国家的货币与美元挂钩,美元虽然取得了国际核心货币的地位,但是各国为了发展国际贸易,必须用美元作为结算与储备货币,这样就会导致流出美国的货币在海外不断沉淀,对美国来说就会发生长期贸易逆差;而美元作为国际货币核心的前提是必须保持美元币值稳定与坚挺,这又要求美国必须是一个长期贸易顺差国。这两个要求互相矛盾,因此是一个悖论。"这一内在矛盾称为"特里芬难题"。

全美有包招商业银行、储蓄与贷款协会、信用社在内的约 27 000 家存款机构为客户提供不同形式的支付服务。

2. 私营清算组织众多

这些私营清算组织既包括众多的从事支票托收、经营自动取款机网络及现场销售网络的地方性同业银行组织，又包括经营全国性信用卡支付网络及大额资金转账系统的私营机构。

3. 规范支付活动及金融机构支付服务的法律、法规众多

既有联邦、州一级的法律，又有大量各私营清算组织为其成员清算活动制定的规定，这些法律、法规共同作用，形成制约美国支付活动的基础。另外，各清算体系也有相应的规章以保证其正常运作。

4. 中央银行在支付系统中发挥主导作用

中央银行既是支付法规的制定者与金融机构支付服务的监管者，同时又向金融机构提供支付服务，经营小额与大额支付系统。

5. 可供消费者、金融机构选择的支付工具众多

既有建立在纸质实物基础上的支付工具，又有各种不同类型的电子支付工具。

美国的支付系统由大额支付系统和小额批量支付系统构成。在小额批量支付系统中，根据经济行为者的不同需求，美国银行体系提供了现金、支票、贷记支付工具、借记支付工具、银行卡等支付工具。其中支票和信用卡是美国最普遍使用的小额批量支付工具。贷记支付工具主要用于支付诸如房租、煤气费、水电费、电话费、工资、社会福利金等；直接借记工具则通常被用于周期性的固定支付业务；现金仍然是人们进行日常购物的一种支付手段，但它在支付业务中所占的比例呈逐渐下降趋势，正逐步被各种更加方便、快捷、自动化的支付工具所代替（见图 8-1）。美国的大额支付系统主要包括联邦储备局管理和运行的联邦电子资金划拨系统 Fedwire（Federal Reserve Communication System）、纽约清算所协会经营并运行的清算所同业支付系统 CHIPS（Clearing House Interbank Payment System）、联储的支票清算体系、自动清算所体系及电子数据交换。

在美国，绝大部分的大额美元支付由两大资金转移支付系统处理：其一是由联邦储备局管理和运行的联邦电子资金划拨系统 Fedwire；其二是由纽约清算所协会经营并运行的清算所同业支付系统 CHIPS，这是一个专门处理国际交易中资金转账的私营支付系统。通常，金融机构及其客户利用这两大系统在全球范围内进行大额的、以美元为单位的、对时间性要求高的资金转账或簿记债券的转让。此外，金融机构也可利用独立的通信系统向相关机构发送支付指令并获得相应的资金，或启用 Fedwire 或 CHIPS 完成支付。这两个系统都属大额支付系统，通过它们能实现全美 80% 以上的大额资金转账。下文重点对这两个系统进行介绍。

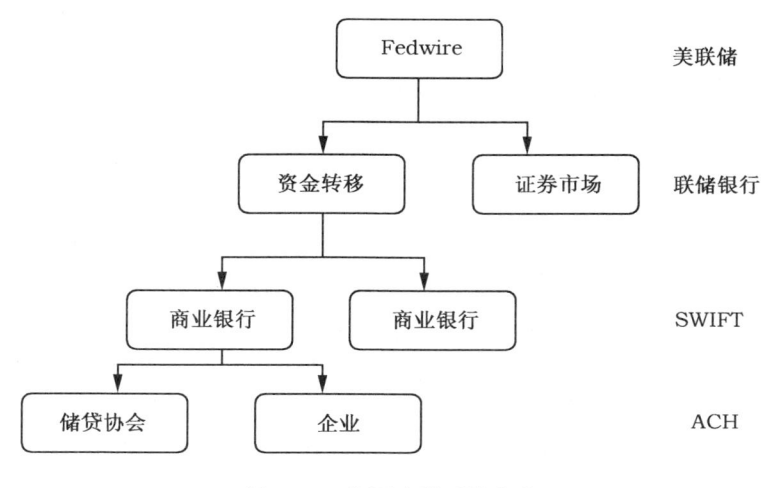

```
                    ┌─────────┐
                    │ Fedwire │                    美联储
                    └────┬────┘
                   ┌─────┴─────┐
              ┌────┴────┐  ┌───┴────┐
              │资金转移 │  │证券市场│           联储银行
              └────┬────┘  └────────┘
           ┌───────┴───────┐
       ┌───┴────┐      ┌───┴────┐
       │商业银行│      │商业银行│              SWIFT
       └───┬────┘      └────────┘
       ┌───┴───────┐
   ┌───┴────┐  ┌───┴───┐
   │储贷协会│  │ 企业  │                         ACH
   └────────┘  └───────┘
```

图 8—1　美国支付系统全貌

三、Fedwire 系统

Fedwire 系统是由联邦储备系统开发与维护的电子转账系统，是一个贷记支付系统。Fedwire 提供电子化的联储资金和债券转账服务，是一个实时大额清算系统，在美国的支付机制中发挥着重要的作用。Fedwire 系统自 1914 年 11 月开始运行，1918 年起开始通过自己专用的莫尔斯电码通信网提供支付服务，从每周结算逐渐发展到每日结算。联邦储备银行安装了一套只供其使用的电报系统来处理资金转账。20 世纪 20 年代，政府债券也开始用电报系统进行转让。直到 70 年代早期，国内资金、债券的转让仍然主要依赖于此电报系统。

现在，大约有 9 500 家机构是 Fedwire 参与者，可以通过 Fedwire 进行支付和清算。该系统向大约 830 家机构提供在线服务，这些储蓄机构通过计算机或终端直接与 Fedwire 的网络相连，99% 以上的资金转账是由这些机构的交易产生的，其余的机构通过非在线方式访问 Fedwire，其交易量很有限。2012 年，用户通过 Fedwire 进行了 131 637 349 次资金转账，金额达 5 992 万亿美元，平均每笔交易达 455 万美元。联邦储备银行分别在 1997 年和 2003 年，将 Fedwire 的营运时间从 10 小时延长到 18 小时和 21.5 小时。这种变化增加了 Fedwire 与国外市场运行时间的重叠，有助于降低外汇结算风险。

（一）Fedwire 资金转账系统

Fedwire 资金转账的主要功能是：通过各商业银行在联邦储备体系中的储备账户余额，实现商业银行间的同业清算，完成资金调拨。Fedwire 最早建于 1918 年，当时通过电报的形式第一次向各商业银行提供跨区的票据托收服务，通过

Fedwire 实现资金调拨、清算净差额。但其真正建立自动化的电子通信系统是在 1970 年,此后 Fedwire 获得了飞速的发展,由其处理的各类支付业务逐年增加。该系统成员主要有:美国财政部、美国联邦储备委员会、12 家联邦储备银行、25 家联邦储备分行及全国 1 万多家商业银行和近 2 万家其他金融机构。

Fedwire 的资金转账是实时、全额、连续的贷记支付系统,即支付命令随时来随时处理,而不需等到既定时间统一处理,且每笔支付业务都是不可取消和无条件的。交易业务量大的 Fedwire 用户往往采用专用线路与 Fedwire 相连,中等或较小业务量的 Fedwire 用户则通常采用共享租赁线路或拨号方式与 Fedwire 连接,而只有一些业务量非常小的用户通过代理行或脱机电话方式向 Fedwire 发送支付指令。Fedwire 资金转账系统是一个高速的电子支付系统,归联邦储备银行所有,并处于其操作与控制之下。Fedwire 参与者利用该系统发送、接收以中央银行货币进行的最终支付指令,完成相互间的支付或代理客户间的支付。在营业日内,Fedwire 分别处理支付指令,并完成清算。发送方银行提交的支付命令都将在当日完成,完成支付一般只需几分钟。接收方银行通过 Fedwire 获得的支付是最终的、不可撤销的。

通常,利用 Fedwire 进行资金转账采用在线方式提交支付指令,即通过联储的通信网络访问 Fedwire。但也可以使用非在线方式,通过电话服务提交支付指令。大量收发信息的参与者一般都使用在线方式,通过特定的接入服务软件访问。Fedwire 资金转账系统和 Fedwire 债券服务系统具备很高的直达处理能力和办公自动化水平。在 9 500 家金融机构中,大约 350 家机构使用这种接入方式,大约 7 850 家通过其他电子方式进行在线访问。这类软件也能支持金融机构使用 Fedwire,且不必通过联储的认证。

(二) Fedwire 证券簿记系统

Fedwire 证券转账系统建于 20 世纪 60 年代末,它的主要功能是:实现多种债券(如政府债券、企业债券、国际组织债券等)的发行、交易清算的电子化,以降低成本和风险。它是一个实时的、交割与支付同时进行的全额贷记转账系统。

具体实施时,由各类客户在吸收存款机构开立记账证券账户,而各吸收存款机构在储蓄银行建立其相应的记账证券账户,清算交割时通过各吸收存款机构在储备银行的记账证券账户来进行。目前,已有近 98%、约 20 万种可转让政府债券通过该系统进行处理。

(三) Fedwire 风险管理策略

1. 对大额清算系统日间透支收费

日间透支(Daylight Overdraft Fees)是指一个金融机构在一个营业日中其储备账户余额为负。从 1994 年 4 月起,美联储对金融机构平均每日透支进行收费,包括由 Fedwire 资金转移及记账证券转移两部分产生的合并透支额。其计算方法是对 Fedwire 营业时间内,每分钟的最后时间金融机构储备账户的负值加以总计（正值不予计算）,再将总透支额除以当日 Fedwire 运行的总分钟数得到金融机构每日平均透支额。美联储对每日平均透支额减去相当于银行资本的 10% 后的部分征收费用。透支收费的年利率最初被设置为 24 个基点,1995 年 4 月 13 日起为 36 个基点。

2. 透支上限

透支上限(Net Debit Caps)的制定一般以信用度为基础。为限制金融机构在储备账户上当日透支的总量,美联储为透支上限的计算制定了统一的标准。一个金融机构的最大透支额的计算等于该机构一定时间内的平均透支额乘以一个透支类别乘数。美联储为各金融机构设定了 5 个透支类别。

3. 记账证券交易抵押(Collateral)

美联储对金融机构当日透支的计算是将金融机构的资金转移透支和记账证券转移透支合并计算。对一些财务状况比较健全,但由于记账证券转移造成超过最大透支额的金融机构,美联储要求它对所有的证券转移透支提供担保。风险管理策略一般不要求金融机构对所有的日间透支进行抵押担保。从 2001 年 5 月 30 日起,美联储允许金融机构由于某些原因通过抵押担保申请超过透支上限的透支服务。另外,对于财务状况欠佳或面临危机的金融机构,美联储要求其必须提供抵押才能进行日间透支。

4. 对金融机构支付活动的监测(Condition Monitoring)

美联储对金融机构支付活动的监测一般在事后进行。如果一个金融机构当日净借记头寸超过其最大透支额,美联储要把该金融机构的负责人召到联储局,与其讨论减少该金融机构当日透支额的措施。美联储有权单方面减少该机构的最大透支额,要求金融机构提供抵押或维持一定的清算余额。对于美联储认为经营不佳并在美联储产生超过正常透支额的金融机构,美联储对其头寸情况进行实时跟踪,如果该机构的账户余额超过美联储认为正常的水平,美联储可以拒绝或延迟对该机构支付命令的处理。

四、CHIPS 系统

(一)CHIPS 简介

CHIPS(Clearing House Interbank Payment System,纽约清算所银行间支付系统)是由纽约清算所协会(NYCHA)经营管理的清算所同业支付系统,它是全球最大的私营支付清算系统之一,主要进行跨国美元交易的清算。参加 CHIPS 系统的成员有两大类:一类是清算用户,它们在联邦储备银行设有储备账户,能直接使用该系统实现资金转移,目前共有 19 个,其中有 8 个在为自己清算的同时还能代理 2~32 个非清算用户的清算;另一类是非清算用户,不能直接利用该系统进行清算，必须通过某个清算用户作为代理行，在该行建立代理账户实现资金清算。参加CHIPS的单位可以是纽约的商业银行、埃奇法(Edge Act)公司、投资公司以及外国银行在纽约的分支机构。

1. CHIPS系统的发展

CHIPS是一个净额多边清算的大额贷记支付系统。该系统建立于1970年，从最初与其直接联机的银行只有15家，发展到现在已达140多家。20世纪60年代末，鉴于纽约地区资金调拨交易量迅速增加，纽约清算所于1966年研究建立CHIPS系统，1970年正式创立。当时，采用联机作业方式，通过清算所的交换中心，同9家银行的42台终端相连。1982年，成员行共有位于纽约地区的银行100家，包括纽约当地银行和美国其他地区及外国银行。到90年代初，CHIPS发展为由12家核心货币银行组成、有140家金融机构加入的资金调拨系统。目前，全球95%左右的国际美元交易通过该系统进行清算。以前CHIPS每天只有一次日终结算，其最终的结算是通过Fedwire中储备金账户的资金转账来完成的。2001年采用新系统后，CHIPS已逐步成为实时清算系统。

2. CHIPS系统的建设

CHIPS系统提供了双边及多边信用限额来控制信用风险。所谓双边信用限额(Bilateral Credit Limits)是指清算成员双方根据信用评估分别给对方确定一个愿意为其提供的信用透支额度；所谓多边信用限额(Net Debit Caps)则是指根据各个清算成员对某清算成员提供的双边信用限额，按比例(如500)确定出该清算成员的总信用透支额度。清算时，只要双边及多边信用限额不突破，则CHIPS根据支付命令对其清算成员行进行相应的借记贷记记录；如果超出限额的话，拒绝执行其支付命令。自1990年起，CHIPS规定在一天清算结束时，若有一家或多家银行出现清偿问题，且这些银行找不到为其代理的清算银行，则被视为倒闭，这时，由其造成的损失由其余各成员行共同承担，以确保一天清算的完成。这些风险控制措施的实施，不仅控制了成员行的风险，而且也控制了整个系统的信用风险。因此，可以说CHIPS为国际美元交易支付提供了安全、可靠、高效的系统支持。

CHIPS电子支付系统从1970年开始运行，代替了原有的纸质支付清算方式，为企业间和银行间的美元支付提供清算和结算服务。从1998年起，CHIPS归CHIPCo公司所有并处于其管理之下。所有CHIPS的参与者都是CHIPCo公司的成员。CHIPCo公司由一个10人董事会进行管理；根据CHIPS参与者的交易量，董事会中有4人从其中选出，其余6人由清算所任命。CHIPS作为一个私营的支付清算系统，在以美元进行的交易结算和清算方面，已成为一种国际通用方式，相对于Fedwire，有很强的替代性。

从CHIPS开始运行起，其支付处理结构发生了数次改变。最近，CHIPCo将CHIPS从日终的、多边净额结算系统转变为一个新的系统：在营业日内，当指令从

CHIPS 支付队列中释放出来以后,该系统就为这些指令提供实时、终结性结算。当营业时间结束时,那些已在 CHIPS 支付队列但仍未结算的指令将首先通过多边净额结算进行处理,若仍无法结算才取消指令。

商业银行机构,以及满足 CHIPS 规则中第 19 款要求的埃奇法公司可以称为 CHIPS 的参与者。CHIPS 的参与者受到州或联邦银行的监管,而 CHIPS 也要接受州或联邦银行的年度检查。如果一家非参与者机构想通过 CHIPS 进行支付,它必须聘请一个 CHIPS 参与者作为其支付代理。到 2013 年 6 月,CHIPS 共有 52 名参与者。

通过 CHIPS 进行的支付转账通常与跨国银行间的交易相关,包括由外汇交易(如当期合约、货币掉期合约)而产生的美元支付,以及欧洲美元的流入与流出。此外,人们也利用 CHIPS 调整往来账户的余额,进行与商业相关的支付、银行贷款以及债券交易。CHIPS 系统具有很高的可靠性,达到 99.99%。它维护着两个数据中心,两者之间通过光纤电缆连接,可以在 5 分钟内从主系统切换到备份系统,保证支付指令和数据的安全存储与备份。

CHIPS 系统还支持 EDI(electronic data interchange),每次付款的同时还可以向客户提供客户编码、发票号、折扣等信息。这不仅减少了信息传送错误,而且提高了效率,促进了相互间的合作关系。

(二)CHIPS 的运行

从 2001 年 1 月起,CHIPS 已成为一个实时的、终结性清算系统,对支付指令连续进行撮合、轧差和结算。CHIPS 的营业时间是从头天傍晚 9 时至次日下午 5 时。对支付指令的处理通常只需几秒,这极大地提高了流动性。一般地,新系统为从 CHIPS 队列中释放的支付指令提供实时的最终清算,支付指令的结算可以有三种方式:(1)用 CHIPS 簿记账户上正的资金头寸进行支付;(2)由反方向的支付来对冲;(3)以上两者。

为实现这一处理,纽约的联邦储备银行建立了一个 CHIPS 预付金余额账户(Prefunded Balance Account,即 CHIPS 账户)。在结算是实时、终结性的安排下,每个 CHIPS 参与者都有一个预先设定的起始资金头寸要求(pre-established opening position requirement),一旦通过 Fedwire 资金账户向此 CHIPS 账户注入相应的资金后,就可以在这一天当中利用该账户进行支付指令的结算。如果参与者没有向 CHIPS 账户注入这笔资金,未达到初始头寸要求,则不能通过 CHIPS 发送或接收支付指令。在东部时间凌晨 0:30,CHIPS 和 Fedwire 开始运行以后,这笔规定的资金头寸就可以随时转入 CHIPS 账户,但不能晚于东部时间上午 9 点。

在 CHIPS 运行时间内,参与者向中心队列提交支付指令,该队列由 CHIPS 维护。在不违反 CHIPS 第 12 款规定的前提下,通过优化算法从中心队列中寻找将要处理的支付指令。当进行某一次结算时,优化算法将相关的支付指令从中心队列中释放出来,对支付指令做连续、实时、多边匹配轧差结算,根据结果在相关参与者余额账户上用借记/贷记方式完成对支付指令的最终结算,同时标记 CHIPS 记录反映资金头寸的增减变化。在系统关闭前,东部时间下午 5:00,参与者随时可以从队列中撤出指令。对当前头寸的借记、贷记只是反映在 CHIPS 的记录中,并未记录在纽约联邦储备银行的簿记账户中。按照纽约州法律和 CHIPS 的规定,支付指令的最终结算时间是从 CHIPS 队列中释放的时间。

东部时间下午 17:00,CHIPS 试图进行撮合、轧差和结算,并尽可能多地释放尚在队列中的指令,但不允许某个参与者出现负头寸。当这一过程结束以后,任何未释放的指令将通过多边轧差的方式进行处理。因而,对每一个参与者而言,轧差后的净头寸与其当前头寸(为零或为正)相关,若轧差后的头寸为负,其数值是参与者的"最终头寸要求"(final position requirement)。

有"最终头寸要求"的参与者必须将所要求的资金转入 CHIPS 账户,这可以通过 Fedwire 完成。当所要求的资金转账后,资金将贷记到参与者的余额中去。当所有 Fedwire 资金转账收到后,CHIPS 就能够释放余下的支付指令,并对其进行结算。这一过程完成后,CHIPS 将账户中尚存的余额转账给相应的参与者,日终时将其在 CHIPS 账户的金额减为零。

由于预付资金数量相对较少,并且对支付指令的清算和结算是在多边匹配轧差的基础上进行的,所以预付资金 240 万美元,就可以进行超过 12 亿美元的支付,1 美元资金的平均效率乘数达到 500 以上。这加速了资金再循环,减少了流动性需求和日末流动性短缺的风险。

(三)CHIPS 风险管理

作为最大的私人运作的支付系统,银行同业支付清算系统必须处理支付清算风险问题。

清算风险涉及信用风险(到期一方不能履行承诺的支付义务)、操作风险(给资金接收方的支付指令可能被颠倒)和流动性风险(由于缺乏流动性到期支付指令不能执行)。

美联储要求银行同业支付清算系统和其他私人批发转账系统保证清算的顺利进行,防止由于主要参加者不履行支付义务的情况发生。银行同业支付清算系统有一个处理两家最大参加者失败的程序。尽管风险涉及国际清算,但迄今为止,银行同业支付清算系统还没有未清算的交易。

信用风险是借款人因各种原因未能及时、足额偿还债务或银行贷款而违约的可能性。它的产生一般基于如下原因:

1. 经济运行的周期性

在处于经济扩张期时,信用风险降低,因为较强的盈利能力使总体违约率降低。在处于经济紧缩期时,信用风险增加,因为盈利情况总体恶化,借款人因各种原因不能及时足额还款的可能性增加。

2. 对于公司经营有影响的特殊事件的发生

这种特殊事件的发生与经济运行周期无关,并且对公司经营有重要的影响。

操作风险是由不完善的或有问题的内部程序、人员及系统以及外部事件所造成损失的风险,对于银行而言,操作风险指的是操作实际绩效低于预期绩效的可能性。

CHIPS 在风险控制方面一直处于领先水平,1990 年国际清算银行(BIS)在制定跨国、多币种净额结算方面的规定时就采用了 CHIPS 的风险管理模型。现在,CHIPS 对风险的控制接近 RTGS 系统的水平,超过了 BIS 的 Lamfaulssy 标准。

CHIPS 要求参与者在每天交易开始前存储一定数量的资金。在系统运行时间内,只有参与者当前的资金头寸足以完成借记,CHIPS 才释放支付指令,而且任何参与者当前的资金头寸都不得小于零。对于接收方的参与者而言,从队列中释放的支付指令都是终结性的。为保证 CHIPS 参与者可以获得信贷来源,并有足够的流动性以迅速应对每日初始和最终的资金头寸要求,CHIPS 为参与者提供了信贷限额。若一家机构要成为参与者,它必须接受纽约州银行或联邦银行规章制定机构的管理,以确保它接受了定期的检查,并且运行稳定。此外,它还需接受 CHIPS 的信用评估。CHIPS 参与者也需要向 CHIPS 董事会提交财务情况方面的文件,接受董事会定期问讯。

(四)CHIPS 基于因特网的新服务

2003 年 11 月 4 日,CHIPS 对系统接入方式做了新的调整,并且提供基于因特网的管理报告和更高效的清算处理,参与者和其他用户可以利用因特网更加方便地使用该系统。

1. 推出的网上服务是追加资金(Supplemental Funding),它允许参与者追加资金并指定某些支付指令优先处理,立即清算。CHIPS 作为具备终结性的多边净额结算系统,对多个参与者的支付指令进行匹配,然后进行实时的清算和结算。大部分指令的清算在 15 秒内完成,但有时银行会希望某些指令具有更高的优先级,能够立即清算。通过这项服务,银行就可以在网页上控制这一过程,根据需要更改支付指令的处理顺序。

2. CHIPS 提供在线的管理报告,而以前该报告只能在客户端生成。现在,金融机构在登录后就可以看到自己与交易对象的相对头寸,查询支付状况,进行与 CHIPS 相关的管理。

追加资金和管理报告这类网上服务为 CHIPS 的参与者提供了更大的便利。以前,CHIPS 提供新服务后,参与者必须调整自身的系统才能享受到新的服务。而现在 CHIPS 则调整了自身的系统,并通过网络提供这些服务,这样参与者的维护费用下降,而且很快就可以利用这些服务。

第三节 欧元的清算与结算

欧洲联盟(European Union,简称 EU)在经历了荷卢比三国经济联盟、欧洲共同体(European Community)的演变后于 1993 年 11 月正式成立,并于 1999 年如期实行单一货币制,以欧元取代德国马克、法国法郎、荷兰盾、意大利里拉等 11 国货币。欧元是国际货币史上的重大创新,它基于当时 11 个欧共体成员国的货币而产生,因此生而就具有国际货币的属性,并且凭借着欧盟强大的政治经济实力,成为可以与美元媲美的国际货币,同时也是世界上最有影响力,且超越国家主权的流通货币。

一、欧元的国际化

作为一种崭新的货币,欧元的国际化历程主要经历了以下四个阶段。

(一)铺垫阶段:建立欧洲共同体

1950 年,法国外交部部长罗伯特·舒曼提出了"舒曼计划",即将德、法等国的煤炭和钢铁生产置于一个超国家的机构控制之下。1950 年 9 月欧洲支付同盟成立,同盟规定 16 个参加国每月的双边盈余和赤字折合成一个针对同盟整体的净头寸,按月结清净头寸余额即可。这不仅便利了相互之间的货币结算,实现了各国货币的自由流通,而且在一定程度上缓解了"美元荒"。1951 年,由德国、法国、意大利、荷兰、比利时和卢森堡 6 国组成的"欧洲煤钢共同体"成立。1957 年上述 6 国又签订了《罗马条约》,即《欧洲经济共同体条约》和《欧洲原子能共同体条约》。1967 年,以上三大共同体进行了合并,统称为"欧洲共同体"。

(二)提出阶段:海牙会议

1969 年 12 月,欧共体 6 国首脑在海牙举行会议,正式确立"建立欧洲经济与货币联盟"目标,并根据计划,于 1972 年开始实行联合浮动汇率。1978 年,欧共体提出以欧洲货币单位为核心、以联合浮动为原则、以集中成员国的部分外汇储备建立欧洲货币体系架构。

(三)启动阶段:欧元诞生

1991 年 12 月欧共体 12 个成员在马斯特里赫特就欧洲经济货币联盟和政治联盟达成协议,签署《欧洲联盟条约》(包括《经济与货币联盟条约》和《政治联盟条约》,又称为《马斯特里赫特条约》,简称《马约》),并于 1993 年 11 月正式生效。《马约》提出了三项核心内容:

(1)1993 年 11 月 1 日起成立欧洲联盟,密切外交、防务、社会政策等联系;

(2)1998 年 7 月 1 日成立欧洲中央银行,1999 年起实行单一货币;

(3)实行共同的外交和安全防务政策。

1999年1月1日欧元如期诞生。

(四)发展阶段:欧元作为单一货币流通

1999年1月1日至2001年12月31日,为欧元区内各国货币向欧元转换的过渡期;2002年1月1日至2002年6月30日,欧元纸币和硬币作为法定货币进入流通领域,同尚存的各国货币一并流通;2002年7月1日起,各参加国货币停止使用,欧元区市场只流通单一货币欧元。

欧元在经历了三十多年的痛苦孕育后破茧而出,而罗伯特·蒙代尔也因为指导欧元区成立的"最优货币区理论"(Optimum Currency Areas,简称OCA)而被誉为"欧元之父",并于欧元诞生同年荣获诺贝尔经济学奖。目前,欧盟28个成员中已有18个国家加入了欧元区,即爱尔兰、奥地利、比利时、德国、法国、芬兰、荷兰、卢森堡、葡萄牙、西班牙、希腊、意大利、斯洛文尼亚、塞浦路斯、马耳他、斯洛伐克、爱沙尼亚、拉脱维亚,但是英国、丹麦等国家出于自身利益等原因仍未进入欧元区。从国际储备角度来看,自欧元诞生以来,就以17.9%占比成为世界第二大储备货币。

二、欧元区支付系统

欧元区的支付结算系统分为两类:一是大额支付结算系统。它主要包括泛欧实时全额自动结算系统(TARGET2)、欧洲银行业协会(EBA2)的EURO1系统和CLS。二是跨境零售支付系统。欧元区的零售业务支付系统大都依赖于各成员国内的零售业务支付系统,至2011年底,整个欧元区有42家零售支付系统,5家最大的系统(SIT/CORE在法国,BACS在英国,Equens在荷兰和德国,RPS在德国,BI-COMP在意大利)占欧元区零售支付系统交易量的69%、交易额的61%。

TARGET2系统是欧洲第二代"泛欧实时全额自动结算系统"的简称。第一代结算系统(以下简称"TARGET系统")于1999年随欧元问世建立,主要是为满足欧元推出后,统一欧元区内各国支付体系、提高欧元支付效率与安全性、便利单一货币政策实施需要而推出。2007年,该系统正式升级至TARGET2系统。由于TARGET2系统具有开放性特点,且比较安全稳定,目前已成为最主要的欧元结算系统。

(一)第一代TARGET

1999年开始运行的泛欧自动实时全额结算快速转账(TARGET)系统是处理欧元交易的实时全额结算系统(RTGS)。该系统是一个分布式的系统。它由15个国家RTGS系统、ECB的支付机制(EPM13)和一个连接系统组成。欧盟约有5 000个机构加入了该系统。

TARGET是一个非中心清算系统,通过SWIFT的网络通信设施,将欧元区成员国的RTGS和欧洲中央银行的支付机构(ECB payment mechanism, EPM)

连接起来(如图 8-2 所示),支付信息在双方之间的传递不是通过某个中心机构,在营业时间内支付指令不会送往欧洲中央银行。

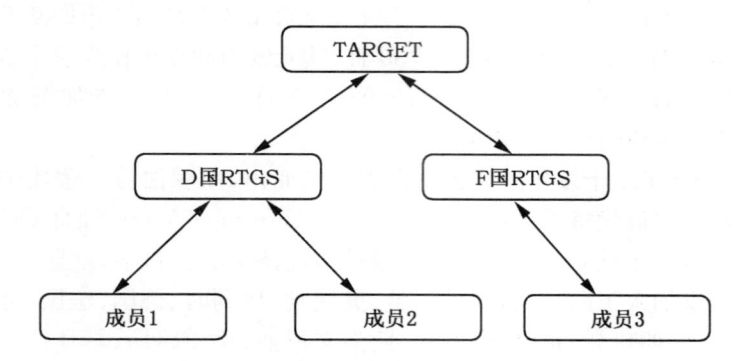

图 8-2　TARGET 结构示意图

　　欧盟成员国建立本国的 RTGS 系统,其成员国在该国的中央银行设立清算账户。TARGET 成员国间进行支付时,支付信息在相关两国的中央银行间直接传送,通过往来账户上的借记、贷记操作完成结算。各国的 RTGS 系统在加入 TAR-GET 互联系统时,既要满足欧洲系统执行单一货币政策的需要,也要为各信用机构提供统一的服务平台,所以,必须在保持原有特色的基础上进行适当的调整。

　　跨国的 TARGET 支付指令在通过国内的 RTGS 系统处理后,直接传递给相应国的中央银行。所有的参与者通过银行标识码(BIC)进行识别,BIC 可以通过 SWIFT 获得。欧洲中央银行据此发布了 TARGET 目录列出了与其相连的所有信用机构。

　　国内的 RTGS 系统和 EPM 通过互联系统与 TARGET 连接,互联系统的通信网络通过区域接口,将各个国家连接起来。这些接口使得国内的支付数据可以在 TARGET 的标准数据格式与国内格式间进行转换,这样各国的 RTGS 系统就可以通过这些接口处理跨国支付。

　　由于第一代 TARGET 实际上是一个基于复合式技术平台的结算系统,随着欧元区成员国的不断增加,TARGET 在成本效益和技术维护上的缺陷逐渐显现出来。基于上述问题,2007 年 11 月,欧洲央行启用了基于单一共享平台的第二代 TARGET 系统(即 TARGET2),以提高交易效率、降低区内结算成本。

　　(二)TARGET2 系统运行机制及特点

　　1. TARGET2 系统

　　TARGET2 系统是通过单一共享平台,将各成员国实时总额结算系统(RTGS)连接起来的开放式系统,如图 8-3 所示。

　　(1)TARGET2 属于实时总额结算系统。该系统主要用于大额资金结算,且

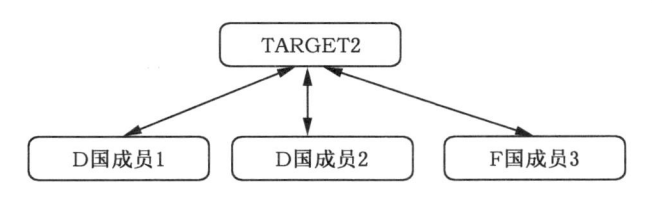

图 8-3　TARGET2 结构示意图

进行实时总额结算。这明显不同于零售结算和指定时间净额结算,前者主要针对小额零售资金结算(例如,银行间结算),后者主要针对借贷轧差后指定时间净额结算(例如,EURO1 系统)。因此,通过 TARGET2 系统进行结算的资金,一般单笔金额较大,均是逐笔结算(即不进行借贷轧差),且必须在交易日结束前完成结算(即不是在指定时间集中结算)。

(2)TARGET2 属于中央银行货币结算(Central Bank Money Settlement)。由于该系统利用单一共享平台将各主权国家实时总额结算系统连接起来,因此只能借助中央银行货币进行结算,即直接参与方通过转移在央行开立的账中货币完成最终结算。这不同于通过商业银行互开账户方式实现结算(即商业银行货币结算,Commercial Bank Money Settlement)。

(3)单一共享平台既提高了结算效率,又使 TARGET2 系统具有开放性。与 TARGET 系统相比,TARGET2 系统最重要的突破,是引入单一共享平台。前者的支付结算首先在本国实时总额结算系统中进行,随后通过央行间信息传输与账务处理完成最终结算。但在单一共享平台中,参与方可直接进行信息传输与支付结算,后台账务处理可在所在国央行间进行。这不仅提高了结算效率,还有助于借助单一共享平台进行监测,切实维护支付体系的稳定性。此外,由于任何机构仅需满足相关条件即可加入该平台,使平台具有很强的开放性。目前,不仅欧元体系央行是 TARGET2 系统的直接参与方,部分非欧元体系央行基于欧元结算需要,也成为直接参与方。

2. TARGET2 系统实施分层级管理,各层级分工明确

TARGET2 采用三层管理模式,如表 8-2 所示。欧洲中央银行委员会作为第一层,负责指导、管理和监控 TARGET2,拥有最高决策权;参与 TARGET2 的各国中央银行作为第二管理层的顾问团,与 ECB 管理委员会共同决定 TARGET2 的有关事务,并拥有本国事务的决定权;第三层由德国、意大利和法国中央银行构成,这三家中央银行联合开发了 TARGET2 的单一共享技术平台(SSP),他们根据第一管理层确定的一般框架和第二管理层的服务水平准则,负责新系统的开发和管理工作。

表 8—2　　　　　　　　　　　TARGET2 系统治理结构

管理层级	层级 1：欧央行理事会	层级 2：欧元体系央行	层级 3：单一共享平台提供商（德、法、意三国央行）
主要职能	1. 管理系统出现严重危机状况 2. 明确单一共享平台的安全政策、要求和控制措施 3. 授权进行 TARGET2 系统模拟和操作 4. 指定因特网接入的认证部门 5. 明确因特网接入的安全认证原则	1. 管理本国系统，包括对危机状况进行管理 2. 在欧洲范围内保持与用户间的联系，以及从业务角度检测用户的日常业务活动 3. 检测业务发展状况 4. 计划、融资、记录和其他管理职能	根据 TARGET2 系统操作手册，管理单一共享平台

如图 8—4 所示，在 TARGET2 系统中，欧央行、成员国央行以及单一共享平台提供商是系统主体。一是各成员国央行负责确定可直接接入 TARGET2 系统的银行类机构，其他机构只能借助这些机构间接接入系统。二是各成员国央行是一般银行类机构接入该系统的唯一通道，这样可确保成员国央行继续监管本国支付结算体系。三是各成员国央行应在 TARGET2 系统中保有一个专用母账户，用于管理准备金、日内信贷(In-traday Credit)等，确保支付结算顺利进行。一旦本国银行类机构准备金不足，央行可通过该账户提供日内信贷，贷款必须当天偿还，且无利息。如银行类机构仍没有足够准备金用于支付，可通过央行再融资操作或紧急流动性支持(ELA)拆借资金。央行据此再向欧央行拆借资金，资金进入专用母账户，从而形成 TARGET2 系统项下债务。四是欧央行是 TARGET2 系统总协调人。但它在系统中没有净头寸，一旦某成员国央行专用母账户头寸不足，欧央行会从收款方成员国央行的专用母账户拆借资金，以便向头寸不足成员国央行融资。

TARGET2 系统主要为 ECB 货币政策操作和区内成员国之间大额的欧元交易提供清算服务，其他银行间市场交易和客户间交易可以自由选择以 TARGET2 或者其他清算系统来完成。与 TARGET 相比，TARGET2 的主要意义在于其将现有的分散技术设施整合起来，把欧洲一体化提升到一个更高的程度，精简了欧元支付系统、流动性管理和银行间的商务往来过程。

3. TARGET2 系统实施模块化处理

TARGET2 系统主体业务结构是由一系列模块构成，其最大好处是，参与机构可根据自身业务需求，有选择地使用相关模块。一旦某个模块升级改造，不会对其他模块产生太大影响。

在 TARGET2 系统中，支付模块(PM)是最主要模块，是系统核心。接入支付模块的机构主要有两类：银行类机构与辅助系统。辅助系统主要是外汇市场系统、

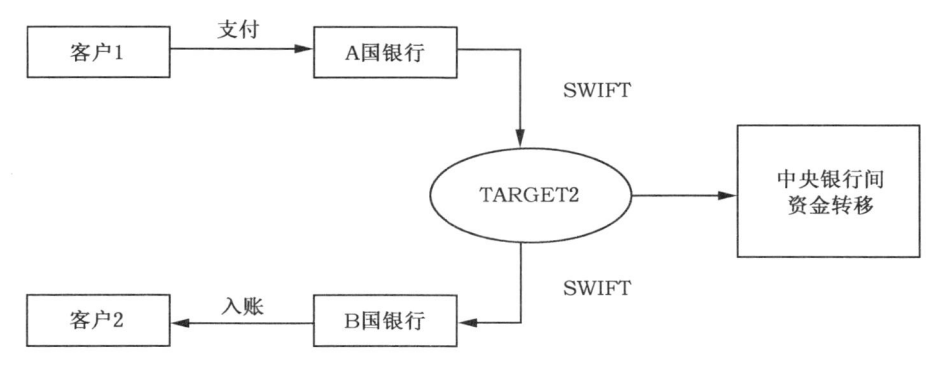

图 8—4　TARGET2 系统支付流程

货币市场系统、证券交易系统等,这些系统都在中央银行开有账户,通过加入支付模块可完成辅助系统内欧元结算。但这些辅助系统接入支付模块的方式不同于银行类机构,它们是借助因特网接入,且使用专用辅助系统界面,参与者不需要通过 SWIFT 网络发送和接受信息,而是通过信息控制模块(ICM)在单一共享平台中发送支付和接受收款信息。银行类机构则是通过 SWIFT 网络接入支付模块。

4. TARGET2 系统的运行程序

TARGET2 系统运行程序主要包括四个方面:

(1)接入系统。目前接入 TARGET2 系统主要有四种方式,分别为直接接入、间接接入、多地址接入(Multipe-addresses Access)以及拥有银行识别码用户接入(BIC)。接入系统的相关规则包括:

一是可直接接入 TARGET2 系统的用户包括:在欧洲经济区(EEA)设立的信贷机构;虽在欧洲经济区外设立,但支付结算是通过区内设立的分支机构完成的信贷机构;欧盟成员国央行和欧央行。此外,中央银行可在审慎基础上,允许下述机构成为直接参与方:在货币市场活跃的成员国中央或地方政府财政当局;成员国政府授权的可持有客户账户的公共机构;在欧洲经济区成立的投资公司;在欧洲经济区成立的提供结算或清算服务的组织。上述四类机构虽不在欧洲经济区,但所在地区已与欧盟达成货币协议,允许上述机构直接接入 TARGET2 系统。一旦成为系统直接参与方,就可以在单一共享平台持有至少一个账户,能直接向 TARGET2 系统支付或接受资金,并能与中央银行进行后台结算。

二是在欧洲经济区设立的信贷机构,只能与一个直接参与方(中央银行或信贷机构)达成协议,请其代为提交支付指令或接收汇款,并通过直接参与方在单一共享平台中的账户进行结算。

三是在 TARGET2 系统中,直接参与方可授权其分支机构或属于同一集团的其他信贷机构(位于欧洲经济区),通过直接参与方的单一共享平台账户直接提交和接受支付信息,但需事先告之所在国央行。

四是在 TARGET2 系统中,可设定地址的银行识别码用户不受任何系统限制。例如,直接参与方的代理行,不论其设在何地,只要直接参与方向其提供识别码,都可以将其列入 TARGET2 系统目录中。事实上,对于是否提供该识别码,完全由直接参与方的营销战略决定,但它有责任将该信息抄送本国央行备案。

(2)支付结算。TARGET2 系统的直接参与方在进行支付时,一般原则是,如参与方账户有足够流动性,将立刻执行。那些还没有处理的支付指令将排队等候,但必须在每个交易日结束前完成结算。根据优先等级不同,支付类别主要有三类,分别是高度紧急支付、紧急支付和正常支付。

(3)流动性管理。直接参与方有权选择流动性管理方式,具体包括:流动性预订和流动性限额。预订流动性有两种选择:一是高度紧急预订,主要用于高度紧急支付;二是紧急预订,流动性主要用于紧急支付。通过流动性预订,系统可提前为直接参与方准备流动性(例如日内信贷)。直接参与方在支付中还可设置限额,具体包括双边限额和多边限额。这种限额可决定每次支付的最高金额。此外,中央银行会对直接参与方在系统中的账户进行流动性管理,原则包括:如账户保留当天和隔夜用流动性,应将其纳入准备金存款统计;如账户只保留当天用流动性,在每个交易日结束,应将流动性汇总至所在国央行专用母账户中,待下一个交易日开始前,重新划回原账户。

(4)系统安全性管理。一是欧元体系通过公布操作手册,明确系统运行标准;二是中央银行将进行可靠性检查,检查系统用户是否已按预先确定原则执行;三是系统用户应向所在国央行提供支付结算信息;四是中央银行会加强监测工作,及时发现系统缺陷并加以解决。如系统用户无法满足预先确定标准,中央银行可暂停或取消其接入 TARGET2 系统的资格。此外,中央银行还根据用户是否具有系统性影响,将其分为核心用户与普通用户,以便进行分类管理。

(三)TARGET2 系统的特点

1. TARGET2 系统探索了不同主权国家共用同一支付结算系统的可能性

由于采用中央银行货币结算,只要在中央银行层面达成协议,即可实现在 TARGET2 系统中结算欧元的目的。目前,不仅欧元区 17 个成员使用该系统,非欧元区国家央行也加入了该系统结算欧元交易。但即便加入该系统,各成员国央行并没有放弃对本国支付体系的监管权力,国内支付结算系统仍在并行使用。

2. TARGET2 系统属开放式系统,能与区域金融一体化相互促进

通过鼓励更多欧洲经济区内央行或金融机构接入该系统,能极大地促进欧元在欧洲范围内的计价结算。由于系统支付模块可连接辅助系统,这样支付结算系统就能与欧洲金融一体化相互促进。TARGET2 系统各方已就"TARGET2—证券"(T2S)连接问题达成一致意见。T2S 是用单一共享平台为证券清算服务,该系

统于 2015 年 6 月正式运行,已有 30 家中央证券存储机构(Central Securities Depositories,CSDs)参与了该项目,预计未来绝大部分在欧洲交易的证券清算,会在该平台上交易。这不仅可以降低交易成本,还可以促进欧洲证券市场一体化。未来,TARGET2 系统还可能将欧元零售结算系统纳入其中,这样系统功能和规模将进一步扩大。

3. 由于缺少央行层面头寸平盘机制,欧元区央行在 TARGET2 系统下债权债务失衡不断扩大

虽然 TARGET2 系统规定,每笔交易必须在当日完成,不能形成隔夜债权债务,但在央行间后台账务处理中却没有类似规定。TARGET2 系统容易导致失衡的机理。例如,一家希腊企业签发一张支票给德国公司,用于支付进口货款。德国公司委托德国商业银行向希腊商业银行(希腊企业开户行)收款。希腊商业银行将其持有的欧元体系准备金转移至德国商业银行,最终完成结算。但如果希腊商业银行准备金不足且无法从市场融资,就只能通过希腊央行向欧央行申请"再融资",所得资金将进入希腊央行在 TARGET2 系统中开立的专用母账户中。此时欧央行 TARGET2 系统中就拥有了对希腊央行的债权。在 TARGET2 系统的制度设计中,欧央行只是总协调方,不承担净头寸风险;欧央行会以希腊央行的担保品为抵押,请德央行提供等额资金。因此,德央行在 TARGET2 系统中就拥有了一笔对欧央行的债权,实现了对希腊央行的间接融资。

由于欧债危机不断恶化,资本从危机国家大量流向核心经济体,欧元区央行在 TARGET2 系统下的债权债务失衡愈发严重。目前,德央行已在 TARGET2 系统中拥有约 7 000 亿欧元债权,希腊央行则拥有 1 100 亿欧元债务。此外,根据欧央行年报数据,2011 年末 TARGET2 系统下欧元体系央行对非欧元区央行的债权额为 494 亿欧元,2010 年则负债 212 亿欧元。

(四)欧洲银行业协会的 EURO1 系统

1. 机构设置

EURO1 是欧洲银行业协会为在欧盟范围内的欧元贷记转账提供的一个按多边净额结算的大额支付系统。该系统由依据法国法律设置的三家机构进行管理。第一家管理机构是欧洲银行业协会(EBA)。EBA 是欧盟国家的商业银行和非欧盟国家商业银行开设在欧盟国家的分支机构之间的合作机构。第二家管理机构是负责 EURO1 系统运营的 EBA 清算公司。该公司由欧洲银行业协会成立,在巴黎注册有办事处,它的股东都是清算银行,目的是负责 EURO1 系统的运营和管理。第三家管理机构是 EBA 行政事务管理公司。该公司提供各种行政事务管理服务,特别是为 EBA 和清算公司提供人力、技术和其他支持服务。EBA、EBA 清算公司和 EBA 行政事务管理公司之间的关系通过一个主协议进行规范。

2. 准入标准

EURO1 是一个国际性的系统。参与银行来自所有的欧盟成员国和部分非欧盟成员国(澳大利亚、日本、挪威、瑞士和美国等)。它们或是在欧盟国家注册的银行或是在欧盟国家设有分支机构的银行。准入 EURO1 系统需要满足法律、财务和运营三方面的标准。

法律标准规定,参加或申请参加 EURO1 的机构必须在经济合作与发展组织(OECD)的国家中设有注册的办事处,并被 EBA 清算公司确认为是"有权限管辖"的机构。参加机构负责接入系统的运行部门即运行分支机构,或者是满足某些前提条件的运行机构的子公司必须设立在欧盟国家内,而且这些分支机构(或子公司)还应该是 EBA 成员。参加机构(或申请机构)需要提供法律评价意见书,来证实自己有资格加入 EURO1 系统(资格认证意见书);而且 EURO1 系统的法律基础、单一债务构成方案已得到了它所注册的国家或是它的接入系统运行部门所在的国家的认可和执行(国家意见书)。国家意见书只需要提供一次,并且一经提供这个国家就被加入到有权限管辖国家的名册清单中,该名册包括了所有承认 SOS15 的国家("符合管辖权限")。

财务方面的规定是:参与机构所拥有的自有资金至少要达到 12.5 亿欧元。并且短期信用等级至少为 B2(穆迪投资者服务公司作出的评估)),或是 A2(标准普尔评估服务公司),或是 EBA 清算公司所认可的其他短期信用等级。

主要的运营标准包括:

(1)任何一个参加者或申请者必须是已经连接到 TARGET 系统上的某个欧盟国家 RTGS 系统的直接参与机构。

(2)为加入 EURO1 系统,参加机构必须指定一个系统运营单位。

(3)必须装备足够的并能满足 EBA 清算公司制定的技术要求的技术和运营设施,而且其运行的可靠性和稳定性要得到 EBA 清算公司的验证。

(4)金融机构必须向 EBA 清算公司通报它们在欧盟国家内所有通过清算银行以间接成员身份参加系统的分支机构、办事处或子公司。清算银行要为间接成员的业务活动负责,并保证它们在技术和业务方面的运转符合规则的要求。是否接纳一个加入系统的申请,需由清算公司的股东,即清算银行投票决定。

3. 系统规则

EURO1 根据单一债务构成方案(SOS)原则运行,该法律方案受德国法律的管辖。根据该方案,所有参与者同意达成如下合同协议,即在结算日中的任何特定的时间,每一个参与者只与作为共同债权人(或债务人)的其他参与者全体有一笔支付债务(或债权)。按照 SOS 原则,EURO1 进行的支付处理将不会在参与者之间产生双边的支付债权或债务,也没有任何形式的来自对参与者债权债务进行连续调整而产生的抵消、替代和轧差处理。SOS 规则的目的是防止在交易日结束时因某一参与者违约无法偿还其一笔债务而引发的任何形式的解退处理。

4. 处理的交易类型

EURO1 只处理贷记转账。尽管对支付的金额和发起行没有什么限制,但 EBA 计划把 EURO1 建设成一个主要侧重于处理 EBA 成员间大额支付的系统。另外,EBA 跨境零售贷记转账服务 STEP1 的差额将通过 EURO1 系统的参与机构进行结算。STEP1 的建立使得加入 EBASTEP1 协议的银行能够向其他 STEP1 银行提交或从其他 STEP1 银行接收小额支付,并通过其加入 EURO1 的结算代理银行进行净额结算。

第四节 持续联结清算系统

2002 年 9 月 9 日,世界上第一个联结各国资金批发清算的实时总额清算系统——提供多币种多边实时跨国外汇交易同步清算的全新系统——持续联结清算系统(Continuous Linked Settlement,简称 CLS)正式启动。CLS 是外汇交易即时清算系统。在外汇交易中由于时差的问题,各种外汇交易交割时间有先有后。由于交割时间不同,就会产生各种风险。CLS 建立的目的就是实现全世界各地的银行在外汇交易时能在同一时间得到清算,由此来降低外汇交易中的风险。CLS 事实上是外汇交易行为中连接交易银行双方的一个纽带。

一、CLS 诞生的背景

随着全球经济一体化,商品、资金、资本的跨国流动在近年来呈爆炸性增长,由此引起的全球外汇市场日交易量暴增。1994~2002 年,全球外汇支付量平均年增长率为 7%。如此快速的外汇交易增长,要求全球外汇交易清算体系能高效、安全地承担运载、传递货币国际流动的重责。然而,原有的外汇交易清算体系,诸如以 Fedwire 为代表的实时总额双边清算体系(RTGS)和以 CHIPS 为代表的延迟净差额清算体系(Designated-Time Net Settlement,简称 DNS)在流动性与安全性方面存在许多局限性,无法提供安全可靠的跨国多币种实时清算,由此导致全球外汇交易存在巨大的清算风险。

结算风险,也被称为本金风险,因为外汇交易的结算需要交换两种货币的本金。结算风险指的是外汇交易的一方在提供了其售出的货币后未从交易对手方收到其购入货币的风险。这种风险会造成本金的损失,它也被称为"赫斯塔特风险",这个名字来自一家倒闭了的德国私有银行——赫斯塔特银行。

1974 年 6 月,德国银行监管会吊销了总部位于科隆的赫斯塔特银行的执照,并在德国当天银行同业清算系统收盘后勒令该行停业清盘。在此消息宣布之前,赫斯塔特与其他几家银行的马克/美元外汇交易还没有清算完毕。这些银行已通过德国清算系统不可撤销地向赫斯塔特支付了德国马克,正等待当天稍晚时候美元款项在纽约支付。然而赫斯塔特在纽约时间早上10:30(即法兰克福时间下午3:30)停业,其纽约代理行因而终止了美元付款。此次结算失败不仅使赫斯塔特的债权人蒙受了损失,而且使全球外汇清算系统的流动性遭受了严重的打击,并引发了一连串的失败交易。

继"赫斯塔特事件"之后,全球金融业又相继爆发了1990年的Drexel Burnham Lambert贸易事件、1991年的BCCI事件、1991年的Soviet Coupd'Etat事件和1995年的Baring Brothers事件等一系列危机事件。这些事件充分显示了全球外汇清算风险的普遍性和严重性,并证实了一个银行失败的冲击波不仅会影响与该行有直接业务关联的金融机构,还会给整个国际金融系统带来巨大的震动。

二、CLS Bank 的建立

1994年,十国集团的中央银行建议私人银行业多方探求,消除外汇交易中的清算风险。作为回应,世界最大的20家外汇交易银行联合建议成立一个持续联结清算银行即CLS Bank,与十国集团的中央银行直接实时联结,以实现外汇交易即时清算。1997年7月,负责运营CLS Bank的CLS服务有限公司在英国成立,旨在开发和建立CLS清算系统。

2002年2月,CLS Bank在美国纽约成立,由纽约联邦储备银行进行监督和监管,CLS还接受CLS货币结算央行(监督委员会)独特的合作监督安排。CLS将其运作中心设在了伦敦。CLS Bank共吸纳了来自17个国家的69个股东行。CLS是一个实时、安全的全球系统,具有足够的灵活度,以满足不断变化的市场,遵守《系统性重要支付系统的核心原则》和《关于增强美国金融系统业务弹性的合理实践跨机构白皮书》,具备同步数据复制的双数据中心。作为关键的基础设施,CLS处在外汇行业的中心,如图8-5所示。CLS社区包括一个由央行、商业银行、投资公司、企业和基金公司组成的全球性网络。CLS为参与者提供直接的(针对结算成员)和间接的(通过结算成员向他们的客户提供第三方的)结算服务。CLS与技术供应商、业务伙伴及监管机构紧密合作,以确保提供有效且可靠的结算服务。

中国银行于2006年入股CLS集团控股公司,成为CLS集团公司的第69家股东,也是我国国内第一家入股CLS集团公司的银行机构。

三、CLS 的主要特性

(一)同时交付方法

CLS是基于同时交付方法(Payment Versus Payment,简称PVP)的多币种外汇清算系统。采用PVP方法可以在清算中消除从支付指令发出后到完成清算之间的时差,一种货币只有在与之交易的另一种货币最终交割时才能完成最终交割,使得交易的两种货币同时清算,从而达到消除清算风险敞口、降低风险、提高效率

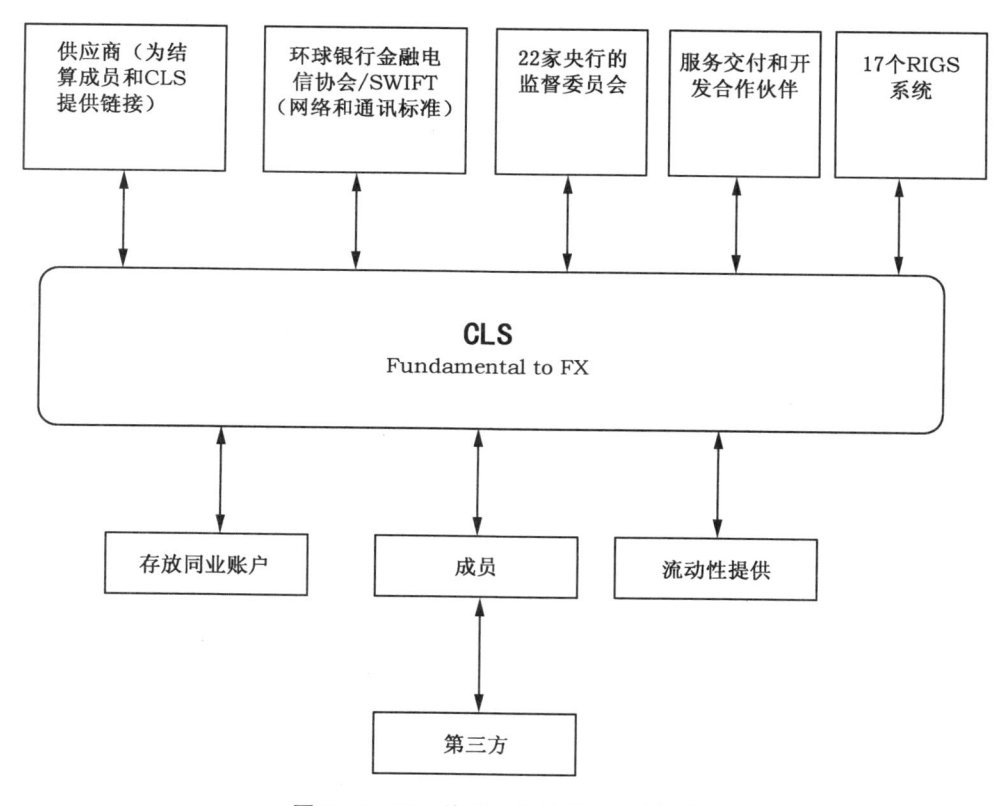

图 8—5　CLS 外汇行业关键的基础设施

的目的。

(二) CLS 适用的货币

目前可以通过 CLS 清算的货币包括美元、欧元、英镑、日元、加元、瑞士法郎、澳元等共 17 种。

(三) CLS 交易品种

CLS 支持的外汇交易的两个币种必须都是 CLS 适用货币，且交易双方必须都是 CLS 成员行，交易产品包括即期 (SPOT)、远期 (FORWARD) 及隔日交收 (TO-MORROW)。

(四) CLS 成员组成

CLS Bank 是 CLS 外汇清算的中介银行，它在各 CLS 币种国家的中央银行开有清算账户，并加入当地 RTGS 系统，通过当地 RTGS 系统完成各币种的清算和空头头寸集资。除 CLS Bank 外，CLS 系统的主要成员还包括清算成员行和第三方成员行。

清算成员行在 CLS Bank 开有多币种单一账户,除为自身提供清算服务外,还可以为第三方成员行提供清算服务,其作用实际上是充当了 CLS 非直接参与行的多币种代理行。清算成员行必须对 CLS Bank 负责,承担全部清算义务。CLS Bank 为每一家清算成员行都设立了单一币种限额和所有币种总限额。由清算成员行对 CLS Bank 提交的全部清算,都将合并计算每一币种的每日头寸。CLS Bank 对清算成员行的支付指令作多边净额轧差,清算成员行只需向 CLS Bank 支付清算日内净空头币种即可,并可根据 CLS Bank 的付款安排在清算日内分成几次完成付款。第三方成员行(Third Party Bank)与 CLS Bank 没有直接关系,只能经由清算成员行向 CLS Bank 提出交易指令并进行清算。第三方成员行须在清算成员行开立 CLS 专用账户,并在专用账户下按不同交易币种设立子账户。清算成员行将根据业务实际情况为第三方成员行设立账户透支额度(或分币种设立单一币种当日透支额度,或按某一指定币种为基本结算币种设立当日账户总透支额度)。

清算成员行可在额度范围内代第三方成员行先向 CLS Bank 付款,随后向第三方成员行索汇。另外,CLS 系统中还有两个重要参与者,即清算成员行代理行(Nostro Account Service Bank)和第三方成员行代理行。清算成员行代理行是清算成员行某一种 CLS 货币的账户行,主要职责是为清算成员行提供流动性保障,通过其当地 RTGS 系统代表清算成员行收、付 CLS 货币,完成清算成员行与 CLS Bank 间的资金清算。

第三方成员行代理行是第三方成员行某一种 CLS 货币的账户行,主要职责是通过当地 RTES 系统完成第三方成员行与清算成员行间的资金清算。值得一提的是,第三方成员行也可以充当第四方成员行的清算行,借助其清算成员行的系统为第四方成员行提供 CLS 清算服务。这里的第四方成员行可以是银行、基金公司,抑或是企业客户。

1. 除了降低结算风险外,直接(结算会员)或间接(第三方)加入 CLS 还能为参与者带来一些其他的独特优势

(1)降低全球外汇结算风险;

(2)高效的流动性管理;

(3)高效的信用额度管理;

(4)交易对手方范围的扩大;

(5)通过增强的直通式处理(STP)提升支付效率;

(6)潜在的新的第三方或存放同业业务;

(7)透明和标准化的流程和确认。

2. 对结算会员的益处

(1)通过 CLS 提供的多边净额结算支付,提升流动资金效率,CLS 结算所有支

付指令所需的现金量平均降低了 9 600(不考虑买入/售出掉期);

(2)通过标准化和增强的 STP,提升运营和 IT 效率;

(3)参与一个位于外汇市场中心的、独特的金融市场基础设施,为在社区范围内的对话创造了机会;

(4)凭借交易能力的提升,带来业务增长和新的收入机会,向第三方提供 CLS 服务和向客户提供外汇机构经纪业务的机会,提供存放同业服务;更高的标准——所有的结算会员都与 CLS 签订相同的协议,并依照一套既定的规则操作,通过采用最佳实践和业务连续性流程,促进更高的标准。

3. 对第三方的益处

(1)通过增强的 STP,提升运营和 IT 效率,节省成本;

(2)错误更少;

(3)结算的数量更少;

(4)货币和实物资源更有效的配置;

(5)得益于多边净额结算支付,支付的数量和金额下降,流动性管理得到改善;

(6)提升的交易能力和信贷可用性能促进业务增长。

四、CLS 清算流程

CLS 清算过程可以分为数据输入、核定付款程序表、清算三个阶段。

(一)数据输入阶段

当一笔外汇交易成交后,交易双方将交易信息以 SWIFT 报文形式发送给 CLS 系统,由 CLS Bank 对双方提交的信息进行鉴定审核。当双方交易信息(包括交易对手、金额、币种)配对成功后,CLS Bank 将保留交易记录至清算日(CLS 清算日以欧洲中央时间零点 CET0000,即北京时间 7 点开始计算)执行。在清算日 CET0630 前,外汇交易双方经协商同意可以取消交易指令。CET0630 后,交易指令将无法撤销。SWIFT 系统在传送信息的同时将自动生成 T-copy,并发送给交易双方的 CLS 清算成员行。清算成员行收到 T-copy 后,将审查第三方银行的授信额度是否充裕。

(二)核定付款程序表阶段

在清算日前,CLS Bank 将根据清算成员行的流动性需求,计算出该清算日内清算行的每一币种的净头寸,并对空头寸币种设计付款安排。CLS Bank 会在清算日 CET0000,给清算行发出初步付款程序表,并在 CET0630 前发出最终付款程序表。

(三)清算阶段

清算日 CET0700 至 CET1200 是交易双方及其清算成员行完成实际清算的时间。在为第三方设立的账户额度允许的范围内,清算行可以在未收到第三方的付款前，按照 CLS Bank 的付款程序表先将第三方的卖出货币分批分次垫付给 CLS Bank，同时从 CLS Bank 分批分次收回第三方的买入货币，并通过清算成员行代理行完成双向资金清算。第三方成员行必须在清算日 CET1200 前（日元、澳大利亚元付款截止时间为 CET1100）通过其代理行付款给清算成员行并收进买入货币，未能及时付款的则将支付账户透支利息。CLS 清算遵循"全额清算，净额收付"的原则，清算成员行与 CLS Bank、第三方银行与清算成员行间的资金清算都是实时进行的，且不可撤销。CLS 的清算流程见图 8-6。

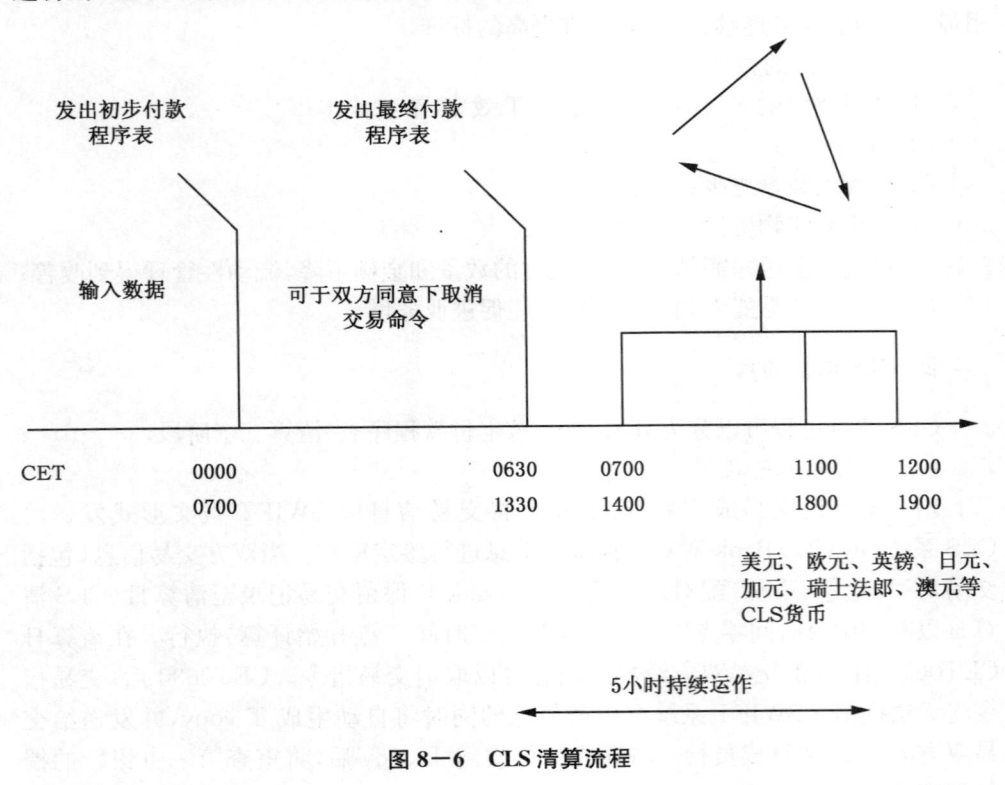

图 8-6　CLS 清算流程

发生外汇交易之后，结算成员向 CLS 提交支付指令。然后 CLS 将核实这些支付指令的真实性，进行匹配，并存储在系统中，直至结算日。CLS 的每日结算周期是一个五小时的结算及资金窗口期，在此期间，CLS 结算货币司法管辖区的实时全额结算系统（RTGS）处于开放状态，可以进行付款和收款。这使得外汇交易双方的支付可以同步结算。每个结算会员均在 CLS 中持有一个单一的多币种账户。在正常结算日开始和结束时，每个结算会员的账户余额均为零。在正常结算服务操作下，在结算日开始和结束时，CLS 在央行的账户以及结算会员账户的余额均为零。结算会员可以提交与自己外汇交易相关的支付指令，也可以直接向

CLS 提交与第三方客户外汇交易相关的支付指令。在每个结算日,CLS 通过分别借记和贷记结算会员在 CLS 的相关账户,实现对每对匹配的支付指令进行同时结算。对支付指令的结算以及相关支付在 CLS 账户上具有最终效力。这种最终效力也是 CLS 系统最重要的元素之一。

五、CLS 的运行现状

经过多年系统开发和测试,CLS 于 2002 年 9 月 9 日正式启动,头一批 39 家清算成员行在当天开始启用 CLS,其余清算成员行则在 10 月 14 日开始启用,而第三方成员行也于 11 月 4 日开始使用 CLS 服务。自推出以来,通过 CLS 结算的总金额已超过 8 600 万亿美元。2013 年 5 月,CLS 日结算数量创下纪录:单日结算的支付指令达到 2 978 118 条;每个工作日,CLS 结算的平均金额为 4.5 万亿～5 万亿美元;CLS 能够结算 17 种货币的外汇交易支付指令,占全球货币日交易总价值的 94%;在欧洲中部时间 7:00－10:00,CLS 与全球 17 个 RTGS 系统保持连接。2013 年 2 月,ACI(国际金融市场协会)标准守则 3 建议"在外汇交易中活跃的机构应该尽可能成为 CLS 参与者"。

第五节　人民币跨境结算

2015 年 5 月,环球同业银行金融电讯协会(SWIFT)发布报告显示,在 2 月份排名下降到第 7 位后,3 月份人民币作为全球支付货币的排名终于重回第五位,市场占有率上升至 2.03%。人民币跻身前五大支付货币是一个重要的里程碑。这是证明人民币国际化取得显著进程的有力证据,确认了人民币从新兴货币向常用支付货币的转变。

一、人民币跨境支付清算业务的简要回顾

(一)改革开放前的跨境支付清算

旧中国的跨境支付清算也是从贵金属清算开始的。清政府与列强签订了一系列不平等条约割地赔款,大量的白银被侵略者鲸吞。新中国成立后,我国跨境支付清算工作从两方面展开,即跨境外币支付清算和跨境人民币支付清算。

1. 跨境外币支付清算

新中国成立后,我国彻底废除了帝国主义外商银行在中国的种种特权,指定有信誉的外商银行代理中国银行买卖外汇,并代办国外汇兑业务,在业务经营上受中国银行的监督与指导。

1951 年 10 月,中国人民银行和贸易部颁发了《易货清算规则》和《易货交换所规程》,建立了协定记账清算制度,双边清算账户差额一般按年度以补充交货方式解决。经过短短的数年,我国同亚洲、非洲的一些国家(如柬埔寨、印度尼西亚、阿富汗、埃及、突尼斯、摩洛哥、伊拉克等国),在双边安排的基础上建立了直接支付的清算关系,改变了原来由第三国间接结算的做法;同时中国银行在西欧和日本的银行中广泛发展代理关系,从而打破了少数西方国家的封锁禁运,使中国对外经济贸易往来继续增长。

2. 跨境人民币纸币现金清算

人民币出入境经历了由禁止到逐步放开的过程。新中国成立初期我国对人民币出入境做了禁止性规定,对国民经济的恢复和发展起到了积极作用。此后,由于情况发生变化,从 1954 年起人民银行、海关总署等有关部门针对具体问题和管理工作的需要制定了一些内部补充规定,逐渐以限额管理的办法代替了禁止性规定。

3. 跨境贸易人民币计价结算

1968 年春,在西方国家发生金融危机的情况下,为了排除危机的干扰,我国开始对港澳地区的贸易试用人民币计价结算。

1969 年 10 月,试用范围扩大到英、法、瑞士、西德等国。

1972 年 2 月,中美建交后,试用范围进一步扩大至对美贸易。1972 年 8 月,中国银行与东京银行在中日贸易中订立了《试办人民币、日元结算业务协议》。这些措施,对于防止金融危机的风险转嫁及提高结算方式的灵活性,都起到了积极的作用。

(二)改革开放后的跨境支付清算

1. 跨境外币支付清算

为了适应补偿贸易、来料加工、来件装配等引进外资在贸易方式上的需要,中国银行于 1983 年制定了新的结算办法,开办了快邮和电索收汇。

1984 年中国银行正式参加了 SWIFT,将电信业务纳入环球电信网络实现了国际标准化。随着我国金融体制改革的不断深化,从 1986 年起各专业银行之间允许业务交叉,中国工商银行、中国农业银行、中国建设银行以及后来恢复成立的交通银行都相继开办国际金融业务。但这 4 家银行侧重于在国内分支系统建立国际业务部从事外汇业务,与国外的银行建立代理关系。20 世纪 90 年代以来,我国五大银行的业务重点转向在境外设立分支机构,有的银行还通过兼并等形式参与了国际资本运营活动,同时大胆引进外资合作金融机构,提高了跨境支付清算速度,促进了外汇收入的增加。

2. 跨境人民币现金清算

随着改革开放的深入和经济的发展,我国逐步扩大人民币出入境限额,人民币开始逐步为世界所熟悉和接受。1987 年我国公民携带人民币的出入境限额调整为 200 元;1990 年亚运会期间调整到 2 000 元;从 1993 年 3 月 1 日起调整为 6 000 元;2005 年 1 月 1 日起调整为 2 万元。我国逐步放宽人民币出入境管理满足了我国对外经济交往日益增长的需要,有利于边境贸易的发展,为人民币现金跨境流通管理积累了初步经验。

3. 跨境人民币转账支付清算

目前我国跨境人民币转账支付清算主要有两个渠道:第一个渠道是国内商业银行和国外银行互相开立账户并进行本币结算;第二个渠道是内地商业银行通过在香港或澳门的代理行进行。

(1)边境贸易人民币转账支付结算。随着我国经济实力的增强以及边境贸易的发展,人民币在边境贸易中受认可程度不断提高。顺应这一趋势,从1993年开始,人民银行先后与俄罗斯、越南、蒙古、老挝、尼泊尔、吉尔吉斯斯坦、朝鲜、哈萨克斯坦8个周边国家的中央银行签署了边贸本币结算协定,明确了双方商业银行可以相互开立代理账户以及本币结算的具体程序和条件、跨境现钞调运等问题。这些制度安排有效地提升了边境贸易中的本币结算量,使过去普遍存在的通过非正规渠道办理的边境现金支付清算业务被逐渐引导到银行转账支付清算体系中,大大便利和促进了边境贸易的快速健康发展。

为了妥善应对国际金融危机以来维护区域性金融稳定的需要,2008年12月到2011年5月,我国央行先后与韩国、中国香港、马来西亚、白俄罗斯、印度尼西亚、阿根廷、冰岛、新加坡、新西兰、乌兹别克斯坦、蒙古11个国家和地区的货币当局签署了本币互换协议,总金额共计8 000多亿元人民币。随着国际经济金融形势的好转,货币互换协议的功能逐步从应对危机转向支持双边贸易和投资,双边本币结算逐步从接壤国家扩大到非接壤国家,从边境贸易扩大到一般跨境贸易。

(2)我国逐步扩大跨境贸易人民币转账支付结算试点范围。2009年4月8日,国务院会议决定在上海和广东省的4个城市开展跨境贸易人民币结算试点,试点的境外地域包括港澳和东盟地区。2009年7月1日,中国人民银行、财政部、商务部、海关总署、国家税务总局、银监会六部门发布《跨境贸易人民币结算试点管理办法》,允许指定的、有条件的企业在自愿基础上以人民币进行跨境贸易结算,支持商业银行为企业提供跨境贸易人民币结算服务。2010年6月以来,我国跨境贸易人民币结算的境内试点地区扩大至全国20个省(自治区、直辖市),境外地域扩展到所有国家和地区。2011年8月,跨境贸易人民币结算境内地域范围扩大至全国。

(3)我国尝试跨境资本项目人民币转账支付结算。为了规范银行办理境外直接投资人民币结算业务,2011年1月,中国人民银行制定了《境外直接投资人民币结算试点管理办法》,明确跨境贸易人民币结算试点地区的银行和企业可开展境外直接投资人民币结算试点。

2011年9月开始,人民币国际化取得了实质性的进展,见表8—3。

表 8—3　　　　　　　　　　　人民币国际化时间表

2011 年 9 月	智利、泰国、巴西和委内瑞拉拟将人民币纳入央行储备
2011 年 10 月	商务部与中国人民银行发布有关人民币外商直接投资的新公告
2011 年 12 月	人民币合格境外投资者试点计划相关规则发布
2012 年 1 月	由香港金管局和英国财政部共同主办的私营部门论坛举行,旨在推动发展离岸人民币业务方面的合作
2012 年 3 月	中国内地指定企业(MDE)名单更新,所有特许进口商和出口商现在可用人民币与中国境外的公司结算
2012 年 3 月	马来西亚央行将即时总额结算服务扩大至包括人民币
2012 年 4 月	中国人民银行宣布,中国决定开发独立的国际支付系统,以促进人民币跨境结算(CIPS)
2012 年 6 月	香港人民币即时总额结算系统运营时间延长至 23:30,中国(香港)即日回购服务也延长至 23:30
2012 年 6 月	香港金管局与摩根大通及欧洲银行票据交换所合作推出跨境抵押品管理平台,允许以非人民币抵押品获取离岸人民币资产
2012 年 8 月	台湾与内地签署两岸货币结算安排谅解备忘录
2012 年 10 月	开启日元/人民币直接报价

二、跨境人民币清算模式

人民币跨境支付清算体系的建立,是我国支付结算体系建设总体目标的一部分。目前,我国已形成了以中国现代化支付系统(CNAPS)为核心,各商业银行行内系统为基础,票据交换系统、卡基支付系统等并存的支付清算体系,人民币跨境支付清算也已处于尝试阶段。中国人民银行于 2005 年 11 月 1 日宣布扩大香港的人民币业务,中国银行(香港)有限公司("中银香港")——香港的人民币业务清算行("清算行")——聘用香港银行同业结算有限公司构建人民币结算系统。

(一)香港的人民币结算系统

1. 系统简介

人民币结算系统于 2006 年 3 月在香港推出,以提升银行同业交易的结算效率。2007 年 6 月,金管局对该系统进行升级,成为全面的人民币即时支付结算系统(RTGS)。人民币 RTGS 系统由中国银行(香港)有限公司担任清算行,香港银行同业结算有限公司则负责系统运作事务。自 2009 年 5 月起,人民币 RTGS 系统连同港元、美元及欧元 RTGS 系统以及债务工具中央结算系统(CMU 系统)从原有的专用操作平台转至环球银行金融电信协会系统的开放式平台(SWIFTNet)。改用开放式平台大大提高了本地及国际支付指令之间的互通性,方便本地及海外的机构使用和参与香港的人民币 RTGS 系统,亦有助于扩大香港人民币

RTGS 系统的覆盖面。截至 2011 年 3 月底,已有 114 家银行以直接参与机构的身份参与香港的人民币 RTGS 系统,其中有 12 家为海外机构。

2. 系统功能

人民币 RTGS 系统与香港其他 3 个 RTGS 系统一样,具备以下功能:银行同业即时支付结算、多种货币组合的外汇交易同步交收,以及透过与 CMU 系统的联网进行债券的货银两讫交收。人民币 RTGS 系统也与中央结算及交收系统(CCASS)联网,为香港联合交易所上市的人民币计价证券进行货银两讫交收。此外,人民币 RTGS 系统亦提供各种批量结算,为银行提供涉及客户层面的同业支付项目的交收,如支票。

3. 跨境支付

除建立货银两讫及外汇交易同步交收的联网外,金管局也与人民币清算行合作推出各种形式的支付结算安排,以促进香港与内地之间的跨境支付交易,其中包括香港与深圳、广东之间的联合支票结算,以及香港与内地之间的跨境支付安排。

(二)人民币跨境清算模式

人民币跨境清算可以自由选择两种模式:一是通过香港、澳门地区人民币清算业务进行人民币资金的跨境清算和结算,即清算行模式;二是通过境内商业银行代理境外商业银行进行人民币资金的跨境清算和结算,即代理行模式。

1. 清算行模式

清算行模式下,经中国人民银行和香港金融管理局、澳门金融管理局认可,已加入中国人民银行大额支付系统并进行港澳人民币清算业务的商业银行,可以作为港澳人民币清算银行,提供跨境人民币结算和清算服务。目前,香港地区的人民币清算行为中国银行(香港)有限责任公司,澳门地区为中国银行澳门分行。

清算行模式的基本做法:

(1)港澳清算行在中国人民银行开立清算账户,以直接参与者身份接入大额支付系统,具备与内地银行机构办理人民币资金汇划业务的能力。

(2)港澳人民币清算行与境外商业银行(即境外参加银行)签订清算及结算协议,为境外参加银行开立人民币同业往来账户,为其提供人民币服务。

(3)进口贸易下,境内企业首先将资金汇入境内结算银行,由境内结算银行通过大额支付系统将资金划至港澳清算行,港澳清算行贷记境外参加银行的同业往来账户并发出入账通知,最终由境外参加银行将资金(人民币或兑付为其他货币)解付给境外企业。港澳清算行也可同时从事境外参加银行的业务,直接将资金解付给境外企业,如图 8—7 所示。出口贸易下,人民币资金汇划按上述流程反向处理,如图 8—8 所示。

(4)人民币跨境流动信息由银行报送人民币跨境支付信息管理系统。

2. 代理行模式

图8—7 进口贸易汇出资金

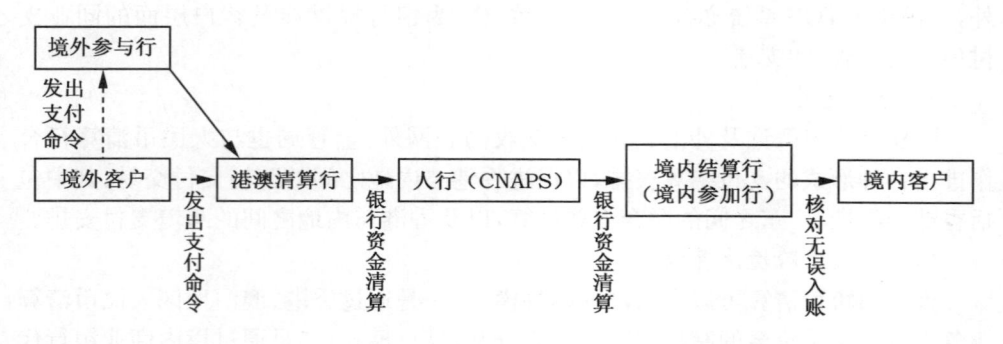

图8—8 出口贸易汇入资金

代理行模式的基本做法如下：

(1)试点地区具备国际结算业务能力的商业银行(即境内代理银行)与境外参加银行签订人民币代理结算协议，并为其开立人民币同业往来账户，并可提供人民币购售、账户融资等服务。境内代理银行可以同时作为境内结算银行，为境内企业开立结算账户。

(2)进口贸易下，境内企业首先将资金汇入境内代理银行，境内代理银行将支付指令通过 SWIFT 系统发送至境外参加银行，然后由境外参加银行将资金(人民币或兑换为其他货币)解付给境外企业，如图8—9所示。出口贸易下，人民币资金汇划按上述流程反向处理，如图8—10所示。

(3)人民币跨境流动信息由代理银行或境内结算银行报送人民币跨境收付信息管理系统。

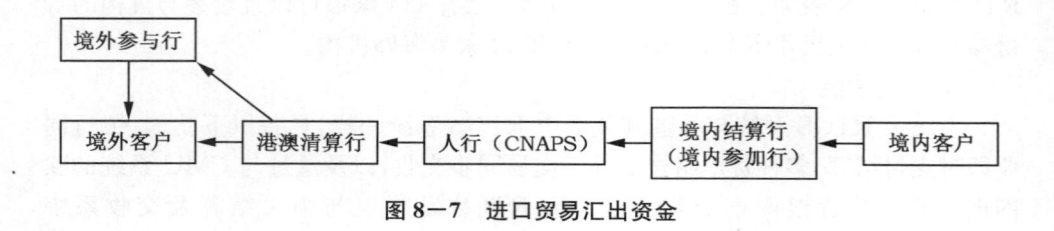

随着我国对外经贸、人员往来的不断扩大，以边境地区贸易和旅游为特征的人民币跨境流通规模不断扩大。人民币在周边国家和地区流通和使用主要以民间流通为主，政府通过与毗邻国家和地区签订双边支付协定的方式予以推动，集中在贸易和现钞结算领域。近年来，中国与俄罗斯、蒙古、越南、吉尔吉斯斯坦、朝鲜、尼泊尔、老挝、哈萨克斯坦等国家签订了双边结算与支付协定，开展包括人民币在内的本币结算与合作，允许双边互设兑换点和商业银行代理中央银行进行结算。

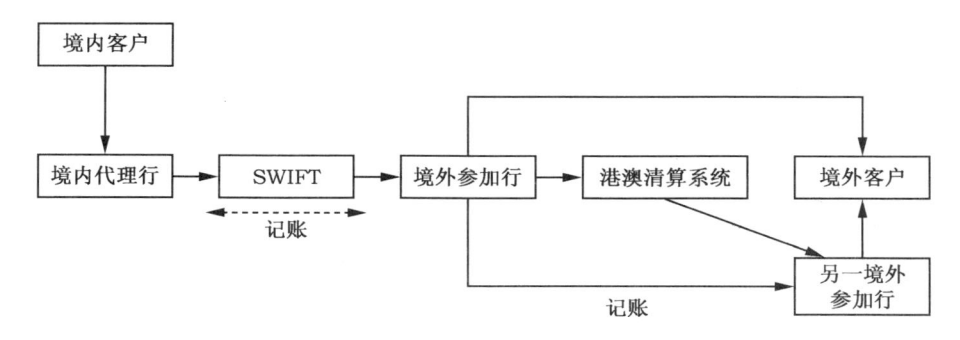

图 8—9　进口贸易汇出资金

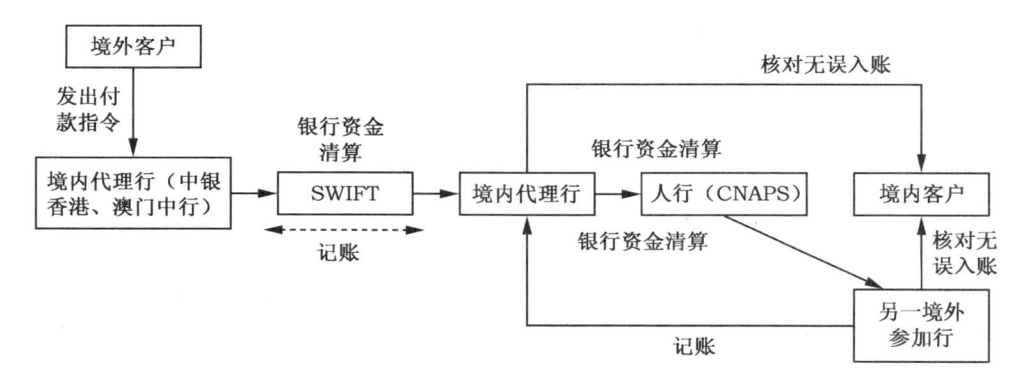

图 8—10　出口贸易汇入资金

未来 CNAPS 应与国际惯例接轨，逐步走向商业化运作。在国内人民币支付清算中，各商业银行可以选择行内支付清算系统、票据交换系统、卡基支付系统，也可以选择 CNAPS 中的大额实时支付系统和小额批量支付系统。同样，在人民币跨国支付清算中，各商业银行也可以自由选择通过环球金融电信协会（SWIFT）或其他渠道发送信息流，或通过接入 CNAPS 的银行发送信息流。如果人民币走向全球化，境外任何金融机构都可以直接与国内银行，或者是境外的区域人民币清算中心清算资金，信息流和资金流将选择效率高、交易成本低的支付清算渠道，CNAPS 将面临如何提高效率、完整性和降低成本的问题。

三、人民币跨境收付信息管理系统

为全面收集人民币跨境业务信息，支持人民银行对跨境人民币业务的管理，人民银行总行设计并开发了人民币跨境收付信息管理系统（以下简称 RCPMIS）。RCPMIS 已于 2009 年 7 月在 5 个试点城市正式上线，接收商业银行上报的跨境业务信息;2009年8月30日与海关总署联网,接收海关报关单信息;2009年12月8日向国家税务总局、海关总署发送人民币跨境收付信息。目前随着跨境人民币业务的不断拓展,系统功能仍在不断完善中。为便于与其他相关业务系统进行连接,实现信息资源共享,RCPMIS具有可扩展性,并预留数据接口。

(一)RCPMIS的定位与特点

RCPMIS定位于以信息采集和事后监测为主,并兼有一定管理功能的系统,支持人民银行对人民币跨境业务进行监测管理和统计分析;为商业银行开展人民币跨境收付业务提供必要的信息支持;与相关政府部门开展数据交换,实现对人民币跨境业务的合力监管。

基于上述定位,RCPMIS具备下列特点:

1. 收集所有跨境人民币业务信息,包括跨境收支信息、以人民币报关的进出口物流信息、人民币跨境债权债务信息、账户信息(同业往来账户、非居民账户)、配套资金服务信息(跨境购售、跨境账户融资、跨境贸易融资、跨境拆借)等,属于人民银行核心信息系统,是支持跨境人民币业务开展的重要金融基础设施。

2. RCPMIS不是实时的信息报送系统,属于事后信息报送、统计、监测系统。人民银行要求商业银行在业务发生日的日终,至迟次日上午10时前报送信息。

(二)RCPMIS的总体架构

RCPMIS由一个数据库、两个业务平台和13个业务模块组成。

1. 一个数据库

人民银行建立RCPMIS数据库,数据库部署在人民银行总行信管中心,集中存储全国各地所有人民币跨境收付信息和人民币跨境业务相关信息,并在此数据库基础上搭建两个平台和不同业务模块,支持人民银行对人民币跨境业务的管理。数据库由经济主体数据库和银行主体数据库构成。其中,经济主体数据库以企业为主体构建,存储跨境人民币收付资金信息和货物贸易的物流信息;银行主体数据库以银行为主体构建,存储银行开展贸易真实性审核所需的信息以及跨境人民币资金业务信息。

2. 两个业务平台

管理平台,供人民银行系统内各部门和分支机构履行监管、监测、统计、分析、研究等使用;服务平台,供银行、海关、税务等外部机构查询、获取相关信息用。管理平台与服务平台之间建立数据交换机制,即管理平台的信息经过适当处理后交换至服务平台,供外部机构使用。

3. 13个业务模块

根据跨境人民币业务的不同类型,RCPMIS设置若干业务模块,包括跨境收付、跨境货物贸易、跨境服务贸易、跨境购售、跨境担保、跨境投资、人民币同业往来账户、跨境资金划转、账户余额、债权债务、跨境贸易融资、跨境账户融资和跨境拆借。

RCPMIS总体架构见图8-11。

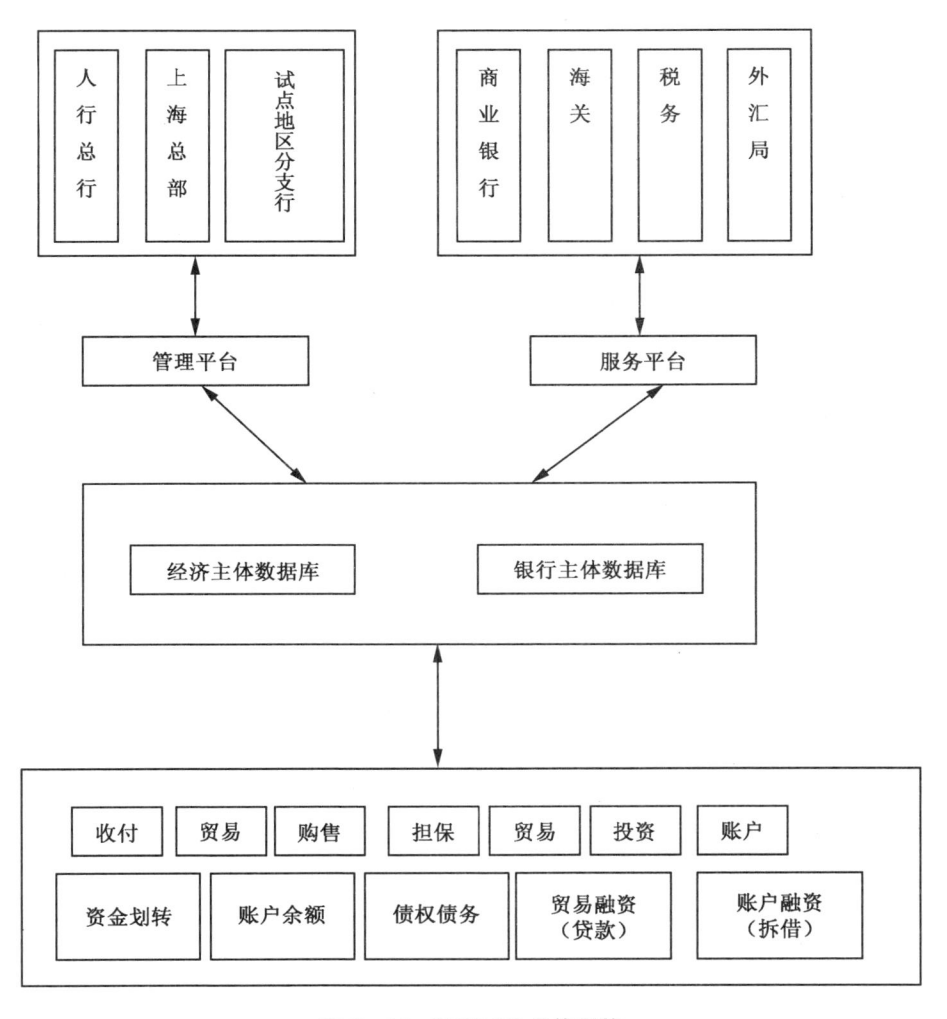

```
┌─────────────────────────────┐        ┌─────────────────────────────────┐
│ 人行  上海  试点地区分支行   │        │ 商业银行  海关  税务  外汇局    │
│ 总行  总部                   │        │                                 │
└──────────────┬──────────────┘        └────────────────┬────────────────┘
               ↕                                         ↕
        ┌─────────────┐                           ┌─────────────┐
        │  管理平台   │                           │  服务平台   │
        └──────┬──────┘                           └──────┬──────┘
               └────────────────┬────────────────────────┘
                                ↕
                ┌───────────────────────────────┐
                │  经济主体数据库   银行主体数据库 │
                └───────────────┬───────────────┘
                                ↕
    ┌───────────────────────────────────────────────────────┐
    │  收付   贸易   购售   担保   贸易   投资   账户       │
    │                                                       │
    │ 资金划转  账户余额  债权债务  贸易融资  账户融资      │
    │                              （贷款）   （拆借）      │
    └───────────────────────────────────────────────────────┘
```

图8-11　RCPMIS总体架构

(三)RCPMIS使用管理原则

考虑到各个地区经济贸易发展有一定的差异性,RCPMIS在强调信息采集要素标准统一性的基础上,通过为各地人民银行设置本地参数的方式,满足地区差异化管理需求。

根据属地管理原则,人民银行总行、上海总部、各分行、营业管理部、省会(首府)城市中心支行、其他城市中心支行(以下简称人民银行各分支机构)依据相关职责范围进行查询、统计、分析和监测,依法开展对人民币跨境业务的管理工作。

商业银行总行及其分支行可通过网络以人民银行规定的接口规范方式向 RCPMIS 报送各类信息,并通过 RCPMIS 的服务平台查询开展人民币跨境贸易结算业务所需的信息。海关等政府部门通过服务平台向人民银行传输经双方确认的相关信息。

(四)RCPMIS 主要功能与目的

RCPMIS 具备审核、存储、监测管理、查询、统计、分析、服务与系统管理 8 项基本功能。RCPMIS 通过这些功能模块可以实现以下目的:

1. 收集经济(贸易)主体通过境内银行办理的所有人民币跨境收付信息;收集贸易主体通过海关办理的所有人民币报关的跨境物流信息。

2. 掌握经济(贸易)主体因人民币跨境业务而形成的人民币跨境债权债务情况。

3. 支持对境内银行办理人民币跨境相关资金业务的管理要求,并动态监测境内银行和港澳清算行对人民币跨境业务相关额度管理规定的执行情况。

4. 收集境内银行和港澳清算行办理的人民币跨境购售信息、人民币跨境账户融资(拆借)信息、人民币跨境贸易融资信息、境外参加行之间资金划转业务信息、人民币同业往来账户信息、人民币同业往来账户资金管理信息、人民币跨境投资、人民币跨境担保等反映人民币跨境业务状况的相关信息,及时评估、监测和分析人民币跨境业务的有关情况。

5. 为境内银行办理人民币跨境结算提供真实性审核所需的相关信息服务。

6. 为税务、海关等部门提供所需的相关信息服务。

7. 与商务、海关、外汇以及人民银行内部相关系统实现数据传输。

四、未来的人民币跨境支付系统(CIPS)

近年来,随着跨境人民币业务各项政策的推出,跨境人民币业务不断增长,对支付结算等金融基础设施的要求越来越高。2011 年,跨境贸易人民币结算量超过 2 万亿元,跨境直接投资人民币结算量超过 1 100 亿元。"十二五"规划纲要和第四次全国金融工作会议均明确提出稳步推进人民币资本项目可兑换,扩大人民币在跨境贸易和投资中的使用。因此,完善人民币支付清算体系,保证人民币跨境支付业务安全、稳定、高效处理可谓应时之举。

跨境贸易人民币结算业务处理中,虽然大多数跨行支付清算最终需要通过中国现代化支付系统实现,但境外参加银行需要在境内寻找商业银行作为代理,或以香港清算行为代理,而且境外参加银行需要通过相关网络如 SWIFT 或专网将跨境贸易人民币结算业务信息发送给境内代理行或香港清算行,然后通过支付系统或商业银行行内系统进行最终的支付结算,这种结算方式的业务处理流程不直接,需要经过多个中间环节,其效率和安全上都有一定的不足,如果建设一个相对独立的人民币跨境支付系统,将会在境外银行和境内金融机构之间架起一条快捷安全的无缝信息通道,使人民币跨境支付业务的处理更加迅速便捷、安全可靠,同时也为人民币走出国门,最终实现自由兑换和国际化打下坚实的支付清算基础。在此背景下,中国人民银行经与部分商业银行深入研讨,在借鉴国际经验的基础上,决定组织开发独立的人民币跨境支付系统(CIPS),进一步整合现有人民币跨境支付结算渠道和资源,提高跨境清算效率,满足境外各主要地区的人民币业务发展需要,提高交易的安全性,构建公平的市场竞争环境。

CIPS 的全称是 Cross-border Interbank Payment System,主要功能是处理人民币跨境支付业务,在功能上可以比照 CHIPS。CIPS 业务处理时间和业务类型均独立于人民币大额支付系统(CNAPS),CNAPS 主要为境内银行业金融机构和金融市场参与者提供跨行人民币资金清算服务,是境内跨行人民币资金汇划的主渠道,CNAPS 对应的是美国的联储支付系统,即 Fedwire。Fedwire 主要用于境内的美元支付,但也部分参与跨境美元支付。目前,95%的跨境美元支付主要通过 CHIPS 来处理。CIPS 和 CNAPS 系统相互独立,但互联互通。境内机构可以作为这两个系统的直接参与者,而境外机构将不再与 CHAPS 直接相连,而作为 CIPS 的直接参与者或者间接参与者。

人民币跨境支付系统有四项功能:一是连接境内、外直接参与者,处理人民币贸易类、投资类等跨境支付业务;二是采用国际通行报文标准,支持传输包括中文、英文在内的报文信息;三是覆盖主要时区人民币结算需求;四是提供通用和专线两种接入方式,让参与者自行选择。

(一)人民币跨境支付的业务类型

人民币跨境支付业务的主要类型包括电汇、保函、托收和信用证等。

1. 电汇

电汇指汇款人将款项交给汇出行,请汇出行通知汇入行解付一定金额的款项给收款人的方式。

2. 保函

保函指在国际经济贸易往来过程中,由信誉良好、交易双方接受的第三方银行机构介入交易充当担保人,承诺在该担保项下的受益人履行了其所应履行的合同义务之后,一旦该担保的申请人未能履行合同,将保证支付一定金额的、经双方同意的款项,作为对受益人一方履约的报酬及遭受损失的赔偿的第三方书面付款保证承诺。

3. 托收

托收指托收行根据委托人的指示向付款人取得付款、承兑,或者在取得付款、承兑后交付单据的一种结算方式。托收分为光票托收和跟单托收两类。

4. 信用证

信用证指开证行应开证申请人的要求并按其指示，或因自身需要，向受益人开立的、载有确定金额的、在规定期限凭符合信用证条款规定的单据付款的书面保证文件。信用证分为光票信用证和跟单信用证。

随着人民币区域化和国际化的深入，需要处理的人民币跨境业务类型也会逐步增多。

(二) 参与者开立清算账户及业务处理模式

人民币跨境支付系统建成后成为中国现代化支付系统的一个重要的业务子系统，主要处理境外以及跨境人民币的支付清算业务。所以其参与者包括境外参与者和境内参与者两种。境内参与者也是正在运行的中国现代化支付系统的参与者，开立清算账户及业务处理模式和现有模式基本一样；而境外参与者主要是境外开展人民币业务的金融机构，主要包括境外的中资银行和外资银行。境外参与者开立清算账户有三种模式：代理行模式、港澳清算行模式和央行账户模式，开户模式不同，处理业务的方式和流程也会有区别，下面分别阐述。

1. 代理行模式

代理行模式是指境内商业银行和境外银行签订人民币代理结算协议，作为其境内代理银行，为其开立人民币同业往来账户，代理其进行人民币跨境支付结算或其他相关被允许的人民币业务。

假如有一笔出口贸易，买方境外某公司的开户行（境外某金融机构）需要支付货款给卖方境内某公司的开户行（境内某商业银行，也是收款行），假设已建设了人民币跨境支付系统（否则只能通过 SWIFT 或其他方式），此境外银行可通过人民币跨境支付系统将贸易和支付信息传送给境内代理行，境内代理行检查账户余额并进行账务处理，如果收款行是本行其他分行，则通过行内系统处理这笔支付业务；如果收款行不是本行其他分行，将通过支付系统处理这笔支付业务。

2. 港澳清算行模式

港澳清算行模式是指境外银行在港澳清算行开立人民币账户，进行人民币跨境贸易的支付结算或其他相关被允许的人民币业务。香港是国际金融中心，与国外其他国际金融中心往来密切，是人民币走向国际的重要渠道。目前香港开办的人民币业务种类很多、参与行众多，人民币存量大、流量大，是境外开展人民币业务最好的地方。香港处理人民币跨境清算采用清算行代理方式，即通过申请评估，在香港选择一家大型银行（中银香港）作为人民币清算行，其他开展人民币业务的银行在清算行开户，通过清算行处理被代理银行之间，以及被代理银行与中国境内银行之间的资金清算。在澳门用同样的业务处理方式。这种清算方式连通了港澳银行与境内银行之间的人民币清算渠道。港澳的银行必须遵循中央政府的有关规定，禁止开展未批准的人民币业务。港澳清算行存于人民银行的人民币利率由央行独立制定,与境内银行存于央行的存款准备金利率和超额存款准备金利率不同,港澳和境内的人民币在逻辑上分开管理。港澳人民币市场与境内人民币市场的联系是间接的,利率分开管理,兑换需要审批,资金不能自由流动,两个市场采用不同的管理方法,香港人民币实行离岸管理,境内人民币采用在岸管理。

假如有一笔出口贸易,买方境外某公司的开户行(境外某金融机构)需要支付货款给卖方境内某公司的开户行(境内某商业银行,也是收款行),假设已经建设了人民币跨境支付系统(否则只能通过 SWIFT 或其他方式),此境外银行可通过人民币跨境支付系统将贸易和支付信息传送给港澳清算行,港澳清算行再通过支付系统处理这笔支付业务。

3. 央行账户模式

央行账户模式是指境外银行在边境地区人民银行分支行(如深圳、广州、云南和广西等)或直接在人民银行总行开设人民币清算账户,然后通过人民币跨境支付系统直接办理人民币跨境贸易或其他相关被允许的人民币支付清算业务。这种清算模式还未在实际中使用,其应用的首要前提是需要先建立人民币跨境支付系统。

虽然央行账户模式要求境外银行在人民银行开立清算账户,但境外银行的清算账户、港澳清算行清算账户和境内金融机构在人民银行开立的清算账户是三种不同类型的账户,有不同的管理办法和规定,而且在存款准备金、利率等方面也有不同的要求,境外银行和港澳清算行的清算账户的人民币兑换皆需要审批,资金也不能自由流动。

假如有一笔出口贸易,买方境外某公司的开户行(境外某金融机构)需要支付货款给卖方境内某公司的开户行(境内某商业银行,也是收款行),假设人民币跨境支付系统已经建立,此境外银行也已经在人民银行开设了人民币清算账户并已接入人民币跨境支付系统,此时,开户银行可以通过其前置机直接发送支付指令,通过人民币跨境支付系统直接办理这笔支付业务。

(三)CIPS 总结

目前,人民币跨境贸易支付有两个渠道。一是通过香港、澳门的清算行系统。在这种安排下,境外贸易结算的参加行委托中国银行香港分行或中国银行澳门分行担任清算行。二是境外参加行委托境内的人民币贸易结算代理行代理结算业务。而资本项目开放之后,就没有必要继续给清算行和代理行以人民币购售额度,没有必要继续为清算行提供在境内银行间拆借市场拆入和拆出人民币资金的额度,清算行将不再是境外人民币的主要"出路"(回流机制)和离岸人民币存款的定价基础,这些功能将由 CIPS 承担。

CIPS 系统是一个基础设施,完善了人民币支付清算体系,为人民币跨境贸易和投资搭建了一个跨境的高速公路。

CIPS 目前是央行计划开发的系统,上述讨论也仅仅是初步的设想,系统最终会实现哪些功能,只有等到真正运行时才能揭晓。

第六节 中国银联卡的跨境支付、清算与结算

一、银行卡跨境业务的基础建设

银行卡联网通用是银行卡跨境业务的技术基础。全国范围内银行卡联网通用基本实现,银联新一代跨行转接系统达到国际先进水平,大多数商业银行的个人电子支付系统国际标准化程度进一步提高。2004年底,银行卡联网通用任务基本实现,中国银联新一代银行卡跨行交换系统建成,该系统可以处理峰值超过1万笔的跨行交易,网络可用性达到99.99%,处理能力和安全性、稳定性、可用性等指标达到了国际先进水平。该系统为银联卡走出国门提供了有力的技术保障。另外,各商业银行的个人电子支付系统通用化程度进一步提高,商业银行系统的标准化,不仅能够为境内持卡人提供境外用卡服务,同时也能为境外持卡人提供良好的境内服务。

巨大的市场容量和发展潜力是中国银行卡产业国际化的市场基础。从发卡量看,中国银联披露的数据显示,截至2015年末,中国银联全球累计发行银联卡超过50亿张,已经超越美国,成为世界上银行卡数量最多的国家。中国已成为世界第一银行卡大国;从受理市场潜力空间看,全国有1 000多万家商户,受理市场潜力巨大;从人们的消费行为看,人们刷卡消费的支付习惯正在逐渐形成,特别是在上海、深圳等一些主要城市,银行卡现金渗透率已经超过50%。这些都为中国银行卡产业的国际化创造了良好的市场基础。

国内银行逐步加大银行卡业务方面的投入。为应对金融业的全面开放,国内银行加快了与国际接轨的步伐,不少银行与外资金融机构合作,充分借鉴国外先进管理经验。在银行卡业务上,外资银行也加紧对中国市场的渗透。如花旗银行参股浦东发展银行,汇丰银行参股上海银行,等等。国外银行的介入带来了丰富的业务运营经验,促进了中国银行卡业务技能的提高,同时也加剧了国内市场的同业竞争。与外资银行的竞争与合作在很大程度上促进了中国银行卡产业的国际化发展。

二、银行卡业务国际化的模式

为满足中国人日益增长的境外商务、旅游、学习的用卡需要,以及把境内商业银行的服务通过银联网络延伸到境外,中国银联积极展开国际受理网络建设。银行卡业务国际化主要是选择在中国人出境的主要目的地国家和地区,开通银行卡受理业务,以满足中国人在境外使用银行卡的基本需要。作为中国唯一的银行卡

组织,银联不同于其他国际卡公司,在短时间内资源有限的情况下,不可能完全依靠自身力量推动国际化,主要通过与境外有实力机构合作的联合发展道路实现银联卡的境外受理。

银联在选择境外合作机构时,需要合作机构拥有强大的区域性网络,在当地市场占据主导地位,与银联不存在品牌竞争关系,与银联的合作持积极态度。境外合作机构在依据银联标准改造系统和终端后接入银联香港前置系统,通过双方主机联网实现银联卡在境外收单机构网络的受理。

通过联合发展的模式,银联分别与境外当地大的收单机构(中银香港、法国农业信贷银行、意大利 Cartasi 公司、日本三井住友卡公司、澳洲国民银行)、当地大型银行卡网络(香港银通 JETCO、韩国 BC 卡公司、新加坡 NETS、马来西亚 MEPS、泰国 PCC、泛欧 ATM 网络 Eufiserv),以及全球性收单机构(花旗银行)开展合作,以实现速度快、规模大和成本低的发展目标。

在国际化初期,受理银联卡的特约商户基本上都有中文标识。与其他国际组织标识卡相比,对银联标准卡在境外使用不收取货币转换费,对持卡人来说,境外用卡成本较低。由于人民币未完全实现自由兑换,持卡人如果在境外使用其他品牌国际卡,在使用非美元币种消费时要先换算成美元,回国后再从美元转换为人民币。持卡人支付两次汇兑差价的同时还需支付卡组织 1‰~1.5% 的货币兑换费。而使用银联标准卡消费,则可以以当天的外汇牌价直接转换为人民币消费,消费金额将在持卡人人民币账户直接扣除,并不需要通过美元间接折算。这不仅为持卡人节约了用卡成本,而且也简化了持卡人的还款程序。目前银联可以实现跨境资金清算的外币币种包括港币、澳元、新加坡元、日元、美元和欧元。表 8-4 显示了主要银行卡组织的人民币境外结算方式。

表 8-4　　　　　中国银联、VISA、MASTERCARD 境外结算对比

名称	提供结算的国家和地区	货币结算费	结算流程	汇率标准
中国银联	90 多个国家和地区	免费	当地货币直接结算人民币	中国外汇管理局公布的当日汇率
VISA	200 多个国家和地区	消费金额的 1%~2%	当地货币结算成美元,再结算成人民币	根据全球主要的汇率市场综合后自定
MASTERCARD	200 多个国家和地区	消费金额的 1%~2%	当地货币结算成美元,再结算成人民币	根据全球主要的汇率市场综合后自定

三、银行卡跨境业务的清算模式

由于银行卡跨境业务涉及本外币转换,我国跨境资金清算一般采用代理银行清算模式。跨境资金的清算可以分为境内卡境外使用资金清算和境外卡境内使用资金清算。以中国银联跨境资金交易清算为例。

(一)境内卡境外使用资金清算

如图8-12所示,首先,银联进行银联卡跨境交易数据的清分和轧差,向境内发卡银行发送扣款指令,相关人民币款项划转至银联开立在中国银行(上海)的账户。然后,银联向中国银行(上海)报送外币头寸金额和清算数据,按当日外汇牌价购汇,同时向中国银行(上海)提供对境外收单机构的外币支付指令。最后,中国银行向境外银行跨境支付外币,由其完成对各收单银行的资金结算,境外收单银行再将资金最终结算给境外商户。

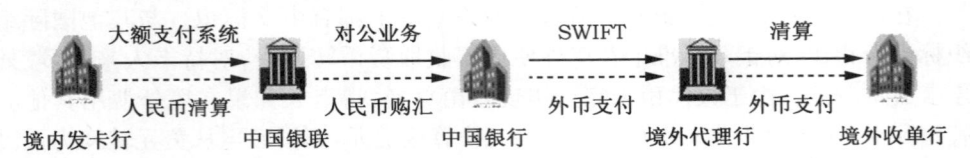

图8-12 境内卡境外使用资金清算模式

境内发卡行 —大额支付系统/人民币清算→ 中国银联 —对公业务/人民币购汇→ 中国银行 —SWIFT/外币支付→ 境外代理行 —清算/外币支付→ 境外收单行

(二)境外卡境内使用资金清算

如图8-13所示,包括外卡内用和外卡收单两种模式。

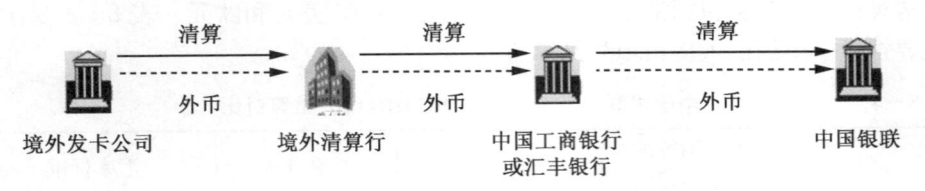

境外发卡公司 —清算/外币→ 境外清算行 —清算/外币→ 中国工商银行或汇丰银行 —清算/外币→ 中国银联

图8-13 银联外卡内用和外卡收单资金清算模式

1. 境外发行的银联标准卡境内使用(外卡内用)

银联进行银联卡跨境交易数据的清分和轧差后向境外发卡行发送清算报表,发卡行按照报表将美元清算给银联在香港汇丰银行开设的外币账户。最后,银联按当日外汇牌价购汇,向境内商户清算人民币。

2. 境外发行的其他卡在境内银联特约商户处使用(外卡收单)

银联进行银联卡跨境交易数据的清分和轧差后向境外发卡公司发送清算报表,国外卡公司根据报表将美元清算给中国工商银行在美国银行的账户,再由中国工商银行(上海)划入银联在其的账户。最后,银联按当日外汇牌价购汇,向境内收单银行清算人民币。

四、银行卡跨境支付业务的特点

（一）持卡人可以享受较低的交易成本

通过国际银行卡组织的网络跨境交易时，POS 消费通常需要支付交易金额的一定比例（通常为 1.5%~2%）的货币转换费，ATM 取现需要支付取现金额的 1%~3% 的手续费（最低 2~5 美元）以及货币转换费。但银联持卡人通过银联网络进行跨境交易时不需要支付货币转换费，且 ATM 取现的手续费较低，降低了客户的使用成本。

（二）业务种类丰富

除了普通的境外交易外，银联跨境支付网络还支持境外退税、跨境汇款、跨境网上支付等服务项目，极大地方便了持卡人的国际交流。

（三）开展各种境外营销活动

银联单独举办或联合各家成员银行推出了境外刷卡消费积分奖励计划，开展了形式各异的刷卡优惠和有奖活动，为持卡人带来更多实惠。

（四）强化了主要受理市场

银联在国人经常出行的目的地将受理市场进一步强化，其中包括美国、英国、日本、韩国、东南亚、澳大利亚和新西兰等国家和地区。

五、银行卡业务国际化的进展

在中央政府关于港澳特殊经贸关系和人民币港澳业务的统一部署和安排下，中国银联于 2004 年 1 月 18 日成功开通了银联卡香港受理业务；同年 9 月 8 日，银联卡开通了澳门地区的受理业务。银联卡首次走出中国内地。2005 年是银联卡在内地以外受理网络全面扩张的一年。在港澳市场成功经验的基础上，2005 年银联卡先后开通了新加坡、泰国、韩国、菲律宾、越南、马来西亚、印度尼西亚、日本、美国、西班牙、德国、法国、卢森堡和比利时等国家的受理业务，银联卡真正意义上走出国门。2005 年银联卡境外全年交易 127.6 亿元人民币，比 2004 年增长了 225%。2006 年，银联卡境外业务不断深化，受理业务已开通 24 个国家和地区，覆盖了约 95% 的中国人出境目的地。银联卡国际化紧紧围绕三个重点：明确重点国家、重点国家的重点城市、重点国家重点城市的重点商户，巩固发展已开通市场，扩大市场覆盖率和成熟度。

同时，银行卡发卡和受理规模进一步扩大。据中国银联资料，截至 2015 年，全球累计发行银联卡超过 50 亿张，银联网络转接交易金额达 53.9 万亿元，占全球银行卡清算市场份额进一步提高。银联卡全球受理网络已延伸到 157 个国家和地区，覆盖近 3 400 万家商户和超 200 万台 ATM，用卡增值服务也在不断丰富。金融 IC 卡受理环境更完善。截至 2015 年底，全国金融 IC 卡累计发行近 20 亿张，受理环境更加完善，广泛覆盖日常消费领域。随着银联境外受理环境的改善和品牌认知度的提高，银联卡境外发卡规模和交易规模持续扩大。

为满足跨境汇款的需要，银联正积极推进银联卡跨境汇款等创新业务。经过银联的努力，国内成员机构开始为跨境汇款业务进行系统改造的准备工作，且已有中国香港特区、新加坡、加拿大、澳大利亚、韩国等国家和地区的多家本地银行和信用卡公司以及一些全球性大银行，正在对银联卡跨境汇款业务的合作进行积极的磋商。

思考讨论题：
1. 什么是跨境支付清算？跨境支付清算经历过哪些历史阶段？
2. 跨境支付清算是如何分类的？
3. 简要说明国际货币的跨境支付清算模式及其主要代表。
4. 简述跨境支付清算的发展趋势。
5. 美元为什么是当今国际第一大货币？
6. 美国有哪些主要的支付系统？哪些系统可以承担跨境支付清算职能？
7. CHIPS 系统提供了双边及多边信用限额来控制信用风险，请简要说明什么是双边及多边信用限额。
8. 简要说明欧元国际化的主要历程。
9. 简要说明清算和结算的区别。
10. TARGET2 系统有哪些优点和缺点？
11. 建立 CLS 的目的是什么？
12. 简述 CLS 清算过程。
13. 人民币是国际货币吗？
14. 跨境人民币清算有哪些模式？
15. 如果由你设计人民币跨境支付系统，你会采用哪种方案？请详细说明理由。

第九章 人民币跨境电子支付业务的最新发展

第一节 人民币跨境支付基础建设

改革开放 30 多年来,中国经济持续高速增长,取得了举世瞩目的成绩,已成为仅次于美国的全球第二大经济体。与此同时,我国金融体制改革向纵深发展,金融市场日趋完善,银行电子化水平迅速提高,电子商务在广度和深度上进一步拓展,支付市场蓬勃发展。党的十八届三中全会通过的《中共中央关于全面深化改革若干重大问题的决定》明确了以经济建设为中心,对推动经济社会持续健康发展,健全多层次资本市场体系,加强金融基础设施建设做出具体规定,为推动我国支付体系的发展和完善提供了顶层规划。2015 年 10 月 26 日召开的党的十八届五中全会,审议通过了《中共中央关于制定国民经济和社会发展第十三个五年规划的建议》(以下简称《建议》),全会提出全面建成小康社会新的目标要求:保持经济中高速增长,在提高发展平衡性、包容性、可持续性基础上,到 2020 年国内生产总值和城乡居民人均收入比 2010 年翻一番,产业迈向中高端水平,消费对经济增长贡献明显加大,户籍人口城镇化率加快提高。在《建议》中提出了实施"互联网+"行动计划和国家大数据战略,即拓展发展新空间,形成沿海沿江沿线经济带为主的纵向横向经济轴带,培育壮大若干重点经济区,实施网络强国战略,实施"互联网+"行动计划,发展分享经济,实施国家大数据战略。为我国发展现代金融业服务业提出了新的要求和高标准。我国支付+在推动人民币跨境支付业务方面,面临着巨大的历史发展机遇。

近十年,我国支付体系发展取得了辉煌成就。以构建安全、高效、便捷、经济的现代化支付体系为目标,支付清算系统等金融基础设施建设取得了历史性飞跃,非现金支付工具广泛应用、日益创新,支付服务主体多元化发展,支付服务市场在规范中不断壮大,支付体系监督管理日趋完善。主要成效表现在五个方面:

一是金融基础设施完整建成。按照一年建成运行一个系统的"中国速度",当前我国支付清算基础设施发展已跻身国际先进行列。相继建成了大额实时支付系统、小额批量支付系统、全国支票影像交换系统、境内外币支付系统、电子商业汇票系统、网上支付跨行清算系统,有力支持了我国经济金融的快速发展,为支付+提供了广阔的发展空间。

二是非现金支付工具广泛应用。支付+促进了非现金支付工具的广泛使用,传统票据业务不断创新,银行卡业务快速发展。随着公务卡、金融IC卡、军人保障卡、中职学生资助卡等的推广应用,银行卡在便利社会管理方面的作用日益凸显;人民币银行卡走出了国门,目前已在148个国家和地区实现受理,超过30个国家和地区发行了银联卡;截至2015年底,我国累计发行银行卡54.42亿张,全年银行卡消费55.00万亿元,占社会消费品零售总额的47.96%,银行卡已成为居民个人使用最为广泛的支付工具。此外,网上支付、移动支付、电话支付等新兴电子支付方式发展迅猛,不断创造和满足社会公众日益多样化的支付需求。非现金支付工具的广泛应用,对减少现金使用、降低交易成本、培育社会信用、促进金融创新、方便生产生活发挥了重要作用。

三是支付服务市场化纵深发展。我国已形成中央银行、银行业金融机构、非金融支付机构、证券结算机构各有侧重、功能互补的支付服务组织格局,支付服务的专业化分工日益明显,市场化程度不断提高。特别是随着支付+发展,非金融机构参与支付服务市场,互联网支付、手机支付、电话支付等新型支付方式不断出现,较好地满足了电子商务企业和个人的支付需求。统一、开放、竞争、有序的支付服务市场已经形成。

四是银行结算账户管理体系不断完善。银行账户是社会资金运动的起点和终点,是市场经济运行的基础和宏观经济监测的窗口。目前我国建立健全了银行结算账户管理法规制度,建成运行银行结算账户管理系统、联网核查公民身份信息系统,银行账户实名制取得重大进展。

五是农村支付服务环境建设成效显著。截至2013年末,农村地区金融机构开立的个人银行账户达24.1亿户,发放的银行卡达15亿张,基本实现了人人有卡、家家有账户。

人民币境内支付清算基础设施建设已趋于成熟,而境外支付清算体系建设才刚刚起步。随着人民币国际化进程加快,人民币对多国货币展开直接交易。2012年4月12日,中国人民银行有关负责人表示,央行决定组织开发独立的人民币跨境支付系统(Cross-border Interbank Payment System,简称CIPS),进一步整合现有人民币跨境支付结算渠道和资源,提高跨境清算效率,满足各主要时区的人民币业务发展需要,提高交易的安全性,构建公平的市场竞争环境,我国独立的人民币跨境支付系统的开发应用不断提速。CIPS系统第一期已于2015年10月8日上午正式启动。可以预计,CIPS系统上线运行后,将大大提高跨境清算效率,标志着人民币国内支付和国际支付统筹兼顾的现代化支付体系取得重要进展。CIPS 系统的建立在顺应市场需求的同时,将进一步推动人民币在全球的使用,人民币跨境支付业务将会更快地发展,为人民币成为真正的全球货币铺平道路。

一、人民币跨境支付业务在上海自贸区的发展情况

近年来,随着互联网经济的快速发展,中国电子商务市场以几何倍数迅速扩张,它不仅仅成为我国出口企业进行对外贸易的新型平台,也成为个人购买境外商品的重要渠道。2013 年 2 月,国家外汇管理局正式在浙江等 5 个省市开展了支付机构电子商务外汇支付试点,而随着人民币跨境业务的不断深入,在网上进行人民币跨境结算的需求也日渐增大。2013 年 11 月 20 日上海自贸区"跨境通"——上海自贸区第一家经政府审批的海淘网站平台正式运行,通过此平台,大批量海淘商家入驻。自贸区跨境通的运行为海淘业的规范化指明了方向,对于购销双方来说充满利好。从进口方面来看,通过建立大型海淘电商平台,可以改变以前海淘小打小闹的格局,规范海淘行为;对于海外出口来说,通过"跨境通"平台降低了物流和通关等高额成本,进一步增加了商品竞争力,有利于进一步开拓中国庞大的消费市场。"跨境通"平台运作一个多月,就与 20 余家电商进行洽谈并引入 7 家物流公司。2013 年 12 月 28 日上海东方电子支付公司的跨境支付平台系统与"跨境通"对接,开始平台系统建设,主要包括跨境通平台和跨境通贸易电子商务物流中心两个部分。其中,跨境通平台包含了导购门户网站、通关系统以及配套的行邮税网上支付系统。东方支付及其子公司跨境通支付平台与东方网合作,完成了导购门户网站的建设。2014 年 2 月 18 日,央行上海总部在上海自贸区启动支付机构跨境人民币支付业务试点,这不仅标志着自贸区支付机构跨境人民币跨境支付业务正式启动,也是央行自贸区"金融 30 条"第一个落地的政策。而央行上海总部制定《关于上海支付机构开展跨境人民币业务的实施意见》,也成为上海自贸区正式获批以来,公布的首项区内金融业务细则,使上海自贸区在全国率先开展跨境人民币支付业务。该意见对支付机构开展跨境人民币支付业务实行事后备案和负面清单管理,大大提高了支付效率,受到企业和个人的欢迎。

自贸区支付机构跨境人民币支付业务正式启动时,中国银行上海分行与快钱公司、工商银行上海分行与盛付通、建设银行上海分行与银联电子支付、招商银行上海分行与通联、民生银行上海分行与东方电子在现场签订相关合作协议,正式启动自贸区内的跨境人民币结算业务。一起签约的还有 5 家特约商户代表。上海银联电子支付服务有限公司还当场发起了一笔跨境人民币支付业务,跨境人民币支付业务正式启动,这是金融支持上海自贸区实体经济发展、便利跨境贸易、扩大人民币跨境使用的一项重要举措。凸显出支付+在人民币跨境支付中的重要作用。2010 年以来人民币跨境支付业务量如表 9-1 所示:

表 9—1 人民币跨境收支业务金额调研统计 单位:亿元

年份 项目	2010	2011	2012	2013	2014	2015
1. 人民币跨境支付（全国）合计	4 105.26	20 935.92	40 159.26	62 357.65	99 736.28	121 041.75
其中:上海市	465.63	2 784.61	4 958.23	9 190.33	17 619.61	27 457.20
2. 非银行支付机构人民币跨境支付（净支出）（全国）	—	0.00	0.00	0.84	17.37	67.08
其中:上海市（净支出）	—	0.00	0.00	0.00	13.8	67.08
3. 上海自贸区人民币跨境支付合计	—	—	—	—	3 226.00	12 026.44

注:上海自贸区人民币跨境电子支付数据是指 2013 年建立以来至 2015 年 12 月的数据。
资料来源:根据人民银行上海总部提供的资料整理。

截至 2015 年 12 月,上海自贸区跨境人民币收支业务量合计已达到 12 026.44 亿元,是 2014 年业务量的 3 倍多,上海自贸区支付＋有力地促进了跨境人民币支付业务的发展,推进了人民币国际化的进程。

二、人民币跨境支付业务的运营

随着我国对外经济发展,人民币跨境支付业务需求越来越大,在 CIPS 系统建立之前,我国人民币跨境支付业务 2013 年以人民币进行结算的跨境货物贸易、服务贸易以及其他经常项目、对外直接投资、外商直接投资分别累计发生 3.02 万亿元、1.61 万亿元、856 亿元、4 481 亿元。同时,人民银行已与超过 23 个国家和地区的货币当局建立了双边本币货币互换机制,此外,被誉为中国金融改革中"含金量"最高的上海自贸区分账核算制度、沪港通均已正式启动,"清算—定价—储备"是人民币国际化不可逾越的三步走。清算系统"环球同业银行金融电讯协会"(SWIFT)的数据显示,人民币已经成为中国与亚太其他地区之间最主要的支付货币,过去 3 年间支付量增加了 3 倍多,超过日元、美元和港币。这种转变表明,亚太地区是人民币提升作为全球贸易结算和投资货币接受度的最前线。SWIFT 称,2015 年 1～4 月,在中国(包括香港)与亚太其他地区的支付中,使用人民币的比例达 31%,较 2012 年 4 月时的 7%大幅提升。SWIFT 数据显示,人民币使用比例上升主要影响美元,美元在 4 月的支付中占比仅为 12.3%,远低于 2012 年 4 月时的 21.7%。日元和港币的使用比例也有所下降。

但在人民币跨境贸易结算规模持续扩大的背景下,人民币在全球支付清算的使用份额还不高,这意味着迫切需要以全球化的战略思维建设境外人民币支付清算体系。

现阶段,我国人民币跨境支付主要有以下三种方式:

一是互开边贸结算账户方式。即采取双方商业银行互开对方国家本币账户的方式办理边贸结算。此种支付结算模式仅限于与我国接壤的部分周边国家,双方商业银行间主要通过 SWIFT 网络传输业务指令。

二是境外机构直接参加大额支付系统方式(港澳模式)。为促进内地与港澳地区间的人员及经贸往来,引导港澳地区人民币存量资金有序回流,2004 年,中国人民银行允许香港、澳门部分银行机构依托大额支付系统实现了两地与内地间的人民币资金汇划往来。

三是中国银联银行卡网络跨境实现方式。中国银联与境外银行卡组织或商业银行建立业务合作关系,境外机构通过专线或境外网络服务提供商接入银联前置系统,实现国内民众在境外使用人民币的回流。

现有人民币跨境支付主要服务于边贸结算和居民境外消费性支付,尚无法满足以人民币作为对外贸易主要结算币种及国际化发展的需要。迫切需要建立独立的跨境人民币支付清算系统实体架构,并推进相关联的商业银行跨境代理系统建设。建设人民币境外支付清算体系,将有利于提升市场清算效率,降低清算成本,提升人民币国际地位。因此,CIPS 系统应运而生。人民币跨境支付系统(CIPS)建设目标是保证安全、稳定、高效,支持各个方面人民币跨境使用的需求,包括人民币跨境贸易和投资的清算、境内金融市场的跨境货币资金清算以及人民币与其他币种的同步收付业务。CIPS 的主要功能包括连接境内、外直接参与者,处理人民币贸易类、投资类等跨境支付业务,满足跨境人民币业务不断发展的需要;采用国际通行报文标准,支持传输包括中文、英语在内的报文信息;覆盖主要时区(亚、非、欧、美)人民币结算需求;提供通用和专线两种接入方式,参与者可自行选择等。首批参与者共有 19 家,分别为:中国工商银行、中国农业银行、中国银行、中国建设银行、交通银行、华夏银行、民生银行、招商银行、兴业银行、平安银行、浦发银行、汇丰银行(中国)、花旗银行(中国)、渣打银行(中国)、星展银行(中国)、德意志银行(中国)、法国巴黎银行(中国)、澳大利亚和新西兰银行(中国)、东亚银行(中国)。此外,同步上线的间接参与者还包括位于亚洲、欧洲、大洋洲、非洲等地区的 38 家境内银行和 138 家境外银行。CIPS 系统的建成并运营必将使人民币跨境支付业务实现新的发展与飞跃。

(一)人民币跨境支付业务对我国企业的影响

我国企业与其他国家或地区的企业开展国际贸易的主要业务流程可以概述如下:我国企业与国外企业就商品的跨境交易进行谈判。在谈判的基础上达成交易协议,签订交易合同,合同中列明商品交易的价格、质量、交易时间、交易币种、发货方式等主要内容。出口商按合同要求开展生产,准备出口商品;进口商则筹备用于进口商品的外国或本国货币,或提前支付部分预付货款。出口商将出口商品准备完毕后,经由本国海关报关后向进口商发货。进口商于收到货物并确认货物无误后指示其所在国结算银行向出口商所在国结算银行支付相应货款。进口商所在国结算银行收到指示后,指示出口商所在国结算银行向出口商支付对应货款。两家结算银行再通过跨境清算机制进行资金清算结算。

如果将交易币种的因素引进来,由于进出口商分处不同国家或地区,各自的日常交易货币不一样,对于交易币种的选择,可能会出现以下两种情况:进出口商使用第三方货币进行交易和进出口商使用人民币进行交易。若进出口商使用人民币进行交易:在这种方式下,进出口商合同规定的交易货币为人民币,我国企业进出口收付货款直接使用人民币,无须再进行任何兑换即可用于生产经营,对我国企业十分有利。汇率风险方面,由于我国企业进出口交易和日常生产经营均使用人民币,不存在币种错配的问题,因此汇率风险为零;汇兑损失方面,我国企业不再需要在人民币与外币之间进行兑换,因此汇兑损失为零;交易成本方面,我国企业不再需要使用金融衍生工具来规避汇率风险,其交易成本降为零;外汇兑换及损失问题方面,我国企业不再存在外汇兑换困难及损失问题。因此,我国经济实力的增强要求人民币在国际上的地位应相应提升,而对外经济交往的增加要求改变对外经济交往单纯依靠外币进行结算的现状,我国企业迫切需要使用人民币开展对外经济交往,以进一步提升对外经济交往的便利程度。

(二)人民币跨境支付业务对我国居民海外消费需求的影响

改革开放以来,我国居民个人海外消费需求增长迅速,随着互联网行业的不断发展,网购已渐渐成为人们生活习惯的一部分,越来越多的人开始通过访问境外电子商务网站来选购中意的海外商品,日益旺盛的"海淘"需求推动了跨境电子支付的发展。跨境人民币支付业务正式启动,这是金融支持上海自贸区实体经济发展、便利跨境贸易、扩大人民币跨境使用的一项重要举措。而对个人来说,较为直接的影响就是"海淘"将更为便捷。而承担人民币跨境支付贸易结算的支付+工程,更好地促进了跨境电子商务的发展。

以前在海淘时,商品的价格通常会以美元、欧元等货币显示,只有少部分网站为了满足国内消费者需求,会以人民币标识价格。付款时,尽管我们通过第三方支付机构付出的是人民币(根据当时汇率将外币价格折算为人民币付款),但钱款结算时又会兑换成外币付给商户。这一过程背后,是第三方支付机构通过"跨境电子商务外汇支付业务试点"帮助消费者把人民币进行了汇兑,并汇向境外。存在的问题是,由于汇率波动的关系,商品的价格会在不同时间高低起伏,尤其是涉及货品退货时,很可能会出现价差,从而损害消费者的利益。而人民币跨境支付业务的所有环节使用的都是人民币:人民币标价、人民币支付、人民币结算出境。支付完成后,电子支付机构的清结算系统会根据与境外商户约定的结算周期,生成结算报表,并通过合作银行将人民币结算至商户的境外银行账户中。

(三)非银行支付机构的人民币跨境电子支付业务的营运

非银行支付机构人民币跨境支付业务,是指非银行支付机构(第三方支付)依托互联网,为境内外收付款人之间真实交易需要转移人民币资金提供的支付服务。上海市注册成立的非银行支付机构以及外地非银行支付机构在自贸区设立的分公司,凡取得互联网支付业务许可的,均可从事跨境人民币支付业务。

以上海自贸区首次启动人民币跨境支付为例,银联支付工作人员首先向创设于香港的葡萄酒网购平台 Enjoy Wine 发起了一笔交易,在商品显示页面,可以看到价格是以人民币为单位显示的"388 元"。进入支付环节后,几步简单操作就可成功支付相应金额(同样人民币付款)。在随后清算环节上,商户所获得的也将是人民币。

第二节 人民币跨境电子支付业务的监管体系

开展支付机构电子商务跨境人民币结算不仅需要有明确政策制度的支持,同时也需要在监管风险控制、协调机制等配套措施方面开展一系列的探索和研究。

一、人民币跨境电子支付业务的监管建设

(一)必须制定支付机构电子商务跨境人民币结算管理制度

明确办理跨境支付交易的市场准入条件。近期可考虑将支付主体限制在有电子商务交易平台、资金实力雄厚、业务记录良好的非银行支付机构,并确立对非银行支付机构按交易类别分类监管的原则。明确跨境支付交易业务范围。允许非银行支付机构拓宽至包含实物贸易的经常项目下所有业务,如航空票务、酒店预定、旅游服务等服务贸易。根据分类监管原则明确业务开放顺序,风控措施较差的非银行支付机构应按步骤逐步批准办理。

(二)建立风险总体可控模式

设置跨境支付限额,如规定境内个人客户每年 200 万元人民币或单笔 5 万元人民币,境内中小企业客户每年 1 亿元人民币或单笔 100 万元人民币。后期视业务运行情况,逐步放开限额。在非银行支付机构实时监测系统中设立异常交易监控,对同一收款方短期内高频率交易等情况进行实时监控。同时,按照中国人民银行反洗钱等法律法规,对符合大额或可疑交易标准的交易进行核查,积极防范跨境洗钱和热钱的流入。

(三)完善备付金管理及个人跨境网上结算等配套政策

建立适应跨境人民币结算需求的客户备付金管理制度。建议允许非银行支付机构在境外开立备付金账户,可考虑到日常管理的便利性,非银行支付机构只能在

境内银行的境外分支机构开立1个人民币跨境结算备付金账户。相关银行要负责备付金存管职责。允许个人及个人商户参与跨境人民币结算业务。建议考虑网上跨境交易的实际情况,允许个人及个人商户通过代理参与跨境人民币结算业务。交易的真实性审核,可以通过监控代理公司的货物流、资金流信息来实现。同时,严格规定结算银行要加强内控建设,规范业务流程,从制度上设计防范和控制跨境流动风险,防止各类套利资金通过个人途径实现跨境流动。

二、促进人民币跨境电子支付发展的建议

(一)人民币跨境电子支付发展的意义

1. 有利于拓宽人民币跨境流通渠道

个人跨境人民币电子收支业务创新,有助于进一步打通境内外人民币的进出渠道,为境内外人民币资金使用提供更多的选择,也可增加境外人民币的供应,将离岸人民币"资金池"做大,从基础上完善人民币跨境循环流动,进一步扩大人民币的影响力。同时,很好地填补了银行服务跨境电商及小额人民币跨境结算服务的"缺口",迎合了个人多元化跨境人民币结算需求,突破了个人跨境贸易人民币业务试点的区域、时空等限制,必将促进个人跨境人民币业务发展。

2. 有利于拓展电子商务跨境资金结算通道

跨境电子商务的兴起,对人民币跨境收支提出了新的需求。然而资金支付与回笼的风险在一定程度上制约其规范发展。如目前大部分外国购物网站仅支持PayPal,对跨境支付产生不利影响,同时我国跨境电商由于缺少正规的跨境结算途径影响其有序发展,并出现了不规范的代理跨境结算甚至违规操作现象。跨境人民币电子收支业务有效解决跨境电商的结算瓶颈,有利于跨境电子商务的跨越式发展。

3. 有利于把握跨境贸易的真实性背景

非银行电子支付机构利用自身数据与信息优势,可以实现资金流信息与货物流信息相匹配。因此,非银行支付机构不仅可以为跨境电商提供便捷、高效的跨境贸易人民币收支服务;同时还对中国人民银行等监管部门深入了解跨境电子商务的发展情况、趋势及问题提供了数据支撑。

4. 有利于银行提升服务经济内涵及转型发展

人民币跨境电子支付可以使"市场采购"贸易主体合理规避汇率风险、节省汇兑成本、提高结算效率、提前锁定贸易的收益和成本等,与此同时,通过与支付机构合作,为银行的国际业务带来了新的市场需求,为银行拓宽客户资源、丰富存款来源、整合本外币业务发展、增加中间业务收入创造了条件,更为下一步业务创新与产品创新、确立区域性竞争优势提供了新的战略空间。

5. 有利于非银行支付机构差异化发展

跨境电商的崛起发展，为发展非银行支付机构跨境人民币收支业务提供了机遇。在国内非银行支付机构盈利模式简单、同质化竞争严重的现状下，若能抓住市场需求，不断推出实用的、符合市场需求的跨境收支服务，将有利于分流国内竞争，进一步聚拢优质客户，为非银行支付企业开创新的业务发展的"蓝海"。

(二) 促进人民币电子跨境支付发展建议

1. 促进人民币跨境支付发展的基本原则

创新开展促进个人跨境人民币电子收支业务，应充分把握人民币跨境支付业务的历史发展机遇，加强战略规划，特别是在上海自贸区应先行先试，积极稳妥，持续推进。

一是安全为本原则。银行与非银行支付机构要重视信息安全建设，加强数据安全防范，防止用户信息和数据泄露，建立交易监测和预警机制，构建交易监控体系，防范可能存在的风险。

二是风险可控原则。合作银行要主动承担风险，要求非银行支付机构主动落实政策，在法律规定范围内开展业务创新，重视业务真实性审核及反洗钱工作，同时建立起与跨境人民币业务相关的内控制度、操作制度等，保障客户资金安全。

三是结算为先原则。非银行支付机构要树立结算服务为先的理念，做好结算本职，在结算服务的基础上衍生金融产品，提升服务能力。

四是逐步推进原则。在试点初期，严格把握人民币跨境交易的真实性，在可控的框架内推进，防止盲目一哄而上，而是要在监管上下大力气，规范发展。

2. 促进人民币跨境电子支付发展的基本方法

总体上实行逐步试点，有序推进的措施。借鉴人民币跨境支付结算试点工作的成功经验，在推进非银行支付机构跨境人民币收支业务时，选择有基础、有经验、有影响、规范运作的机构开展试点，在结算产品方面选择便于监管、有利于真实性审核等产品，严控直接投资等资本项下的跨境业务创新。

一是完善备案审核。试点初期，应督促银行及时将其与支付机构开展跨境人民币收支合作向中国人民银行备案。

二是有序推进。应首先试点有利于真实性审核的业务，再逐步向跨境电商贸易领域推广。

三是选择试点个人。应尽量选择有国际贸易、跨境电子商务交易、跨境外汇结算交易背景的主体试点，保障业务真实性。

四是创新与监管并重。试点初期加强真实性审核。

3. 促进人民币跨境电子支付发展的主要措施

一要加大政策宣传。结合成功案例，以实实在在的好处来推动有条件的银行与支付机构合作，创新开展个人跨境人民币业务。

二要深化创新引导。在政策允许与风险可控前提下，进一步丰富人民币金融衍生产品,鼓励银行与非银行支付机构拓宽合作领域,按照市场需求设计创新产品。

三要规范操作流程,明确银行与非银行支付机构的权利、责任及义务,通过相互合作,为跨境人民币业务发展提供便利,实现共赢。

四要实施激励措施。对银行实施正向激励,对推广人民币跨境支付结算业务成效明显的银行和非银行支付机构进行奖励。

4. 促进人民币跨境电子支付发展的创新重点

跨境电商发展必将产生大量的跨境结算需求。应以跨境电商贸易作为重点领域,深入调查研究,大胆改革创新。同时,将跨境电商网络虚拟交易凭证作为基础,以进一步简化、规范个人跨境人民币试点操作为突破口,提供差异化的结算服务,激发支付开展跨境人民币收支业务创新热情。

5. 促进人民币跨境电子支付发展的政策建议

(1) 尽快完善非银行支付机构风险防范法律法规。建议明确相关市场准入、资金监管、退出等规则,为非银行支付机构开展人民币跨境收支业务提供保障,为其快速发展提供空间。尤其在资金安全管理、隐私保护、电子合同的合法性、交易证据等方面设定具体标准,营造权责清晰的市场环境。

(2) 加大政策扶持,树立明确政策导向。建议中国人民银行在鼓励非银行支付机构开展人民币跨境收支业务创新时,在支付机构备付金账户开立、跨境收支信息录入、跨境收支电子信息保存、业务指导等方面提供差别化、便利化措施。

(3) 加强部门协作,处理好创新与监管的平衡。中国人民银行应加强与海关、外汇、商务、电商、物流等管理部门之间的合作,通过事后监测监管来合理防范跨境业务失真风险。同时坚持鼓励创新与防范风险并重的原则,支持支付机构创新、规范与健康发展,加大对跨境人民币业务创新的扶持。

(4) 强化非银行支付机构跨境电子资金流动监测。建立跨境资金异常流动应急预案,防止异常资金的大规模流动,及时发现银行机构与非银行支付机构合作中的漏洞并完善相关合作模式。同时,建立人民币跨境流动预警核对机制,通过建立严格的系统监控机制,在第一时间监测跨境人民币流动状况,有针对性地开展真实性、一致性审核。

第三节 人民币跨境电子支付业务的典型案例分析

案例一:东方电子支付公司跨境贸易电子支付的综合解决方案[①]

东方电子支付公司(以下简称"东方支付")是国内最大的非银行电子支付商,

[①] 上海立信会计金融学院"现代支付互联网金融研究中心"课题组专项调研资料。

首批获得支付牌照的企业,同时也是 2012 年底获得国家发改委和海关总署发布的电子支付的试点单位,2013 年 8 月张江管委会认定的平台经济企业。在跨境贸易电子支付方面,成为上海自贸区发展跨境电子商务的典型样本。目前该公司对跨境贸易电子支付进行了有效的开发和设计,形成一套适合我国企业和个人进行跨境贸易电子支付的综合解决方案。

1. 东方支付的第一项基础业务也是较为核心的一项业务,是全国海关税费电子支付系统。在此系统上,有超过 5 万家企业用户,支付额超过 1 万亿元人民币运行,海关税费电子支付的比例占到所有开具税单的 80%。

2. 东方电子支付的第二项业务,是自贸试验区物流业的电子围网业务,这是 2013 年 9 月 29 日自贸试验区挂牌之前东方支付跟海关总署合作开发的一项业务。东方支付与这些银行的总行联网,跟这些银行的联网是两条专线,通过互联网支撑其业务。这里面囊括了所有大的全国性的商业银行和一些业务股份制的商业银行。除此之外,东方支付在上海有两个技防,在北京有一个备份中心。

3. 东方支付已在自贸试验区内成立一个跨境电子商务的支付结算中心,同时在现有的海关税费业务和资源基础上,将开展一些新的业务,比如航运金融、保险网上销售、供应链金融、企业在线购税等等。该中心自开展跨境支付业务以来,业务发展迅速。据统计,在个人"海淘"业务方面,2014 年业务量为 300 万美元,2015 年 1~6 月就达到 800 万美元。东方支付与上海海关、商检局共同开发了一个跨境电子商务模型,实现了监管的前推和后移。过去的贸易是有形的实体贸易,现在有了互联网之后打破了时空的限制,很多实体要素推到了空中,变为电子化或是碎片化了,这是信息化带来的问题。而东方支付通过这样一个监管模型的前推后移,就能够通过订单进行支付信息、物流信息和交易信息的一个三维比对,把这些信息用大数据的方式进行集成和融合,使海关、商检、外管知道在这个网上你在干什么,甚至预测你想干什么,较好地运用大数据管理。东方支付有出口系统和进口系统,出口系统可以帮助国内的中小卖家,尤其是长三角和珠三角地区的卖家,解决一些电子商务的问题以及无法通关结汇退税的问题。除此之外,东方支付目前在不断丰富上海的跨境通业务的商品,一方面是因为上海的消费环境和消费能力较强,另一方面它又具有口岸的一个物理条件,包括硬件和软件,使该公司成为促进人民币跨境支付发展的样本企业之一。

案例二:快钱牵手元大银行 跨境支付成为第三方支付增长点[①]

2014 年 10 月 14 日,中国内地最大的独立第三方支付机构快钱在上海宣布与中国台湾元大银行签署战略合作,并同步上线元大 e 付通。据了解,通过该平台,

---

① 《21 世纪经济报道》,2014 年 10 月 15 日。

内地个人消费者和商家均可实现跨境人民币支付购买台湾地区商品。

2014年2月,央行上海总部在上海自贸区启动支付机构跨境人民币业务,快钱、通联、盛付通、东方电子和银联5家第三方支付机构成为试点。快钱是业务发展较快的支付机构。

快钱董事长兼CEO关国光表示,第一步将以人民币为核心完成跨境B2C和B2B交易;之后,当人民币可以有更多的机会进行回流时,快钱将有更多的金融产品创新,同时也可以为广大的海外企业提供更多的金融性服务。目前,快钱在跨境人民币业务方面凭借B2B和B2C的方式已率先实现落地。2014年初,快钱与台湾关贸达成合作,开展内地企业与台湾地区企业的B2B人民币跨境支付业务;此次与台湾元大银行的合作则切入B2C领域。

2014年前三季度,独立第三方支付机构迎来史上最严厉的整顿,先是央行下发《中国人民银行关于银行卡预授权风险事件的通报》,后严令多家支付机构的收单业务退出部分区域。这使得第三方支付机构加速寻找新的业务增长点。

快钱相关负责人表示,2014年快钱也在寻求转型升级,提出"支付2.0时代",在原有支付基础上叠加营销、理财等更多增值服务,同时,自贸区推动的跨境人民币支付业务也将成为快钱一个新的增长点。据了解,元大银行不仅在台湾地区拥有88家分行网点,并且拥有一家电子商务平台。根据双方的战略合作协议,元大银行依托自身的电商平台,协助台湾地区中小企业以及网络商户开创跨境电商市场,将商品销售给中国内地买家;而快钱则通过跨境电子支付系统,打通海峡两岸的人民币支付,协助元大银行以电子化的方式完成整个跨境贸易流程。

和以往"海淘"不同,元大e付通上线后,中国内地消费者可以直接以人民币支付,无须购汇;支付机构也免去了统一兑付的环节;而台湾地区商家同样也可在元大银行开设人民币账户而直接接收人民币,无须兑换成台币。据了解,快钱与元大银行的合作,目前不仅可以实现人民币网购,还可以通过元大e付通以人民币预定台湾酒店、民宿以及缴纳学费。元大金控(元大银行母公司)资讯长、资深副总经理陈秀美表示,目前元大银行除了自建电商平台外,还与一些网站合作,提供更多的商品。此次与元大银行合作,已是快钱跨境人民币支付业务的第二次落地。2014年上半年获得试点资格后,快钱正式与台湾地区关贸合作,率先通过B2B的方式实现首单落地。传统模式下,海峡两岸企业交易,需要在线下办理信用证、税单及通关手续等,然后通过银行转账方式完成资金划转。而快钱的跨境人民币支付,则通过与关贸平台对接,在线上完成一系列手续,直接进行在线人民币支付。在流程方面,与此次元大e付通类似。

上述快钱相关负责人表示,跨境人民币支付的意义在于,交易背后的资金流动不再有汇兑的过程,也不受汇率影响,更加简单,效率更高。据了解,快钱与元大银行的跨境人民币支付合作,资金可以在1~2天内到账。他还表示,跨境支付实际上分为两种,除了人民币直接支付,还有购结汇,这种方式涉及汇兑问题。2013年9月份,包括快钱、支付宝在内的17家第三方支付公司获得跨境电子商务外汇支付业务试点资格。2014年9月份,快钱与唯品会、广州海关合作,展开了获得试点后的第一次较大规模的业务落地。三方合作中,通过广州海关跨境贸易电子商务直购进口通关管理系统,中国内地消费者只需要在唯品会平台上挑选好进口商品,确定交易通过快钱支付人民币成功后,由快钱完成货币汇兑,商品将由海外直接发送。

显然,和中国内地支付相同的是,跨境电子支付依然依托于电子商务,同时加速了跨境电商的发展。不同的是,相对中国内地支付,跨境支付在流程方面更为复杂。而相对传统的贸易模式,跨境电子支付更好地解决了资金流的问题。

目前中国市场,支付宝和财付通专注于C端用户,占据绝大部分市场,而其他独立第三方支付机构则坚守B端收单业务(线上收单和线下POS)。但经过十几年的发展,集中了上百家的收单市场竞争越来越激烈,并出现大规模的预授权套现和套码事件,遭到相关部门严厉整顿。第三方支付机构需要开拓新的市场。跨境支付电子化随着国家相关政策的支持已成趋势,成为第三方支付机构未来争夺的"蓝海"。一位前支付机构高管表示,像快钱这样的独立第三方支付机构,已经积累了大量的企业用户,并且经常性发生跨境贸易,而传统模式下的跨境交易,汇兑是一个很繁琐的过程,这给第三方支付机构很大的机会,更重要的是目前国家在政策方面开放了这一领域。他表示,第三方支付机构进入跨境支付领域不会与银行形成太大的竞争,按照相关规定,出境资金必须通过几家被批准的金融机构通道,包括第三方支付机构的资金,也必须通过这几个通道出境,某种意义上增加了金融机构的业务量。这一说法也获得了快钱方面的证实。

对于盈利模式,关国光表示,目前跨境支付的盈利模式依然是手续费。据悉,目前快钱的跨境支付交易量已实现快速增长,但公司并未进行单独统计,因此无法透露。据了解,在跨境支付过程中,购结汇的方式依然受汇率影响。对此,上述快钱相关负责人表示,一般采取和商家共同设定汇率的方式,比如按照交易时的汇率结算,或者商定在某一段时间内按照固定的汇率进行结算。据悉,跨境人民币业务受制于人民币国际化的步伐和程度,目前主要集中于台湾地区、香港和东南亚地区。

案例三:1号店与上海自贸区东方支付及跨境通的合作[①]

1号店于2014年9月3日上午宣布上线海淘项目"1号海购",与东方支付及跨境通实现对接。据了解,"1号海购"所售商品通过基于中国(上海)自由贸易试

[①] 资料来源:凤凰科技2014年9月3日。

验区(简称"上海自贸区")的保税进口模式或海外直邮模式入境。1号店相关负责人表示,通过此次与东方支付及跨境通的合作,"1号海购"的保税进口模式可以将海外商品进口至上海自贸区备货,消费者下单后,从上海自贸区仓库报关报检后发货。易观智库发布的《中国跨境电商产业研究报告 2014》显示,随着国家政策支持力度的加大,跨境电子商务快速发展,去年中国跨境电商市场交易额为 2.7 万亿元人民币,增长 28.8%。包括中国在内的新兴经济体市场网购人数急剧增加成为拉动新兴市场购买力的主要原因。此前亚马逊宣布将在上海自贸区开展跨境电子商务业务,与1号店相同也采用了"直邮"和"自贸"两种模式:消费者在国外网站直接下单,从美国仓库物流配送至国内,一般从下单到收货,需要 7~10 天;在上海自贸区建设自己的物流仓库,将部分商品提前进口至上海,实行保税仓储,等消费者下单后,直接从自贸区配送。无论是1号店还是亚马逊均与"跨境通"进行合作。从公开资料来看,跨境通是上海市跨境贸易电子商务服务试点平台,由东方支付建设,东方支付的主要股东分别为中国海关总署下属企业与上海国资委下属企业。

思考讨论题:
1. 人民币跨境电子支付的业态分析。
2. 如何建立人民币跨境电子支付的合理监管体系?谈谈你的认识与建议。

第四篇

新兴支付结算与电子银行

第十章　网络支付

　　网络支付指的是依托公共网络或专用网络在收付款人之间转移货币资金的行为,包括货币汇兑、互联网支付、移动电话支付、固定电话支付和数字电视支付等。至今,网络支付的发展大概经历了三个不同的阶段:支付网关模式、第三方担保模式和多元网络模式。且随着信息技术的高速发展,网络支付不断出现一些被市场和消费者接受的新模式。然而与信息技术的更新换代不同的是,在网络支付的新模式建立的同时,原有模式并未被淘汰或退出市场,而是与新模式共同存在,互为平台,协同发展。总体上看,当前的网络支付包括以互联网支付为主的线上支付和预付卡、二维码等线下支付。下面分别从各种网络支付模式的运营流程、盈利模式和特点几个方面分析互联网支付和离线支付中主要的网络支付模式。

第一节　互联网支付

　　网络支付业务是指收款人或付款人通过计算机、移动终端等电子设备,依托公共网络信息系统远程发起支付指令,且付款人电子设备不与收款人特定专属设备交互,由支付机构为收付款人提供货币资金转移服务的活动。[①] 定义中的支付机构是指依法取得"支付业务许可证",获准办理互联网支付、移动电话支付、固定电话支付、数字电视支付等网络支付业务的非银行机构。根据 iResearch 艾瑞咨询统计数据显示,2016 年中国第三方互联网交易规模达到 19.2 万亿元,同比增长 62.2%;第三方移动支付交易规模预计将达到 38.5 万亿元,同比增长 215.4%,2016 年第三方支付交易规模达到 57 万亿。[②] 第三方支付产业链中几乎涵盖了传统交易中所有的相关主题,涉及电子商务网站、商业银行、消费者、商家、物流公司、数字认证服务提供机构、政府等。见图 10—1、图 10—2、图 10—3。

[①] 2015 年 12 月 28 日央行发布的《非银行支付机构互联网支付业务管理办法》(中国人民银行公告[2015]第 43 号)定义。

[②] 2017 年 1 月 5 日 iResearch 艾瑞咨询报告。

2011～2019年中国第三方移动支付交易规模

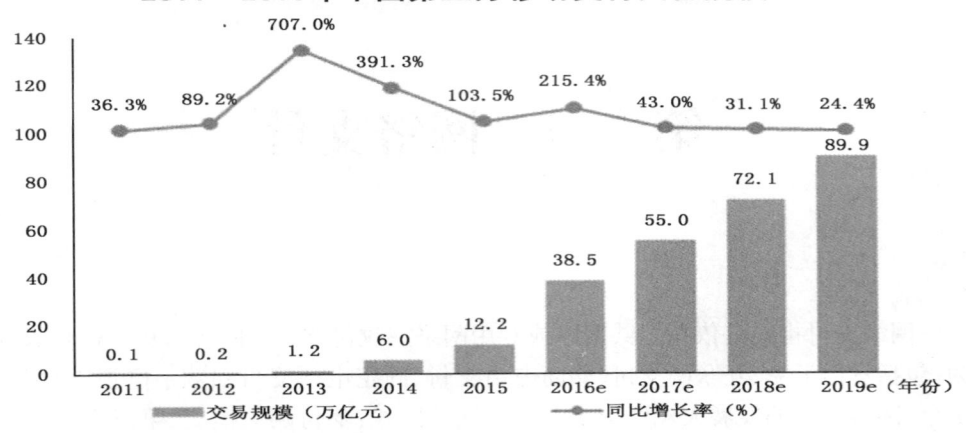

年份	交易规模（万亿元）	同比增长率（%）
2011	0.1	36.3%
2012	0.2	89.2%
2013	1.2	707.0%
2014	6.0	391.3%
2015	12.2	103.5%
2016e	38.5	215.4%
2017e	55.0	43.0%
2018e	72.1	31.1%
2019e	89.9	24.4%

注释：1. 统计企业类型中不含银行和中国银联，仅指第三方支付企业；2. 自2014年第3季度开始不再计入短信支付交易规模，历史数据已做删减处理；3. 自2016年第1季度开始计入C端用户主动发起的虚拟账户转账交易规模，历史数据已做增加处理；4. 艾瑞根据最新掌握的市场情况，对历史数据进行修正。

资料来源：艾瑞综合企业及专业访谈，根据艾瑞统计模型核算及预估数据。

图10-1 中国第三方移动支付规模

2011～2019年中国第三方互联网支付交易规模

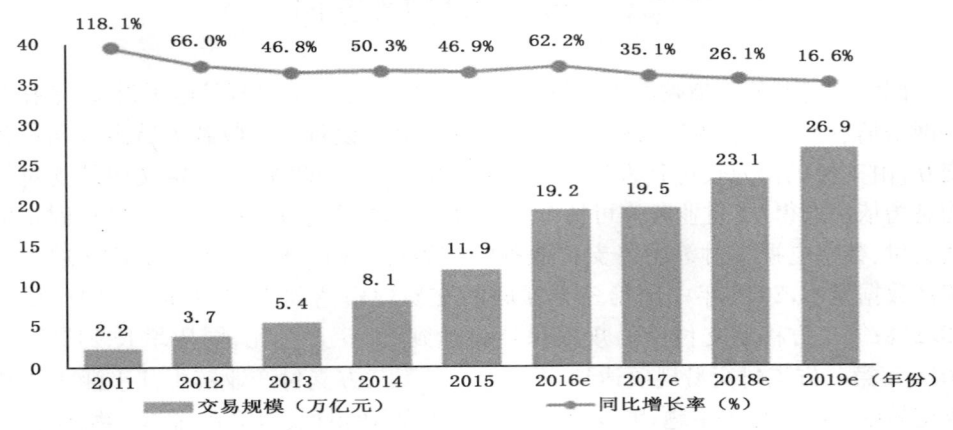

年份	交易规模（万亿元）	同比增长率（%）
2011	2.2	118.1%
2012	3.7	66.0%
2013	5.4	46.8%
2014	8.1	50.3%
2015	11.9	46.9%
2016e	19.2	62.2%
2017e	19.5	35.1%
2018e	23.1	26.1%
2019e	26.9	16.6%

注释：1. 互联网支付是指客户通过桌式电脑、便携式电脑等设备，依托互联网发起支付指令，实现货币资金转移的行为；2. 统计企业中不含银行、银联，仅指规模以上非金融机构支付企业；3. 艾瑞根据最新掌握的市场情况，对历史数据进行修正。

资料来源：综合企业及专家访谈，根据艾瑞统计模型核算。

图10-2 中国第三方互联网支付交易规模

为了更好地促进和管理互联网支付,中国人民银行 2010 年开始对互联网支付企业颁发支付许可业务牌照,目前全国获得支付业务许可的机构已经达到 250 家,可以从事互联网支付业务,数量超过了发牌企业的一半,可见互联网支付在支付服务中发挥着举足轻重的作用。随着互联网和电子商务的蓬勃发展,近几年互联网支付发展越来越快,根据艾瑞咨询发布的《2011 年度中国互联网经济核心数据发布》报告显示,仅第三方互联网支付市场 2011 年全年业务交易额已达到 22 038 亿元,预计 2013 年将超过 3.6 万亿元,构成整个互联网支付的主体。

注释:1. 统计企业类型中不含银行和中国银联,仅指第三方支付企业;2. 自 2014 年第 3 季度开始不再计入短信支付交易规模,历史数据已做删减处理;3. 自 2016 年第 1 季度开始计入 C 端用户主动发起的虚拟账户转账交易规模,历史数据已做增加处理;4. 艾瑞根据最新掌握的市场情况,对历史数据进行修正。

资料来源:艾瑞综合企业及专业访谈,根据艾瑞统计模型核算及预估数据。

图 10—3　2016 年第三方移动支付企业规模集中度

按照不同维度,第三方互联网支付有不同的分类,且在信息技术发展的促进下,第三方互联网支付模式亦朝着多元网络模式发展。但至今,中国互联网支付发展历程,整体上包括了网关型支付模式、担保型支付模式和支付账户型支付模式(银联电子支付)等主要模式。

一、网关型支付

在成熟的网络支付方式出现之前,一家电子商务企业如果希望通过网络支付的方式进行收款或付款,则需要与所有商业银行谈判并进行技术上的对接。我国各商业银行网上银行的发展类似早期银行卡收单,不同商业银行的网上银行不能互为平台,很难向客户提供便捷的服务和多样化的选择。网关型支付模式的出现有效地解决了这一问题,这也是最早期的网络支付模式。网关型支付模式是指支付平台为各商家和多家商业银行之间的纽带,向各电子商务企业和个人同时提供多家商业银行的支付服务,而平台只作为支付通道将客户发出的支付指令传递给银行,银行完成转账后再将信息传递给支付平台,支付平台将此信息通知商户并与商户进行账户结算。网关型支付模式位于因特网和传统的银行专网之间,其主要作用是安全连接因特网和专网,起到隔离和保护专网的作用。

网关型支付模式下,第三方网络支付平台扮演着"通道"的角色,并没有实际涉及银行的支付和清算,只是传递了支付和清算的数额和结果的信息,在我国比较早的第三方支付平台如"首信""环讯"就属于这种支付模式。

(一)网关型支付的运营流程

网关型支付模式是位于互联网和传统银行专用网之间,用于把相对不安全的互联网数据传输给银行的专用网,保证信息的安全,以便保护和隔离银行专网。同时,网关可以向商家等企业提供统一的接口,使企业可以接入多家银行的支付通道,接受支付结算服务。银行也可以利用该网关,减少开发网关的成本,而且可以取得手续费的收入。其运营流程如图10—4所示。

网关型支付平台只作为支付通道将客户发出的支付指令传递给银行,银行完成转账后再将信息传递给支付平台,支付平台将此信息通知收付款用户并进行账户结算。该类支付的运营流程通常表现为以下几个主要步骤:首先,收付款双方达成支付共识,确定支付金额及支付方式等,并选择网关型支付平台进行支付。其次,收款方或付款方向网关型支付平台申请支付,并提交支付信息;支付平台验证付款方信息,付款方确认信息和付款,并提交付款银行卡或银行账户信息;支付平台在确认支付后,将支付信息提交到相关银行,申请收付款,并根据银行返还的支付完成信息返还给收付款双方。最后,在确认支付完成情况下,收付款双方完成交易。

(二)网关型支付平台的盈利模式

网关型第三方支付机构盈利主要来源于以下几个方面:

1. 各商业银行对支付网关的手续费与支付网关对电子商务企业的手续费之间存在的价差

由于支付网关背后往往是多家电子商务企业,交易额相对较大,因此对各商业银行来说,支付网关无疑在谈判上比单独一家电子商务企业更有筹码,商业银行也愿意给支付网关更低的手续费率。通常各商业银行向支付网关收取的手续费约为交易额的0.15%,而向电子商务企业收取的手续费约为交易额的1%。考虑到支

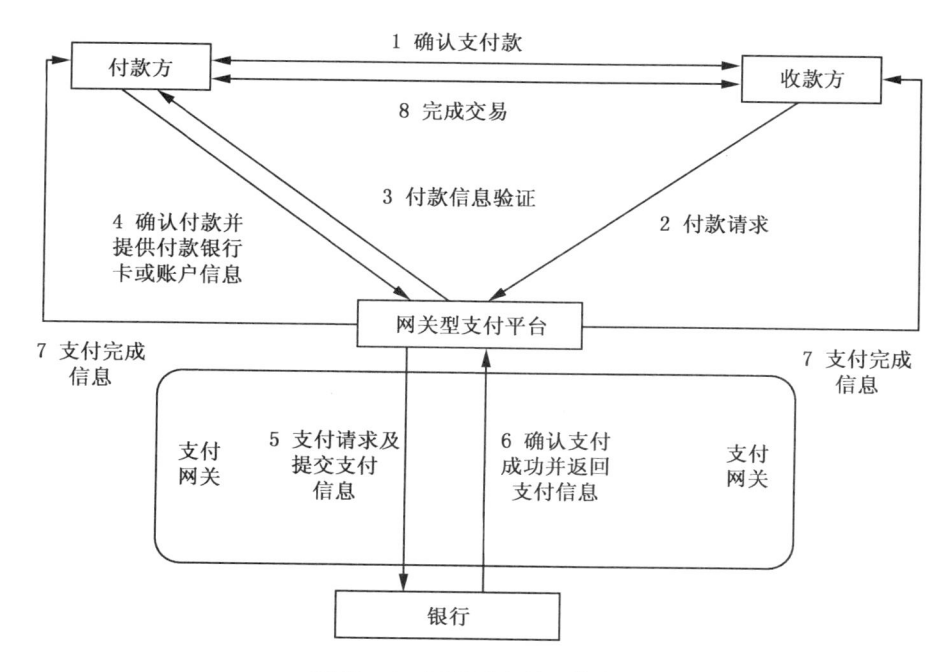

图 10—4 网关型支付运营流程

付网关可以对接更多的商业银行,因此,即使支付网关与各商业银行向电子商务企业收取的手续费相同,电子商务企业也依然会选择支付网关进行接入。于是,交易额 0.15% 的价差就成为支付网关最主要的收入来源。

传统的盈利模式是向交易双方收取手续费,由于其具有的双边市场性特征,第三方支付企业一般是向接入的商户收费,对一般消费者则采取免费策略

2. 支付网关的第二个收入来自交易账期之间的差异。

各商业银行与支付网关达成的结算协议通常是次日结算（T+1）模式,而支付网关与合作的电子商务企业之间的结算周期却不尽相同。尤其是一些规模较小、知名度不高的电子商务企业,在与支付网关进行谈判的过程中较为弱势。另外,考虑到对账等相关工作的增加会提高人力成本,部分电子商务企业会选择周结甚至月结的方式。因此在支付网关企业的账户上会沉淀一部分应付账款。假如支付网关企业的业务在不断发展壮大,交易额也在不断提升,则留存在支付网关企业账户上的沉淀资金也会越来越多。通常这种沉淀资金在所有支付网关的交易中占一定比重,随着支付网关企业知名度的提高和谈判优势的日益明显,沉淀资金比重也越来越多。一旦沉淀资金总额到达一定程度,其投资收益能力将大大加强。

3. 增值服务收费

如电子商务企业在合作初期向支付网关支付的开通费,合作后每年收取的服

务费以及为防止交易额过小的最低手续费;利用信息资源向商户提供结算账户管理、客户管理等,收取服务费;为企业小额贷款,解决短期流动资金困难,从中赚取利息收入。

4. 积分出售

将商户纳入自身积分体系,通过商户销售量提升,将积分出售给这些商户,赚取积分出售收入和积分兑换之间的差值。

5. 行业细分等交叉销售服务收费

如代销基金、理财、保险产品赚取佣金。

(三) 网关型支付的特点

网关型支付有效地提升了电子支付连接的效率,大大降低了各电子商务企业独立搭建支付体系的成本,并使个人享受网络支付服务成为可能。

1. 网关型支付模式的优势

(1)网关型第三方支付平台连接多家银行的网上支付系统,使互联网与银行系统之间能够加密传输数据,向商家提供统一的支付接口,提高了支付的安全性。

(2)对于商家,使用网关型第三方支付平台省却了与众多银行一一谈判签约的成本,无须自己开发支付系统,完成在线支付操作,节约了商家的支付成本的同时支付更便利,提高了支付效率。

(3)银行也可以直接利用第三方的服务系统,节省网关开发成本,并与第三方支付平台分享支付手续费,使得银行可以专注于自己擅长的其他核心业务,节约了银行的成本。

(4)为网上交易提供了统一的支付界面和手续费用标准,结算较为便利。

2. 网关型支付模式的缺点

(1)网关型第三方支付中,付款者最终还是要使用各网上银行进行付款,这需要消费者满足各网上银行的要求。例如,银行要求使用数字证书,消费者要进行网上支付得事先向银行申请,而并非在第三方网关型支付平台注册就可以使用银行卡支付。而且一旦网上支付过程中某个环节出现差错,则需要付款者、收款者及银行进行协商解决,而网关型支付平台无法解决。

(2)网关型支付平台只对支付过程提供便利,并不涉及交易担保,对于商品质量和物流等方面的交易纠纷概不负责,不能解决交易的安全问题。而网上交易双方互不见面,信息不对称,难以充分了解彼此的资信以及相关的商业信息,对于先付款还是先发货这个矛盾,网关型支付平台无法解决。

(3)网关型支付平台的主要收入往往来源于在银行收取一定支付手续费的基础上附加一些费用作为自己的利润,增加了交易双方的成本,很大程度上降低了人们的购物欲望,甚至有的平台为了争取客户只有亏本经营。在强势的银行和同行业的激烈竞争夹缝中,网关型第三方支付平台的利润空间愈来愈小。

（4）由于没有完善信用评价体系，支付平台抵御信用风险能力差，加上增值服务尚未开发，技术含量不大，容易被同行复制。随着行业发展，平台之间的竞争愈发激烈，依靠单一网关支付模式赚钱生存的想法已经一去不复返，网关型支付平台将面临剧烈的整合。提供增值服务是第三方支付企业唯一的出路，例如加强与特定行业或领域的合作，发展为行业支付结算的平台。

随着网络支付的发展，网关型支付模式的价值未来会越来越小，它只是个通道而不是平台的角色，不可能根据商家的需求量身定制服务。一旦商家和银行直连，这种模式会因为附加值低而最容易被抛弃。通道型支付的问题在于"用户"的概念不强，而自身拥有庞大的用户群体的大型电子商务公司，比如 eBay 易趣、淘宝网、慧聪网等，纷纷自建支付平台，将支付模式推向第二个阶段。

二、担保型支付

尽管支付网关模式大大提升了效率，但也暴露了由非实名制带来的虚拟性问题。真实的交易如果加上虚拟的交易无疑会增加交易双方的风险性，而中国缺少信用体系的现实也成为交易双方最大的顾虑。于是，独立于交易双方的第三方担保模式顺理成章地出现了。第三方担保型支付是在支付网关模式的基础上发展起来的，即支付网关除了完成电子商务企业或个人与各商业银行的对接并完成交易之外，又增加了第三方担保的功能。早在 PayPal（贝宝）进入中国之前，2004 年 10 月，eBay 易趣便联合国内多家金融机构推出其诚信支付工具"安付通"。而淘宝网则早在 2003 年便推出"支付宝"，并成立专门的支付公司来运作。无论是支付宝还是贝宝，都提出了"你敢用，我就敢赔"的口号，对买卖双方实行全额赔付。在这种模式中，支付公司起到了信用中介的作用，在买家确认收到商品前，第三方支付平台代替买卖双方暂时保管货款。其付款流程与网上交易紧密结合在一起，根据卖方的履约情况向卖方划转买方的所付款项。

（一）担保型支付的运营流程

信用担保型第三方支付平台实行"代收代付"和"信用担保"，保证资金流和货物流的顺利对接，建立网上交易双方的信任关系。即通过改造支付流程，起到交易保证和货物安全保障的作用。信用担保型第三方支付平台的支付流程如图 10-5 所示。

担保型支付平台在从商业银行接收到交易款项后，并不立即将该笔款项支付给收款方，而是在平台上保留一段时间，直到交易中的付款方确认收到所购商品或享受到相应服务后，再将交易款项支付给收款方。交易发生的时间和交易完成的时间通过第三方担保模式被有效分离，同时被分离的还有付款时间和收款时间，其运营主要体现为以下几个流程：首先，收付款双方达成支付共识，确定支付金额及支付方式等，并选择担保型支付平台进行支付。其次，付款方向网关型支付平台提

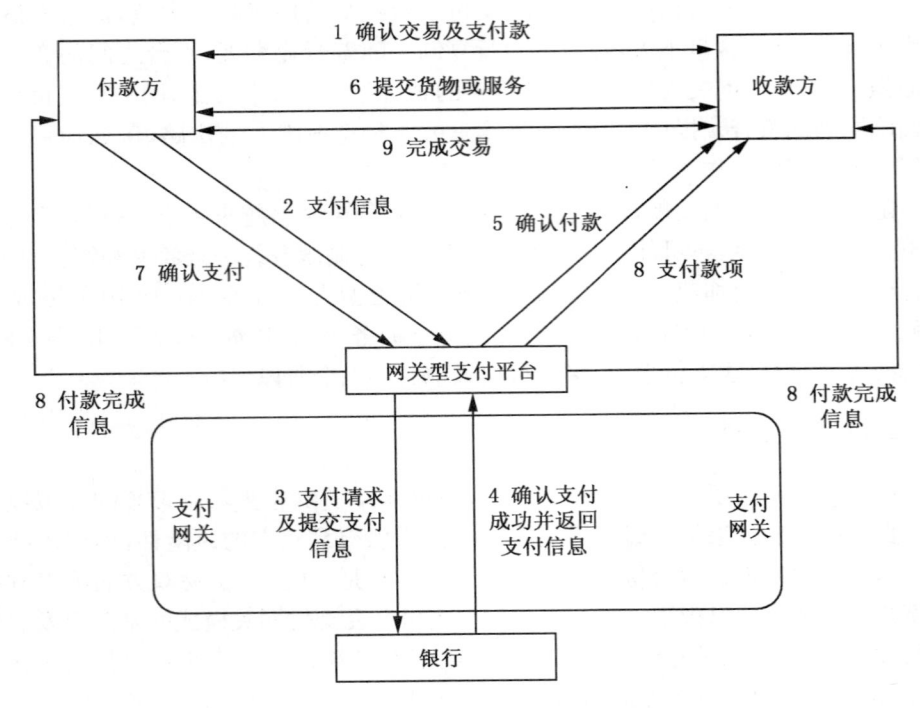

```
                    1 确认交易及支付款
  ┌─────┐ ←──────────────────────→ ┌─────┐
  │付款方│    6 提交货物或服务       │收款方│
  │     │ ←──────────────────────→ │     │
  └─────┘       9 完成交易           └─────┘
        2 支付信息        5 确认付款
     7 确认支付              8 支付款项
              ┌──────────────┐
              │网关型支付平台│
              └──────────────┘
  8 付款完成信息                    8 付款完成信息

        3 支付请求      4 确认支付
        及提交支付      成功并返回
  支付    信息          支付信息        支付
  网关                                  网关
              ┌──────┐
              │ 银行 │
              └──────┘
```

图 10-5 担保型支付运营流程

交支付信息，申请支付；支付平台验证付款方信息后，将支付信息提交到相关银行，申请支付；银行将款项支付给第三方担保支付平台，返回支付成功信息；第三方担保支付平台收到付款方的支付款后，向收款方发出付款方已付款的通知；收款方收到付款通知后，向付款方发送交易货物或服务，收款方收到后，向第三方担保支付平台发出最终支付款项的指令；第三方担保支付平台将款项支付给收款方，并向双方发出支付完成信息，最终整个交易完成。在电子商务中，收付款时间差受物流配送、商品质量等多方面影响，通常在一周左右。而为防止买方长时间不确认收货，各支付网关企业都设置了默认成交的期限，以支付宝为例，其交易时限为 15 天。第三方担保支付模式同时满足买方的资金保障和卖方的商品和服务保障，而在这种网络支付模式中所产生的收付款的时间差也为支付网关企业带来了新的利润来源。

（二）担保型支付的盈利模式

由于第三方担保模式建立在支付网关模式的基础上，担保型支付平台除了具有网关型支付机构的盈利来源，还有沉淀资金利息，总的来看，包括了下面三个部分：

1. 手续费收入

各商业银行对支付网关的手续费与支付网关对电子商务企业的手续费之间存在价差。由于第三方担保模式是目前市场的交易主流,支付机构往往具有更大的话语权和影响力,因此其价差会高达交易额的1‰～2‰。

2. 沉淀资金利息收入

第三方担保的模式与支付网关模式完全不同,消费者从充值到第三方支付平台,在最终支付到商户前,这段时间产生的沉淀资金利息都属于支付企业能获取的收益。由于第三方担保模式交易流程的设计,使交易的全部款项留存在支付机构的账户上一段时间。尽管很多主流的支付机构设置了15天的最长交易默认期限,但随着网上交易的快速发展,总交易金额越来越大,交易金额沉淀所带来的利息,已成为该模式收入来源的最大亮点和争议点。

3. 在除手续费和利息收入外的其他收入,担保型支付较网关型支付更是有过之而无不及

网络支付主要服务于电子商务领域,但其运营规律似乎与商业企业链条更为相近。品牌强大、客户数量多的企业将在市场中占主导地位,其他收入在全部收入中的占比也最高。而在网络支付行业,仅支付宝和财付通的业务占比即超过90%,其强势的主导地位也保证了大量的其他类收入,尤其是广告类收入,更是近年支付机构收入增长的有力支撑。

(三)担保型支付的特点

由支付流程可见,相较网关型支付,担保型支付除了带来支付网关的便利之外,其优势还主要体现在以下两方面:

1. 通过支付流程将资金流和物流顺利结合起来,大大增强了电子商务中交易的可信度。在交易结束前,资金一直由支付企业保管,既能避免买家收到货物不付款,也能防止卖家收到款后不发货,或者货物质量不如描述,增加对网上购物的可信度,大大减少了网络交易欺诈。在中国信用体制不完善的情况下,担保型支付通过提高交易的安全性增强市场信心。2004年以后,随着阿里巴巴支付宝的发展,整个网上支付产业都被带起来了,支付宝模式为解决制约我国电子商务发展中的支付问题和信用体系问题提供了思路。

2. 由于担保型支付平台涉及交易担保,因此,如果在交易过程中出现问题,如对于商品质量和物流等方面的纠纷,第三方支付平台将配合交易网站进行调解。

尽管信用担保型支付平台凸显了其在安全、交易信任保障等方面的优势,但仍然存在一些问题:

第一,当买方把资金划到了第三方的账户,虽然此时第三方起到了资金保管作用,但容易形成资金沉淀,虚拟账户的存在使得平台存在吸收储蓄资金的法律风险。

第二，在这些第三方支付平台中，除支付宝等少数几个并不直接经手和管理来往资金，而是将其存在专用账户外，其他公司大多代行银行职能，可直接支配交易款项，这就可能出现不受有关部门的监管而越权调用交易资金的风险。

第三，第三方支付可能成为某些人通过制造虚假交易来实现资金非法转移套现，以及洗钱等违法犯罪活动的工具。

第四，交易担保功能的强制力有限。一般情况下，若发生纠纷，第三方支付机构倾向于对买卖双方进行调解，让双方协商解决；若双方谈判无果，则由第三方支付机构依据当事人提供的证据进行仲裁，并将货款划转至胜诉方或进行相关赔偿；当仲裁也不能解决问题时，则只能提起司法诉讼，过程见图10-6。

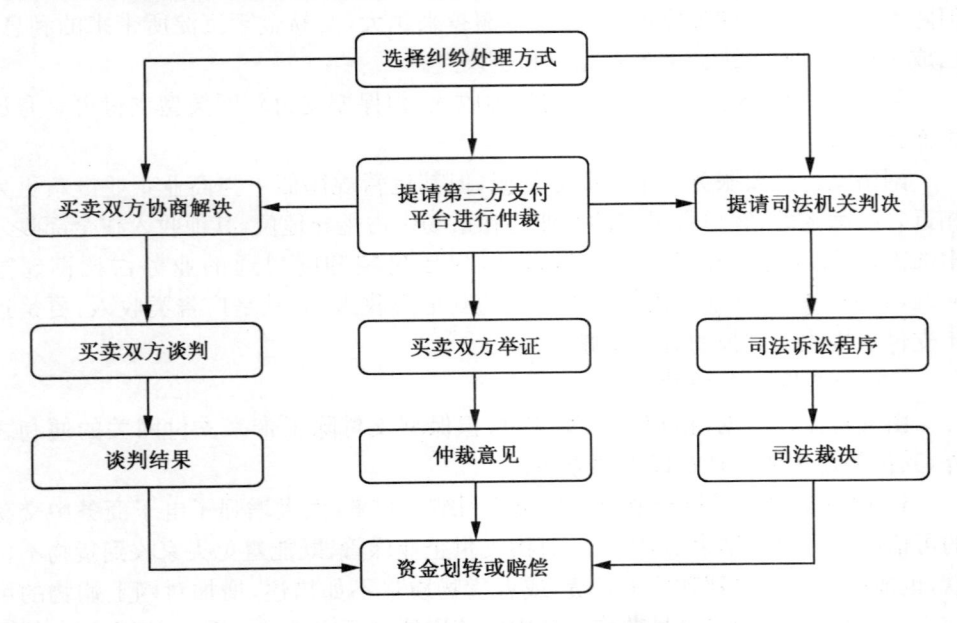

图10-6 网络购物纠纷的处理流程

在该模式下，交易双方所涉及的交易款项，在双方接受的、相对较短时间内的交易由独立第三方保管，这不仅能有效地促成交易，同时也在发展和推广的过程中培养了广泛的用户群，并引导和设立了网络支付最早期的交易信用标准。但是这种模式又带来了一些新的问题，比如独立第三方的公正性如何保证和由谁监管，交易金额的流转方式是否涉嫌违规，等等。在担保型第三方支付平台的强势发展下，为了解决其所带来的问题，中国人民银行于2010年9月1日开始实施《非金融机构支付服务管理办法》等一系列规章制度，但随着市场的发展，该方面的制度还需不断完善。

三、支付账户型支付

支付账户模式是指付款人直接向支付机构提交支付指令,将支付账户内的货币资金转入收款人指定账户的支付方式。也就是说,买家和卖家在同一个支付平台上开设账户,买方选购商品后,通过平台在各个银行的接口,将购买货物的货款转账到平台的账户上,支付平台在收到银行到款通知后,通知卖家货款到达、进行发货;买家确认货物后通知平台付款给卖家,支付平台将货款转入卖家账户。按照2012年1月中国人民银行颁布的《支付机构互联网支付业务管理办法》的分类,第三方担保模式属于支付账户模式,比较成熟的典型代表有支付宝、贝宝等。

(一)支付账户型支付的运营流程

支付账户模式按照是否具有交易平台,又可以分为交易平台型账户支模式(直付支付模式)和无交易平台型账户支付模式(间付支付模式)。

1. 交易平台型账户支付模式

交易平台型账户支付模式也称直付支付模式,它的支付流程与传统转账、汇款流程类似,只是屏蔽了银行账户,交易双方以虚拟账户资金进行交易付款。这种模式典型应用有易宝账户支付、快钱账户支付等。直付支付模式支付流程见图10-7。

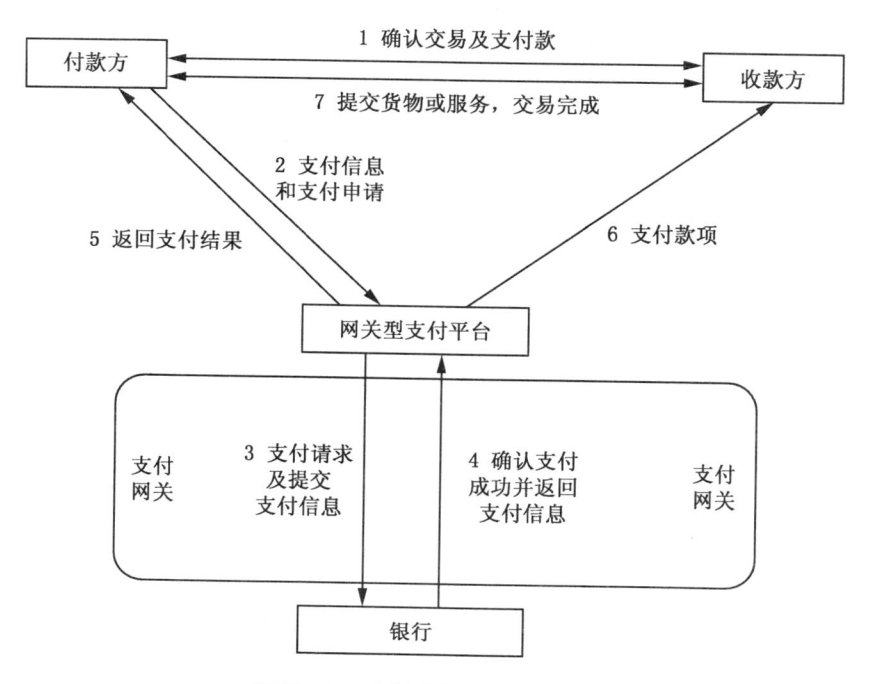

图10-7 直付支付模式支付流程

直付支付模式资金流向如图10－8所示。

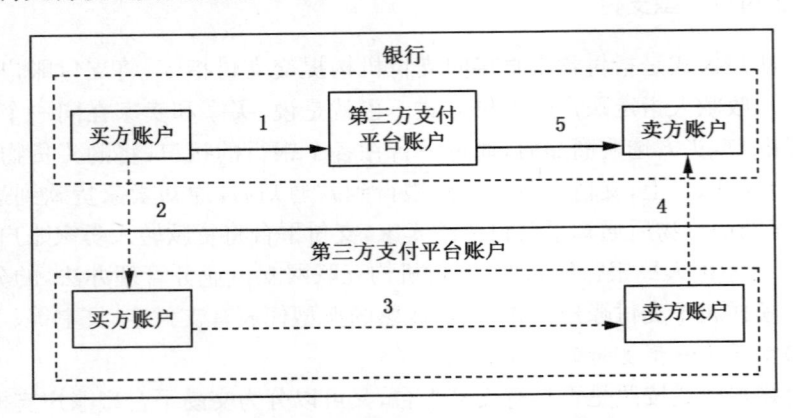

图10－8　直付支付模式资金流向

2. 无交易平台型账户支付模式

无交易平台型账户支付模式也称间付支付模式,其支付平台是由电子商务平台独立或者合作开发,同各大银行建立合作关系,凭借其公司的实力和信誉承担买卖双方中间担保的第三方支付平台,利用自身的电子商务平台和中介担保支付平台吸引商家开展经营业务。买方选购商品后,使用该平台提供的账户进行货款支付并由第三方通知卖家货款到达、进行发货;买方检验物品后,就可以通知第三方支付平台付款给卖家,第三方再将款项转至卖家账户。

这种模式典型应用有支付宝账户支付。间付支付模式支付流程见图10－9。

间付支付模式资金流向见图10－10。

(二) 支付账户型支付的盈利模式

支付账户型支付涵盖了以担保型支付为主的支付模式,因此,类似于担保型支付平台,其盈利来源包括以下几个方面:

1. 向支付双方收取的手续费

该手续费主要是各商业银行对支付网关的手续费与支付网关对电子商务企业的手续费之间存在的价差。

2. 沉淀资金的利息收入

支付账户型支付的一大特点是支付双方的资金会在平台虚拟账户中存放一定时间,这使得该类支付平台获得资金的利息收入。

3. 其他收入

包括广告、放弃的预付卡的押金和剩余的过期资金等其他收入。

(三) 支付账户型支付的特点

支付账户型支付模式中,付款人直接向支付机构提交支付指令,将支付账户内

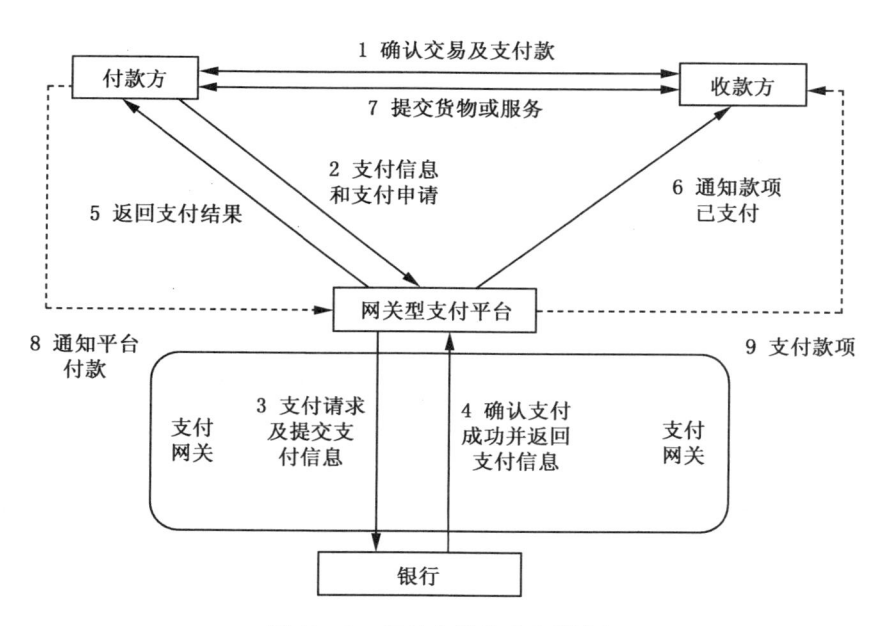

图 10－9　间付支付模式支付流程

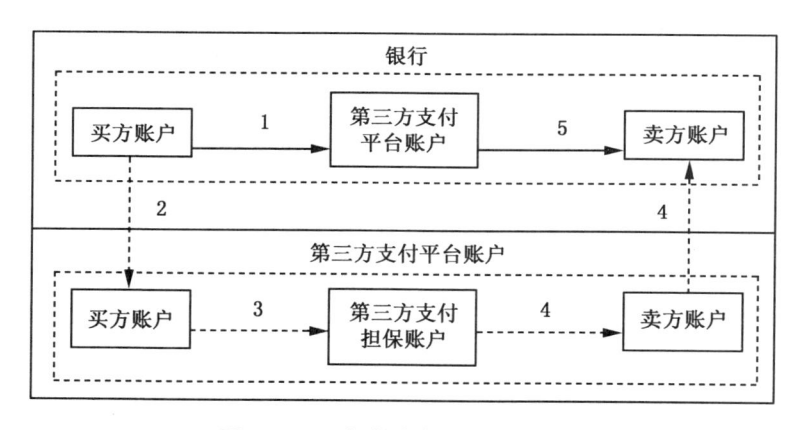

图 10－10　间付支付模式资金流向

的货币资金转入收款人指定账户。这使得该类支付存在以下优点：

1. 收付双方直接进行资金转移，省略了与银行接口的过程，有效减少了支付时间，提升了电子支付的效率，降低了支付成本。

2. 简化了支付流程，对支付双方进行支付操作带来了便利。

同时，支付账户型支付亦存在以下问题：

第一，当支付平台非银行等金融机构，而是第三方机构时，用户资金无保障，存在一定风险。

第二，在无法进行监管的情况下，该类第三方支付平台可能成为某些人通过制造虚假交易来实现资金非法转移套现，以及洗钱等违法犯罪活动的工具。

第二节 离线支付

一、预付卡支付

预付卡是通过卡片、密码等形式发行的电子支付手段，在发行机构之外购买指定范围内商品和服务的预付价值。预付卡业务是消费者预先通过自己的付款行购买第三方支付机构发行的预付卡，在实际购买商品或服务时运用预付卡以实现支付的一项业务。统计显示，2016年预付卡发行业务量规模为575.55亿元，其中，98家以商超卡为主的发卡机构，共发卡0.49亿张，金额208.23亿元，占比分别为12.5％和53.55％；机构平均发卡50万张，平均发卡金额为3.15亿元；各个地方的市民卡、城市一卡通等以便民支付为主的为发卡大户，他们的发卡量基本都是超过10亿元以上（如北京一卡通、南京市民卡、杭州市民卡、天津一卡通、武汉一卡通、重庆一卡通等都是有政府背景的一卡通工程，单个城市发卡量很大），还有些行业发卡大户，如石油卡、旅游卡、资和信、安付宝等。与POS收单、网络支付一样，预付卡业务的资金流动都是通过背后连接的商业银行与银联形成的支付网络。

（一）预付卡运营流程

预付卡企业的运营流程包括预付卡的发行、销售、受理等，是由发卡企业发行预付卡，客户进行购买，通过网上交易平台或者线下商户的POS机进行消费，由签约商户将预付卡用户的消费数据传送到发卡机构，发卡机构对卡内金额进行扣除后向备付金存管银行发送付款指令，存管银行向商户交付结算款，商户在收到结算款项之后向发卡机构返佣。备付金存管政策出台后，客户预存在发卡机构的资金应当全额存放在备付金银行账户，使整个预付卡的发行和使用流程得到进一步规范和完善。

预付卡运营流程如图10—11所示。

整个预付卡运营流程总体上可以分为三大部分：预付卡的发行、销售和受理。

1. 预付卡的发行

企业发行预付卡首先要明确发卡的目的。对于商业企业来说，发行单用途预付卡是企业的辅助业务，是为了促进其主营业务的需要而发卡，其发行较为容易；对于第三方专营发卡机构来说，发行多用途预付卡是企业的主营业务，发卡企业将面临双边市场的问题，发行较为困难。发卡企业要根据发卡的目的不同制定不同的发卡方案，要不断创新产品、创新业务，增加预付卡对购卡者和持卡者的价值与吸引力，如企业的员工福利卡创新。

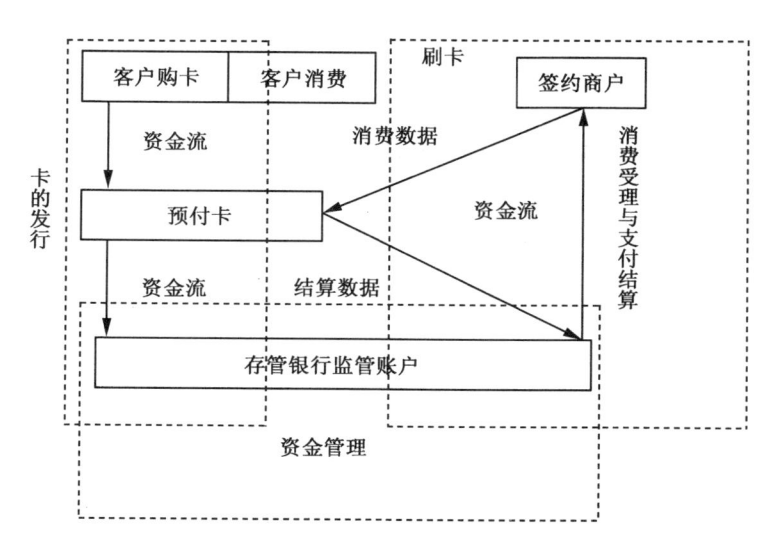

图 10－11　预付卡运营及使用流程

2. 预付卡的销售

商业企业预付卡销售主要针对已有的客户,通过发行预付卡可有效地稳定住原有存量客户,提高消费忠诚度,提升发卡企业商家的行业竞争力。对于第三方专营发卡机构来说,多用途预付卡销售将面临双边市场的问题,一边是受理商户拓展,一边是卡片销售,商户质量与数量不足,制约发卡,发卡量不足,又制约商户发展。解决这一难题的一种方法是向市场的一边免费提供服务(甚至向他们付费)以吸引足够多的用户,采用成本转移的方式,鼓励收益群体的参与热情从而解决双边市场难题。

3. 预付卡业务的受理

在预付卡受理环节,要求发卡机构通过专用交易终端将交易信息送至交易后台。这就需要预付卡交易处理系统,包括预付卡发卡管理系统(软件)、受理终端(POS机)进行资金的结算。新出台的《支付机构预付卡业务管理办法》规定发卡机构应拥有并运行独立、安全的预付卡核心业务处理系统,并具备灾难恢复处理能力和应急处理能力,保证预付卡业务处理的及时、准确和安全。目前,许多预付卡企业采用系统和数据托管外包方式,以降低企业发行预付卡的成本,预付卡企业需要的一切软硬件系统全部由公司负责投资和建设,根据预付卡交易金额付出一定比例的服务费,成本远远低于单独建设,并且免除了发卡单位对于系统维护的后顾之忧。

(二)预付卡的盈利模式

预付卡的盈利来源主要有五个部分:

1. 商户支付的刷卡手续费

通过第三方支付平台进行支付合作的商户，需要给第三方支付平台一定比例（比如1‰～3‰）的支付手续费，具体根据双方合作深度不同而有所区别。

2. 沉淀在银行账户上资金的利息

预付卡企业从卖出预付卡到最后和商家结算期间，卖卡所获资金放入银行赚取利息。

3. 被放弃的预付卡的押金和剩余的过期资金（未来过期资金可能演变为延期手续费）。

4. 商户给予的消费返佣

餐饮、美容等服务类企业的最高返佣比例甚至可达20％。

5. 增值服务

如折扣、通用积分等服务获取的中间利润等。

（三）预付卡的特点

与互联网支付型支付模式类似，预付卡支付是用户先将资金转移到作为第三方的发卡机构，然后通过一定的途径对卡中的金额进行消费。因而，存在以下特点：

1. 收付双方直接进行资金转移，省略了与银行接口的过程，有效减少了支付时间，提升了电子支付的效率，降低了支付成本；但用户资金无保障，存在第三方机构运营等风险。

2. 简化了支付流程，对支付双方进行支付操作带来了便利。

3. 在无法进行监管的情况下，该类第三方支付平台可能成为某些人通过制造虚假交易来实现资金非法转移套现，以及洗钱等违法犯罪活动的工具。

随着第三方支付企业发行预付卡的规模增加，以及预付卡（特别是多用途卡）功能及覆盖面的扩大，必然对国家法定货币产生影响，引起了国家监管部门的重视。从2012年以来随着监管法规不断加强，预付卡的发行规模和业务量都有所放缓。

二、二维码支付方式

二维码支付是一种基于账户体系搭起来的新一代无线支付方案。在该支付方案下，商家可把账号、商品价格等交易信息汇编成一个二维码，并印刷在各种报纸、杂志、广告、图书等载体上发布。用户通过手机客户端扫拍二维码，便可实现与商家支付宝账户的支付结算。最后，商家根据支付交易信息中的用户收货、联系资料，就可以进行商品配送，完成交易。

（一）二维码支付的特点

1. 技术成熟

二维码具有成熟的技术手段，这为二维码支付发展奠定了基础，目前普及迅速。

2. 使用简单

使用者安装二维码识别软件后，在贴有二维码的地方简单刷一下就可以完成交易。

3. 支付便捷

有了二维码支付手段,商家不必承受货到付款等高成本支付,而消费者也可以随时随地进行实时支付。

4. 成本较低

由于技术的成熟、移动设备的普及,使得二维码支付成本变得很低。

(二)二维码支付流程

二维码支付在支付宝中称为条码支付,在微信中叫刷卡支付,本质是一样的。目前该方式是目前线下使用最广泛的,也是支付宝和微信大力推广的离线支付方式。在支付流程上,微信与支付宝支付流程基本一致,这里以支付宝条码支付为例,来分析其支付流程,见图10-12。

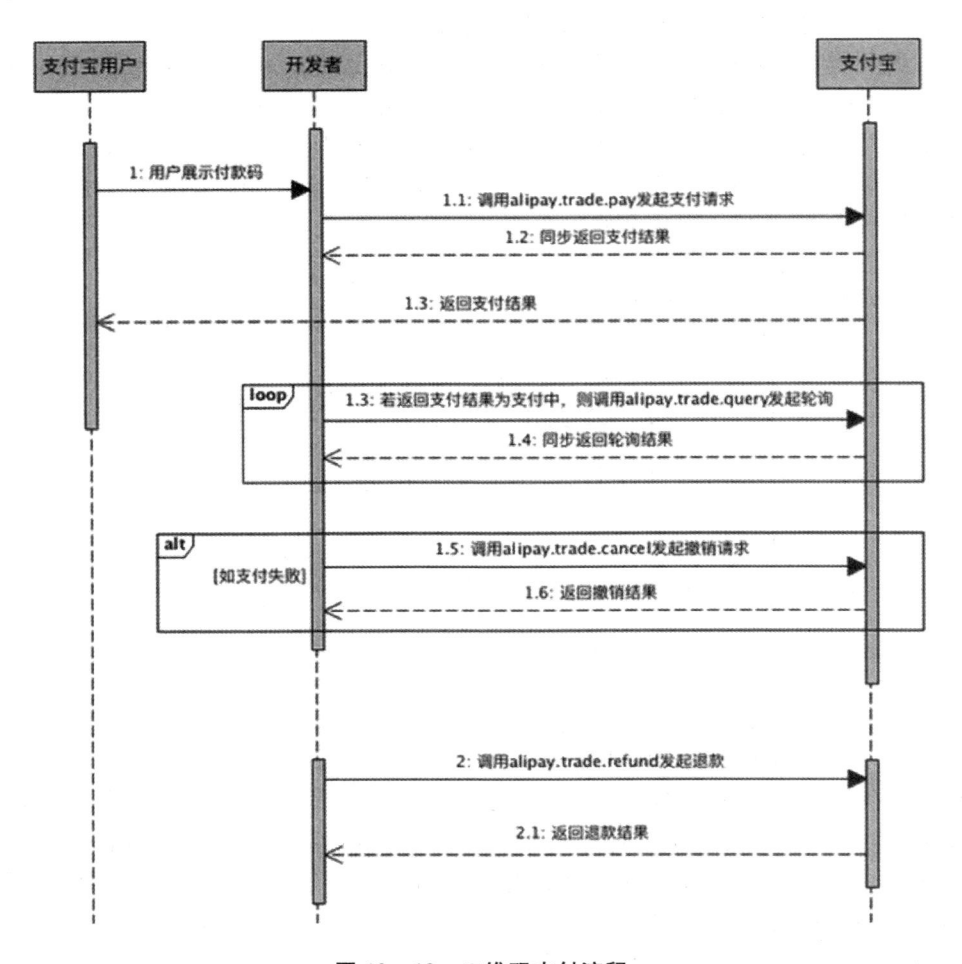

图10-12 二维码支付流程

第三节 贝宝与支付宝支付分析

一、贝宝

贝宝，Paypal 支付诞生在美国，全球第一家互联网在线支付公司，1999 年 11 月贝宝开始运行，运营以来比较成功。2002 年开始通过电子商务网站易趣提供网上支付服务，得到快速发展，到目前为止贝宝已能够为 200 多个国家和地区的人们提供网上支付服务。

（一）贝宝支付原理

贝宝支付平台使公司和个人可以安全、高效地通过 E-mail 进行在线支付。它是基于现有的银行账户和信用卡的转账支付框架上建立的。

贝宝的支付方式为：一个贝宝账户的持有人输入收款方的 E-mail 地址和支付金额，并选择一个付款账户。如果用户要从贝宝账户提款，首先在自己的贝宝账户上提交一个银行转账操作，就能将钱转到指定的银行账户。如图 10-13 所示。

贝宝的用户检验是：收到 E-mail 的同时也收到款。实际上，邮件系统只是一个通知系统，完全独立于现金的流动。

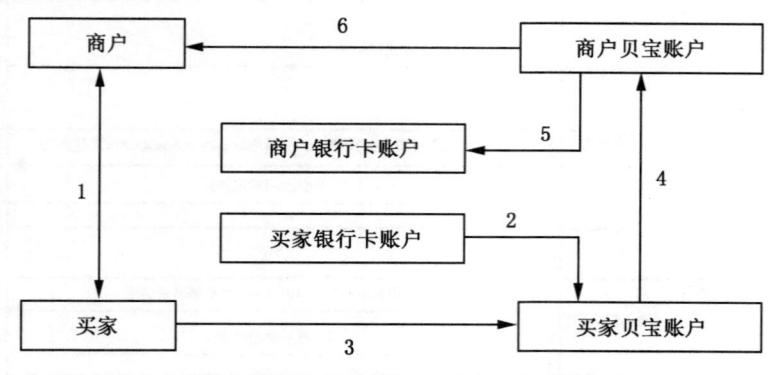

图 10-13 贝宝支付流程

（二）贝宝盈利模式

2001 年 2 月贝宝在纳斯达克成功上市，融资额达到 7 000 万美元。贝宝的盈利模式和收入来源很固定，每笔交易的标准费率为 2.9% 再加上 30 美分，最高限额为 5 美元。正是受益于这种经营模式，使贝宝不断发展、壮大。根据最新的资料，截至 2016 年底，贝宝支付服务的账户总数为 1.9 亿用户，在整个 2016 财年，PayPal 的净营收为 108.42 亿美元，与 2015 财年的 92.48 亿美元相比增长 17%，净利润为 14.01 亿美元，高于 2015 财年的 12.28 亿美元。

1. 贝宝的账户分类

贝宝将不同的账号进行分类收费,它的账户分个人版、高级个人版和商用版,每种账户支付都免手续费。

(1)个人版账户是完全免费的,使用这种类型账户对于那些只进行网上购物的个人而言是最理想的,不足的是该类型的账户不能接收来自银行借记卡和信用卡的付款。

(2)高级个人版可以接收所有类型的付款方式且只需交很低手续费,对于在易趣或别的电子商务网站上或通过电子邮件买卖货物的个人而言,这种账户是最合适的。

(3)商用版账户是那些进行在线商务活动的企业的最佳选择,它具有高级个人版的所有功能,这个账户允许多人同时管理,适合公司和团体使用。

2. 贝宝账户的收费情况

贝宝的费用较低,是任何企业和个人都有能力接受的,并且贝宝只是在收款人接受钱款时才收取一定比例的手续费,如果收款人没有成功地接收到钱款,那么不必因此承受任何手续费。贝宝还提供完善的防欺诈服务,而不再额外收取费用。

(1)贝宝的不同类型的账户的收费情况是不同的(见表10-1)。

表10-1　　　　　　　　　贝宝的收费情况

	个人账户	高级账户/商用账户
开户	免费	免费
支付	免费	免费
从账户取钱	免费(美国账户)	免费(美国账户)
向账户充值	免费	免费
通过账户收钱	免费	(1.9%~2.9%)×总额+30美分
不同货币交易	手续费+总额×2.5%	手续费+总额×2.5%

(2)贝宝的费用较低,使用方便,它的收费比例按照账户每月流量大小不同也不同,并且不同国家和地区收费的比例也有区别。

贝宝账户无安装费、无月租费、无网管费用、无各种工具使用费、低手续费。贝宝的费用远远低于其他的支付方式,它甚至可以比网关型支付方式节省几百美元的费用,这也是贝宝支付之所以发展这么快的原因之一。

(三)贝宝的优缺点

这种支付方式的优点有以下三点:

1. 高效性

网络交易的收款人只要告诉付款人自己的电子邮件地址,即在贝宝上的用户名,那么付款人就可以通过贝宝完成付款。

2. 安全性

贝宝的用户发出的金额和收到的金额首先都是对其贝宝账面资金的增减,用户可以通过贝宝账户的指令支付,提现或者变为银行的存款。还可以发出指令,使贝宝寄出支票,或者通过转账将资金划至用户指定的银行账户中,而不需透露收、付款人的具体的银行信息,大大提高了支付的安全性。

3. 便捷性

付款人和收款人可以在两个不同的银行开户,也可以在两个相距甚远的国家或者地区的银行开户,只要他们都是贝宝的用户,就可以减少跨行之间、跨国和跨地区之间的转账烦琐的手续。

这种一站式的便利以及以电子邮件地址作为贝宝账户的方式大大有别于传统的依赖于金融系统交易和转账的模式,它将对传统的网上支付方式产生强烈的冲击,贝宝已经成为在线支付的标准。

二、支付宝

支付宝是我国目前最大的第三方支付平台。支付宝官方称,支付宝注册用户数量已超过 6 亿。根据数据分析公司发布的数据,截至 2016 年上半年,支付宝的月活跃用户数量为 29 472.7 万人,日活跃用户数量 8 382.7 万人。支付宝无论是月度用户活跃度还是日均用户活跃度都以绝对的优势牢牢占据金融类 APP 和移动支付平台的榜首位置。在 2016 天猫双 11 全球狂欢节中,总交易额超 1 207 亿元,其移动端占比 82%,支付宝的支付峰值达到 12 万笔/秒,可见支付宝的交易量是多么的庞大。支付宝每日的平均支付量已经超过 200 亿,2015 年全年支付总额已超过 10 000 亿美元,超过了 PayPal 成为世界上最大的第三方支付平台。支付宝在中国第三方互联网支付市场的份额见图 10—14。

(一)支付宝的基本原理

要成为支付宝的用户,首先必须经过注册流程——用户必须拥有一个电子邮件地址,作为在支付宝的账号,然后填写个人的真实信息,包括姓名和身份证号码。在接受支付宝设定的支付宝服务协议后,支付宝会发封电子邮件至用户提供的邮件地址,然后用户在点击了邮件中的一个激活链接后,才激活支付宝账户,可以通过支付宝进行下一步的网上支付步骤。同时,用户必须将其支付宝账号绑定一个实际的银行账号或者信用卡账号,与支付宝账号相对应,以便完成支付流程。

国内的支付宝的支付流程其实比贝宝的支付流程更安全。因为,贝宝是先交款后发货,而支付宝是先发货、验货然后交款。但是贝宝的支付页面的支付信用调查很严密。美国的信用记录比我国健全,一旦出现不良信用记录对于个人来说是很严重的。因而贝宝的支付流程模式不适用于我国,支付宝的支付流程更能降低

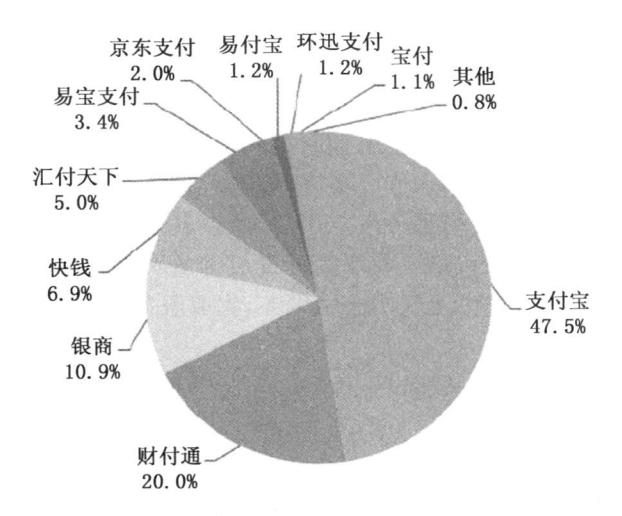

图 10－14　2015 年中国第三方互联网支付交易规模市场份额

我国网民的网上支付的安全顾虑。支付宝的运作流程如图 10－15 所示。

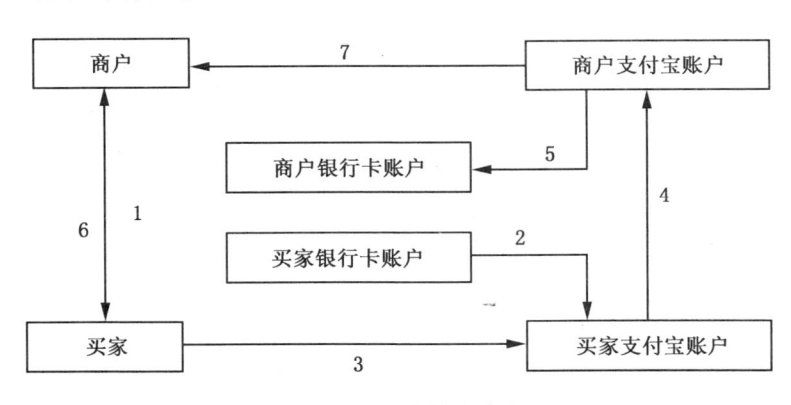

图 10－15　支付宝流程

如图 10－15 所示，交易开始时，买卖双方达成付款的意向后，由买方将款项划至其支付宝账户，支付宝通知卖家发货，卖家发货给买家，买家收货后通知支付宝，支付宝再将买方先前划来的款项从买家的虚拟账户中划至卖家在支付宝的账户，交易结束。

(二)支付宝盈利模式

从 2005 年 2 月支付宝上线初期，开始全面升级网络交易支付工具支付宝，其采取的是支付免费战略：无论是同城还是异地交易，通过支付宝完成的交易将不收取任何费用，期限是三年，甚至是终身免费，因支付宝产生的对银行的费用将完全由淘宝网和阿里巴巴承担。这成为支付宝发展初期抢占市场份额的唯一利器,免费战略成为其核心竞争力。由此,这种免费模式为国内大多数第三方支付企业所模仿。

但是,随着支付业务的发展,金融监管机构的监管政策将进一步加强。现在,第三方支付企业与银行之间的合作已不得不采取了收费模式。由于支付宝主要服务对象为第三方电子商务交易平台淘宝用户,所以其盈利模式更多考虑与淘宝的共同盈利,而淘宝盈利方式包括了收取的开设店铺的费用、商品的登录费用、交易服务费、广告费用等等。作为互联网金融服务,收取服务费是大势所趋。

(三)支付宝的优缺点

支付宝支付平台的推出具有以下优势:

1. 买家使用的好处

(1)货款先支付在支付宝,收货满意后才付钱给卖家,安全放心。

(2)不必跑银行汇款,网上在线支付,方便简单。

(3)付款成功后,即时到账,卖家可以立刻发货,快速高效。

(4)在线支付,交易手续费成本低。

2. 卖家使用的好处

(1)再不用跑银行查账了,支付宝告诉卖家买家是否已付款,可以立刻发货,省心、省力、省时。

(2)账目分明,交易管理帮卖家清晰地记录每一笔交易的交易状态,即使有多个买家汇入同样的金额也能区分清楚。

(3)支付宝认证是卖家信誉的保证。

从当前网络支付发展趋势可见,在信息技术的发展和用户需求个性化的推动下,网络支付模式也逐渐开始多元化。多元化体现在支付服务、支付方式等各方面。例如,在移动支付方面,智能手机、笔记本电脑等移动互联网终端的快速发展,用户可以使用支付账户或电子钱包作为有效且常用的支付工具。在支付服务方面,除了处理交易支付外,还逐步提供个人用户集成的公共事业缴费、信用卡还款、转账收款、电信缴费等支付。网络支付的出现和发展体现了互联网时代的需求的同时,亦促进了互联网的发展,降低了社会支付成本和交易成本,对社会发展起到了极大的推动作用。

思考讨论题:

1. 什么是网络支付?
2. 网络支付中主要涉及哪些参与主体?简述参与主体在网络支付中的作用。
3. 当前网络支付模式有哪些?各网络支付模式的发展现状如何?
4. 简述网关型支付及其运营流程。

5. 简述担保型支付及其运营流程。
6. 简述预付卡支付及其运营流程。
7. 网关型支付与担保型支付之间有何区别？
8. 预付卡支付与互联网支付的本质差异是什么？
9. 对各网络支付模式的优缺点进行比较。
10. 在网络支付模式发展现状的基础上，分析网络支付未来发展趋势。

第十一章 电话支付与移动支付

第一节 电话支付

一、电话支付的概念

电话支付,指银行利用电话等声讯设备和通信网络向客户提供的金融支付服务。客户通过电话终端发起支付指令,通过电话网络系统与银行业务系统连接,实现银行账户资金的转移。

实际业务操作中,电话支付有两种应用模式:一种是基于电话支付终端的支付。电话支付终端是一种特殊的金融支付设备。与普通电话相比,在硬件方面,电话支付终端具有专门的安全加密部件和银行卡刷卡槽;在功能上,除了普通的通信功能外,电话支付终端还支持转账汇款、缴费、查询等业务。另一种是基于电话银行的支付。电话银行是银行提供基于电话语音系统的即时支付服务,客户通过电话拨打商业银行服务热线电话号码,如中国工商银行的 95588、中国农业银行的 95599、招商银行的 95555 等,通过电话语音应答和人工服务的方式完成查询、转账、理财、缴费等支付业务。以上两种支付模式差异较大,下面章节将分别进行介绍。

二、电话支付终端支付

电话支付终端支付指银行主要面向企事业单位财务结算需求、专业批发市场个体工商企业主转账需求及高端家庭客户转账需求等应用领域,以签约方式将电话支付终端与客户的银行结算账户绑定,客户在电话支付终端上刷卡、输入密码就能完成转账、查询、缴费、贷记卡还款等金融服务。在实务中,国内很多商业银行把电话支付终端称为"智能支付终端",设备类型分为固定有线电话和移动无线电话两种,功能上与 POS 机类似,但设备的成本、业务的准入条件和受理的银行卡种与 POS 机有所不同,见图 11-1。

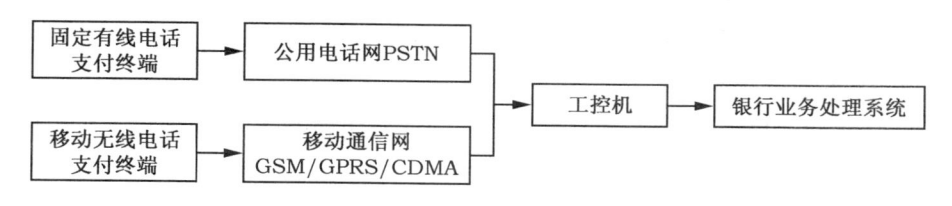

图 11－1　电话支付终端系统结构

（一）系统介绍

电话支付终端由于不需要语音应答，使用的连接设备是工控机，工控机的作用是把电话网和移动通信网传输的信号转换为银行业务系统能处理的数据格式。

（二）业务功能介绍

由于电话支付终端（见图 11－2）具有特殊目标客户群体，因此终端的功能都是基于客户定制的，根据客户需求研发设计和推广应用，突出了"以客户为中心"的服务理念。下面以银联的电话支付终端为例进行介绍。

图 11－2　电话支付终端实物图

中国银联电话支付是中国银联和中国电信合作的、面向家庭及行业用户的新型增值业务。通过增加安全加密功能，使普通电话机变成多功能、自助式的金融终端，客户只需在家里安装特定的电话支付终端设备，就可以在家进行自助银行服务，信用卡还款，网上刷卡购物，缴纳水、电、煤气等公共事业费，预订酒店、机票、火车票等。银联的电话支付终端使用了先进的金融交易加密技术，所有个人信息在交易中均是加密传输，信息传递也仅限于专用网络，支付链各方的交易安全得到了可靠保证。目前其主要有以下服务功能：

1. 自助银行服务

支持银联卡跨行转账、信用卡自助还款、银联卡余额查询、末笔交易查询。

2. 缴费通

支持水费、电费、燃气费、电话费等公用事业费用和电话、手机费用支付的自助刷卡。

3. 商旅及订购服务

携程旅行网、旅易网等机票预订、酒店预订、火车票预订。

4. 生意通

独特的账单支付模式，为银行卡在批发、物流、互联网商户等领域的推广提供了新的手段。

三、电话银行支付

电话银行业务是银行利用电话自助语音或者人工服务方式为客户提供业务咨询、账户查询、转账汇款、投资理财、代理业务等金融服务的电子银行业务。

（一）系统介绍

电话银行系统是指采用先进的计算机技术、通信网络技术和语音转换技术，采用预先分配用户编号和个人密码控制，为客户提供查询、转账、缴费、挂失等金融服务的系统，如图11-3所示。电话银行系统的特点：一是在业务处理系统中设置了将语音信号和数字信号进行转换的专用设备；二是前置机通常采用交互式应答设备(IVR)，具有接入电话、主动识别、按键识别、语音播报、传真处理等功能。

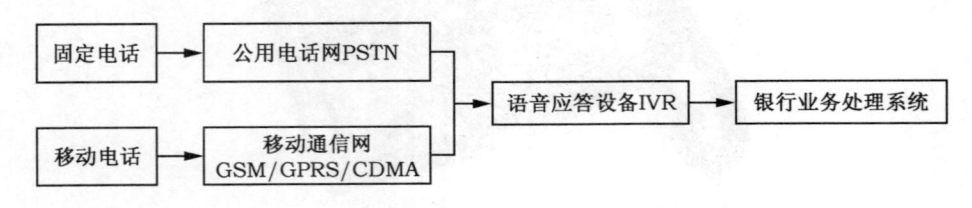

图11-3 电话银行系统结构图

（二）业务功能介绍

电话银行定位于为客户提供简单高效的金融服务，与银行的其他支付渠道的不同主要体现在：一是采用人工应答机制，客户可以通过语音和银行员工互动沟通，除了完成普通的支付业务外，客户还可以进行业务咨询和投诉建议，因此电话银行是一个集支付服务和咨询服务于一体的综合系统。二是采用语音信号与数字信号转换的机制完成支付数据的传输，电话银行的业务操作在设计上比其他支付渠道简单。下面以中国农业银行电话银行为例进行介绍。

95599电话银行是中国农业银行集电话自动语音和人工座席服务方式于一体

的全国统一客户服务号码,客户只需要拨打95599就可以随时随地办理金融服务,包括账户查询、转账汇款、缴费、个贷查询、公积金查询、金融信息查询、账户挂失、信用卡还款、投资理财以及信息咨询、投诉、建议等多种服务。

1. 个人电话银行业务功能

(1)查询。提供注册账户的余额查询、交易明细查询、积分查询、公积金查询、利率和汇率查询、人民币牌价查询。

(2)缴费。通信费、电费、燃气费、水费等,客户进线选择缴费功能后输入缴费种类、缴费地区区号办理缴费(具体缴费类别以当地分行缴费菜单为准)。

(3)转账。向本人或他人账户进行资金划转,包含转账汇款、预约转账和信用卡还款功能。

(4)理财。提供形式多样的理财服务,包括外汇买卖、账户贵金属、基金、国债、银期直通车、证券第三方存管、综合理财卡的定活互转等。

(5)挂失。提供活期存折、普通借记卡账户、定期存单等账户的挂失服务。

(6)信用卡。此功能包括信用卡还款、转接信用卡中心的功能。

(7)其他业务。包括密码服务、电话支付、短信签约、商旅服务、手机进线绑定、银行ATM自助转账功能维护和银医服务(不同服务以当地分行具体开通为准)。

2. 企业电话银行业务功能

(1)查询及传真服务。提供账户余额查询、按日期查询账户明细及传真、对公账户对账单传真、查询签约账户信息等服务。

(2)地方特色业务。客户根据所在地域,享受地方分行提供的各类特色业务。

(3)修改密码。提供修改电话银行查询密码服务。

第二节　移动支付

一、移动支付的定义及分类

(一)移动支付的定义

移动支付是随着无线网和信息技术的发展而出现的新支付模式,目前还处于发展与成熟期,在内容上不断丰富和完善。因此,在国际上并没有一个关于移动支付标准的定义,但移动支付相关的组织分别都有关于移动支付的定义。

移动支付论坛(Mobile Payment Forum,MPF)对移动支付的定义是:移动支付是指交易双方为了某种货物或者业务,通过移动设备进行商业交易。移动支付所使用的移动终端可以是智能手机、PDA、移动PC等。

中国人民银行对移动支付的定义是:移动支付是指单位、个人直接或授权他人通过移动通信终端或者设备,如手机、掌上电脑、笔记本电脑等,发出支付指令,实现货币支付与资金转移的行为。

中国银联对移动支付的定义是：移动支付又称手机支付，是指用户使用移动手持设备，通过无线网络购买实体或虚拟物品以及各种服务的一种新型支付方式。移动支付不仅能给移动运营商带来增值收益，而且还可以增加银行的中间业务收入，同时能够帮助双方有效提高用户的黏性和忠诚度。

综上所述，移动支付就是通过智能手机或 PDA 等移动通信设备来付款的行为。目前，手机是主要的移动支付终端，所以移动支付也可以称为手机支付。艾瑞咨询发布 2015 年第三方支付市场核心数据显示，2015 年中国第三方移动支付交易规模达到 101 713.6 亿元，同比增长 69.7%。

（二）移动支付的分类

按照分类标准的不同，移动支付可以进行以下不同的分类。

1. 基于支付流程的划分

按照支付流程的不同，移动支付可以分为近场支付和远程支付。

(1)近场支付。面对面支付，是付款人使用移动终端设备，通过非接触式受理终端，在本地或接入收单网络完成支付过程的支付。近场支付的技术有红外线、蓝牙、射频技术等，非接触式受理终端有自动售货机、POS 终端、汽车停放收费表等。在近场支付中，根据非受理终端是否需要联机认证，又可以分为联机支付和脱机支付。

①联机支付。在移动支付过程中，受理终端通过网络连接到后台业务系统，联机交互认证后，完成支付过程的支付方式。

②脱机支付。在移动支付过程中，受理终端不通过网络连接后台认证，直接在现场脱机认证，即时完成支付过程的支付方式。受理终端定期再向后台业务系统上传交易数据。

(2)远程支付。非面对面支付，付款人以银行账户、手机话费或虚拟预测账户作为支付账户，通过手机短信、语音、WAP、USSD 等方式完成支付过程的支付。一般用于购买数字产品、订购天气预报、订购外汇牌价等银行服务，以及代交水电费、为购买的现实物品付款等。

2. 基于支付价值的划分

按照欧洲银行标准化协会的定义，基于支付价值的大小可以将支付类型划分为微支付、小额支付和大额支付。

(1)微支付：支付金额低于 2 欧元。

(2)小额支付：支付金额介于 2～25 欧元。

(3)大额支付：支付金额在 25 欧元以上。

3. 基于支付账户性质的划分

按照支付账户性质的不同，移动支付可以分为银行卡账户支付、移动运营商账户支付和第三方支付账户支付。

（1）银行卡账户支付。移动运营商和银行合作，由银行为用户提供信用，用户将手机号与银行卡账户绑定，直接通过绑定银行卡账户完成支付过程的支付方式。

（2）移动运营商账户支付。移动运营商为用户提供信用，用户在互联网上购买游戏、软件等小额的虚拟物品时，直接从手机账户扣费完成支付过程的支付方式。这种方式简单易用、普及面广，但是由于受到监管部门对支付金额的限制，目前仅适合于小额支付。

（3）第三方支付账户支付。第三方支付机构作为买卖交易双方的中间商，为交易提供支付服务通道，买家通过第三方支付平台完成支付过程的支付。

4. 基于用户和商家交互方式的划分

按照用户和商家交互方式的不同，可以将移动支付分为"手机—手机""手机—移动POS机""手机—专用设备"三种类型。

（1）"手机—手机"支付方式。付款方和收款方均为手机银行客户，付款方通过手机银行向收款方支付消费款项，买卖双方都通过手机银行完成支付。这种支付方式适合于有固定营业人员的消费场所，比如批发市场等。

（2）"手机—移动POS机"支付方式。收款方为与银行联网的商户和超市等，付款方通过手机银行支付消费款项，收款方通过移动POS机接收收款信息。这种支付方式适合于大型商场、酒店和娱乐场所等。

（3）"手机—专用设备"支付方式。收款方安装了红外线、蓝牙、USSD等专用设备，付款人通过近场支付的方式完成支付。这种支付方式适合于小型商店等营业人员不固定的场所。

5. 基于移动支付技术的划分

基于不同的移动支付技术，可以把移动支付分为SMS支付方式、USSD支付方式、STK支付方式、WAP支付方式、WWAN支付方式等。

（1）SMS支付方式。客户通过发送短信的方式进行支付。国内很多商业银行推出的短信银行就是此类技术的应用。

（2）USSD支付方式。USSD是英文Unstructured Supplementary Service Data的简称，即非结构化补充数据业务，是一种基于GSM网络的新型交互式数据业务，它是在GSM的短消息系统技术基础上推出的新业务。USSD对比短消息的主要优点在于USSD在会话过程中一直保持无线连接，提供透明管道，不进行存储转发；而SMS在物理承载层没有会话通道，只有储存转发系统，用户完成一次查询需要进行多次会话过程。因此USSD的信息响应率较高，在实时性要求较高的业务领域有很高的运用价值，比如股票买卖等。

（3）STK支付方式。STK是SIM Tool Kit的英文缩写，即用户识别应用开发工具。它的基本原理是在移动通信运营商提供的手机SIM卡中，注入银行提供的功能服务菜单、银行的密钥,即成为提供银行服务的专用 STK 卡。利用 STK 卡,可以按照智能菜单进行操作,将手机银行服务的信息,通过移动通信网的短信息系统发送到银行,银行接到信息,对信息进行处理后,将其结果返送手机,完成手机支付服务。

(4)WAP 支付方式。WAP 全称是无线应用协议(Wireless Application Protocol),它提供了通过手机访问互联网的途径,WAP 站点即是手机上的网站。实现 WAP 上的移动支付有赖于 WAS 的安全技术——WTLS。WTLS(无线传输安全协议)是基于一种工业标准的传输安全协议,被专门设计用来与 WAP 配套使用。WTLS 提供了诸如数据完整性、私有性、鉴权和拒绝服务保护等安全功能,它既可以作为 WAP 协议栈中的安全传输层协议,也可以独立于 WAP,应用于无线终端之间的安全通信。WTLS 作为 WAP 协议栈中的重要组成部分,充分考虑到了移动网络的复杂性和移动设备的诸多限制,适合应用在大多数无线通信设备中。

(5)WWAN 支付方式。利用 WWAN(无线广域网)技术特别是 2.5G 和 3G 技术的手机、平板电脑以及笔记本电脑等智能移动设备连接因特网后的在线支付,在流程上与普通的有线因特网应用差不多,但是需要采用适合移动通信的安全防护措施,实现在移动支付流程中对移动终端的信息加密、身份验证和数字签名以及信息传递过程中的安全。

(6)KJAVA 支付方式。KJAVA 的名称来源于 KVM 虚拟主机(KVirtual Machine),特指为面向基于 KVM,针对手机等资源受限设备的 JAVA 平台解决方案。KJAVA 具有平台开放和易于动态下载的特性,它使第三方开发者可以为掌上设备开发 KJAVA 应用程序。

(7)BREW 支付方式。BREW(Binary Runtime Environment for Wireless)是无线二进制运行环境,它能提供非常丰富的应用环境,在无线设备中,这个环境能从所有复杂的内在事物中来保护应用软件。

二、移动支付的系统结构和支付流程

(一)移动支付的系统结构

移动支付的本质是买卖双方借助移动终端和无线网络完成资金的收付,最终结清债权债务关系的过程。与一般银行间支付不同的是,移动支付打通了银行业和通信业的不同业务系统,具有较强的跨行业运营特点。因此,要研究移动支付的流程,就必须先了解移动支付的系统架构,见图 11-4。

一般情况下,移动支付系统有五个参与者:客户、商户、移动运营商、银行和第三方支付机构。

1. 客户

客户指持有移动设备并且愿意采取移动支付来购买商品的组织和个人,是移

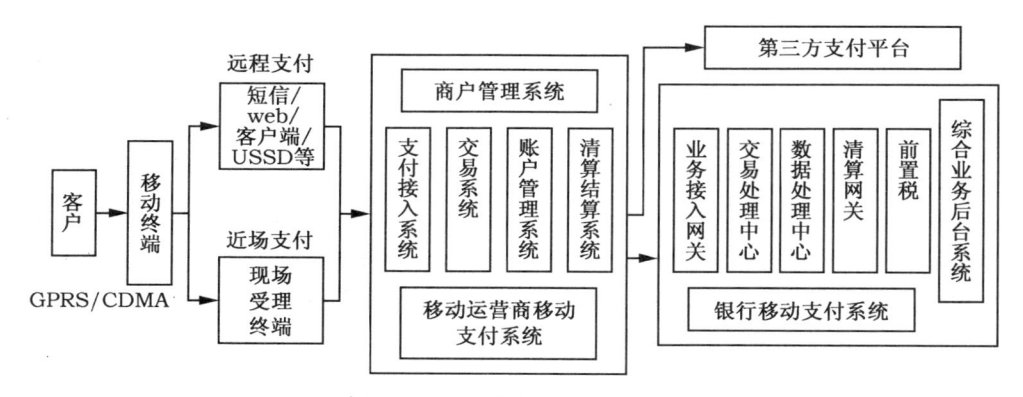

图 11－4　移动支付系统结构图

动支付的发起者。一切移动支付平台的建设与形成，都必须先考虑到客户的兴趣，满足客户的需求。

2. 商户

商户特指安装有移动支付受理终端的商户。商户出售商品和服务给客户，客户通过移动支付受理终端给商户付款。对于商户而言，移动支付减少了支付的中间环节，降低了经营、服务和管理成本，提高了支付的效率，增强了盈利能力。

3. 移动运营商

移动运营商是指为移动支付提供安全通信渠道的通信运营商。目前国内的移动运营商主要是中国移动、中国电信和中国联通。移动运营商是移动支付的第一环节，在整个移动支付中起到了关键性的作用，如何利用先进的技术手段增强支付安全、提高支付效率、简化支付流程是当前移动运营商研究的热点。

4. 银行

银行在电子支付中一般起到的是介于买卖双方的清算与结算功能，而目前以银行为运营主体的移动支付方式为银行带来了新的角色和利益，银行可以拥有新的营销与增值服务渠道，更好地为客户服务。目前，以银行主导的移动支付主要是远程支付，各家商业银行都推出了手机银行、短信银行等电子银行产品，将客户手机号与银行账户绑定，客户可以直接通过手机终端办理银行账户查询、转账、缴费、理财等金融业务。在近场支付方面，银行主推基于金融 IC 智能卡的行业支付应用。

5. 第三方支付机构

通常情况下，第三方支付机构会给用户提供一个虚拟的账户，用户可以通过银行卡充值、购买充值卡充值等方式将资金转移到第三方支付账户。在移动支付的过程中，买家的资金直接从第三方支付账户转移到卖家的账户。第三方支付机构在支付过程中,提供了一种信用担保的机制,以防止买卖双方的违约风险。国内的支付宝、财付通都推出了手机客户端的应用,便于客户进行远程支付,同时,支付宝还推出了一维条码支付、二维码支付等近场支付。

(二)移动支付的支付流程

1. 远程支付流程

在远程支付模式下,客户和商户不进行面对面的交易,客户利用移动终端,通过无线网络,直接与支付平台进行交互,由移动运营商和银行内部的支付系统完成支付。远程支付有短信、STK 菜单、Web 等多种技术连接方式。下面以远程支付模式中的手机银行为例进行说明,见图 11-5。

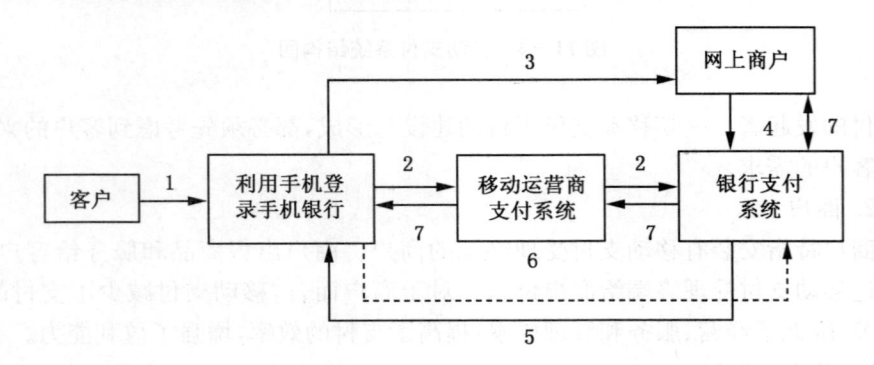

图 11-5 远程支付流程

(1)客户通过手机上网,登录银行卡账户开户行的手机银行。

(2)客户的登录数据通过透传模式(客户手机号和银行卡号对接)经移动运营商的系统连接到银行的支付系统。

(3)客户进入手机银行网上商城,选择购买商品,并在线下订单。

(4)网上商户将订单发送至银行系统,并发起支付请求。

(5)银行给客户返回支付界面,请客户确认支付。

(6)客户确认支付。

(7)银行扣款,并将支付结果返回商户和客户。

2. 近场支付流程

(1)联机方式支付流程。联机支付指在移动支付过程中,受理终端通过网络连接到后台业务系统,联机交互认证后,完成支付过程的支付方式,见图 11-6。

①客户在商户店内选择商品,提交订单。

②客户请求商户结账,并选择近场支付。

③商户在现场受理终端上输入付款金额,通过近场通信技术,向移动终端发起读取账户请求。

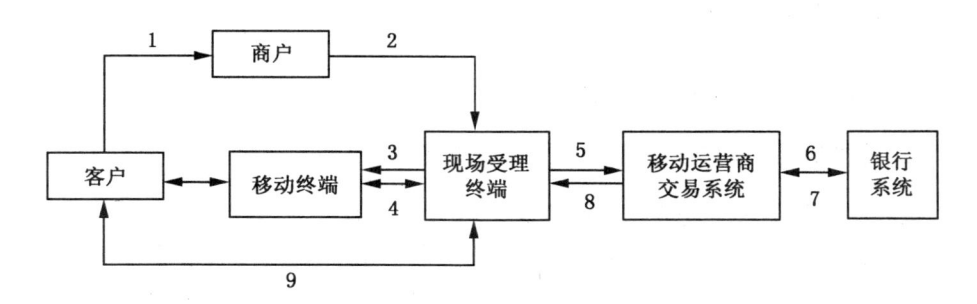

图 11－6　近场联机支付流程

④客户通过刷手机的方式将账户信息通过移动终端返回现场受理终端。
⑤现场受理终端发送支付请求给移动运营商交易系统。
⑥交易系统向银行系统发起扣款请求。
⑦银行系统校验信息，返回扣款确认信息。
⑧交易系统返回支付确认信息给现场受理终端。
⑨现场受理终端通知客户付款成功。

（2）脱机方式支付流程。脱机支付指在移动支付过程中，受理终端不通过网络连接后台认证，直接在现场脱机认证，即时完成支付过程的支付方式。受理终端定期再向后台业务系统上传交易数据，见图11－7。

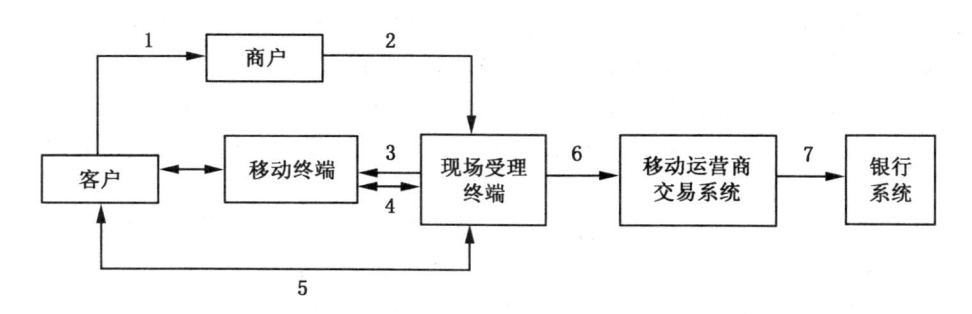

图 11－7　近场脱机支付流程

①客户在商户店内选择商品，提交订单。
②客户请求商户结账，并选择近场支付。
③商户在现场受理终端上输入付款金额，通过近场通信技术，向移动终端发起读取账户请求。
④移动终端收到扣款请求，进行扣款的鉴权，通过后在其离线钱包中扣款，并返回扣款应答给受理终端。

⑤客户现场完成支付。
⑥脱机现场受理终端定时上传交易数据。
⑦移动运营商按结算周期与银行进行结算。

三、国内典型移动支付的技术及产品方案介绍

按照应用场景和业务类型,移动支付可分为远程支付和近场支付两大类,因此,移动支付的技术及产品方案也分为远程支付方案和近场支付方案。随着移动支付前端技术的不断突破,移动支付产业呈现出线上、线下融合的趋势,以支付宝、拉卡拉为代表的第三方支付公司纷纷推出了二维码、声波入口的支付产品。

(一)远程支付技术及产品方案

目前,国内的远程支付技术方案主要包括短信支付、客户端支付、手机贴膜卡支付、智能卡支付四种技术方案。

1. 短信支付

指用户通过编辑、发送短信完成的支付业务。典型的产品方案有银行主导的短信银行业务和运营商主导的手机缴费业务。

(1)短信银行。以中国建设银行的短信银行为例,具有查询(编辑短信"CXYE♯账户后四位"发送至95533,即可查询该活期账户的人民币余额信息)、转账汇款(编辑短信"YDZZ♯转出账户后四位♯转入账户后四位♯转账金额"发送至95533,系统返回转账信息和验证码,回复"QR♯验证码"即可办理转出账户向指定转入账户的转账汇款业务)、信用卡还款(编辑短信"YDHK♯转出账户后四位♯转入信用卡账户全账号"发送至95533,系统返回转账信息和验证码,回复"QR♯验证码"即可为本人的信用卡进行人民币全额还款)、缴费充值(编辑短信"BRCZ♯充值金额"发送至95533,系统返回手机充值的信息和验证码,回复"QR♯验证码"即可完成充值)等功能。

(2)手机缴费。以上海电信推出的手机缴费业务为例,用户首先将自己的手机号码与一个支付账户绑定,并针对要缴费的业务申请开通手机缴费功能。每月该业务账单生成后,系统向用户发送账单信息(包含条码号、金额等);用户可以编辑发送短信到特定的支付服务接入号,发起手机缴费。短信支付的优势在于简单、方便、快捷,使用门槛低,不需要对现有的手机和通信网络环境做任何改造,业务成本较低。劣势在于无法保障短信的可靠传输、用户交互体验不好,因此难以承载较为复杂的支付业务。

2. 客户端支付

客户端支付指用户通过移动互联网浏览器或客户端,经互联网与支付平台交互完成支付的业务。典型的产品方案有银行主导的手机银行业务。目前,国内银行的手机银行可分为浏览器和专用客户端两种;支付可以分为浏览器支付和专用

客户端支付两种形态。

现在许多银行的手机银行,都推出了 WAP 版、iPhone 版、Android 版、Windows Phone 版手机银行,能为客户提供账户管理、转账汇款、个人贷款、缴费站、手机股市、基金、外汇、贵金属、理财、信用卡等各类金融服务。

3. 手机贴膜卡支付

手机贴膜卡是一种可贴覆于手机 SIM 卡上的智能 IC 芯片卡,其支付原理是借助贴膜卡扩展 SIM 卡功能菜单,通过数字短信形式实现账户查询、转账、缴费和电子商务远程支付等金融服务。

4. 智能卡支付

智能卡支付是指用户通过存储支付数据的智能卡进行安全认证的远程支付。智能卡支付技术以具有安全芯片的智能卡作为银行卡、电子钱包、电子现金等支付账户的载体,提供基于 PBOC 规范流程的安全计算和存储,能实现身份验证、交易数据保护、交易数据完整性和不可抵赖性的技术支持。典型的产品是银联 UP Cards 支付和银联 SD 卡远程支付。

(二)近场支付技术及产品方案

目前,国内的近场支付技术方案主要包括外置卡支付、双界面卡支付、NFC 手机支付、RFID-SIM 卡支付四种技术方案。

1. 外置卡支付

外置卡是通过将具备金融功能的 IC 卡芯片置入小型银行卡中,通过非接触方式实现近场客户信息识别、传输与交易确认的金融载体,一般通过粘贴或挂坠的形式实现与手机的一体,可以看做是异型金融 IC 卡。

2. 双界面卡支付

双界面 SIM/UIM 卡是一种多功能的智能卡,具有 SIM/UIM 接触界面和 RFID 非接触界面两个工作界面。接触界面可以实现通信业务功能,非接触界面实现基于 13.56MHz 射频的非通信应用,如电子钱包、银行卡电子现金/借贷记应用、公交行业应用、校企一卡通等。

双界面卡支付的优势在于实施简单,用户不必更换手机即可实现手机支付;部署成本低,实务中非接触功能普遍采用 13.56M 频段,有利于行业多应用的加载,为跨行业整合提供有力武器。此外,市场上还有通信运营商面向校园和企事业单位基于手机终端提供的手机校企一卡通产品,也是利用双界面卡支付技术,通过手机实现门禁、考勤等后勤管理服务以及内部消费服务等信息化应用综合服务。

3. NFC 手机支付

NFC 是 Near Field Communication 的缩写,是一种短距离的高频无线通信技术,采用 13.56MHz 作为近距离通信频率标准,兼容 ISO 14443、ISO 15693、FeliCa 等射频标准。NFC 手机支付是将具备 NFC 功能的模块内置于手机中,通过手机电池供电,实现近距离非接触信息传输的产品形态。目前,该种支付方式有三种主要的发展模式:SD-NFC 模式、SIM-NFC 模式和全终端 NFC 模式,三种模式的区别就在于可承载金融应用的安全芯片的位置。

(1)SD-NFC 模式。将 NFC 芯片集成到手机终端中,并将金融 IC 芯片集成到 SD 卡上。该方案的优点是可以不依赖运营商,由业务发起方自行开展。

(2)SIM-NFC 模式。将 NFC 芯片集成到手机终端中,同时将金融 IC 芯片集成到 SIM 卡上。SIM 卡通过 SWP 接口与 NFC 芯片进行通信,该模式要与运营商合作开展。

(3)全终端 NFC 模式。将 NFC 芯片与金融 IC 卡芯片同时集成到手机终端中。全终端 NFC 不仅受制于当前 NFC 手机普及率低的现状,同时金融 IC 卡与手机融为一体也面临着制卡、检测等难题。

NFC 手机支付的优势在于手机支付的终极产品形态,实现手机与支付的无缝整合,既可以通过手机实现近场支付,也可以通过手机完成远程支付。劣势在于需要手机终端厂商定制手机终端,客户需更换手机,使用门槛高,产业链上不成熟,需要资源大规模投入研发和产品生产,难以大规模地推广。

4. RFID-SIM 卡支付

RFID-SIM 卡是双界面智能卡技术向手机领域渗透的产品,实质上是一种新的手机 SIM 卡。RFID-SIM 卡同样具备接触界面和非接触界面,其功能与 SIM-PASS 卡一致,但采用的是 2.4GHz 的射频技术。RFID-SIM 卡支付的优势在于采用高频技术,穿透性比较好,可适配市面上 95% 以上的手机终端;成本低,产业链简单,用户不需要更换手机,只需要更换卡就可以使用,并且 2.4G 技术主要基础专利掌握在国内厂商手中。

(三)O2O 将成为移动支付的亮点和发展方向

O2O 是 Online to Offline 的简称,指的是把线下商务的机会与线上互联网结合起来,让互联网成为线下交易的前台。O2O 模式最大的特点在于互联网线上平台提供信息和资金的互动,而消费者与实体商品或服务提供者之间在线下实现交易。该模式充分利用了互联网跨地域、无边界、海量信息、海量用户的优势,充分挖掘线下资源,进而促成线上用户对线下商品服务的交易。随着前端技术的不断突破,二维码、声波入口模式的普及和不断丰富,移动支付产业呈现出线上、线下融合的趋势。未来以移动终端为载体,采用客户端和支付插件的技术,基于 O2O 的商业模式将成为移动支付的亮点和发展方向。目前,市场上典型的产品是支付宝的条码支付和拉卡拉的手机刷卡器。

1. 支付宝条码支付

条码支付是以支付宝账户为核心,在支付宝手机客户端中显示与账户关联的动态随机一维条码或二维码,对方只需扫描手机屏幕即可快速创建交易,用户可当场查看和确认付款。商户收银台用户无须更换手机,通过条码支付即可享受支付宝快捷的手机支付功能,每次交易后,手机上的条码和二维码都即时失效,不可复用,以保护用户账户安全。

2. 拉卡拉手机刷卡器

拉卡拉手机刷卡器是北京拉卡拉网络技术有限公司推出的个人刷卡终端,是一款通过音频进行数据传输的刷卡外设终端,支持iPhone、小米等各类主流手机以及iPad产品,主要提供信用卡还款、转账汇款、在线支付等便民支付的金融服务。

第三节 案 例

案例:中国农业银行电话钱包业务

一、业务介绍

电话钱包业务是中国农业银行推出的一种安全、快捷的新型电子支付业务。电话钱包业务的应用范围广泛,凡涉及支付的领域均可应用电话钱包业务,如:数字卡销售及电话充值,行政事业收费,各类商旅、娱乐产品的销售,博彩类产品的销售,大众生活用品的电话销售,企业资金归集与现金管理等。

二、申办流程

1. 柜台人工开通

要开通电话钱包的用户本人凭身份证、银行卡填写电话钱包开通申请单,开通电话钱包业务。

2. 支付限额的期初保护与支付限额的修改

为确保电话钱包用户的权益,任何开通电话钱包功能的银行卡均有支付限额,电话钱包支付限额见表11—1。

表11—1　　　　　　　　电话钱包支付限额

电话钱包开通方式	数字卡及充值业务限制	电子客票限制	商业支付限额	备 注
柜台人工开通	单笔限额500元;当日累计限额500元	单笔限额5 000元;当日累计限额20 000元	单笔限额5 000元;当日累计限额20 000元	可更改最大限额:单笔限额200 000元;当日累计限额400 000元

三、业务使用

1. 电信"11888全能充"——湖北电信全业务充值平台,可为湖北电信固话、手机、小灵通、宽带充值(见图 11—8)。

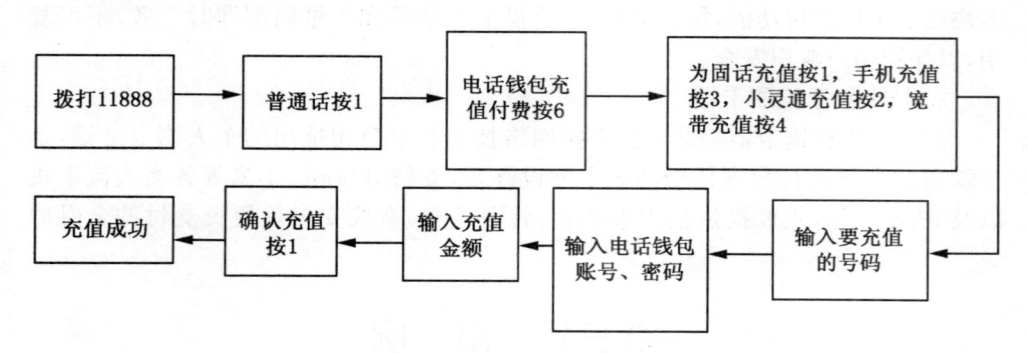

图 11—8　电话钱包电信充值业务

2. 移动、联通手机 4008886001 充值——中国农业银行卡用户可直接为中国移动和联通手机充值,充值金额为 50~200 元话费(见图 11—9)。

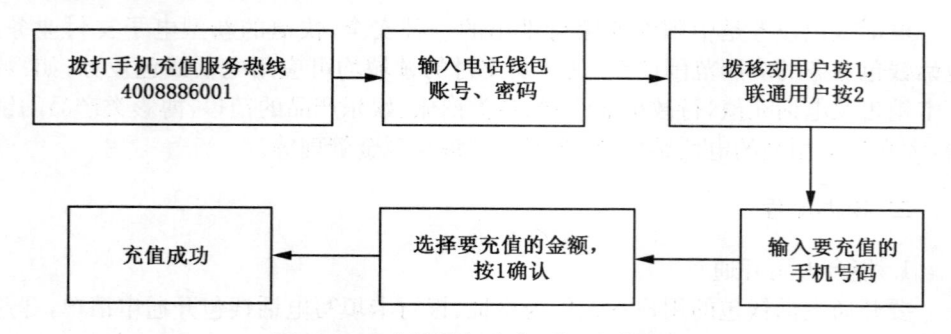

图 11—9　电话钱包移动、联通充值业务

3. 电话钱包 4008882020 电子客票服务平台——可购买全球、全国往返机票(见图 11—10)。

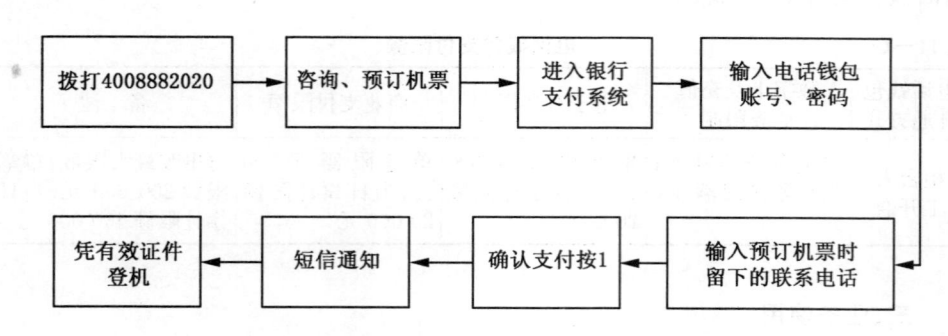

图 11—10　电话钱包订票业务

4. 电话钱包转账业务——企业资金归集与现金管理金融产品,下游商户拨打上游企业商户特服号码(4008)即可向上游企业支付货款,上游企业在管理系统中可实时看到付款下游的相关支付信息,提高了企业资金流、信息流、物流间的协调性,为企业客户带来新的商业价值(见图11—11)。

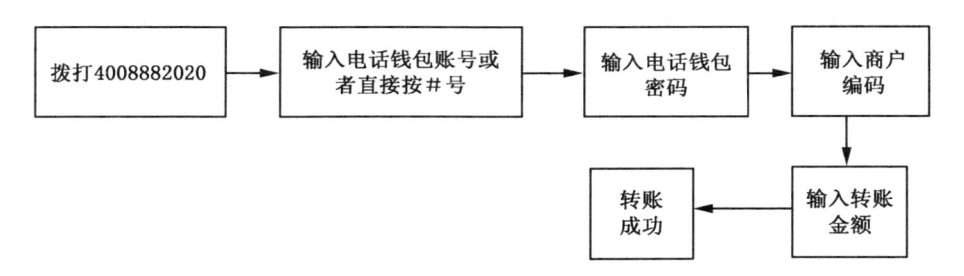

图11—11 电话钱包转账业务

思考讨论题:
1. 电话支付有哪两种应用模式? 两种模式的区别有哪些?
2. "电话支付终端是一种POS机"这种说法对吗? 为什么?
3. 电话银行系统由哪些部分组成? 主要的特点是什么?
4. 实践拨打3家以上商业银行的电话银行,并尝试用电话银行进行支付。
5. 按照支付流程,移动支付应该如何分类?
6. 目前,移动支付的主要技术有哪些?
7. 移动支付的参与者有哪些? 这些参与者的作用是什么?
8. 请说出远程支付的业务流程。
9. 近场支付有哪两种支付方式? 两种支付方式有什么不同?
10. 请列举3种以上国内移动支付产品,并说明其所采用的移动支付技术。

第十二章 电子银行、网上银行与互联网银行

第一节 电子银行、网上银行与互联网银行发展概述

一、网上银行的产生与发展

20世纪中叶,在全球范围内以计算机为核心的信息技术和网络技术得到了迅猛的发展。信息传输技术和互联网技术成为推动社会经济发展和工业革命的重要驱动力,直接促进了网络经济的发展,催生了新的商业模式——电子商务。电子商务利用网络技术,整合信息流、资金流和物流,将买卖各方集中到一起,进行电子化的商业贸易。银行作为资金流的参与者,利用网络手段为电子商务交易提供身份认证和支付结算服务,由此而产生了网上银行。1995年10月,世界上第一家网络银行——安全第一网络银行(Security First Network Bank,SFNB)——在美国成立,标志着一种新兴的银行模式的诞生。1996年2月,中国银行第一个在互联网上建立主页,成为国内第一家使用互联网发布信息的银行。随后,各家商业银行相继建立互联网站点,推出账户查询、支付转账等基本的金融服务。

近年来,以网络普及化、虚拟经济蓬勃化和生活网络化为特征的互联网金融逐步兴起,极大地推动了网上银行的发展,网上银行正逐步从最初的网上支付结算渠道发展成为金融产品的网上销售平台、支付结算平台和客户服务平台。各家商业银行的网上银行功能不断完善,业务日益丰富,推出了网上银行专享理财产品、网上银行申请信用卡和贷款、网上银行互动理财师等服务,成为银行服务客户、增强市场竞争力的重要渠道。随着电子商务、互联网金融及网络经济的走强,网银交易规模仍保持平稳的增长态势,2016年网上银行的交易规模达到1 570.9万亿元(见图12—1)。

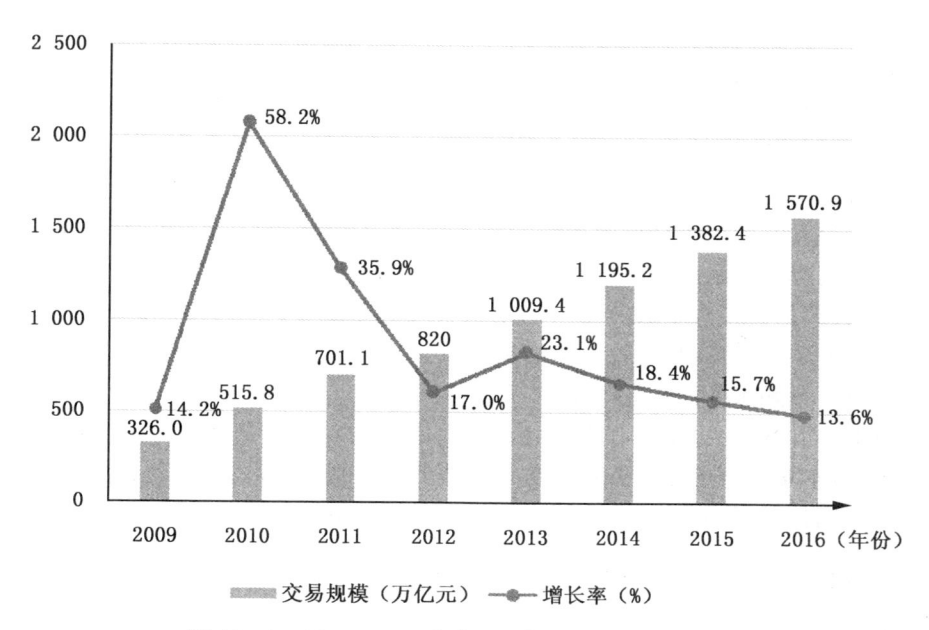

图 12—1　2009～2016 年中国网银交易规模及增长率

二、网上银行的定义

网上银行从诞生以来,历经近 20 年的发展,随着网络技术的快速发展、银行业务的日益丰富,网上银行的定义也不断地扩展。20 世纪 90 年代末期,随着第一家网络银行的兴起,国外金融管理部门纷纷出台网上银行监督管理政策报告,对网上银行进行规范,形成了至今业界比较认可的权威定义。

1998 年巴塞尔银行监管委员会发布《电子银行与电子货币活动风险管理报告》,将网上银行定义为通过电子通道,提供零售与小额产品和服务的银行,这些产品和服务包括存贷、账户管理、金融顾问、电子账务支付以及其他一些诸如电子货币等电子支付的产品和服务。1999 年欧洲银行标准委员会发布《电子银行公告》,将网上银行定义为利用网络通过使用计算机、网络电视、机顶盒及其他一些个人数字设备连接上网的消费者和中小企业提供银行产品服务的银行。进入 21 世纪,网上银行的业务范围不断扩大,2000 年 10 月巴塞尔银行监管委员会发布《电子银行集团活动白皮书》对网上银行进行补充定义,指出网上银行是指利用电子消费手段为消费者提供金融服务的银行,这种服务既包括零售业务,也包括批发和大额业务。2000 年美国联邦储备委员会从内部角度,提出网络银行是指利用互联网作为其产品、服务和信息的业务渠道,向其零售和公司客户提供服务的银行。

在这个阶段,国内金融管理部门开始对网上银行业务进行规范管理。2001 年

7月中国人民银行(以下简称人民银行)发布《网上银行业务管理暂行办法》,指出银行通过因特网提供的金融服务称为网上银行业务。2006年1月中国银行业监督管理委员会(以下简称银监会)发布《电子银行业务管理办法》,指出利用计算机和互联网开展的业务简称网上银行业务。

综合以上的定义,可以从三个角度来理解网上银行:一是机构角度,网上银行指的是通过互联网提供金融服务的银行;二是业务角度,网上银行指的是传统银行通过互联网提供金融服务,这种服务既包括传统银行金融服务,如账户查询、转账汇款等,又包括新兴金融服务,如投资理财、网上贷款等;三是系统角度,网上银行是一个服务系统,将客户的计算机终端通过互联网连接到银行内部网络,使客户能够在线享受金融服务。

目前,国内的人民银行和银监会对网上银行的规定都是从业务的角度进行定义。因此,本章对网上银行的定义也是从业务角度提出,即网上银行是指传统银行利用互联网技术,为客户提供在线综合性金融服务的业务。

三、电子银行、网络银行与网上银行的概念

电子银行:根据国际清算银行的研究,电子银行业务指银行通过电子化渠道提供的银行业务产品和服务,提供的方式包括商业POS终端机、ATM自助柜员机、电话自动应答服务系统。根据中国银行业监督管理委员会2006年3月1日施行的《电子银行业务管理办法》中的有关定义,电子银行是指商业银行等银行业金融机构利用面向社会公众开放的通讯通道或开放型公众网络,以及银行为特定自助服务设施或客户建立的专用网络,向客户提供的银行服务。电子银行业务主要包括利用计算机和互联网开展的网上银行业务,利用电话等声讯设备和电信网络开展的电话银行业务,利用移动电话和无线网络开展的手机银行业务,以及其他利用电子服务设备和网络、由客户通过自助服务方式完成金融交易的业务,如自助终端、ATM、POS等。电子银行是金融创新与科技创新相结合的产物,其主要包括网上银行、电话银行、手机银行、自助银行以及其他离柜银行业务。故本教材把电子银行的概念延伸至涵盖所有通过电子化渠道来提供的银行业务,即电子银行包含电话银行、网上银行、手机银行、移动终端银行、ATM自助柜员机、商业POS终端机以及所有通过电子渠道、电子设备所提供的银行业务。

网络银行:英国金融服务局将网络银行定义为通过网络设备和其他电子手段为客户提供产品和服务的银行。网络银行的服务渠道不局限于互联网,还包括银行内部的计算机网络、专用通信网络或其他公用信息网络。

在国内银行的实务中,网上银行是电子银行的产品种类之一,而网络银行只是一个概念词语,没有指向具体的银行业务。如中国农业银行金e顺电子银行业务体系包括了网上银行、电话银行、手机银行、自助银行和电子商务等多种业务。

四、网上银行的模式及特点

（一）网上银行的模式

从国内外网上银行经营模式来看，网上银行主要有纯网络模式和延伸式模式。

1. 纯网络模式

纯网络模式指完全依托互联网发展起来的网上银行，没有实体的银行经营网点，所有业务交易都在网上完成。世界上第一家网络银行——安全第一网络银行（SFNB），就是这种纯网络的网上银行。SFNB 于 1995 年 10 月在美国成立，并得到了美国 OTB(Office of Thrift Supervision)的承保。SFNB 采用了一种全新的服务手段，用户只需要进入银行网站，显示屏就出现虚拟的银行营业大厅，用户可以根据需求选择相应的业务品种，点击按钮就可以进行业务的办理。SFNB 可以办理的银行服务包括互联网对账服务、利息核对、储蓄账户、存款凭证、货币市场账户和信用卡服务等。纯网络的网上银行的优势在于可以低廉的交易费用在线实时处理各种交易，提供一系列的投资、保险和抵押服务，以低成本向客户提供更优惠的存贷款利率。缺陷在于现金收付业务必须要依赖传统银行，在线交易记录的保存需要法律和客户方面的不断确认，同时，客户的信任度和忠诚度也需要逐渐培养。由于没有实体银行经营网点的支撑，SFNB 在经营 5 年之后，被加拿大皇家银行以 2 000 万美元所收购。

2. 延伸式模式

实体银行在网上提供银行服务，可以看作是延伸式的网上银行。为了拓展经营渠道，传统的实体银行充分利用互联网，通过互联网向客户提供开户、查询、转账、汇款、对账、投资理财、信贷等银行服务，使客户能 7×24 小时方便快捷地管理自己的资产，享受多样化的银行服务。国内的网上银行基本都是这个模式。随着网络的发展普及，现在很多银行在经营网点专门设立了网上银行体验区，方便客户进行网上银行体验。这种网上银行的优势在于可以利用原有银行的客户资源，改善银行形象和客户服务手段，满足客户个性化和多样化的需求，降低交易成本，提高交易效率，从而不断推广开发新产品，拓展市场空间和渠道。

（二）网上银行的特点

1. 虚拟性

与传统银行相比，网上银行以互联网网站代替了物理网点，以电子化的交易流程代替了纸质的交易，以电子签名、网上证书代替了真实的身份证件认证，以数字指令代替了面对面的交流，以电子货币代替了现金，所有的交易过程都以虚拟化的形式进行。

2. 开放性

网上银行的虚拟性使其能够实现全天候运作、全球化经营、多样化手段服务，突破时间、空间和服务手段的限制,使客户能够 7×24 小时在世界任何一个角落通过任何一台联网的计算机终端即可享受银行的服务,成为一个开放的虚拟银行机构。

3. 低成本性

从银行经营角度来看,网上银行将传统银行的柜台业务分流到网络上办理,节约了银行的人力和营业网点面积,直接降低了银行的运营成本。同时,网上银行的自动化业务处理,避免了柜台人员人工处理的错误,给银行减少了损失,间接节约了银行的经营成本。因此,很多银行对通过网上银行办理业务的手续费都比柜台要优惠。从客户角度来看,网上银行突破了时间、空间的界限,使客户能随时随地方便快捷地进行交易,省去了客户到银行排队的烦恼,节约了客户的时间成本和经济成本,还能享受交易手续费的优惠。

4. 智能性

网上银行充分利用网络技术的先进性,实现了银行智能化处理。例如,农业银行推出了网上银行自动转账业务,用户只需在网上银行设置付款账户、收款账户、转账金额、转账时间、转账周期,系统就会自动在用户指定的时间将指定的金额转入指定的账户。网上银行自动理财业务,系统可以自动实现用指定账户在指定时间购买指定金额的基金、股票等。

5. 互动性

现在很多银行在网上银行推出了在线理财业务,客户能够在线与理财经理进行业务咨询。例如,招商银行推出了"i 理财"服务,客户可以在线选择理财师,进行交流互动。

6. 以客户为中心,提供个性化的服务

这是商业银行发展网上银行最根本的目的。网上银行一切以客户为中心,能够实现在线个性化产品定制,为客户提供差异化的银行服务,提高客户的服务体验,增加客户的黏稠性和忠诚度,实现客户和银行的共赢。

第二节　网上银行的系统构架和支付流程

一、网上银行的系统构架

网上银行的系统由三个部分组成,从支付的流程看,依次是客户端、网银中心和银行后台业务系统(见图 12—2)。

(一)客户端

客户端是银行和客户交互的网络平台。具体的操作是客户在互联网上访问银行的站点,通过输入卡号、密码等要素,进入网上银行系统,选择相应的业务功能,

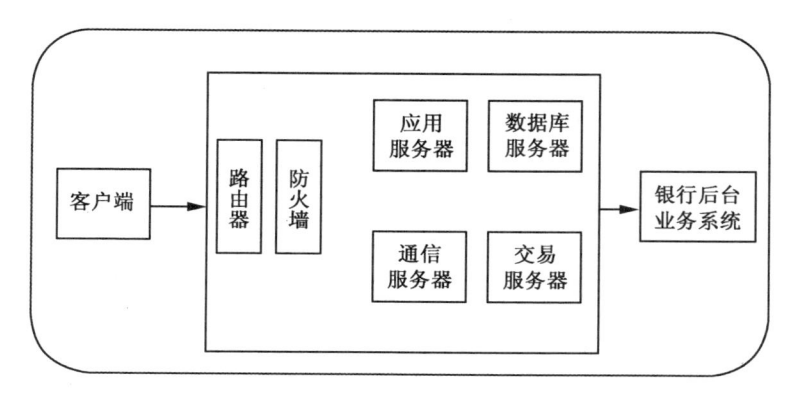

图 12—2　网上银行系统构架

发起银行业务交易的指令。客户端是网上银行风险控制的第一道防线,也是最重要的一道防线。为了确保网上交易的安全,客户在注册网上银行时需要将银行卡与网上银行证书、动态口令卡或者手机号等进行绑定。

(二)网银中心

网银中心通过专线与互联网相连,负责把客户在互联网上发送的业务请求数据进行过滤,并转换为银行后台业务系统数据交易格式,是互联网和银行业务系统的安全通道。网银中心由六个部分组成:过滤路由器、防火墙、应用服务器、数据库服务器、通信服务器和交易服务器。其中,交易服务器安装有网银中心的证书,负责网络交易合法性审核和交易处理。此外,网银中心还负责受理客户证书申请、业务管理、报表统计和客户信息管理等。

(三)银行后台业务系统

银行后台业务系统是处理资金支付结算的核心系统。

二、网上银行的支付流程

网上支付是网上银行最基本的业务功能,随着互联网技术和电子商务的不断发展,网上支付的形式在不断创新,从最简单的单笔支付发展为批量支付、自动支付、授权支付等,但是基本的支付原理没有改变。根据资金流经过支付系统的不同,可以将网上银行的支付分为行内支付、跨行支付和基于电子商务的支付三种方式。

(一)行内支付

行内支付指付款方和收款方在同一商业银行开立账户,并且付款方的付款账户已经开通网上银行,收款方账户不一定需要开通网上银行。行内支付的资金结算主要通过商业银行行内的资金清算系统完成,支付流程如图 12—3 所示。

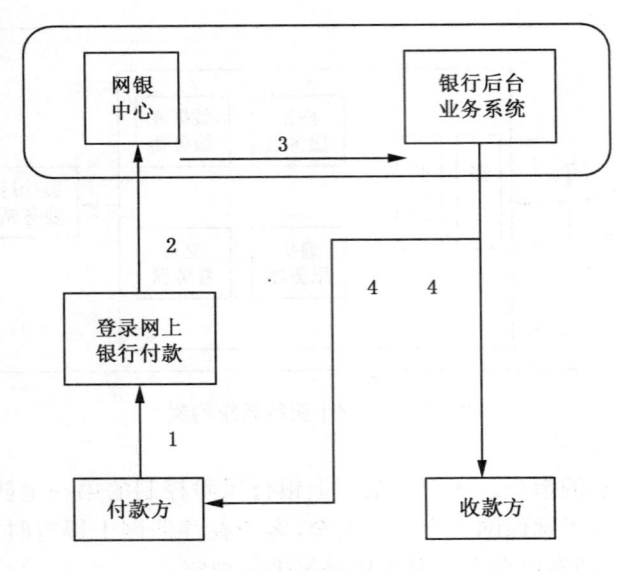

图 12-3　行内支付流程

1. 付款方登录网上银行,在线填写付款信息,提交后发起付款请求。
2. 支付信息通过银行内部系统传输到网银中心。
3. 网银中心校验支付信息数字签名、付款信息等要素,并将网上业务数据格式转换为银行后台业务系统数据格式,发送至银行后台业务系统。
4. 银行后台业务系统校验付款账户状态、账户余额和收款人信息,校验通过则实时进行账户处理,并将扣款信息和入账信息分别通知付款人和收款人。现在国内大部分商业银行都完成了数据大集中,无论是同城还是异地,行内的转账汇款都能实时到账。

(二)跨行支付

跨行支付指付款方和收款方在不同商业银行开立银行账户,并且付款方的付款账户已经开通网上银行,收款方账户不一定需要开通网上银行。跨行支付涉及不同银行的账户,无法由一家银行独立完成资金的支付结算,必须要经过人民银行的大小额支付系统、网上支付跨行清算系统才能完成整个支付流程。其中,基于大小额支付系统进行支付是目前常用的跨行支付方式,基于网上支付跨行清算系统进行支付是一种新兴的跨行支付方式。本节以传统的大小额支付系统跨行支付为例,说明具体的跨行支付流程。

2010年8月30日,网上支付跨行清算系统投入运行,这是人民银行继大额支付系统、小额支付系统后建设的又一人民币跨行支付系统,是中国现代化支付系统的重要组成部分。该系统主要处理规定金额以下的网上跨行支付业务以及跨行账户信息查询业务。

在网上银行跨行支付实务中,根据支付金额的价值,可以分为小额支付和大额支付两种。小额支付指支付金额小于等于人民币 5 万元的支付,大额支付指支付金额大于人民币 5 万元的支付。

1. 小额跨行支付

付款人在网上银行端发起付款交易请求,交易数据经付款行的网银中心转换为银行内部业务交易数据,付款行后台业务系统判断为跨行交易后,将业务数据提交到人民银行系统。人民银行系统首先判断交易是同城交易还是异地交易,至此环节交易将分为两种情况处理:如果是同城交易,系统再次判断当地是否有同城交易系统,如果有则直接提交同城交易系统处理,如果没有则提交小额支付系统处理;如果是异地交易,系统再次判断付款方在付款时是否选择加急,如果是加急则提交大额支付系统处理,如果不是加急则提交小额支付系统处理。人民银行支付系统处理完成后,将处理数据发送到收款行后台业务系统处理,收款行系统进行账务处理,核对收款人信息正确后,将款项划入收款人账户,同城系统和小额支付系统是 7×24 小时连续运行,因此,网上银行小额支付一般情况是实时到账。小额跨行支付流程如图 12－4 所示。

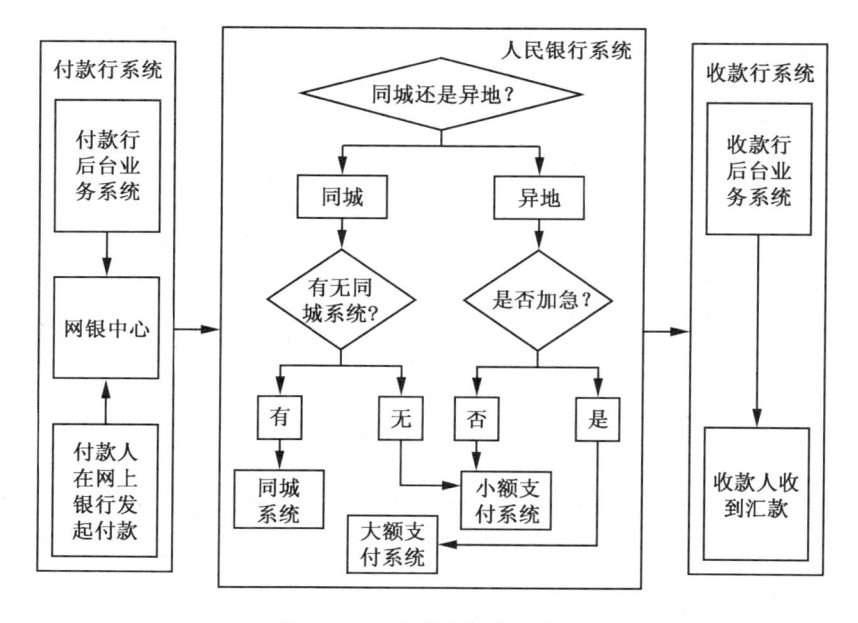

图 12－4 小额跨行支付流程

2. 大额跨行支付

付款人在网上银行端发起付款交易请求,交易数据经付款行的网银中心转换为银行内部业务交易数据,付款行后台业务系统判断为跨行交易后,将业务数据提交到人民银行系统。人民银行系统首先判断交易是同城交易还是异地交易,至此环节交易将分为两种情况处理:如果是同城交易,系统再次判断是否有同城交易系统,如果有则直接提交同城交易系统处理,如果没有则提交大额支付系统处理;如果是异地交易,系统再次判断大额支付系统是否开放,如果系统开放则提交大额支付系统处理,如果系统关闭,则需要等待大额支付系统开放后再进行处理。人民银行系统将处理数据发送到收款行后台业务系统,收款行系统进行账务处理,核对收款人信息正确后,将款项划入收款人账户。由于大额支付系统在每日的17:00后要进行清算处理,届时清算窗口关闭,在此时间以后提交的网上大额支付就不能实时到账,一般要隔日等到大额支付系统开放时才能进行账务处理。大额跨行支付流程如图12—5所示。

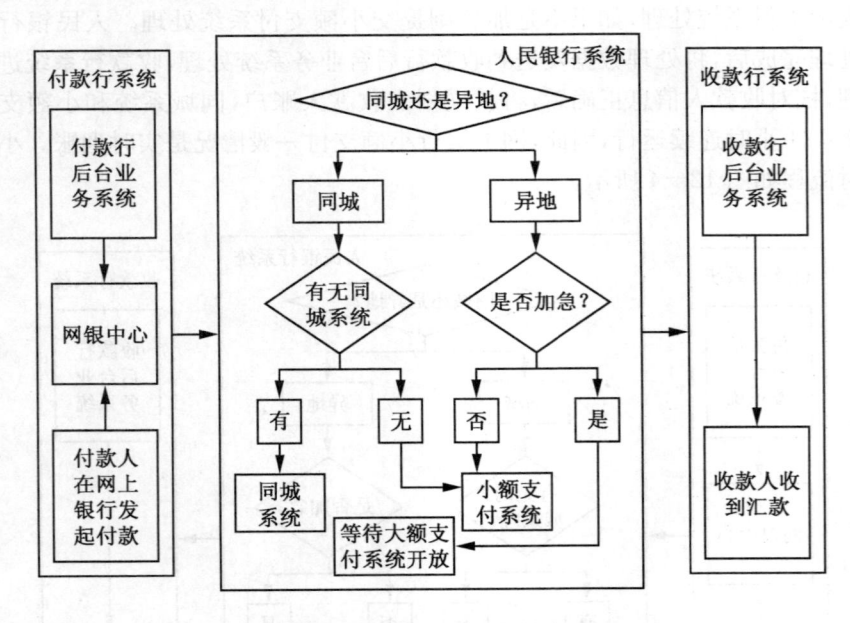

图12—5 大额跨行支付流程

目前,网上跨行支付,支付指令需经过付款人开户银行网银支付平台、付款人开户银行行内业务系统、人民银行跨行支付系统、收款人开户银行行内业务系统等多个系统的处理,涉及支付指令在多个节点、多个系统间的转换,业务处理时间冗长,无法满足客户的实时结算需求。因此,人民银行建设了网上支付跨行清算系统,专门用于网上跨行支付,极大地提高了网上跨行支付的效率。

(三)基于电子商务的支付

目前,大部分商业银行在网上银行系统中还推出了网上商城电子商务业务,用于给客户提供在线商品订购、实时商品资金支付结算的金融服务。在电子商务环境下，客户选择商品后，商户通过银行将含有商品信息、支付金额的页面返回给客户，客户再进行付款。这个过程中支付请求是由收款人即商户发起的，而以上两种行内支付和跨行支付的支付请求是由付款人发起，从支付流程上有本质的区别。

基于电子商务的网上支付涉及客户、商户和银行三方，一般要求商户在银行开通电子商务业务，客户也要在同一银行开通网上银行业务，其支付原理可以用如图12－6所示的简图进行说明。

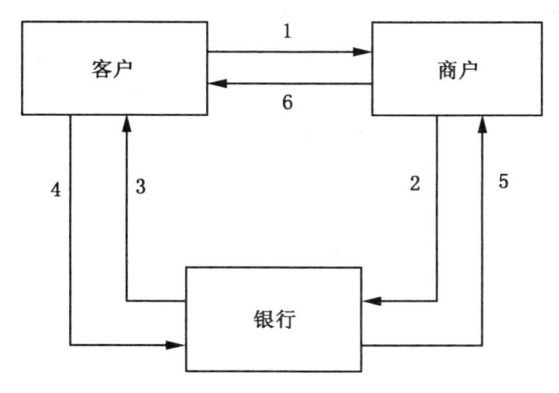

图12－6 基于电子商务的网上支付流程

1. 客户登录网站并在线下订单。
2. 商户将订单发送给商户电子商务（B2C 或 B2B）业务的开户银行。
3. 开户银行校验订单信息，并向客户返回定制的 URL。
4. 客户打开定制的 URL，在线完成支付，交易结果返回开户银行。
5. 开户银行校验客户支付信息，确认无误后进行账务处理，并将结果通知商户。开户银行将根据与商户的约定时间（T＋0 或者 T＋N）把款项划入商户账户。
6. 商户收到开户银行通知，将交易结果通知客户。

第三节 网上银行的基本业务及功能

一般商业银行根据服务对象的不同，将网上银行业务分为个人网上银行业务和企业网上银行业务。两种业务的功能各异、流程不同，下面分类进行介绍。

一、个人网上银行业务

（一）业务介绍

个人网上银行业务是指银行通过互联网，为个人客户提供账户查询、转账汇款、投资理财、在线支付等金融服务。个人网上银行客户需要先申请注册,才能登录互联网使用个人网上银行。客户可以通过柜台注册或者网上自助注册。柜台注册的客户可以在柜台申请办理网上银行安全证书,用于防控网上支付的风险,能享受查询、转账、理财等全方位的网上银行服务。网上自助注册的客户由于不能申请安全证书,风险等级高,只能享受查询、挂失、改密等部分金融服务。

(二)业务功能

1. 账户管理

账户管理是网上银行的一项基本功能,主要为个人客户提供各类银行账户的基本信息查询、余额查询、交易明细查询等查询服务。具体包括:

(1)账户信息查询。查询各类账户及卡内子账户的账户类型、账户余额、账户状态、开户日期、币种等信息。

(2)交易明细查询。查询各类账户在一段历史时期内发生的详细交易信息,包括转出账户、转入账户、交易金额、摘要、交易状态等。

(3)账户挂失。当客户遗失卡或存折时,可以通过网上银行进行临时挂失,及时冻结遗失卡或存折的资金,避免资金损失。

(4)在线申请。可以分为两类,一类是申请开通其他电子渠道,如客户通过在网上银行申请将绑定账户开通手机银行、电话银行;另一类是在线填单,申请借记卡和信用卡,再由银行客户经理与客户联系办卡。此外,部分商业银行还有特色业务,如工商银行提供电子工资单查询;建设银行提供公积金、社保和企业年金账户查询,以及金融IC卡查询和圈存。

2. 转账汇款

转账汇款是网上银行最基本的支付功能,客户通过网上银行可以对本行或者他行的任意账户进行支付,而收款方不需要开通网上银行。具体包括:

(1)账户互转。客户可在本行注册网上银行的账户之间互相划拨资金。

(2)对外转账。客户通过网上银行可将本人账户资金划拨到他人的账户或者本人的他行账户。

(3)跨境汇款。客户在外汇管理局规定的限额内,通过电汇实现自有外汇资金向境外划转。

3. 投资理财

投资理财银行将各种金融产品(如理财产品、基金、黄金、股票、国债等)通过网上银行的渠道销售给客户。客户足不出户,就可以方便地进行投资理财。具体包括:

(1)网上理财产品。通过网上银行购买本行发行的各种理财产品。

(2)网上基金。通过网上银行购买各种基金(如货币型、债券型、股票型、指数型等),也可以在网上银行进行基金定投。

(3)网上保险。银行与保险公司合作,提供在线投保、保单查询、保费续期等。

(4)网上黄金。通过网上银行办理非实物黄金(也称"纸黄金")的买卖,包括黄金即时/委托买入卖出、黄金信息查询、黄金账户查询等。

(5)网上外汇。通过网上银行在线进行外汇买卖,实现个人外币资金的增值。

此外,还有网上贵金属、网上期货等业务。部分商业银行还提供了网上银行自动理财的功能,如农业银行的网上银行可以根据客户的预先设置,自动实现用指定账户在指定时间购买指定金额的基金、理财产品等。随着银行业务和互联网技术的发展,网上投资理财的业务会越来越多。

4. 缴费支付

客户通过个人网上银行在线进行各种费用的查询和支付、信用卡的还款等,包括在线支付通信费、水电费、燃气/油费、电视费、交通费、特定学校的学费、信用卡账单查询与还款。

5. 客户服务

为客户提供个性化的服务,如修改登录密码、查询个人积分、网上银行个性化页面设置等。招商银行专业版的个人网上银行还可以提供个人财务分析功能,包括个人的收入明细、支付分配、投资理财支出、理财规划等。

二、企业网上银行业务

(一)业务介绍

企业网上银行业务是指银行通过互联网,为公司、机构等法人客户提供账户查询、收款付款、支付结算、投资理财、网上信用证、票据管理等在线金融服务。企业网上银行客户需要先到银行账户开户行申请注册,才能登录互联网使用企业网上银行。由于企业网上银行客户支付金额大、交易频率高,因此,都需要到银行柜台申请安全证书。

在实务中,由于企业客户在行业应用、财务管理、融资需求等方面差异较大,因此,很多商业银行都推出了不同版本的企业网上银行,以满足客户多样化的需求。例如,农业银行推出了"智"系列企业网上银行:"智博版"主要面向大客户和集团客户,提供较为全面的标准化对公金融服务;"智锐版"重点面向中小企业和进取型客户,基本涵盖了常用的对公金融服务;"智信版"主要作为吸引客户体验企业网银的初级版本,提供查询、对账等基础信息服务;"智翼版"主要面向具有ERP对接需求的客户,实现企业网银与企业财务软件的对接。此外,随着国内商业银行国际化经营水平的提高,建设银行和中国银行还推出了海外版和全球跨境版企业网上银行,提供跨境账户查询、转账汇划、集团服务,方便客户进行全球化的资金管理。

(二)业务功能

1. 账户管理

账户管理功能主要为客户提供各类账户的查询和对账服务。具体包括：

(1)账户查询。各种类账户(如结算账户、定期账户、保证金账户)的余额查询、账户明细查询、异常大额交易查询、账户透支额度查询等。

(2)对账服务。可在线签约电子对账，查询账户一定时间段的对账单并打印，针对没有回签的账单可在该页面直接进行回签。

(3)电子回单查询。通过交易凭证号及验证码等要素，对交易流水进行快速查询。电子回单查询仅支持查询成功状态的交易流水信息。

2. 资金划转

资金划转功能实现企业签约账户向本行或他行企业及个人账户进行单笔或批量付款转账，以及对授权账户主动收款和批量收款功能。具体包括：

(1)付款业务。单笔付款，适用于客户对外单笔付款业务；批量付款，适用于客户一次性多笔付款业务，需制作批量付款文件，一次性上传快速完成批量付款操作。

(2)收款业务。单笔收款，由收款单位直接对授权付款账户进行操作，完成收款业务，主要用于集团公司单笔归集分(子)公司资金；批量收款，批量将企业资金归集到网上银行签约账户下，实现企业内部资金归集管理，可以支持定额、定余额、零余额、定比例、取整、留余取整等多种收款条件。

(3)代发代扣。企业与银行签订代理协议，企业通过网上银行办理代发工资、日常报账、代发养老金等代发业务，扣收水电费、物业管理费等代扣业务。

(4)跨行转账。企业可以向他行账户付款或收款。

3. 缴费支付

客户通过网上银行缴纳各种费用，具体包括：

(1)日常缴费。客户可以通过在线方式缴纳公用事业类、通信服务类、物业管理类等各种费用，还可以进行缴费欠费信息查询、缴费流水查询，及时了解缴费相关信息。

(2)特殊费用缴纳。在企业网上银行提供银税通注册、申报查询纳税、缴税交易查询等服务。包括网上关税支付业务、电子保函业务、保证金业务，可及时查询了解关税支付及保函额度使用情况等信息。

4. 集团理财

集团理财是指母(总)公司客户开通企业网上银行后，子(分)公司客户将其账户授权给母(总)公司使用，由母(总)公司通过企业网上银行对已授权的子(分)公司账户进行相关信息查询、集团资金划拨、对外支付、代付业务的操作。集团理财为企业客户内部资金的上收、下划提供了便捷的通道，特别适用于跨区经营的客户。

5. 现金管理

客户通过企业网上银行对现金管理授权账户进行余额查询、明细查询、资金归集关系查询、上存资金余额查询以及下级上存资金余额查询等相关业务。

6. 信贷业务

客户通过企业网上银行进行贷款融资的业务,具体包括网上银行申请贷款、贷款放款申请、还款申请和贷款查询等。

7. 投资理财

指客户通过企业网上银行对注册账户的资金进行投资运用,实现客户资产保值增值的业务,主要包括定期存款、通知存款、理财产品、期货、第三方存管、电子出入金等。

8. 国际业务

指客户通过企业网上银行办理的与外汇资金相关的业务,主要包括国际托收、国际汇款、结售汇、信用证等。

9. 票据业务

网上商业汇票业务将以商业汇票系统为核心,以电子化手段帮助企业更好地管理和使用商业汇票,提升效率,降低成本,控制风险。电子商业汇票是指出票人以数据电文形式制作的,委托付款人在指定日期无条件支付确定的金额给收款人或者持票人的票据。商业汇票又分为电子银行承兑汇票和电子商业承兑汇票。与纸质商业汇票相比,电子商业汇票具有以数据电文形式签发、流转,并以电子签名取代实体签章的两个突出特点。

10. 企业年金

通过企业网上银行,客户可对企业和员工的企业年金信息进行查询和维护,包括企业和员工基本信息查询和修改、企业年金计划、企业年金缴费、企业年金支付、企业权益及企业年金投资信息查询等。

第四节　网上支付跨行清算系统

一、网上支付跨行清算系统概述

网上支付跨行清算系统主要处理规定金额以下的网上跨行支付业务以及跨行账户信息查询业务,系统业务指令逐步发送、实时轧差、定时结算,客户可通过在线方式提交支付业务,并可实时获取业务处理结果。

2010年8月30日,网上支付跨行清算系统正式投入运行,是继大额实时支付系统、小额批量支付系统、全国支票影像系统、境内外币支付系统、电子商业汇票系统之后,中国人民银行组织建设运行的又一重要跨行支付清算系统,是我国金融信息化、电子化进程中的又一个重要里程碑。该系统的建成运行有利于中央银行更好地履行职能,进一步提高网上支付等新兴电子支付业务跨行清算的处理效率,支持并促进电子商务的快速发展。截至2015年末,共有161家机构接入网上支付跨行清算系统。2015年,网上支付跨行清算系统共处理业务29.66亿笔,金额27.76万亿元,同比分别增长80.92%和56.03%,日均处理业务819.21万笔,金额766.75亿元。

（一）系统结构

网上支付跨行清算系统以网银中心为核心,为商业银行网上银行业务处理系统和经人民银行批准获得支付业务许可证的非金融支付服务机构业务系统提供直连方式的接入点。网银中心与大额支付系统的国家处理中心、小额支付系统的国家处理中心同位摆放,分别连接清算账户管理系统(SAPS),共享基础数据(见图12—7)。

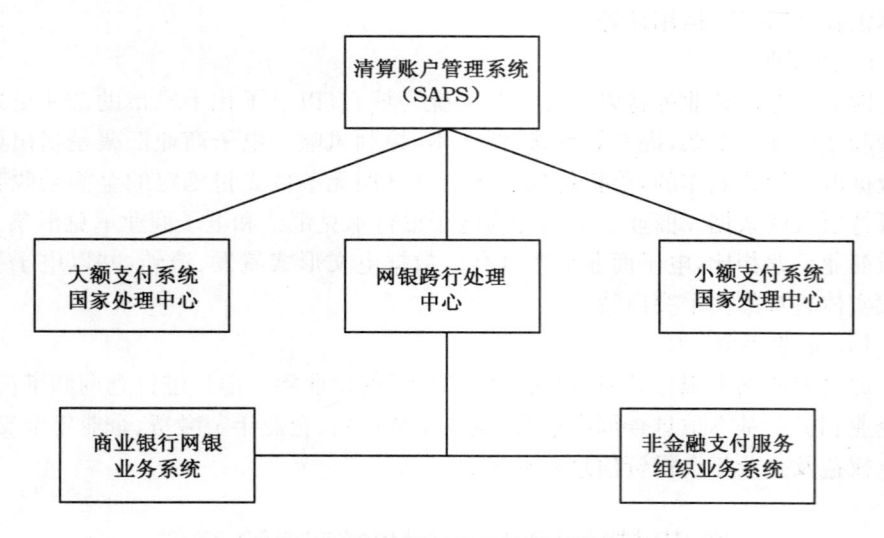

图12—7　网上支付跨行清算系统架构

（二）系统的运行情况

1. 运行时间

网上支付跨行清算系统实行7×24小时连续运行,系统每一工作日的运行时间为前一自然日16:00至本自然日16:00;系统清算日为大额支付系统工作日,清算时间为每一清算日08:30—17:00。人民银行可根据需要调整大额支付系统工作日和清算日。

2. 轧差和提交清算时间

网上支付跨行清算系统在网银中心进行支付业务轧差处理。网上支付跨行清算系统业务轧差和提交清算的时间支持参数化管理,并与小额支付系统保持一致。

3. 风险控制

网上支付跨行清算系统采取净借记限额管理机制控制参与机构的信用风险,即在系统中预先设定某一参与者允许的最大应付净额,对于可能导致轧差净额超过该应付净额的支付业务,系统将拒绝处理。通过强化网络和数据安全、加强运行维护、建立灾难备份系统等措施,防范系统运行风险。通过制定业务处理及运行管理等制度办法,规范业务处理流程,明确各参与主体的权利和义务,加强对系统的监督管理,为系统的正常运行奠定法律基础。

(三)系统业务种类

网上支付跨行清算系统处理的业务从总体上分为支付类业务和信息类业务。其中,支付类业务主要包括网银贷记业务、网银借记业务和第三方贷记业务;信息类业务主要包括账户信息查询业务、授权支付协议在线签约/解除业务、账户信息查询协议在线签约/解除业务。

1. 支付类业务

(1)网银贷记业务。网银贷记业务是指由客户通过付款行发起,经网上支付跨行清算系统向收款人主动付款的业务。应用场景包括:付款人办理网上转账汇款、网上自助缴费、网上信用卡还款、网上购物支付等在线跨行支付业务。

(2)网银借记业务。网银借记业务是指由客户通过收款行发起,经网上支付跨行清算系统向付款人主动收款的业务。应用场景包括:付款人办理实时代收费、自动贷款还款、信用卡自动还款、基金定投等网上跨行支付业务。

(3)第三方贷记业务。第三方贷记业务是指提供第三方支付服务的商业银行或非金融支付服务机构接受付款人或收款人的付款委托,通过网上支付跨行清算系统通知付款行向收款行付款的业务。应用场景包括:付款人办理网上购物、网上缴费、网上贷款还款、网上投资理财等网上跨行支付业务。

2. 信息类业务

信息类业务包括账户信息查询业务、授权支付协议在线签约/解除业务、账户信息查询协议在线签约/解除业务。

二、网上支付跨行清算系统支付流程

(一)网银贷记业务支付流程

网上跨行清算系统对网银贷记业务逐笔实时处理,业务处理分为发起业务和处理业务回执两个阶段,见图12-8。

1. 发起业务阶段

(1)付款人登录网上银行,发起网上付款交易。付款行业务系统受理付款人的支付请求,校验账户密码、账户余额等要素,校验通过后将支付金额从付款人账户

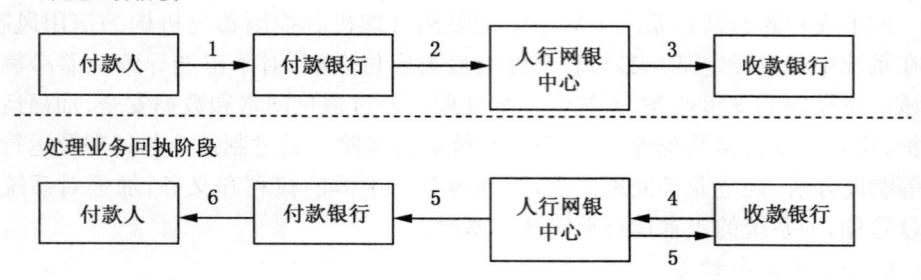

```
发起业务阶段
付款人 →1→ 付款银行 →2→ 人行网银中心 →3→ 收款银行

处理业务回执阶段
付款人 ←6← 付款银行 ←5← 人行网银中心 ←4← 收款银行
                                        →5→
```

图 12-8 网银贷记业务支付流程

划出。

(2)付款清算行将付款人的汇款信息组成网银贷记业务报文,加编数字签名后发送至网银中心。

(3)网银中心收到付款清算行的网银贷记报文,对报文的合法性、数字签名的正确性进行核检,核检无误后实时转发收款清算行。

2. 处理业务回执阶段

(1)收款清算行收到网银贷记业务报文,检查报文格式、数字签名、收款人账号与户名、收款人账户状态等要素,根据检查结果组成网银贷记业务回执报文,加编数字签名实时发送至网银中心。如所有项目检查无误且收款人账户符合入账条件,将回执报文标记为"已确认",否则标记为"已拒绝"。

(2)网银中心收到收款清算行发来的网银贷记业务回执报文,进行报文合法性检查并核检数字签名。核检无误后,对"已确认"的回执,实时纳入轧差处理,组成业务状态为"已轧差"的报文,实时通知付款清算行和收款清算行;对标记为"已拒绝"的回执,直接组成"已拒绝"通知发送收款清算行。报文合法性检查或核检数字签名有误的,网银中心组成"已拒绝"通知发送至付款清算行和收款清算行。

(3)付款行收到网银中心发来的"已轧差"通知,立即通知客户汇款成功。收到"已拒绝"通知,根据被拒绝的原因做相应处理,并及时通知客户。收款行收到网银中心发来的"已轧差"通知,实时将支付金额划入收款人账户。

(二)网银借记业务支付流程

网上跨行清算系统对网银借记业务逐笔实时处理,业务处理也分为发起业务和处理业务回执两个阶段,见图12-9。

1. 发起业务阶段

(1)收款人提交跨行收款信息,处理方式有线上提交和线下提交两种。对于线

发起业务阶段

```
收款人 →1→ 收款银行 →2→ 人行网银中心 →3→ 付款银行
```

处理业务回执阶段

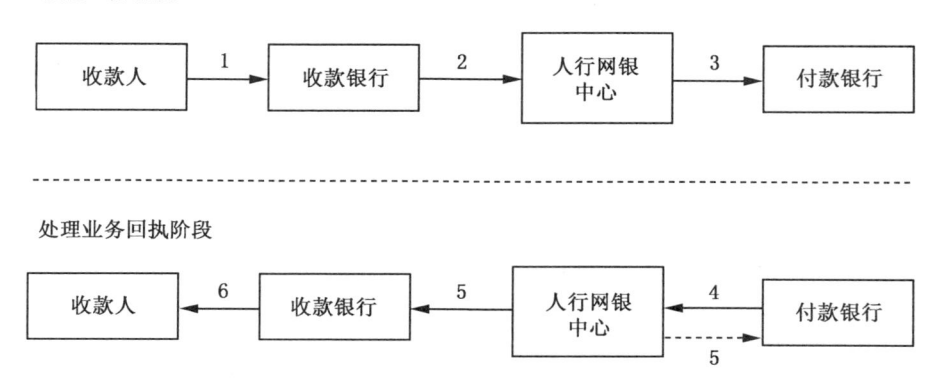

```
收款人 ←6← 收款银行 ←5← 人行网银中心 ←4← 付款银行
                                      ←5←（虚线）
```

图 12－9　网银借记业务支付流程

上提交,客户直接登录开户行(收款行)的网上银行,填写并提交跨行收款信息;对于线下提交,客户与开户行(收款行)签订委托定期收款协议,开户行按照协议约定时间直接发起跨行收款业务。

(2)收款清算行受理收款人的收款请求,检查业务要素无误后组成网银借记业务报文,加编数字签名发送至网银中心。

(3)网银中心收到收款清算行发来的网银借记业务报文,检查报文格式、业务权限、收(付)款行账户状态并核验数字签名无误后,转发付款清算行。

2. 处理业务回执阶段

(1)付款清算行行内业务系统收到网银借记业务报文,核验数字签名无误后立即进行协议核验。协议核验成功的,检查付款人账户状态及余额。检查通过则组成网银借记业务回执报文(业务状态为"已付款"),检查未通过则组成网银借记业务回执报文(业务状态为"已拒绝"),加编数字签名后实时发送至网银中心。

(2)网银中心收到付款清算行发来的网银借记业务回执报文,进行合法性检查并核验数字签名。对业务状态为"已付款"的回执,实时纳入轧差处理,组成业务状态为"已轧差"的报文,实时通知收款清算行和付款清算行;对业务状态为"已拒绝"的回执,组成"已拒绝"通知发送收款行。网银借记业务回执报文格式有误或核验数字签名失败的,网银中心组成"已拒绝"通知发送付款清算行和收款清算行。

(3)付款行收到网银中心"已拒绝"通知,对付款人账户被扣减的资金进行账务冲正,实时通知客户收款失败。收款行收到网银中心发送的"已轧差"通知,实时将资金划入收款人账户,并通知客户收款成功。

(三)第三方贷记业务支付流程

第三方贷记业务处理包括三个阶段:第三方机构发起业务阶段、付款清算行发出回执阶段和收款清算行发出回执阶段,见图12—10~图12—12)。

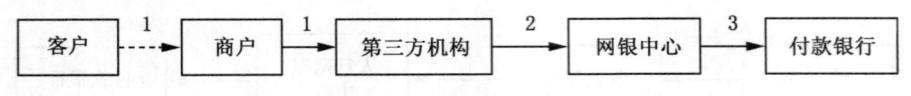

图12—10 第三方贷记业务支付流程1

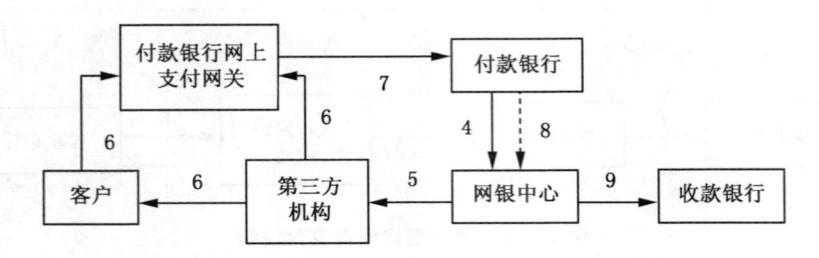

图12—11 第三方贷记业务支付流程2

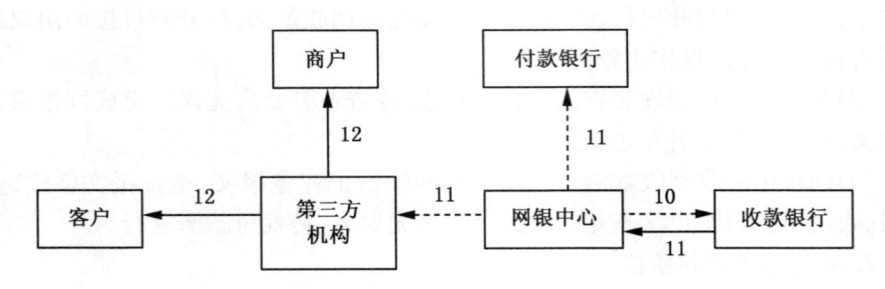

图12—12 第三方贷记业务支付流程3

第三方支付是指具备一定实力和信誉保障的非银行独立机构,用与各大银行签约的方式,提供与银行支付结算系统接口的交易支持平台的网络支付模式。在第三方支付模式中,买方选购商品后,使用第三方平台提供的账户进行货款支付,并由第三方通知卖家货款到账、要求发货;买方收到货物,并检验商品进行确认后,通知第三方付款给卖家,第三方再将款项转至卖家账户上。第三方支付可以解决在电子商务小额支付情形下,交易双方因银行卡不一致造成的款项转账不便问题,有助于消费者降低网上购物的成本和帮助商家降低运营成本。

1. 第三方机构发起业务阶段

(1)付款人在线选择商品并付款,通过第三方支付机构发起付款请求。

(2)第三方支付机构受理客户的付款或收款请求,检查付款业务信息的正确性和完整性,组成第三方贷记业务报文,加编数字签名后发送至网银中心,并标记该业务状态为"已发送"。

(3)网银中心收到第三方机构发来的第三方贷记业务报文,检查报文格式、业务权限并核验数字签名无误后,转发付款清算行。

2. 付款清算行业务回执阶段

(1)付款清算行收到第三方贷记业务报文,核验数字签名无误后根据报文中的"认证方式"做相应处理,若核检有误,则组成第三方贷记业务报文(业务状态为"已拒绝")发送至网银中心。回执阶段的认证有在线认证和协议认证两种方式。以下以在线认证的方式进行说明。在线认证方式下,付款清算行组成第三方贷记业务回执报文(业务状态为"待认证")发送至网银中心。

(2)网银中心收到"待认证"的业务报文后,检查报文格式、业务权限,核检数字签名等无误后转发第三方机构。

(3)第三方机构收到报文,进行报文格式、数字签名检查,检查通过后跳转付款清算行网关提示客户进行在线身份认证。

(4)客户进行身份认证,付款行在线核验客户身份信息。

(5)核验通过,并且付款人账户状态及账户余额正常,付款行实时从付款人账户扣减相应金额。付款行组成第三方贷记业务回执报文"已付款",并加编数字签名发送至网银中心。

(6)网银中心收到付款清算行发来的第三方贷记业务回执报文,进行合法性检查并核验数字签名。检查通过的,将第三方贷记业务报文(业务状态为"已付款")转发收款清算行;检查未通过的,标记业务状态为"已拒绝",并通知付款清算行和第三方机构。

网上支付跨行清算系统支持两种客户身份认证:协议认证和在线认证。

(1)协议认证。客户与开户银行签订授权支付协议,授权开户行收到付款人指定机构(必须是系统参与者,可以是银行机构,也可以是非金融支付服务机构)发来的付款申请时,依据该协议进行核验付款。

(2)在线认证。付款行收到付款人通过第三方机构发来的付款申请,返回本行的网银 URL(统一资源定位符,即网址)给第三方机构,由付款人通过该 URL 登录付款人开户行网上银行输入客户密码等信息进行身份认证。

3. 收款清算行业务回执阶段

(1)收款清算行行内业务系统收到第三方贷记业务报文,实时核验数字签名并检查收款人账号、户名及账户状态,根据检查结果组成"已确认"或"已拒绝"的第三方贷记业务回执报文,加编数字签名后实时发送至网银中心。

(2)网银中心收到收款清算行发来的第三方贷记业务回执报文,进行合法性检查并核验数字签名。核验无误且业务状态为"已确认"的,实时纳入轧差处理,并通知第三方机构、付款清算行和收款清算行。对业务状态为"已拒绝"以及轧差失败的,做拒绝处理,标记该业务状态为"已拒绝",同时通知付款清算行、收款清算行和第三方机构。

(3)第三方机构收到"已拒绝"通知时,标记该业务状态为"已拒绝",并通知客户业务处理失败;收到"已轧差"通知时,标记该业务状态为"已轧差",并通知客户业务处理成功。收款清算行收到"已轧差"通知时,标记该业务状态为"已轧差",实时将资金划入收款人账户。付款清算行收到"已拒绝"通知时,标记该业务状态为"已拒绝",并将付款人账户被扣减的资金进行冲正。

三、网上支付跨行清算系统的作用及意义

网上支付跨行清算系统是中国人民银行继大额实时支付系统和小额批量支付系统之后,组织建设运行的又一人民币跨行支付系统,它将使我国支付体系进一步向纵深发展。网上支付跨行清算系统的建成运行,有利于促进基于网上支付的业务创新,有利于助推电子商务的进一步发展,有利于规范支付机构的业务发展,是中国人民银行进一步完善跨行支付体系、更好地履行中央银行职能的重要举措,对提高网上支付等新兴电子支付业务跨行清算的处理效率,支持并促进电子商务的快速发展具有重要意义。

1. 有利于提高网上银行跨行支付结算的效率

目前,客户通过网上银行进行交易,当付款人和收款人是在同一商业银行开户时,支付直接通过银行行内支付系统进行,资金实时入账,结算效率高。但是,当付款人和收款人不是在同一商业银行开户时,支付需要通过银行行内支付系统,再转人民银行的大、小额支付系统处理,支付指令需要在多个处理节点、多个业务系统间传输或转换,有时还需要人工处理,不能做到完全自动化处理,支付结算效率低。通过建立网上银行跨行支付系统,可以实现资金实时轧差,定时结算,极大地提高了网上跨行支付结算的效率。

2. 有利于促进和规范基于网上支付的业务创新

目前,各家商业银行行内业务系统的接口标准不统一,第三方支付机构在与银行开展合作时,需要针对不同的银行接口开发设计不同的网络连接方式,在一定程度上造成了社会资源的浪费。近年来,随着网上支付规模的逐渐扩大,网络资金安全、信息安全、隐私保护成了广大客户关心的问题。因此,由人民银行建立统一的网上支付跨行清算系统,提供网上跨行清算公共平台,既有利于银行业金融机构和非金融支付服务机构的业务创新,又有助于人民银行加强对支付服务市场的监督管理,促进零售支付服务市场的稳健发展。

3. 有利于促进电子商务的进一步发展

电子商务是"信息流、资金流和物流"三流合一的产物,其中资金流的处理与现代化的支付系统密不可分。安全、高效的支付清算系统,是电子商务市场持续快速发展的前提和保障。目前,网上银行的网上跨行支付业务处理还不能很好地满足

客户实时支付的需求。因此,建立高效率的网上支付跨行清算系统,为电子商务发展提供更加高效的支付结算安排,能满足旺盛的公众网上支付的需求,促进电子商务更好地发展。

第五节　互联网银行的发展趋势

一、网上银行互联网银行的概念

从 20 世纪 90 年代中期开始,互联网在全世界社会经济活动中得到大力发展与普及应用,基于互联网平台的电子商务也蓬勃兴起,全球经济从传统经济迅速向以网络特别是互联网为平台特征的数字经济过渡。这既给现代的电子银行体系带来全新的挑战,又为电子银行的进一步发展,特别是服务方式与内容的拓展,开辟了又一个广阔的发展空间。电子银行通过与互联网的 Web 应用技术结合,推出网上银行或称网络银行互联网银行或称网上银行(Internet-Bank)服务,并逐渐开始从实体银行向虚拟的网上银行互联网银行发展。网上银行互联网银行服务将以面向个性化内容和信息增值服务为主的运营方式发展,极大地丰富了银行的产品,方便了客户。网上银行互联网银行可以说是电子银行发展到目前为止的最高层次。网上银行或称网络银行(Internet bank or E-bank)互联网银行又称网上银行(Internet Bank or E-Bank),包含两个层次的含义:一个是机构概念,指通过信息网络开办业务的银行;另一个是业务概念,指银行通过信息网络互联网提供的金融服务,包括传统银行业务与信息技术应用带来的新兴业务。在日常生活和工作中,我们提及网上银行的互联网银行,更多的是第二层次的业务概念,即网上银行互联网银行的概念。网上银行互联网银行业务不仅仅是传统银行产品简单地在互联网上的交易,其他服务方式和内涵也发生了一定的变化,而且由于信息技术的应用,又产生了全新的业务品种。

二、网上银行互联网银行的发展

网上银行互联网银行是以高科技高智能为支持的"AAA"式银行服务,即在任何时候(Anytime)、任何地方(Anywhere),并以任何方式(Anyhow)为客户提供服务的银行。它打破了传统金融业的专业分工,不仅可以提供存款、贷款和结算等传统业务,还可以提供投资、保险、咨询等综合业务,而且网上银行还可以大幅度地降低银行的经营成本与交易成本。1995 年美国安全第一网上银行的成立,标志着银行业已进入了一个全新的网络时代。随后国际各大商业银行也都相继推出网上银行业务。

(一) 传统银行业务的终结

长期以来,商业银行经营模式的基础是单一渠道——物理网点。银行的组织架构、经营模式、运营体系、业务流程、会计核算和业务考核机制等都是建立在物理网点的基础上的。物理网点是银行营销产品、开发产品、服务客户、组织推动业务的出发点和落脚点。相应的,银行管理者和从业人员的思想观念、工作方法、经营理念、业务思路也是在单一渠道基础上形成并发挥作用的。物理网点是商业银行开展业务的前沿阵地,是银行有形的服务窗口和形象代表。但是,随着计算机技术、网络技术和通信技术的飞跃发展,银行客户的需求以及银行的经营观念和经营模式都发生了巨大变化。信息时代为商业银行创造了一条前所未有的业务经营渠道——以网上银行和电话银行为主体的电子银行渠道。这是时代赋予当代商业银行的一个巨大发展机遇,同时也是一次严峻的挑战。面对挑战,比尔·盖茨说过,"传统银行如果不能对电子化做出改变,将成为21世纪行将灭绝的'恐龙'"。发展的事实证明,电话银行与网上银行的兴起必将终结传统的银行业。当然从广义上讲,网上银行(互联网银行)与电子银行都是建立在电子信息技术基础上的,从这个角度也可把互联网银行看成电子银行。在本书中,互联网银行(或网上银行)是指基于互联网平台的银行服务,为了不和银行网络混淆,结合银行业界的一般称谓,我们在此称为"互联网银行",或者"电子银行"。

(二) 全面的业务创新

电子银行从根本上全面改变了传统银行的业务模式、管理模式和管理旧体制,建立了以信息为基础的自动化业务处理和以客户关系管理为核心的科学管理新模式。电子银行用电子货币支付方式,取代了传统的现金交易和手工凭证的传递与交换,大大加快了资金的周转速度。以银行为主的金融业从单一的信用中介部门,发展成为一个全面的、全开放的、全天候的和多功能的现代化的金融体系。可以说,现代的金融业是集金融交易服务和金融信息增值服务为一身的金融"超级市场"。银行的业务重点,从单纯的存、贷款和资金调拨,转向既提供金融交易服务又提供金融信息增值服务。银行的收入结构也将因此发生根本性的改变,即银行以传统的存、贷款利息差为主要收益来源的局面,将被提供各种金融劳务服务和金融信息服务为主要收益来源所代替。例如,著名的美国花旗银行近年来的各种收入来源结构分析表明,花旗银行提供的各种金融劳务服务和金融信息服务收入已占其总收入的60%~70%,并有进一步扩大的趋势。

(三) 业务的后发优势

电子银行与网上银行业务的后发优势十分明显,与物理网点渠道相比,电子银行渠道具有渗透性、倍增性和创新性,它可以承载除实物单证以外的几乎所有银行的对公、对私业务。银行运用电子银行渠道营销产品、服务客户,并高速度、快节奏地处理日常业务;客户运用电子银行渠道可以在任何时间、任何地点、以任何方式

（电脑上网、电话、手机等）自助处理个人及企业的银行业务。电子银行渠道信息量大、速度快、成本低、费用低、流程规范、操作简单灵活、辐射面宽、用途广，具有方便、快捷、安全等特点。因此，电子银行与网上银行一问世就受到了全球银行业的普遍关注和积极应用。据有关资料显示，在美国、日本、韩国、中国香港等国家和地区，商业银行处理客户交易总量中约 50% 以上是通过电子银行渠道完成的。经过近 10 年的发展，电子银行与网上银行已经成为现代商业银行向客户提供服务时必不可少的渠道。如今，网上银行与物理网点共同构成了现代商业银行业务经营的两大支柱，而通过两个渠道和两个网络提供服务，则成为现代商业银行的基本经营模式和发展途径。从未来发展来看，网上银行将成为现代银行业发展之主流。

随着时代的进步与经济的发展，整个社会的经济活动，包括政府部门、企业与普通个人，将越来越依赖银行业的参与，一个国家、一个地区、一个城市市场经济的活跃也直接体现在其金融特别是银行业的活跃与支持上。同时，银行为加强自身的竞争优势，在提高服务质量的前提下也不断推出更多的金融服务产品来满足客户的需求。而近几年互联网在全社会的迅速普及应用也给银行业带来了新的挑战与机遇。互联网银行就是基于这种背景，在世界金融领域特别是银行业出现的新生事物，它对银行业务与企业电子商务的发展具有巨大的影响。下面我们介绍互联网银行的概念、特征、分类及其发展。

三、互联网银行的发展

互联网银行是在互联网时代金融电子化与信息化建设的最新内容，是电子银行的高级发展阶段，它是伴随着互联网近年来在全世界的广泛深入应用而出现的新术语与新商务形式。但互联网银行毕竟是一个新生的事物，有关的名称、定义、内涵等有很多种，运作模式、技术应用上目前也没有统一的标准。以下是目前国际上对互联网银行比较流行的定义。所谓互联网银行、网上银行或网络银行，英文称为 Internet Bank 或 Network Bank，有的还称为 Web Bank，或叫做在线银行。它是指一种依托信息技术和互联网的发展，主要基于互联网平台开展和提供各种金融服务的新型银行机构与服务形式。也可以说，互联网银行是银行利用公用信息网——互联网，将客户的电脑终端连接到银行网站，实现将银行的金融服务直接送到客户办公室、家中和手中的金融服务系统。互联网银行可向客户提供开户、销户、对账、行内转账、跨行转账、信贷、网上证券、投资理财、账务查询、网络支付、代发工资、集团公司资金头寸管理、银行信息通知、金融信息查询等传统金融服务项目。因此可以说，互联网银行既是一种新型银行机构，也是崭新的网上金融服务系统。它借助互联网遍布全球及其不间断运行、信息传递快捷且多媒体化的优势，突破实物媒介等传统银行的空间与时间局限性，拉近客户与银行的距离，为用户提供全方位、全天候、便捷、实时的快捷金融服务。

互联网银行的应用目标,是在任何时候(Anytime)、任何地方(Anywhere)、以任何方式(Anyhow)为客户提供金融服务,所以,互联网银行也称 AAA 银行或 3A 银行。随着整个社会跨入信息网络社会,网上银行将不断地在成本、效率、服务质量等方面表现出越来越大的优势。例如,仅拿成本来说,据美国一家咨询公司 Booz&Hamilton 所做的调查表明,在美国,一项通过互联网完成的银行业务成本仅为 1 美分,而通过 ATM 机或出纳员完成交易的成本分别为 27 美分与 1.07 美元。可见,成本的优势是明显的,互联网银行代表着银行业全新的业务模式和未来的发展方向,本身也是电子商务的一个领域。可以说,互联网银行是在 Internet 上的虚拟银行柜台,它直接把触角伸展到客户桌面上,大大延伸了银行业务的范围。它除了提供传统的商业银行业务外,还进行网络支付与结算,直接为电子商务的发展服务,否则仅进行形象宣传和业务介绍的银行,充其量只能算实体银行上网,而非互联网银行。有些地方把互联网银行叫做电子银行(E-bank),但实际上这种说法不完全准确,因为这把基于互联网平台的银行业务与传统的基于通信专线的电子银行服务 ATM、CD 等完全混为一谈。应该说,互联网银行是电子银行发展的高级阶段,是互联网时代的电子银行。

(一)互联网银行的发展阶段

其实,互联网银行也不完全是新生事物,与其运行模式相类似的雏形早在 20 世纪 50 年代就已出现,只是那时候并没有互联网,而是在专用网络上进行,它的发展是伴随着银行的电子化与信息化的发展进程而发展的,互联网银行的发展可以分为如下三个发展阶段:

1. 计算机辅助银行管理阶段

这个阶段始于 20 世纪 50 年代至 20 世纪 80 年代中后期。20 世纪 50 年代末,计算机逐渐在美国和日本等国家的银行业务中得到应用。但是,最初银行应用计算机的主要目的是解决手工记账速度慢、提高财务处理能力和减轻人力负担的问题。因此,早期的金融电子化基本技术是简单的计算机银行数据处理和事务处理,主要用于分支机构及各营业网点的记账和结算。商业银行的主要电子化设备是管理存款、计算本息的一般计算机,财务统计和财务运算的卡片式编目分类打孔机,由计算机控制的货币包装、清点机,鉴别假钞、劣钞的鉴别机,以及电脑打印机等。此外,也开始利用计算机分析金融市场的变化趋势供决策使用。20 世纪 60 年代末兴起的电子资金转账 EFT 技术及应用,为网络银行的发展奠定了技术基础。电子资金转账改变了传统的手工处理票据模式,可以快速有效地处理支付信息,降低处理成本、票据纸张费用等交易成本。电子资金转账还有效地降低了支付时间的不确定性,保证了款项及时转账,提高了现金管理质量,提高了支付效率,如美国联邦储备银行支付系统 FEDWIRE 和环球银行金融电信网络 SWIFT。电话银行兴起于 20 世纪 70 年代末的北欧国家,到 80 年代中后期得到迅速发展。电话银行服务主要依靠语音识别、记录系统提供金融服务。由于客户的语音和听力都无法规范，因而在进行重大金融服务交易时存在差错、误解或矛盾的隐患。所以，对重大金融电话银行服务交易，采用了传真复核确认制度。电话银行的这些缺陷影响了它的发展范围和速度。

2. 银行电子化或金融信息化阶段

随着个人计算机（PC）普及率的提高，商业银行逐渐将发展的重点从电话银行调整为 PC 银行，即以 PC 为基础的电子银行业务。20 世纪 80 年代中后期，在世界各国的国内各银行之间的网络化金融服务系统基础上，形成了不同国家银行之间的电子信息网络，进而形成了全球金融通信网络。在此基础上，出现了各种新型的电子网络服务，如以自助方式为主的在线银行服务（PC 银行）、ATM、家庭银行系统和企业银行系统等。银行电子化使传统银行提供的金融服务变成了全天候、全方位和开放型的金融服务，电子货币成为电子化银行的依赖货币形式。例如，ATM 技术从最初只能提供少数几种交易发展到可以处理 100 多种交易，如花旗银行的 ATM 已经可以处理 150 多种交易，从现金存取到共同基金投资，从处理股票交易到处理保险业务等；利用 ATM 和计算机无线网络技术的移动，银行可将银行服务延伸到偏远乡村，它具有更高的电子化和智能化处理水平，客户通过与数据库联网的电脑终端，可以完成现金存取、转账、支付和货币兑换等交易，实现对分行的部分替代效应和提高各营业网点的业务速度；中国的招商银行提供的"一卡通"金融服务业务，提供的服务包括现金、存款和贷款、信用卡、支票结算、投资、共同基金、信用和非金融服务等，不仅可以在 ATM 和 POS 上运行，而且适合于在移动电话、可视电话等各种电子设施中使用；家庭银行也成为银行电子化的重要内容，它可为家庭提供财务管理和一系列金融配套服务。随着银行电子化的发展，电子货币转账逐渐成为银行服务中的主要业务形式。电子货币以分布在金融机构和服务网点的终端机（如 POS 或 ATM）及计算机网络为物质条件，以现金卡、信用卡、IC 卡和电子支票等形式为媒介，使货币以电子数据的形式在银行网络间进行传递，从而形成电子货币流通系统。中国的银行其实基本还处在这个阶段。

3. 互联网银行阶段

20 世纪 90 年代中期以来，伴随互联网在各行各业中的广泛应用，银行为满足电子商务发展和金融行业竞争的需要，纷纷借助互联网及其他网络开展各种金融业务，以达到拓展业务触角、降低运营成本、满足顾客个性化需要的目的，直接导致基于互联网平台的网上银行的出现。互联网银行的出现是使银行服务完成从传统银行到现代电子银行的一次重大变革。互联网银行的基本功能之一就是方便实现电子商务交易活动中的网络支付与结算，这使得网上消费真正变为现实，如网上旅游、网上订票、网上购物、网上教学、网上办公、网上证券等。

总之，互联网银行是网络时代的产物。目前，互联网银行正处在迅速发展变化的进程中,其流行的发展模式和总体框架也在不断变化。

(二)互联网银行产生的分析

互联网银行毕竟是新生事物,但发展速度如此之快,有多方面的原因。

1. 互联银行是网络经济发展的必然结果

由于电子商务活动无时间和空间的限制,国界也将在某种程度上消失,经济全球化的结果也带来金融业务全球化,世界金融业的竞争更加激烈。同时,电子商务需要处理好信息流、商流、资金流和物流中的各个环节,才能健康运行和发展,才能真正体现电子商务的效率。资金流作为电子商务以及传统商务流程中的一个关键环节,其高效率、低成本、安全可靠的运作是商务发展的需求。顺应这种需求,结合信息网络技术特别是互联网技术的应用,互联网银行就产生了。在网上首先发展信息流,进而开展网上交易,有商品或服务的交换也就必然带来资金的支付活动,由此而产生网上资金流。信息流、商流、资金流、物流四大流的相互配合构成了网络经济。互联网上有了资金流的需求,也就成为互联网银行发展的原动力。一个高水平的电子商务系统要求商场、厂家、政府管理部门(税务、工商、海关等)、银行以及认证机构借助网络连接起来,促使信息流、商流、资金流和物流的流动通畅。而资金流是否通畅,在四流中至关重要,互联网银行的产生和发展可以很好地解决这一问题。

2. 互联网银行是电子商务发展的需要

无论是对于传统的交易,还是新兴的电子商务,资金的支付都是完成交易的重要环节,所不同的是,电子商务强调支付过程和支付手段的电子化与网络化处理。在电子商务中,作为支付中介的商业银行在电子商务中扮演着举足轻重的角色,无论是网上购物还是网上交易,都需要银行借助电子手段进行资金的支付和结算。商业银行作为电子化支付和结算的最终执行者,是连接商家和消费者的纽带,是互联网银行的基础,它所提供的电子与网络支付服务是电子商务中的最关键要素和最高层次,直接关系到电子商务的发展前景。商业银行能否有效地实现支付手段的电子化和网络化是电子交易成败的关键。因此,互联网银行是电子商务的必然产物和发展需要。

3. 互联网银行是银行自身发展并取得竞争优势的需要

电子商务的发展给全球经济和贸易带来重大影响,而作为经济领域中的银行业必然会被波及。为在激烈的竞争环境中取得竞争优势并适应电子商务的发展,银行不得不重新审视自身的服务方式,利用现有条件,增加服务手段,提供更加便捷迅速、安全可靠、低成本的支付结算服务。已有多位专家预测,在未来5年里银行物理分行的开设将逐渐减少,ATM机的增长率亦将减缓,而基于互联网平台的银行业务使用将大幅度增加。特别是近几年,伴随着电子商务的迅猛发展,银行自身也得到了长足的发展,这也为互联网银行的发展奠定了基础、创造了条件,主要表现在以下几个方面：

第一，客户获得银行电子化服务的工具发展很快。随着各种电子化、自动化金融工具的大量研制与应用，面向广大客户的电子化和自动化的银行服务工具也在不断改进、更新和发展。例如，面向网上银行服务的电子化工具主要有电子现金、电子钱包、电子支票、电子银行卡、电子资金转账系统、智能卡、智能电话、电子零钱等。

第二，面向普通消费者的银行设备在不断更新和发展。目前，ATM机已经连成网络，使用也越来越普遍。POS系统与银行的计算机相连，各种各样的自动点钞、自动出纳机等都得到广泛应用。这些均表明人们接受电子化、信息化的金融服务意识在增强。

第三，各种现代化的银行金融支付与清算系统等得到广泛应用。各种现代化银行支付系统、大额在线实时支付系统、各种小额批量支付系统、电子联行系统、自动化清算系统、自动化对公业务系统、银行储蓄通存通兑系统、银行卡网络支付系统和安全电子交易系统等得到广泛应用。特别是SWIFT与CHIPS系统的拓展、CNAPS系统的研发与应用，均说明金融服务的网络化进程在加快。

第四，网上金融信息服务发展很快。银行利用自己的信息优势，借助网络特别是互联网，越来越多地向客户提供金融信息增值服务。金融在线信息服务的特点是具有交互功能，金融在线客户能够主动接受或选取金融信息，也可主动发布金融信息，它有利于客户借助网络远程快速获取金融信息和对金融信息的及时发布。

第五，现代金融计算机系统发展很快且得到广泛应用。随着信息网络技术的飞速发展，在银行金融业，金融计算机信息服务系统普及推广很快，银行金融业的经营管理也全面实现了系统化、科学化和现代化，整个银行金融业正全面向数字化、网络化和信息化发展，并提供金融风险预警功能。

第六，银行金融业全能化和国际化趋势明显。随着国际贸易的繁荣与发展，跨国投资的迅速增加，以及银行国际业务的迅猛发展，使得银行之间的竞争加剧，各银行都在向全能化、国际化、集约化和多样化方向发展。因此，世界各银行都十分重视科学技术进步。现代高新技术的高速发展，尤其是计算机科学和信息科学的进步为银行的变革创造了有利的条件。虚拟现实信息的发展和应用、互联网银行的出现与发展，满意地向人们回答了银行的发展方向问题，基本统一了人们的思想。有报告认为，"互联网无疑将会在很短的时间内成为传递金融信息的极好渠道。最终，所有银行服务都将出现在网上，并且大多数银行将在不久的未来拥有进行大部分传统银行事务处理的高级Web站点。"可见，互联网银行的产生有其必然性，发展趋势不可逆转。虽然今天的互联网银行服务给银行业并没有带来巨大的利润，但前景看好，更关键的是，不开展互联网银行服务的银行正面临着在产品种类、客户服务、运作成本等方面全面落后的危险，而有力的信息系统管理与维护能力也是保障互联银行安全运作的关键。

4. 互联网银行需要良好的社会基础设施与客户的网络应用意识的支持

互联网银行的平稳运作要有高度发达的跨区域通信设施支持，要有技术及开发能力强、了解银行业务的软件公司通力合作。社会资信咨询公司、互联网服务提供商及数据处理和储存公司的 CRA(Credit Reference Agency)则是互联网银行业务运作，特别是贷款业务运作的重要保证。它不仅是互联网银行，也是西方国家商业银行进行个人风险评估和控制的重要手段之一。社会资信咨询机构作为商业银行开展个人信用的重要金融基础设施，也是中国目前亟须建立的机构之一。

5. 互联网银行服务无需物理的银行分支机构，具有人员少、运作费用低、无纸化操作的特点，可实现有效成本控制，增强产品价格竞争力，体现了绿色银行的理念

互联网银行与其他商业银行相比，容易进行成本控制，因为只需建立基于互联网的客户中心和数据收集、处理及储存库。因此，其成本比一般的传统商业银行要低 1/4，而其交易成本是电话银行的 1/4，是普通银行的 1/10。

6. 强调信息共享与团队精神

互联网银行的业务操作和处理可以形象地比喻为一条生产流水线，银行内部各岗位、各部门之间需要通力密切配合和协助，以一个界面、同一 Web 页面窗口来为客户提供一致的服务。任何个人和部门因为个人或小集体的利益而出现"扯皮"现象都将影响互联网银行服务的质量与效率。因此，员工之间、员工与上司及各部门之间需要建立沟通和协调的良好的渠道和机制。同时，各部门要大量收集客户及有关方面的信息，经过相关业务信息系统进行加工和处理后，通过内部网络进行信息共享（包括社会信息的共享），以达到提高效率、提高服务水平及客户满意程度的目的。

7. 跨区域的 24 小时服务

由于网上银行所拥有的信息技术优势，使其承诺并且保证为客户提供每天 24 小时、每周 7 天、全年 365 天的全天候跨区域服务，这也是实现个性化服务的重要保障。

四、互联网银行发展的优势与趋势

互联网银行是银行适应网络时代的发展需要推出的新型金融服务方式，特别是在电子商务的发展浪潮中，互联网银行提供了一种先进的网络支付结算方式，以其高效率、低成本、简单方便代表着将来商业支付结算的趋势与方向。随着信息网络技术的进步，包括有线网络与无线网络的广泛应用，互联网银行正引起和影响着传统银行的变革与发展。但是与传统银行相比，新兴的互联网银行除了具有许多优势外，也存在着一些问题。

（一）互联网银行对传统银行的影响

网络技术的发展对传统银行业的经营模式和理念形成巨大冲击,互联网银行对传统银行的影响主要体现在以下几个方面：

第一,互联网银行改变了传统银行的经营理念。

互联网银行的出现改变了人们对银行经营方式的理解以及对国际金融中心的认识,一系列传统的银行经营理念将随之发生重大转变。例如,一直被当做银行标志的富丽堂皇的高楼大厦将不再是银行信誉的象征和实力的保障,那种在世界各地铺摊设点发展国际金融业务和开拓国际市场的观念将被淘汰,发展金融中心必须拥有众多国际金融机构的观念及标准也将发生重大调整。借助网络,一个银行即使没有高楼大厦也能提供跨区域的品牌服务,因而突破了时空局限,改变了银行与客户的联系方式,从而削弱了传统银行分支机构网点的重要性,取而代之的将是支持银行业务开展的信息设备。

第二,互联网银行改变了传统银行的营销方式和经营战略。

互联网银行能够充分利用网络与客户进行沟通,使传统银行营销以产品为导向转变为以客户为导向,通过提供更迅捷和高效的服务,以速度赢得客户,变被动为主动。互联网银行将业务重点转为向客户提供个性化服务,通过积极与客户联系,获取客户的信息,了解不同客户的不同特点,提供更为个性化的服务,同时也能处理与客户的关系,将服务转向"人际化",如咨询和个人理财业务,向客户提供更加具体全面的服务。

据美国一家顾问公司调查,2000年与1993年相比,各种传送渠道所进行的银行业务发生了下列变化：传统分行由1993年的42%降至2000年的22%,自动柜员机从33%降至30%,电话银行从23%升至35%,网络银行服务则从0上升到13%;2000年以后这种趋势更加明显。因此,传统的商业银行必须适应这种趋势,迅速进行战略调整。例如,英国Barclays Bank宣布关闭50家实体分行,用此资金发展互联网银行业务。而美国权威金融机构也估计,在未来10年内美国银行业的分支机构将减少一半。

第三,互联网银行改变了传统银行经营目标的实现方式。

银行经营目标实现方式的改变主要体现在安全性、流动性上。从库存现金向电子现金的转变使安全概念也发生转变。因为电子货币的使用使银行资金的安全已经不再是传统的保险箱或者保安人员所能保障的,对银行资金最大的威胁是"黑客"的偷盗,很可能不知不觉间资金已经丢失。因此,银行必须转变安全概念,从新的角度特别是保护信息资源的角度确保资金安全。电子货币的独特存取方式也带来流动性需求的改变,电子货币流动性强的特点取消了传统的货币层次的划分,更不可避免地导致银行的流动性需求发生改变。

第四,网上银行服务的开展促使银行更加重视信息的作用。

在信息社会里,银行信用评估的标准正在发生改变,表现为银行获取信息的速度和对信息的优化配置将代表信用。在如今的电子商务时代,银行获取信息的能力将在很大程度上体现其信用,而电子商务也要求传统银行在信息配置方面起主导作用。信息配置较之传统经济学中的资源配置,将发挥同样巨大甚至更大的作用,对经济学的发展也是一个推动,这也将是银行信用的一个重要方面。

第五,互联网银行加快金融产品的创新。

互联网金融产品易诞生也易消亡的特点对银行的金融产品创新提出了更高的要求。在网络时代,新的金融衍生工具创造将翻倍加速,但也可能被淘汰、消失得更快。这一方面为银行突破传统的历史阶段性发展模式而利用技术创新进行跳跃式发展提供了可能,另一方面则对银行自身的创新能力提出了更高的要求。如果银行自身没有具备创新的实力,就有可能长期处于"跟随者"的不利地位,时刻有被淘汰的危险。

第六,互联网银行正改变传统银行的竞争格局。

基于互联网平台的互联网银行提供的全球化服务,使金融业全面自由和金融市场全球开放,银行业的竞争也不再是传统的同业竞争、国内竞争、服务质量和价格竞争,而是金融业与非金融业、国内与国外、互联网银行与传统银行等的多元竞争。由于互联网银行进入的壁垒相对较低,会使一些非银行金融机构利用其在技术和资金上的优势从事银行业务,甚至一些大的航空公司和零售公司也在计划进军互联网银行业。互联网银行可以通过网络将触角伸向全世界,把眼光瞄准全球,把地球上每个公民都作为自己的潜在客户去争取未来市场的份额,这使银行竞争突破了国界并演变为全球性竞争。在传统银行规模效应继续发挥作用的同时,网络化已经带来"新规模效应"。银行营业网点的扩张不再是规模效益的代名词,互联网银行第一次为中小银行提供了可与大银行在相对平等条件下竞争的机会。因为借助互联网提供的银行服务,只要提供足够的技术处理能力,不论银行大小,都是处在同一起跑线上。同时,互联网银行将以其高质量和方便快捷的服务方式吸引大批高层次客户。例如,在英国,互联网银行的信用卡利率一般在 9%~10%,而其他商业银行则在 13%~15%,上下相差 6%,而且网上银行信用卡保证赔偿客户的信用卡诈骗损失。这种服务势必提高网上银行在同业竞争中的实力,吸引一大批传统银行的"黄金客户"。据预测,那些不提供互联网服务的银行,将在未来 5 年中,每年流失约 10% 的客户。可见,互联网银行会使 21 世纪的银行竞争由表层走向深层,由一元化(同业内)走向多元化(同业内外、国内外、网内外)。

第七,互联网银行将给传统的金融监管带来挑战。

由于网络的广泛开放性,互联网银行可在全球范围内经营,这也给金融监管带来新的课题。目前巴塞尔委员会及各国银行监管当局正密切关注互联网银行的发展并展开研究,但尚未就此监管立法。因此,互联网银行的监管更加需要国际合作,做到信息共享。

(二)互联网银行的优势

时至今日,互联网银行对传统银行经营理念的挑战已经非常明晰,它将取代国际金融界长期以来一直讨论而未具体实施的家庭银行(Home Bank)、企业银行(Firm Bank)等而成为银行最便利的服务手段,这种趋势随着互联网应用的普及与技术进步更加明显。新兴的互联网银行较之传统银行具有很多优势,归纳起来有以下几大优点:

第一,互联网银行实现了无纸化网络化运作,大幅提高了服务的准确性和时效性。

互联网银行要求一切交易、银行的各种业务和办公基本或完全实现无纸化、电子化和自动化,它是以前各种电子化银行如电话银行、家庭银行、自助银行、机器人银行、电子货币银行、自动化银行和自我服务银行的深入发展。

(1)互联网银行使所有以前传统银行使用的票据和单据全面电子化,如电子支票、电子汇票和电子收据等。

(2)互联网银行不再使用纸币,并全面改变纸币为电子货币,如使用电子钱包、电子信用卡、电子现金和安全零钱等。

(3)互联网的一切银行业务文件和办公文件完全改为电子化文件、电子化凭据,签名也用更加安全的数字签名技术。

(4)互联网不再以邮寄的方式进行银行与客户相互之间纸面票据和各种书面文件的传送,而是利用计算机和数据通信网传送,如利用 EDI 进行往来结算。互联网银行的无纸化运作大幅度提高了银行业务的操作速度和操作水平,大幅度降低了服务成本,提高了服务的准确性和时效性,从而提高了服务质量。它使"瞬间传递"变为现实,其采用的电子手段可在几秒内把大批资金传送到全国各地或世界各地。

第二,互联网银行通过互联网技术,提供内容更加丰富的高质量金融服务。

由于计算机网络具有资源共享、实时通信的特点,因此互联网银行不但可以对外提供快速便捷的信息,还能向客户提供更直接、更多样化的各种服务。互联网银行在互联网上所提供的金融服务大致分为以下两大类:

一类是信息咨询服务。这是目前国内外互联网银行普遍提供的服务,包括对银行历史、业务状况、营业网站、利率、汇率等公共信息及针对客户个人的账户余额、交易明细额、应缴本息等私人信息进行查询,通过 E-mail 对客户存款到期、放款缴息信息进行通知等。网络上的查询可以配有文字、声音、影像、动画等多媒体功能,使各种服务更加丰富多彩,使服务质量有了质的飞跃。

另一类是进行实际资金交易,即通过网络进行账务处理。例如,提供网络支付结算、网络存放款、网络转账服务等。这是目前互联网银行的核心业务,世界各大银行对此都极为重视,加紧开发。欧洲著名的荷兰银行集团于 1996 年就率先进行了网络支付的试验,花旗银行也紧随尽全力开发网络货币系统,以供普通消费者和企业在世界各地通过网络进行收付款或转账。

可见,互联网银行可以充分利用互联网的互动与多媒体性,以丰富的服务内容吸引更多的客户,为金融机构赢得更高的市场占有率,并且提供方便、快捷、高效的"AAA"式服务,满足客户的多样化与个性化需求,更具个性化和人情味。

第三,互联网银行打破地域与时间限制,实现银行机构虚拟化,优化传统金融机构的结构和运行模式。

传统银行机构的扩展是通过增设实体的分支机构和营业网点来实现的,而互联网银行则只需通过扩展支行和营业的互联网网站来实现。银行机构的虚拟化对于促进互联网银行的迅速扩展起着极其重要的作用,而互联网银行又可以很方便地设立或增加虚拟支行,这是因为创办一个虚拟银行比较方便,通常只要有 20 平方米的场地和 2 名员工就可以了。对于互联网银行来说,银行的物理结构和物理建筑几乎成了不必考虑的问题,而是重点研究提高网络银行的高新技术含量和技术水平,即使把网上银行设在很廉价的地段或位置上,也同样能够面向全世界开展各种银行金融服务。因此,互联网银行能使银行的房地产投资和人员投资大幅度减少,并使金融机构不再有规模上的大小之分,而无处不在,无时不在。互联网银行的跨时空运作也为客户带来了方便。无论顾客有多少、业务量有多大,无论在什么时间、什么地方,只要能够上网,都可以立即根据需要跨进网络银行的"大门",到里面去漫游和接受各种所需的金融服务,无线网络服务的应用有力支持了网上银行服务的便利。正如 SFNB 总裁 James Mahan 所言,"任何人,只要有一台电脑与数据机,都是我的潜在客户"。

第四,互联网银行降低了银行的金融服务成本,简化了银行系统的维护升级。

现代商业银行面临的是资本、技术、服务和管理水平全方位的竞争。根据英国艾伦米尔顿国际管理顾问公司调查,利用网络进行付款交易的每笔成本平均为 1~13 美分,而利用银行本身软件的个人电脑银行服务为 15 美分,ATM 机为 27 美分,电话银行服务为 54 美分,银行分支机构服务则高达 108 美分。金融电子化的引入和深化持续降低了银行的经营成本,并使互联网银行的经营成本只占经营收入的 15%~20%,而相比之下传统银行的经营成本则占经营收入的 60% 左右。互联网银行采用的大量开放技术和软件,也能降低银行软、硬件的系统开发和维护费用。这是因为互联网银行的客户端由标准 PC 与浏览器软件组成,主要采取 B/S 应用模式,便于维护。另外,客户使用的也是公共互联网网络资源,因而使银行避免了建立专用通信网络所带来的成本及维护费用。而且互联网的系统维护升级也变得相当简单,如在升级应用系统或安装新产品时只需简单地更新或升级服务器应用程序即可,而无需对客户端做任何变动。

第五,互联网银行可以拓宽银行的金融服务领域。

互联网银行能够融合银行、证券、保险等行业经营的金融市场,减少各类金融企业针对同样客户的劳动重复,拓宽金融企业的创新空间,向客户提供更多量体裁衣式的金融服务。今后,银行将能从事全能银行业务,借助自身的网点和网络,从事如资信评估、气象发布甚至联合其他实体的网络从事旅游组团、商品零售等,开展"保姆行"业务。这正如广告语所说,在人们将来的生活中,"有病找医生,有纠纷找律师,其他都可以找银行"。

第六,互联网银行能够辅助企业强化金融管理,科学决策,降低经营风险。

银行业务的电子化、网络化运作使客户的信息容易收集,也便于银行与客户间的互动,使双方更加了解。银行对各种信息进行统计、分析、挖掘的结果,有助于强化银行的金融管理,提高管理的深度、广度和科学性。

综上所述,基于互联网平台的互联网银行服务能够比电话银行、ATM 和早期的企业终端服务提供更丰富、快捷、方便的金融服务。与银行的物理营业点相比,互联网银行提供的金融服务更加标准化、规范化,运作成本更低,效率更高。因此,和传统银行相比,互联网银行作为一种高科技的产物具有相当明显的优势。

(三)互联网银行发展的趋势

目前,互联网银行发展呈现以下三个方面的趋势:

第一,足不出户转账付款,互联网银行取代物理网点。

绝大多数银行已经开通网上银行,且业务量呈现大幅增长的态势。这不仅帮助银行降低了开设网点的成本,也帮助客户节省了时间和精力。

第二,随时随地手机付款,移动支付取代传统支付。

所谓移动支付,就是指银行客户将账户与手机绑定,从而实现随时随地转账消费。

移动支付的兴起,与信息技术飞速发展以及手机上网普及密切相关。信息技术的发展会影响人们的生活,进而产生对金融服务的需求。这就决定了,银行只有发展以科技、互联网为支撑的金融服务和金融产品,才能在市场中占据先机。在信息革命的影响下,移动支付潜力巨大,银行适应这一发展趋势,就会面临非常广阔的市场。

第三,享受一站式服务,互联网银行呈现全能化特征。

随着金融市场以及客户需求多元化的发展,银行业务与非银行业务之间正在出现交叉、合作乃至竞争的态势,银行综合化发展势不可挡。未来银行是要根据企业需求来服务的,服务内容可能包括股市融资、并购融资、信贷、理财等多项内容。实际上,当前中国金融业已显现出全能功能化的发展趋势,这将是全能化的互联网银行时代的到来。

思考讨论题：

1. 网上银行是如何产生的？世界上第一家网上银行的名称是什么？
2. 可以从哪些角度来定义网上银行？谈谈你对网上银行的理解。
3. 网上银行有哪些模式？国内商业银行大部分采用的是哪种模式？
4. 网上银行的系统由哪三部分组成？每一部分的作用分别是什么？
5. 请你自己完成一笔网上银行支付，并结合理论说明该笔支付的类型和流程。
6. 一般商业银行的网上银行业务是如何分类的？对每一类业务，请列举至少5种以上的功能。
7. 什么是网上支付跨行清算系统？它的系统结构是什么？
8. 网上支付跨行清算系统处理的业务种类主要包括哪些？
9. 中国互联网银行的发展还存在哪些问题？如何解决？
10. 互联网银行与传统银行比较，它是如何影响银行业发展的？

现代支付结算与电子银行案例专题

专题一：电子银行发展动态

"十三五"电子银行发展前瞻

综观传统银行的电子化"升级"历程，总结起来有三个阶段。第一个阶段是网点时代的"信息宣传"阶段，银行通过电子平台对外发布行内外信息通告等，竞争的关键是时间和空间；第二个阶段是网银时代的"自助交易"阶段，银行将大部分柜台业务分流到电子银行渠道上，客户可自助完成业务办理，竞争的是功能和安全；第三个阶段则是移动时代的"互联网"阶段，竞争的关键变成了场景与体验。

电子银行在这一阶段的发展将不再限于替代柜面交易、节约经营成本的目的，而是朝着提供以客户为导向的金融服务以及依靠电子化营销创造新的利润点这一模式发展。在未来，电子银行的"互联网"发展将踏入"物联网"时代，这是一个计算和智能的阶段，银行业务将与互联网进行深度融合，借助云计算、大数据、社交网络等方式在任意移动平台上对人类金融模式产生根本性颠覆。

对于银行来说，未来走向会从经营渠道到经营入口，再到经营场景，从产品创新走向产品的经营和效率运营，以及体验运营。

一、电子银行业务深入、平台化发展

在未来，电子银行将成为银行金融服务的主体，在具备柜台服务的所有功能的基础上升级成为银行开展营销、创造利润的黄金平台，形成自成体系、销售与服务兼备的独立业务模式。

（一）电子银行业务功能更为丰富

自助银行设备将升级成为集现金和票据自助设备、网银交易终端、远程视频服务等为一体的全功能自助银行，在客户交易过程中能实现对目标客户的精准营销，使得自助银行更加人性化、功能化。对于网上银行、移动银行等电子渠道，将遵循货币、票据等无纸化的发展趋势，完全实现传统银行业务流程电子化再造；对于需要客户身份资料认证的业务,只要客户将所需审核资料扫描上传,再加上实时摄像头拍摄等,就能实现同柜面办理一样的效果。

在电子支付结算方面,将新开发出更多安全快捷的支付模式,如二维码支付、NFC支付(近距离支付)、生物支付等。另外,客户账户信息将与SIM卡等智能存储媒介甚至客户身体相结合,届时客户将抛开银行卡介质,利用移动终端等进行支付。在业务创新方面,银行业务功能将依据客户需求不断地得到丰富和完善,通过与各大商户合作,未来将开发出更多具有生活化特色的电子银行应用,拓宽银行业务范围。

(二)电子银行服务终端多样化

以互联网为代表的现代信息科技,将对电子银行服务模式产生重大影响。未来,我国电子银行服务终端将不限于网上银行、手机银行、电视银行和专用智能终端,而是更多不同类型的移动终端,如GPS、数码相机及其他新型手持移动终端,未来电子银行服务终端将着重强调电子银行的场景化运用,能够随着我们的需求而变化。

(三)传统银行网点格局电子化调整

未来电子银行将是银行业务的主体,传统银行网点的格局将会发生重大的改变,构建出以电子服务为主的新型网点运营模式和全新网点格局。

其中,随着自助机具业务功能的完善,自助银行区域将成为网点的核心区域,而人工服务区域也不再启用传统模式,而是朝着移动电子化方向发展。我们将看到这样的场景,在银行网点,一部分客户将直接走向自助银行区域,针对需要办理的业务而自行选择相应的自助机具;与此同时,另一部分客户则走向休闲办公区域,取号后在雅座惬意地喝茶、看报,然后不一会儿,客户经理将手持电子银行设备过来为客户服务。客户经理将面对面地以朋友的形式同客户交谈,了解客户需求并给出建议,随后直接使用手上的电子设备为客户办理业务、展示最新产品等,不用隔着玻璃水泥柜交流,也抛开了复杂的表格填写、证件复印等步骤,未来银行网点的移动化服务将有效提升客户体验。

(四)电子银行平台化发展

互联网时代,新一代客户的思维、行为方式和原来不一样,客户的交易习惯也在改变,互联网金融市场竞争主体越来越多元化,客户忠诚度下降,给银行业带来很大的影响。在移动互联网时代,业务的主控权在由银行向用户转移,业务怎么做,不一定是银行说了算,而是客户认为业务应该怎么做。所以,在这个变化的背后,银行做营销一是要跟着市场走,与市场同在,要用客户喜欢的方式出现在客户眼前,让客户有存在感。

面对互联网金融的浪潮,未来越来越多的银行将会选择做电商平台。银行做电商平台有四个优势:第一个是免费的服务,银行目的不是靠电商平台赚钱,不是和其他电商平台竞争。第二个优势是O2O,商业银行网点众多,多个机构协同服务,当所有网点同时为一个商品做广告,其影响力可想而知。第三个优势是有金融产品、服务支持。比如买iPhone可以使用个人消费信贷产品,并且享受免息分期等。第四个优势或许也是最有争议的,就是流量。做平台最重要的是流量。商业银行需要将客户从网上银行引流到电商平台,可以结合客户用卡消费产生的综合积分抵扣现金付款,这将大大吸引客户的目光。

二、电子银行开放式发展

目前,各家银行的电子银行系统是封闭式的专属系统,只有银行自有客户可以登录使用,未来的电子银行将强调开放、强调关系、强调客户间的交互作用、强调客户经理与客户间的沟通作用。也就是说,未来电子银行服务平台将是开放式的金融平台,能够承载整个银行业务的综合平台。

(一)应用体验的开放性

未来银行会将自己的各类业务功能做成不同的移动应用程序,这些程序将融合业务办理、游戏娱乐、生活服务等功能,更具趣味性,无需注册也可使用,使银行的服务真正地开放到互联网环境当中。同时,银行将建立自己的电子金融服务体验中心,在吸引客户体验个性化电子应用之时,有效地对银行业务进行宣传推广。这个体验中心可以是银行自己建立的应用商店,也可以是和其他应用体验店合作的。比如说和苹果公司合作,在苹果应用体验店里加放电子银行开放式应用,这将有效吸收拓展其他企业客户资源,促进行业内外合作。

(二)电子化金融服务的开放性

由于目前电子银行客户办完业务后直接退出,在线时间较短,这使得电子银行不具备营销性和服务性。而中国网络社区用户规模稳定增长,用户黏性优势显著,媒体价值大,未来网上银行将会建设成为一个开放的社区,其内容模块将不限于电子银行基本业务功能,而是集业务办理、信息咨询、电子商务、资源共享、社交论坛为一体的新一代金融社区,非该银行的企业客户、个人用户都可以注册交流。银行将借由电子银行网络社区的形式推出新的产品,进行营销推广,增强互动性;同时,在社区里开辟客户经理平台,方便客户进行信息咨询、沟通、协调、反馈,也方便银行工作人员进行营销推广;另外,在这个社区,银行可以引入非银行机构的产品服务或应用,同时捕捉客户的行为信息、企业的商务信息、供应链的关系信息,为客户提供更全面的金融服务。

三、电子银行场景化发展

过去一年,虽然以余额宝为代表的"宝宝类"理财产品收益率不断下降,但规模依然可观,这种最早依托电商购物场景而兴起的碎片式理财已经越来越受大众欢迎。而蚂蚁金服此前公布的数据显示，2015年"双十一"全天，支付宝移动支付交易笔数达到1.97亿笔，同比增长336%。此前，腾讯方面公布的数据显示，2015年12月31日当天，微信红包收发量高达23.1亿次。

种种迹象表明，在"互联网+"的时代，金融与生活、社交的联系越来越紧密，金融服务的场景化也渐渐成为业内讨论的焦点。

互联网理财和生活场景融合度越来越高，包括日常消费、大额消费等。而未来在移动支付领域中，核心竞争力体现之一就是支付公司对消费场景的把握，以及如何利用消费场景将支付、营销和金融等融入其中，并将交易更快速、高效地完成。

在过去一段时间，在金融场景化方面吸引大家眼球的仍然是互联网企业，比如微信和支付宝在线下的布局，经过2015年的大规模扩张，目前众多的超市、便利店或者商场都可以使用微信或支付宝完成支付。

值得注意的是，银行业人士也感觉到了这一变化。金融场景化已经是大势所趋，银行的技术和服务也必须得跟上才具有竞争力。如今，银行业也开始尝试在金融场景化方面进行布局。

例如，兴业银行推出加载公交应用功能的移动金融支付手环，手环上加载了公交卡应用，可以搭乘深圳公交地铁。同时，这款手环还可以在全国带有"闪付"（Quick Pass）标识的机具上消费支付，包括商场、地铁、便利店等。平安银行与去哪儿网在北京签署战略合作协议，将通过平安橙子（直通银行）与去哪儿网平台进行产品和服务对接，为去哪儿网用户提供余额理财、贷款业务、特色服务接入及联合推广等金融产品和服务，构建场景化金融，让旅行资金与理财服务实现无缝衔接。

随着移动互联网、云计算、社交媒体的发展，客户的生活习惯和消费需求日益碎片化，专业服务机构正在努力构筑场景化的服务帮助客户整合需求。

四、电子银行智能化发展

2016年商业银行非息收入有望保持较快增长并成为贡献净利润增长的重要因素之一。同时，智能化服务也是决定银行是否留住客户的关键。

种种迹象显示，银行利润增速放缓已经是不争的事实，而造成这一现象的原因之一，就是互联网金融的冲击。为此，多家传统银行也在积极拥抱互联网。部分银行已经推出自己的互联网金融子公司、子品牌，成为业内关注的焦点。中国商业银行的未来发展，要往智能化服务、智慧银行方向转型，强调以客户为中心，创造客户需求。

互联网金融对于传统银行的"存贷汇"带来了很大挑战。其中，互联网理财抢占传统银行的资金来源，P2P改变了传统银行信贷供给格局，第三方支付压缩了商业银行中间业务。不难看出，未来的商业竞争将不再是企业单体之间的竞争，越来越表现为生态系统的竞争。与传统生态系统相比,互联网生态圈具有更广泛的合作伙伴联盟,共同服务客户,继而成就自身价值。

未来商业银行将不断延伸多维度交易触角,互联大数据、大资源、大平台、多渠道,增强企业的交易处理能力、市场应变能力、转型升级能力、价值创造能力,助力企业打造企业链条延伸、纵横捭阖、跨界发展、互通互联的交易有机生态圈,从而成就自身。

（一）3D 化发展

随着国内智能技术的发展,未来电子银行将踏入 3D 领域。通过将三维仿真技术与互联网技术巧妙结合,同时融入人类的真实视觉,客户在使用 3D 网银的过程中如同置身银行大厅,银行的各项服务能够在模拟出的虚拟空间内实时呈现。具体而言,客户下载 3D 网银客户端后,输入姓名身份登录,然后就会出现对应的 3D 人像,另外有对应的服务场景可供选择。客户可选择进入大厅场景,在虚拟大厅内,客户可以自由行走,观看新产品宣传视频,不仅可向虚拟大堂经理咨询银行的各类产品服务,还可与同一场景中来自各地的其他用户进行互动交流。当客户需要办理业务时,可选择进入个人业务场景,该场景中客户只能看见自己,另设虚拟客户经理,可对客户的疑问进行解答并指导相应操作,客户可在该区域进行业务办理、理财投资、财富管理等事项。3D 网银能够再现银行网点服务,突破了时间、空间和服务方式的限制,为客户提供更为安全、便捷、高效的交互式服务,也方便银行对数字银行进行实时监控和智能化管理。

（二）数据分析智能化

未来电子银行将启用智能系统,结合各类电子银行渠道建成一个面向客户关系和客户行为的管理分析平台。客户在开展相关业务操作的同时,系统也同时搜集相应的操作数据,通过数据挖掘、数据智能分析等过程,结合心理学,系统地分析客户的行为、偏好,判断客户的交易风险级别,挖掘出隐含的客户需求,然后为客户提供有针对性的营销和服务。电子银行智能分析顾客信息的渠道是多样的,可以是对客户网上银行操作轨迹分析,可以是对客户在银行网点的等待行为分析,也可以是对客户基本情况、持有产品、交易行为等的分析。通过多渠道的交易监视,对客户进行风险评估,分析客户行为和心理预期等,银行能够在有效控制风险的基础上,不断改进金融服务,使之无限贴近客户的需求,进而增强银行与客户之间的黏性。

（三）生物智能识别

在网络与信息时代,未来银行将会抛开传统的个人身份鉴别手段,如秘钥、口令卡、身份证件、金融 IC 卡等,而采用生物识别技术对客户身份进行识别。这一识别技术指的是利用指纹、掌纹、脸部、虹膜、视网膜、声音、步态等人体固有的生理特性,结合一系列高科技手段,对个人身份进行准确鉴定。这意味着未来银行将不再使用银行卡等外物介质,只需要将客户基本生物信息加密储存在银行远程用户数据库中,客户在使用银行的金融服务时就能够被高效、可靠的智能所识别,有效防止资金冒取冒领,进而降低目前因银行卡可伪造、可盗用、可破译等弱点而引发的类似非法套现、伪卡盗刷、短信欺诈、密码盗取等银行卡犯罪。除客户身份智能识别之外,未来的电话银行也将采用人工智能、语音识别技术,通过系统,自动识别、理解客户咨询的问题和服务要求,这将有效节省银行人力成本。

资料来源:中研科华经济信息咨询有限公司:《电子银行业务专题研究半月报》2016年第1期。

工商银行新版手机银行上线

2015年11月18日,工商银行新版开放式手机银行"融e行"正式推出,作为全流程综合金融服务平台,这也是工行e—ICBC2.0战略的一部分。"工银融e行"致力打造一个全流程综合金融服务平台,为客户提供全方位、多样化的移动金融服务。"工银融e行"手机银行对工行和非工行客户全面开放,原工行手机银行客户及个人网银客户可以直接登录使用全新的手机银行服务,没有工行卡或者没有注册过工行手机银行的客户只要有固定的手机号,也可注册使用。

在服务功能方面,工行全新推出的手机银行突出智能化的理念,为客户提供了安全、贴心和一键式的金融服务体验。一是清晰展现客户账户及投资理财信息,比如客户的借记卡、信用卡、工行卡、他行卡实行一个界面展现,张张一目了然。投资理财界面投资金额、收益、期限直观展现,对于适合客户特点的人气理财产品实行排队推荐,客户可以非常方便地选择自己中意的产品。二是全面优化了客户常用功能。比如全面整合工行账户以及跨行转账汇款流程,客户录入信息后,由系统自动判断账户信息,转账汇款三步即可完成。三是为客户提供全面的移动生活服务支持。比如全新上线的工银e缴费平台,使客户可以非常方便地缴纳水、电、煤、气等日常生活服务费。移动"惠生活"服务,则实时为客户推荐工行各种优惠活动,以及手机充值、机票酒店预订、医疗服务、缴纳交通罚款、无卡取现、网点预约等各种便民服务。此外,工行全新推出的手机银行还提供转账汇款智能管理、无卡他行客户注册、个性化定制、关联交易快速定位、金融信息实时更新、购物一键支付、悬浮窗式在线客服、同步链接融e购网上商城、社区化客户分享机制等多项实用特色功能,方便客户移动化的日常金融服务及投资理财需求。

在使用体验方面,工行全新推出的手机银行则突出智能化和个性化理念,方便客户自行定制个人的移动金融服务空间。在界面设计方面,页签展示采用最新的UI方式,通过简洁时尚的图形、字体和颜色等多元化展示要素,达到直观、透彻的视觉效果。在个性化定制方面,客户首先可以自行设置"最爱",包括个性化头像设置、自定义首页功能、最新工行活动推荐等,还可使用查账户明细、转账汇款、投资理财、享受信用卡、e 缴费等诸多服务。其次,新版手机银行提供"智服务"功能,利用大数据挖掘技术,分析客户个性化行为和生活轨迹,通过"金融日历"精准营销推荐专享理财产品,同步预测客户未来金融服务需求,为客户提供专属金融服务管家服务。此外,新版手机银行还支持个性化信息汇总服务,客户可以通过"我的"功能,汇总查询名下资产负债信息、自定义各项服务与安全设置,以及使用 7×24 小时在线客服、精彩工行应用下载、使用意见反馈服务等。

"工银融 e 行"品牌涵盖工行手机银行和个人网银服务,新版手机银行推出以后,工行将尽快推出新版开放式个人网银,分别为客户提供移动端和 PC 端金融服务。同时,原"工银融 e 行"直销银行已更名为"工银直销银行",将主要为客户提供存款、基金、保险、理财、贵金属等多种投资理财直销服务及个性化直销银行服务。

招商银行刷脸 ATM 正式启用

招商银行宣布推出"ATM 刷脸取款"业务,这也是国内银行首次将人脸识别技术应用到自动取款机上。目前这款取款机已经在南京正式亮相并启用,据称全国只有 3 台。这台取款机位于新街口的招商银行南京分行营业部,外形被设计成小黄人造型,非常可爱,取款仅需 42 秒。

整个刷脸取款的操作流程非常简单,首先在 ATM 屏幕首页点击选择"刷脸取款"功能,系统将自动抓拍现场照片,然后与银行可信照片源进行比对,验证通过后输入手机号码进一步确认身份,紧接着输入取款金额、密码,最后拿取现金,整个过程无须插卡取卡,非常方便。

人脸识别技术的关键是对人脸五官脸型和角度进行分析。在试验阶段曾请过一对双胞胎,机器很聪明地分辨了出来。

事实上,从去年年初开始,人脸识别技术就被金融机构提上了日程,但是真正应用到生活场景中还处于试验阶段。不少银行也曾表示,刷脸技术固然好,但研发技术需要耗费大笔资金,因而投入产出比不高,恐怕很难实现。招商银行工作人员回应道,技术方面的投资毕竟是一次性的,机器改造成本也并不算高,明年全面推广后,有望节省一些人力成本,长期看是值得的。

除了刷脸取款机外,招商银行正在积极酝酿"未来银行"。据透露,总行在全国布局了 4 个试点,施行四个版本的"未来银行"测试版,总行将从中选出一个最优版本,在全国推广。

分析:在互联网技术的推动下,金融嵌入生活的场景越来越多。在如今的支付场景中,支付宝、微信几乎成为很多年轻人线下支付的首选,那么对于银行来说,"现金"是银行独有的优势,取款的便捷、体验度高,无疑是银行增强竞争力的重要砝码。

中研科华经济信息咨询有限公司,《电子银行业务专题研究半月报》,2015年第22期。

中国建设银行推出网络信用卡

2016年1月21日,中国建设银行(以下简称"建行")在"互联网＋"创新领域推出首张具有开关功能的网络信用卡——龙卡e付卡。

龙卡e付卡是一张没有实体介质的网络信用卡。客户成功申办后,通过短信验证获取卡号、有效期、安全码等信息,并在手机银行或个人网银进行安全绑定。在线支付时,可通过银联、VISA、万事达三大卡组织渠道支付,也可通过网银和各类第三方快捷支付。龙卡e付卡还可与HCE龙卡云闪付和即将推出的龙卡ApplePay等移动支付工具结合,在具有银联闪付标识的POS和ATM进行线下消费和取现交易,实现线上线下支付场景全覆盖。

作为具有交易开关功能的网络信用卡,客户可通过建设银行手机银行、个人网银设置龙卡e付卡交易开关,随用随开,不用可关。同时,还可自主设置单笔交易限额和交易提醒功能,获得多重保护。

龙卡e付卡境内外通用,可在各大海淘平台及境外购物网站畅行支付,外币交易均实现自动购汇,折算为人民币记入账户,且免收外汇兑换手续费。已有卡客户可以通过建行微信银行申办。新客户可通过CCB网站信用卡频道或建行手机银行等渠道申办。现在申办还有优惠活动。

中研科华经济信息咨询有限公司,《电子银行业务专题研究半月报》,2016年第2期。

专题二:中国农业银行电子银行服务

中国农业银行(以下简称"农行")的前身最早可追溯至1951年成立的农业合作银行。20世纪70年代末以来,农行相继经历了国家专业银行、国有独资商业银行和国有控股商业银行等不同发展阶段。2009年1月,本行整体改制为股份有限公司。2010年7月,本行分别在上海证券交易所和香港联合交易所挂牌上市,完成了向公众持股银行的跨越。

作为中国主要的综合性金融服务提供商之一,农行致力于建设面向"三农"、城乡联动、融入国际、服务多元的国际一流大型商业银行。凭借全面的业务组合、庞大的分销网络和领先的技术平台,向最广大客户提供各种公司银行和零售银行产品和服务,同时开展金融市场业务及资产管理业务,业务范围还涵盖投资银行、基金管理、金融租赁、人寿保险等领域。截至2015年末,农业银行总资产规模达到17.79万亿元,较上年末增长11.4%;存款总额和贷款总额分别达到13.54万亿元和8.91万亿元,分别较上年末增长8.0%和10.0%。平均总资产回报率(ROAA)和加权平均净资产收益率(ROAE)达到1.07%和16.79%。核心一级资本充足率、一级资本充足率和资本充足率分别为10.24%、10.96%和13.40%,分别较上年末提升1.15、1.50和0.58个百分点,资本实力显著加强。全年实现净利润1 807.74亿元,同比增长0.7%。基本每股收益0.55元。截至2014年末,农行境内分支机构共计23 612个,包括总行本部、总行营业部、3个总行专营机构、37个一级(直属)分行、353个二级分行(含省区分行营业部)、3 515个一级支行(含直辖市、直属分行营业部、二级分行营业部)、19 647个基层营业机构以及55个其他机构。境外分支机构包括8家境外分行和2家境外代表处。拥有14家主要控股子公司,其中境内9家、境外5家。2014年,农行首次入选全球系统重要性银行。在美国《财富》杂志全球500强排名中,农行位列第47位;在英国《银行家》杂志全球银行1 000强排名中,以一级资本排名计,农行位列第9位。农行标准普尔发行人信用评级为A/A-1,穆迪银行存款评级为A1/P-1,惠誉长/短期发行人违约评级为A/F1。以上评级前景展望均为稳定。

中国农业银行电子银行业务介绍

网上银行

个人网上银行

一、产品定义

个人网上银行业务是指农业银行通过互联网为个人客户提供的查询、转账、缴费、信用卡、贷款、外汇、理财等银行金融服务。

二、注册客户管理

（一）注册客户划分

个人网上银行注册客户分为网点注册客户和自助注册客户。

1. 网点注册客户

网点注册客户是在农业银行开立账户的个人客户，向任一营业网点提出注册申请，经审核通过后，成为个人网上银行网点注册客户。

网点注册客户可申请包括数字证书、动态口令在内的一种或多种认证方式，提高在线登录和交易的安全性。网点注册客户使用K宝作为存放数字证书和进行数字签名的工具，使用K令、动态口令卡、安全认证手机号等作为实现动态口令认证的工具。

网点注册客户可设定对外转账、对外支付等交易限额，限额设定的上、下限范围由认证方式和认证工具确定，与网点绑定账户数量无关。

2. 自助注册客户

自助注册客户是在农业银行开立账户的个人客户，通过农业银行经营门户网站提出申请，成为个人网上银行自助注册客户。自助注册客户可通过营业网点提出注册申请成为网点注册客户。

（二）绑定账户划分

个人网上银行注册客户所绑定的账户包括网点绑定账户和自助绑定账户。

1. 网点绑定账户

网点绑定账户是指在农业银行营业网点进行验证并维护至个人网上银行内的个人账户。此类账户可作为转出方进行对外支付。

2. 自助绑定账户

自助绑定账户是指在农业银行个人网上银行自助注册或追加至个人网上银行内的个人账户。此类账户未在柜面刷卡验证，只可进行查询类交易及部分资金账户内循环交易，不可作为转出方进行对外支付。

三、产品功能

个人网上银行各项交易功能由注册客户登录个人网上银行自助操作实现。注册客户可享受的功能有：

（一）账户管理

账户管理指账户信息、账户本外币余额与交易明细、网银交易明细、电子工资单、对账单等查询类功能，以及账户服务、追加网银账户、境外消费限额管理、电子回单、跨行账户管理（含他行转入）等管理类功能。

（二）转账汇款

转账汇款指本行账户间、本行与他行账户间的资金结算业务，包括快捷转账、网银账户互转、单笔转账、批量转账、收款方管理、漫游汇款、自动转账、个人资金归集等功能。

（三）缴费支付

缴费支付指缴纳公共事业费、行政事业费、通讯费等费用以及支付出账单位发布的账单等，包括网上缴费、账单支付、批量代扣、手机快速充值等功能。

（四）信用卡

信用卡指账户查询、信用卡还款、卡片管理、账户管理、积分管理、分期管理、支付管理、信用卡登记等功能。

（五）个人贷款

个人贷款指贷款申请、贷款管理、自助借款、自助还款、贷后服务、贷款计算器等功能。

（六）个人外汇

个人外汇是指西联汇款、跨境电汇、结售汇、外汇宝等功能。个人网银注册客户首次办理西联汇款和跨境电汇业务，须进行个人信息登记。

（七）投资理财

投资理财指基金、债券、理财产品、贵金属、第三方存管、银期转账、定活通、通知存款等功能。

（八）信息中心

信息中心指常见问题解答、基本信息维护、用户名登录维护、网银个性化服务、网银安全管理和电子银行渠道管理等功能。

四、柜面业务申请

个人网上银行柜面业务申请主要包括业务注册、业务维护、业务注销、信息查询等，为客户提供个人网上银行渠道注册/暂停/恢复/注销、渠道信息维护、证书管理、动态密码管理、限额维护以及信息查询等服务。

（一）办理流程

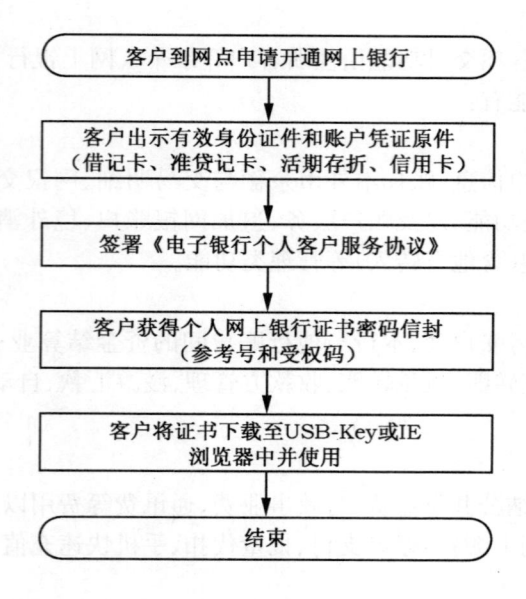

```
客户到网点申请开通网上银行
        ↓
客户出示有效身份证件和账户凭证原件
（借记卡、准贷记卡、活期存折、信用卡）
        ↓
签署《电子银行个人客户服务协议》
        ↓
客户获得个人网上银行证书密码信封
     （参考号和授权码）
        ↓
客户将证书下载至USB-Key或IE
       浏览器中并使用
        ↓
         结束
```

客户获得个人网银证书参考号和授权码，通过登录农行网站，选择下载客户证书到 USB－Key(即 K 宝)的操作流程为：

（二）注意事项

1. 客户办理业务申请的有效身份证件包括：居民身份证或者临时居民身份证、军人身份证件、武装警察身份证件、港澳居民来往内地通行证、台湾居民来往内地通行证、护照等。

2. 除特殊情形外，个人网上银行所有业务申请必须由本人亲自办理。

3. 在农业银行开立账户的个人客户，可在农业银行任一营业网点办理个人网上银行柜面业务申请。

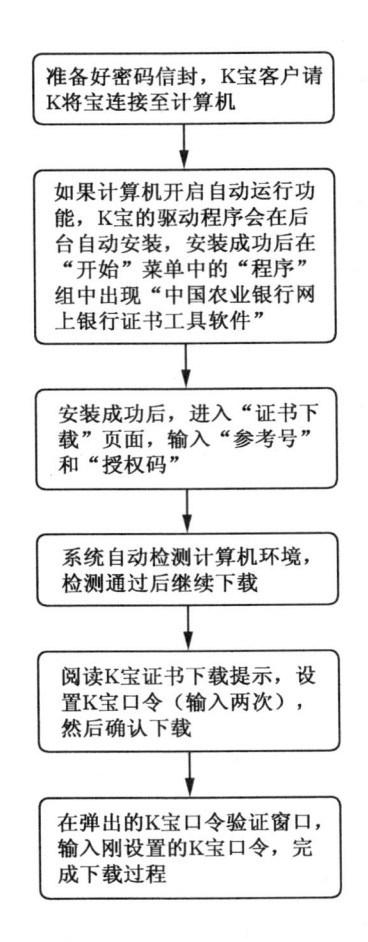

```
准备好密码信封，K宝客户请
    K将宝连接至计算机
            ↓
如果计算机开启自动运行功
能，K宝的驱动程序会在后
台自动安装，安装成功后在
"开始"菜单中的"程序"
组中出现"中国农业银行网
上银行证书工具软件"
            ↓
安装成功后，进入"证书下
载"页面，输入"参考号"
和"授权码"
            ↓
系统自动检测计算机环境，
检测通过后继续下载
            ↓
阅读K宝证书下载提示，设
置K宝口令（输入两次），
然后确认下载
            ↓
在弹出的K宝口令验证窗口，
输入刚设置的K宝口令，完
成下载过程
```

五、收费管理

（一）收费对象

个人网上银行业务收费对象是个人网上银行注册客户。

（二）收费标准

个人网上银行业务收费标准按照农业银行中间业务服务价格标准执行。各行对个人网上银行业务收费实施减免，应按照总行相关规定执行。

（三）收费组成

个人网上银行业务收费项目包括工本费、手续费、年服务费、交易手续费、代理服务费和增值服务费等。

工本费：农业银行向客户收取的个人网上银行安全认证工具的费用。

手续费：农业银行柜面为客户办理个人网上银行相关业务时向客户收取的费用。

年服务费：农业银行按年向客户收取的个人网上银行服务基本费用。

交易手续费：农业银行为客户提供本行转账、跨行转账、他行转入、漫游汇款、自动转账、资金归集等服务时向其收取的费用。

代理服务费：农业银行为客户提供缴费、债券、基金、第三方存管、银期转账、保险等服务时向其收取的费用。

增值服务费：农业银行为客户提供转账通知、账务信息、财经资讯、重要提示、理财等增值服务时向其收取的费用。

（四）收费方式

个人网上银行业务收费采取手工外收和系统自动扣收两种方式。对不宜由系统自动扣收的收费项目，可在客户办理业务时采用手工外收的方式向客户收取；系统自动扣收的费用在客户交易时或系统设定时间自动扣收。

（五）注意事项

个人网上银行业务收费项目与收费标准须按照监管部门要求时限通过经营门户网站、营业网点进行公告。

六、风险管理

（一）个人网上银行采用K宝、K令、动态口令卡、安全认证手机号、网上银行安全控件等认证工具及手段，结合交易限额控制及实时、非实时监控等措施，实现对注册客户账户信息和资金安全的保护。

（二）营业网点受理客户业务申请后，应即时将安全认证工具发放给客户本人，由客户当场领取。银行工作人员不得向客户询问密码等保密信息，并严禁私自下载及操作客户个人网上银行证书。

（三）K令及未写入客户证书信息的空白K宝作为非重要空白凭证管理，管理办法参见农业银行关于一般空白凭证的相关管理规定。

（四）已发放的K宝、K令在保修期内损坏的，客户可提出更换申请。网点对损坏K宝、K令进行登记、保管、定期上交，并由上级行统一汇总后向K宝、K令提供商调换。

（五）安全认证手机号是农业银行为个人网银注册客户提供第二渠道认证及重要信息提醒的基本安全工具。营业网点须在受理客户业务申请时要求客户预留本人有效手机号码。

（六）客户首次注册电子银行渠道，营业网点须与客户签订电子银行服务协议，填写内容必须正确、完整，且由客户本人签名，保证协议签订合法有效。

（七）营业网点受理个人网上银行业务申请时，须认真审查客户身份证件和账户凭证原件的真实性、有效性。对出具居民身份证件的客户，营业网点须按照客户身份识别相关规定进行身份核查。

（八）授权主管须严格按照规定的审核要点对需授权的个人网上银行操作内容进行审验，审验无误后再行授权，确保经办人员操作合规，操作内容与客户申请一致。

（九）事后监督人员须对个人网上银行业务进行逐笔检查，保证业务凭证使用正确、内容填写规范完整、处理结果与客户申请一致。

（十）营业网点办理个人网上银行业务时，须向客户进行必要的网上银行安全提示，充分揭示可能面临的风险、本行已采取的和客户应采取的风险控制措施，以及相关风险的责任承担。

（十一）个人网上银行注册客户已注销全部注册账户或利用个人网上银行从事违法犯罪活动的，各行应按有关协议注销其个人网上银行渠道服务。

（十二）资料保管。注册客户的个人网上银行资料必须按运营档案的管理要求妥善保存。银行人员不得擅自复印、留存、使用或泄漏客户资料。

七、制度办法

《中国农业银行个人网上银行业务管理办法》（农银规章[2013]191号）。

企业网上银行

一、产品定义

企业网上银行业务是指中国农业银行通过公共互联网等媒介，为企业客户提供的在线金融服务。

二、产品分类

企业网上银行的系统版本分为智博版、智锐版，通常以简体汉字的形式呈现给客户，并根据市场需求适时推出相关版本的繁体字、外国文字以及少数民族文字等展现形式。

智博版：适用于内部财务管理层级较多，审查流程较为严密，且金融需求较为复杂的企业客户。

智锐版：适用于内部财务管理层级较少，审查流程较为灵活，且金融需求较为标准化的企业客户。

三、交易功能

（一）定义

企业网上银行的交易功能是指我行根据客户申请完成相关柜面业务的办理后，客户登录我行企业网上银行系统能够使用的金融产品和服务的集合，主要包括账户管理类、转账支付类、代收代付类、资金归集类、投资理财类、国际业务类、贷款融资类、电子票据类、集团理财类、代理财政类,以及其他相关的交易功能。

(二)划分

1. 按开通方式

企业网上银行的交易功能按照开通方式可以划分为默认开通和申请开通两大类。

默认开通:客户注册企业网上银行后即可使用的金融产品和服务,主要包括查询、对公转账支付、集团理财等。

申请开通:客户在注册企业网上银行的同时或之后,另行向我行提出申请方可使用的金融产品和服务,主要包括对私转账支付、代收代付、资金归集、现金管理、国际业务、理财产品、电子票据、代理财政等。

2. 按发起方式

企业网上银行的交易功能按照发起方式可以划分为单笔发起和批量发起两大类。客户无论通过何种方式发起企业网银的交易功能并经数字签名,均与书面申请具有同等法律效力。

单笔发起:客户按照我行企业网上银行规定的流程和步骤,并输入相应的要素和信息,以单笔提交的方式完成相关交易功能。企业网上银行所有的交易功能均可以单笔发起的方式完成。

批量发起:客户按照我行企业网上银行规定的文件类型和格式编辑含有多笔交易的批量文件,通过上传该文件的方式完成相关交易功能。主要包括对公转账支付、对私转账支付、代理收款、资金归集等。我行根据客户的需求和系统建设情况,可对批量发起交易功能的具体范围、批量文件所包含交易的上限以及其他相关事项进行界定和调整。

3. 按处理方式

企业网上银行的交易功能按照处理方式可以划分为自动处理和落地处理两大类。

自动处理:客户通过企业网上银行发起的交易直接发送至我行的核心银行系统或相关业务系统,全程无需人工干预即可完成所有处理流程,主要适用于信息要素齐备、风险等级较低以及业务流程标准化程度较高的交易功能。

落地处理:客户通过企业网上银行发起交易后,先经过人工补录相关信息或者加以审核,然后再发送至我行的核心银行系统或相关业务系统;或者客户发起交易后直接发送至相关的业务系统,再由人工操作并完成剩余业务流程。企业网上银行需要落地处理的交易功能主要包括收款方信息不完整的跨行转账支付、转账金额超过上限的转账支付、贷款专用账户发生的转账支付、现金(票据)的预约、国际业务等。

四、柜面业务

（一）定义

企业网上银行柜面业务是指客户申请与我行建立、变更、注销以及查询与企业网上银行相关的权利义务关系的业务，主要包括注册业务、证书业务、维护业务、暂停/注销/恢复业务、查询业务，以及开通（变更、删除）某项企业网上银行特定功能的业务等。

（二）办理注意事项

1. 客户首次办理企业网上银行柜面业务的，可选择任一结算账户的开户行进行办理，并与我行签订《电子银行企业客户服务协议》（一式两份），明确约定双方在企业电子银行业务中的基本权利义务关系。

2. 企业网上银行柜面业务的申请资料提交至柜面后，企业客户的经办人可以暂时离柜，待业务办理完成后再由经办行通知其在业务办理当日亲自赴我行当面签收业务回单及资料凭证。如果企业客户的经办人需要暂时离柜的，我行经办柜员须事先确认其在业务办理当日能够亲赴我行履行相应手续。

3. 企业网上银行柜面业务的申请资料须符合"完整齐备、填写规范、签章有效"的要求，严禁任何机构在资料不全、填写不清晰以及签章未核对真伪等情况下客户办理企业网上银行柜面业务。

完整齐备：客户所提交的服务协议、申请表（书）、授权书、自然人有效身份证件原件及复印件等申请资料，其种类和数量完全符合相关业务的具体规定。对于客户无法提供的资料（如法定代表人有效身份证件原件），须经有权审批机构的批复同意，并切实履行相应的替代措施和程序。

填写规范：申请资料中的账号、户名（姓名）、证件类型、证件号码、联系电话以及需勾选的项目等相关要素字迹工整、填写清晰、勾选规范，能够准确表达客户的申请事项，原则上不得有任何涂改。确有必要更改的，须在更改处加盖相关账户的预留印鉴。

签章有效：申请资料要求客户方进行签章的，须按规定与客户的预留印鉴进行核对，确保其签章的真实性、合法性和有效性。申请资料要求银行方进行签章的，应根据具体业务的办理要求以及我行的印章使用规范执行。

4. 企业网上银行柜面业务的申请资料应进行妥善的处理和保管。相关证件的原件、服务协议（客户联）等资料，应在业务办理完毕后及时交还客户；由我行留存的资料，应按规定分别作为记账凭证附件或者设置专夹进行保管，未经主管授权不得以任何形式私自复制、留存和外传，具体按照相关规程的要求执行。

5. 企业网上银行柜面业务由经办柜员在我行核心银行及相关业务系统中进行操作。操作步骤按照系统设定的流程进行，准确、完整地输入客户申请资料中填写的各项要素,严禁更改或遗漏。

6. 在我行开立对公结算账户(含单位卡)的企业客户,均可向相关账户的开户行申请办理企业网上银行柜面业务;提供对公服务的我行营业网点,均应受理在该营业网点开立对公结算账户的企业客户申请提出的企业网上银行柜面业务。

五、收费管理

(一)收费标准

企业网上银行的收费项目及收费标准由总行在中国农业银行服务价格标准中统一制定,并按规定履行相应的报备和公告等程序。

(二)收费组成

企业网上银行收费项目包括工本费、年服务费、交易手续费、代收代付业务手续费,以及其他收费等。

工本费:专用安全介质的费用等。

年服务费:按年向客户收取的企业网上银行服务的基本费用。

交易手续费:按笔或以套餐形式向客户收取转账交易的费用,其中:采用套餐形式收费的,其单笔平均费用不得高于服务价格标准规定的交易手续费上值,并须报经总行审批后方可执行。

代收代付业务手续费:按笔向客户收取代收业务、代付业务的费用。

其他收费:向客户收取的代理销售理财产品、基金、保险等产品的费用,以及提供企业网上银行增值服务的费用等。(我行目前暂不收取)

(三)收费方式

企业网上银行收费采取手工外收和系统自动扣收两种方式。对于工本费和其他收费,一般应在业务办理时采用手工外收的方式收取;对于年服务费、交易手续费、代收代付业务手续费等,一般应在交易发生时或设定的时间由系统自动收取。暂时不能或不宜自动扣收的收费项目或特定客户,也可采用手工外收方式进行收取。

(四)注意事项

一级分行应严格执行企业网上银行的收费标准,杜绝少收、漏收、乱收等不规范收费行为。对于允许上浮和下浮的收费项目,一级分行可在浮动范围内制定辖内的收费标准,报备当地监管部门并公告后执行;对于未设定浮动范围的收费项目,原则上须按照规定的标准进行收取,确有必要进行优惠收费的客户,须逐户报经总行审批,并明确优惠时间及具体的优惠对象,批复同意后方可执行。

六、风险管理

(一)企业网上银行经办人员在客户申请注册时须向客户进行证书下载、K宝使用以及密码保管等方面的安全提示,有效提高客户的风险防范意识,并提示客户通过我行网站、95599 服务热线等渠道获取证书管理、安全设置、防毒杀毒等方面的帮助和指导。

(二)客户明确提出需要银行工作人员协助的,有关人员可给予客户必要的帮助和指导,但不得向客户询问证书密码等保密信息,并严禁银行工作人员私自下载、激活、保管客户的企业网上银行证书。

(三)企业网上银行的异常、可疑交易,或者客户对企业网上银行交易提出疑义的,相关机构要及时进行核查和处理,并提醒客户采取有效防范措施,或给予客户解释说明,必要时将相关情况逐级报告至总行。

(四)对于影响企业网上银行系统正常运行的突发事件,应于第一时间通知各级相关部门,做好客户解释工作,具体应急处理按照《中国农业银行电子银行业务发事件应急处理办法(暂行)》的相关规定执行。

(五)各级行应提升企业网上银行的风险防范意识,强化风险管理措施和手段,严格执行国家和我行关于反洗钱、反欺诈等方面的制度规定,将企业网上银行业务纳入电子银行的自律监管与检查制度,具体按照《中国农业银行电子银行业务风管理办法》的相关要求执行。

七、制度办法

《中国农业银行企业网上银行业务管理办法》(农银规章[2012]224 号)。

掌上银行

一、产品分类

(一)客户端版掌上银行

我行掌上银行客户端版包括掌上银行 iPhone 版、掌上银行 Android 版、掌上银行 Windows Phone 版、掌上银行 iPad 版等版本,全面覆盖市场主流移动操作系统,在移动银行和移动支付服务的基础上还提供丰富的增值服务;掌上银行客户端版具有便捷、开放、生活、智能的移动金融特性,全方位满足客户方便、自由、快捷、潮流的掌上生活需求。

(二)浏览器版掌上银行

农行掌上银行浏览器版包括掌上银行 wap 流畅版和掌上银行 3G 时尚版。这两个版本具有简洁流畅,交易安全,随时使用免更新的特点。

二、产品功能

农行掌上银行目前为客户提供查询服务、账户管理、转账汇款、缴费购物、信用卡、个人贷款、投资理财、个人信息中心等服务功能。

三、开通指南

(一)客户端版掌上银行

1. 开通条件

1)已在农业银行开立借记卡或准贷记卡,信誉良好的客户。

2)持有通信运营商(中国移动、中国联通、中国电信)提供号码的手机。

3)掌上银行浏览器系列要求移动终端支持浏览器采用 WAP 接入点上网。

4)掌上银行客户端系列移动终端为 iPhone 或 Android 智能手机,iOS 系统版本需 4.0 以上,Android 操作系统版本需 2.0 以上。

2. 开通渠道

营业网点开通:客户须携带本人有效身份证件和账户凭证原件(借记卡或准贷记卡),签署《中国农业银行电子银行服务协议》,填写准确的手机号码,设定登录密码,开通基于客户端的掌上银行服务。

网上银行开通:个人网上银行客户可登录网上银行,将任一网银注册账户导入为掌上银行注册账户,填写准确的手机号码,设定登录密码,自助开通基于客户端的掌上银行服务。

手机网站开通:持借记卡或准贷记卡的客户可通过手机浏览器登录 m.abchina.com,选择"快捷注册",准确填写本人有效身份证件号码、账户凭证原件(借记卡或准贷记卡)号码和手机号码,设置登录密码,自助开通基于客户端的掌上银行服务。

(二)浏览器版掌上银行

1. 开通条件

(1)已在农业银行开立借记卡或准贷记卡,信誉良好的客户。

(2)持有通信运营商(中国移动、中国联通、中国电信)提供号码的手机。

(3)掌上银行浏览器系列要求移动终端支持浏览器采用 WAP 接入点上网。

2. 开通渠道

营业网点开通:客户须携带本人有效身份证件和账户凭证原件(借记卡或准贷记卡),签署《中国农业银行电子银行服务协议》,填写准确的手机号码,设定登录密码,开通基于浏览器的掌上银行服务。

网上银行开通:个人网上银行客户可登录网上银行,将任一网银注册账户导入为掌上银行注册账户,填写准确的手机号码,设定登录密码,自助开通基于浏览器的掌上银行服务。

手机网站开通:持借记卡或准贷记卡的客户可通过手机浏览器登录 m.abchina.com,选择"快捷注册",准确填写本人有效身份证件号码、账户凭证原件(借记卡或准贷记卡)号码和手机号码,设置登录密码,自助开通基于浏览器的掌上银行服务。

四、收费管理

(一)收费对象

个人掌上银行业务收费对象是个人掌上银行注册客户。

(二)收费标准

个人掌上银行业务收费标准按照农业银行中间业务服务价格标准执行。各行对个人掌上银行业务收费实施减免,应按照总行相关规定执行。

(三)注意事项

个人网上银行业务收费项目与收费标准须按照监管部门要求时限,通过经营门户网站、营业网点进行公告。

五、制度办法

《中国农业银行个人网上银行业务管理办法》(农银规章〔2013〕191号)。

附件：

中国农业银行电子商务业务管理办法

第一章 总 则

第一条 农业银行电子商务业务（以下简称"电子商务业务"）是指农业银行通过互联网等载体，为商户及其客户提供的电子支付结算、在线融资、资金管理、信息管理、跨境电子商务支付等服务。

第二条 支付结算是指农业银行通过互联网等载体，以商户提供的交易数据为基础、以客户确认或授权的交易指令为依据，为商户及客户提供的交易资金支付结算服务。

第三条 在线融资业务是指农业银行根据电子商务参与方在各类电子渠道产生的支付结算交易记录、信用评价等资质条件，为其提供的短期流动贷款等融资服务。业务类型主要包括：基于电子商务的供应链融资、基于各类交易平台的融资、个人消费信贷等。

第四条 资金管理是指我行作为备付金银行，根据中国人民银行相关监管要求，对支付机构备付金专用存款账户进行监督管理，对客户备付金的存放、使用和划转信息进行核对校验，并按照中国人民银行及其分支机构的要求报送相关报表和信息材料。

第五条 信息管理是指农业银行为供应链上下游企业提供包括财务管理、订单管理、商品管理、库存管理、销售管理、渠道管理、统计分析等服务。

第六条 跨境电子商务是指农业银行为分属不同关境的商户或客户提供的在线支付、收付汇、结售汇以及相关监管机构报备的服务。

第二章 商户管理

第一节 基本规定

第七条 电子商务业务的服务对象包括商户以及个人、企业等各类客户。

第八条 电子商务商户（以下简称"商户"）是指与农业银行签订电子商务合作协议，并通过电子商务业务系统与客户进行业务合作的商户。

第九条 根据商户开展电子商务活动性质的不同，商户分为普通电商类商户、电商平台类商户、交易市场类商户、基金类商户、非金融支付机构类商户和缴费类商户等。

第十条 普通电商类商户是指利用农业银行电子商务支付结算系统完成自营业务资金支付结算的商户。

第十一条 电商平台类商户是指通过搭建电子商务平台，为他人（交易双方企业或个人)提供商品销售等电子商务服务,并由其统一与农业银行进行资金结算的商户,包括农业银行自建的电子商务平台,如 E 商管家、E 农管家。

第十二条　交易市场类商户是指为客户提供现货或即期现货交易,与农业银行协议约定,通过农业银行支付平台完成客户交易资金支付结算的商户。

第十三条　基金类商户是指与我行开展基金销售支付结算合作的证券投资基金管理公司和各类基金销售机构。

第十四条　非金融支付机构类商户是指向社会公众提供网络支付、预付卡的发行与受理、银行卡收单以及中国人民银行确定的其他支付服务的非金融中介机构。

第十五条　缴费类商户是指通过农业银行自有平台为客户提供的缴费、充值类服务的商户。

第四章　风险管理

第十六条　各级行办理电子商务业务,必须严格遵守国家法律法规和农业银行相关制度规定,不得支持商户、客户的违法违规要求。

第十七条　电子商务各管理系统的操作人员必须按照机构设置规定履行各自职责,审核与录入相分离,强化岗位间的约束机制,严格遵守相关规定办理各项业务。各机构应加强对电子商务系统操作人员的管理。

第十八条　受理行应对商户的经营状况、交易变化等进行不定期的监督、检查,发现异常情况及时上报上级管理行进行处理,对涉及经营非法交易活动的商户由注册行立即进行关闭操作。

参考文献

[1]苏宁.支付体系比较研究[M].北京:中国金融出版社,2006.
[2]苏宁.发达经济体支付结算体系[M].北京:中国金融出版社,2005.
[3]欧阳卫民,王关荣.中国网上支付跨行清算[M].北京:中国金融出版社,2010.
[4]欧阳卫民.我国支付清算系统的特点和发展趋势[J].财经科学,2009(2):34—40.
[5]柴洪峰.我国银行卡跨行清算系统的演进[J].上海金融,2012(2):80—82.
[6]中国人民银行.中国支付体系发展报告[R],2010.
[7]萨默斯等.支付系统设计管理[M].励跃等译.北京:中国金融出版社,1996.
[8]冯菊平.支付体系与国际金融中心[M].上海:上海人民出版社,2010.
[9]贺培.经济与金融体系中的支付系统[M].北京:中国财政经济出版社,2001.
[10]张宽海,李良华.网上支付与结算[M].北京:高等教育出版社,2007.
[11]张卓其.电子银行[M].北京:高等教育出版社,2002.
[12]曹红辉.国外零售支付系统[M].北京:经济管理出版社,2009.
[13]曹红辉.中国电子支付发展研究[M].北京:经济管理出版社,2008.
[14]曹红辉,李汉等.中国第三方支付行业发展蓝皮书[M].北京:中国金融出版社,2012.
[15]田海山等.大额支付结算的经济学分析[M].北京:中国金融出版社,2013.
[16]庞贞燕.中国支付体系对货币影响研究[M].郑州:河南人民出版社,2011.
[17]刘风军等.物联网与金融支付[M].北京:电子工业出版社,2012.
[18]张宽海,帅青红.金融电子化概论[M].成都:西南财经大学出版社,2005.
[19]柯新生.网络支付与结算[M].北京:电子工业出版社,2004.
[20]曹红辉,田海山.支付结算理论与实务[M].北京:中国市场出版社,2014.
[21]徐连金.商业银行支付结算业务[M].上海:上海财经大学出版社,2010.
[22]宋平.在线支付协同管理模式研究[M].北京:中国金融出版社,2009.
[23]周虹.电子支付与结算[M].北京:人民邮电出版社,2009.
[24]唐江成.支付结算理论与实务[M].北京:中国金融出版社,1994.

[25]立金银行培训中心教材编写组.邮储农信社(农商行)银行承兑汇票操作实务及风险控制培训[M].北京:中国经济出版社,2016.

[26]赵明霄.国际结算[M].北京:中国金融出版社,2010.

[27]柯新生.网络支付与结算[M].北京:电子工业出版社,2010.

[28]徐学锋.电子支付与互联网银行[M].上海:上海财经大学出版社,2014.

[29]彼得·格罗斯曼.美国运通——强大金融帝国的创造者[M].上海:上海远东出版社,2010.

[30]蔡元萍.网上支付与结算[M].大连:东北财经大学出版社,2006.

[31]杨良宜.信用证[M].北京:中国政法大学出版社,1998.

[32]刘风军,肖波.物联网与金融支付[M].北京:电子工业出版社,2012.

[33]殷治平.电子银行[M].北京:中国金融出版社,2012.

[34]黄健青,陈进.网络金融[M].北京:电子工业出版社,2011.

[35]张淑彩.银行会计学[M].西安:陕西人民出版社,2004.

[36]杨涛.中国支付清算发展报告(2013)[M].北京:社会科学文献出版社,2013.

[37]叶德万,李忱,陈原.国际贸易实务[M].广州:华南理工大学出版社,2012.

[38]陈晓琴,钱守廉,李峰.移动支付改变生活——电信运营商的移动支付创新与实践[M].北京:人民邮电出版社,2012.

[39]中国电信移动支付研究组.走进移动支付——开启物联网时代的商务之门[M].北京:电子工业出版社,2012.

[40]帅青红.银行信息系统管理概论[M].北京:中国金融出版社,2010.

[41]殷治平.电子银行[M].北京:中国金融出版社,2012.

[42]李洪心,马刚.电子支付与结算[M].北京:电子工业出版社,2012.

[43]帅青红.网上支付与电子银行[M].大连:东北财经大学出版社,2009.

[44]殷治平.电子银行[M].北京:中国金融出版社,2012.

[45]黄健青,陈进.网络金融[M].北京:电子工业出版社,2011.

[46]刘延焕.金融干部网上银行知识读本[M].北京:中国金融出版社,2003.

[47]张衢.商业银行与电子银行业务[M].北京:中国金融出版社,2007.

[48]廉文娟,花嵘,张广梅.网络操作系统[M].北京:北京邮电大学出版社,2008.

[49]雷萍,雷站波,郑伟.电子金融与支付实例教程[M].西安:西安交通大学出版社,2010.

[50]陈进,项洁雯.网络金融服务[M].北京:清华大学出版社,2011.

[51]杨青.电子金融学[M].上海:复旦大学出版社,2008.

[52]李蔚田等.网络金融与电子支付[M].北京:北京大学出版社,2009.

[53]彭辉,吴拥政,张爱萍等.网络金融理论与实践[M].西安:西安交通大学出版社,2008.

[54]胡玫艳.网络金融学[M].北京:对外经济贸易大学出版社,2008.

[55]曹桂林.移动支付综合接入系统研究与实践[M].西安:西安理工大学出版社,2007.

[56]徐学锋.商业银行操作风险新论[M].北京:中国金融出版社,2009.

[57]欧阳勇等.网络金融:理论分析与实践探索[M].成都:西南财经大学出版社,2006.

[58]孟瑞祥.网上支付与电子银行[M].上海:华东理工大学出版社,2005.

[59]柯新生.网络支付与结算[M].北京:电子工业出版社,2004.

[60]邓顺国.网上银行与网上金融服务[M].北京:清华大学出版社,北京交通大学出版社,2005.

[61]张润彤.电子商务概论[M].北京:电子工业出版社,2003.

[62]陈景艳,苟娟琼.电子商务技术基础[M].北京:电子工业出版社,2003.

[63]李翔.电子商务[M].北京:机械工业出版社,2002.

[64]方美琪.电子商务概念(第2版)[M].北京:清华大学出版社,2002.

[65]黄孝武.网络银行[M].武汉:武汉出版社,2001.

[66]郑孟状,姜煜洌.票据变造论——兼评我国《票据法》第9条[J].浙江学刊,2008(1).

[67]王小能.票据伪造和票据变造的法律后果及风险分担[J].中外法学,1999(3).

[68]杨小妹,申敏.基于RFID技术的小额支付系统的设计[J].世界电信,2006(4):54—57.

[69]李海东,杨社堂.移动电子商务——手机钱包实现方案的研究[J].科技情报开发与经济,2005(23):242—243.

[70]徐明,张祥德.电子支付研究综述[J].计算机技术与发展,2007(9):213—216.

[71]互联网周刊.互联网支付格局[J].互联网周刊,2011(1):22—23.

[72]尤学智,陈荣.电子商务网络支付的发展研究[J].吉林大学学报(信息科学版),2010,28(26).

[73]王维伟.基于第三方的网上支付方式研究[D].大连交通大学,2009.

[74]史萌.电子商务下的网上支付方式分析研究[J].电子商务,2009(8).

[75]童卓超.C2C第三方支付企业与银行的合作模式研究[D].厦门大学,2009.

[76]高春平.论中国古代信用票据飞钱、交子、会票、票号的发展演变[J].经济问题,1997(1).

[77]慕晓丰.对我国票据市场发展创新的思考[J].上海金融,2010(4).

[78]谈铭斐,方华.上市商业银行票据业务发展思考[J].价格月刊,2010(8).

[79]汪办兴.2009－2010年中国票据市场发展:回顾与展望[J].金融论坛,2010(4).

[80]中国人民银行.2012年支付体系运行总体情况[R],2013.

[81]肖海霞.浅析电子信用证的发展方向和前景[J].企业家论坛,2011(1).

[82]原擒龙,王桂杰.境内外人民币信用证结算的现状和发展趋势[J].金融论坛,2011(2).

[83]吕宏晶,孙明凯.国际贸易结算中电子信用证操作实务问题[J].对外经贸实务,2012(5).

[84]匡增杰,陈森鑫,杨存悦.国际贸易结算发展的新趋势及我国的对策探讨[J].对外贸易实务,2012(12).

[85]李雪涛,梁先娥.国际贸易实务中结算工具应用现状及发展趋势分析[J].商情,2012(51).

[86]王言峰.电子信用证的未来[J].中国外汇,2012(18).

[87]陈颖莺.商业银行国内信用证业务发展趋势研究及对策[J].中国商界,2011(10).

[88]黎秋.人民币银行结算账户管理研究[J].现代商贸工业,2008(2).

[89]盛立军.浅析商业银行系统内资金汇划与清算的核算[J].吉林省经济管理干部学院学报,2011(6):31—33.

[90]王歌红.全新的外汇交易清算体系——CLS银行的影响与启示[J].金融电子化,2001(3):10.

[91]汪蔚蓄.持续联结清算系统(CLS)及其影响[J].中国城市金融,2003(5).

[92]郑尚.抵御外汇风险中行入股CLS集团[N].上海证券报,2006－10－10(A06).

[93]约亨·梅茨格.TARGET2——欧洲支付系统的一体化[J].中国货币市场,2007(10).

[94]高廷民.跨境支付清算业务的历史演变与发展建议[J].中国货币市场,2011(7).

[95]谢光华.论欧元银行间清算体系的演进与特征——基于TARGET系统的分析[J].甘肃金融,2007(10).

[96]来洪渝.完善我国支付清算系统监督管理措施的思考[J].西部金融,2011(2):76—77.

[97]任晓.央行将建独立人民币跨境支付系统[N].中国证券报,2012－04－12(A02).

[98]潘永,刘灿霞.中美支付清算系统比较研究[J].金融与经济,2010(7):71—74.

[99]姚存祥.简析主要发达国家的支付清算系统[J].中国信用卡,2011(8).

[100]许君荣.支付清算系统发展中面临的主要问题及建议[J].财经界,2011(6):24.

[101]郭子香.我国支付清算系统的发展及存在的问题[J].时代金融,2011(18):85.

[102]郭炎兴.构筑人民币跨境支付高速公路——人民银行支付结算司司长励跃谈 CIPS 建设[J].中国金融家,2012(6).

[103]崔瑜.跨境人民币清算平台的国际借鉴[J].中国金融,2012(1).

[104]中国人民银行.中国人民银行令〔2010〕第 2 号,2010,http://news.163.com/10/0621/15/69N9P7D000146BC.html.

[105]郝惠泽.移动支付的发展与探究[J].中国信用卡,2013(8):50—53.

[106]容玲.第三方支付平台竞争策略与产业规制研究[D].复旦大学,2012.

[107]缪尔宁.基于 NFC 技术的移动近场支付模式分析[J].金融电子化,2012(8):73—74.

[108]张伦.基于手机贴膜卡的移动支付解决方案及实现[D].上海交通大学,2011:14—18.

[109]任超.浅析我国商业银行发展手机近场支付业务的产品策略[J].上海金融,2012(7):102—104.

[110]徐晋耀.O2O 将成为移动支付亮点和发展方向[J].金卡工程,2013(4):1—2.

[111]周隽.网上支付跨行清算系统的设计与实现[D].上海交通大学,2011:10—15.

[112]刘静.互联网金融新生态招行推出小企业的网上银行 U-BANK8[J].中国经营报,2013—04—15(B03).

[113]张丽霞.跨行清算系统搭建电子支付"高速路"[J].金融电子化,2012(6):86—87.

[114]陆大春.世界各国支付体系介绍[DB/OL].(2012—05—16)[2013—08—14].http://www.kaibai.net/biz/finance/yh/1000016548.htm.

[115]《中国银行业运行报告》编写组.中国银行业运行报告(2013 年一季度)[R].北京:中国银行业监督管理委员会,2013:5.

[116]中国银行业监督管理委员会.商业银行资本管理办法[Z],2012—06—07.

[117]陈雷.信用卡互联网认证体系一览[J].中国信用卡,2003(9).

[118]陈静.金融信息化发展战略及关键技术.http://news.ccidnet.com/art/1032/20041119/179365_1.html.

[119] Kahn and W.Roberds.Real-time gross settlement and the cost so firm mediacy, workingpaper, University of Illinois and Federal Reserve Bank of Atlanta,1998.

[120] Kahn,C.,2006,Why Pay?,Economics of Payments Ⅱ,Federal Reserve Bank of New York,30(3):19－33.

[121]Kahn,C.,& Roberds, W.,1998.Payment system settlement and bank incentives,*The Review of Financial Studies*,11(4):845－870.

[122]Bruce Camp,*Modeling Monetary Economics*[M].Cambridge University press,2011.

[123]Wright J.Optimal card payment system,*European Economic Review*,2003,47:587－612.

[124] Tumpel-Gugerell, G., 2006. Issues related to central counterparty clearing:opening remarks,*Economic Perspectives*,4Q:29－33.

[125]Baxter William F.Bank Interchange of Transactional Paper:Legal and Economic Perspectives,*Journal of Law and Economics*,1983, Vol.26:541－588.

[126] Hancock, D., & Humphrey, D., 1998, Payment transactions, instruments,and systems,*Journal of Banking and Finance*,21:104－119.

[127]Rochet,Jean-Charles and Jean Tirole.Two-sided Markets:An Overview.Mimeo,IDEI,University de Toulouse,2004.

[128]Ed nosal,*Money,payments,and Liquidity*[M].MIT press,2011.

[129]Armstrong,Mark.Competition in Two-Sided Markets.Mimeo,University College,London,2004.

[130] Schwartz M., Vincent D.Same Price,Cash or Card:Vertical Control by Payment Networks.Georgetown University Department of Economics,2002.

[131]Reserve Bank of Australia.Reform of Credit Card Schemes in Australia Ⅱ:Final Reforms and Regulation Impact Statement,2002.

[132] Katz M. Reform of Credit Card Schemes in Australia Ⅱ.Australia:Reserve Bank of Australia,2001.

[133] A joint workshop by the Basel Committee on Banking Supervision,the Centre for Economic Policy Research（London）,2006, Risk Management and Regulation in Banking,*Journal of Financial Intermediation*,15(1):162－163.

[134] Gans J King S.The Role of Interchange Fees in Credit Card Associa-

tion:Competitive Analysis and Regulatory Issue.*Australian Business Law Review*,2001,Vol.29:94—122.

[135] Devriese, J., & Mitchell, J., 2006, Liquidity risk in securities settlement, *Journal of Banking and Finance*, 30(6):1807—1834.

[136] Robert M. Hunt. An Introduction to the Economics of Payment Card Network. *Review of Network Economics*, 2003, Vol.2:80—90.

[137]周树基.中国银行卡发展30年回顾,联合通用之路是方向[EB/OL],2008—05—07,http://www.xincard.com/credit/ba/5089.html.

[138]程炜.国内银行信用卡系统述评[EB/OL].中国信用卡,2005—04—22,http://www.fcc.com.cn/2005/4—22/101832.html.

[139]徐晓风,许青.央行第二代支付系统或于今年8月上线运行[EB/OL].2010—04—06,http://it.people.com.cn/GB/42891/11297430.html.

[140]谈小生.第二代支付系统技术体系构架研究[J].金融电子化,2010(10).

[141]何朔.移动支付的沿革与发展探索[J].中国信用卡,2008(14).

[142]王关荣.我国手机移动支付的业务模式及其发展趋势[J].金融会计,2008(5).

[143]李明.我国网上银行调查报告——显示网银发展潜力[J].网络安全技术与应用,2008(1).

[144]李东.网上银行发展战略研究[J].经济论坛,2004(4).

[145]孟春红,来尧静.网络虚拟货币对现实金融体系的影响[J].海峡科学,2007(5).

[146]谷立日.网上银行的发展及对我国网上银行业监管的思考[J].金融论坛,2001(9).

[147]中国人民银行.http://www.pbc.gov.cn.

[148]中国银监会.http://www.crcb.gov.com.

[149]Board of Governors of the Federal Reserve System.http://www.federalreserve.gov.

[150] Bank for International Settlements.http://www.bis.org.

[151]中国建设银行.http://www.ccb.com.

[152]中国工商银行.http://www.icbc.com.cn.

[153]中国农业银行.http://www.abchina.com.

[154]招商银行.http://www.cmbchina.com.

[155]支付宝 http://wwwv.alipay.com.

[156]中国银联.http://cn.unionpay.com.

[157]上海清算所.清算所简介[DB/OL].http://www.shclearing.com.

[158]中国证券登记结算公司简介[DB/OL].http://www.chinaclear.cn.
[159]http://www.cls-group.com.
[160]http://www.federalreserve.gov.
[161]http://www.chips.org.
[162]http://www.ecb.int.
[163]http://www.hkicl.com.hk.
[164]http://www.swift.com.
[165]百度百科.http://baike.baidu.com.
[166]智库百科.http://wiki.mbalib.com.